# 大念処経

ヴィパッサナー瞑想の全貌を解き明かす最重要経典を読む

アルボムッレ・スマナサーラ

# 目　次

はじめに …… 12

序　総説 …… 15

大念処経とはどんな経典か …… 16

経典が説かれた場所　16
経典の総説　17
「唯一の道」を説く　18
如実に見るということ　19
「理に適っている」見方を学ぶ　20
認識論的な診断　20
「論理だけ」では意味がない　21
「因果法則」は存在そのものの研究成果　23
大念処経は唯一の「実践」を説く　24
方法は「一つの道」でないと困る　25
生命が清らかになるための道　26
愁いと悲泣を乗り越える　27
苦しみと憂いが消える　29
「痛み」の正体／「痛み」が正体　31
緩和医療とヴィパッサナー　32
痛みの観察で「智慧」を開発する　34
世間の「正理」はこうして現れる　35
正理（ñāya）で疑が消える　37
疑は無数の哲学・宗教をつくる　38
群盲象を撫でる　40
道には目的がなければいけない　41

身体の動きに気づく …… 42

気づき：世間と仏道の違い　42
ブッダのことば　43
観察　44
修行　45
正知　45
気づき　46

効果 46
「受・心・法の随観」のあらまし …… 48
ものごとに目覚める 49
私を知ることを智慧と言う 51
価値観は真理の敵 51

I 身の随観 Kāyānupassanā …… 53

出息・入息の部 Ānāpānapabbaṃ …… 54
瞑想に適した場所 54
足を組んで坐る 55
椅子は禁止でしょうか 56
気づきを前面に持ってくる 58
「自然な呼吸」の観察 58
身体全体を感じる呼吸 61
ヴィパッサナー瞑想における呼吸の観方 63
身体を落ち着けて呼吸をはっきり理解する 64
呼吸観察の仕方 65
受動的観察と能動的観察 67
現象は現れては消える 69
智慧に執着しない 70

威儀の部 Iriyāpathapabbaṃ …… 71
威儀の観察の仕方 72
苦行とヨーガ 73
詳細な威儀の観察 74
瞑想の進め方 74
気づきから智慧が起こる 77

正知の部 Sampajānapabbaṃ …… 78
よく気づくとは「脳細胞を全部使う」こと 78
集中力と楽しみの関係 81
集中力と智慧の関係 82
「正知」して「承知」すること 83
二十四時間体制で全ての動きが観える 85
自分の身体が分かれば他の身体も分かる 86

**厭逆観察の部　Paṭikūlamanasikārapabbaṃ** ……………… 87
主観を離れて客観的に身体を観る　88
身体を三十一に分けるリスト　90
身体に好き嫌いは成り立たない　92
不浄観は欠かせない修行です　95
死体を観る瞑想は仏教だけのもの　97
お坊さんと墓守は仲良し　99
逆さまに観ることが「正しく観る」こと　100
**要素観察の部　Dhātumanasikārapabbaṃ** ……………… 101
地・水・火・風の観察　101
生命には地水火風しかない　103
地水火風を観る瞑想の仕方　104
地の元素の観察　105
水の元素の観察　106
火の元素の観察　107
風の元素の観察　108
どの元素を選ぶのか　109
**九墓地の部　navasivathikapabbaṃ** ……………… 110
捨てられた死体を観察して瞑想する　110
身体のために大騒ぎしない　111
動物に食べられた死体　114
食い荒らされたあとの死体　117
血まみれで骨と筋だけの死体　118
ほぼ骨と筋だけの死体　120
骨が散乱した死体　121
白骨化した死体　123
骨が山積みされた死体　125
骨が粉々になった死体　126
ブッダは「価値」の苦しみを解除する　128
無常論は「無価値」論　130
無常が分かれば「価値観」の苦しみが消える　131
観方が変われば瞑想は成功　132

Ⅱ 受の随観 Vedanānupassanā …… 135
苦・楽・非苦非楽を観る 136
対象に依存して生まれる感受 137
対象に依存しないことで生まれる感受 139
対象に依存しない感覚の本当の意味 142
感覚の観察はなぜ大事なのか？ …… 145
感覚が自我意識を作る 145
感覚と自我 147
感覚と幻覚 149
Ⅲ 心の随観 Cittānupassanā …… 151
心はつかみにくい 153
目印で発見する 154
機能と「もの」の違い 154
「知る機能」に心という 156
欲の心 157
欲から離れた心 158
怒りの心 159
無智の心 162
無智は悪の源 163
不貪・不瞋・不痴とは何か？ 164
仏教は「不」という字を好む 164
萎縮した心、散乱した心 166
大きな心、普通の心 167
有上の心、無上の心 169
禅定のできた心 170
解放された心 171
十六種類の心の観察 172
ブッダの智慧に勝るものなし 173
心への執着を捨てる 174
Ⅳ 法の随観 Dhammānupassanā …… 177
ここまでのおさらい 178
身・受・心・法の巡観 180

法（ダンマ、ダルマ）とは何ですか？　181
「ある姿」は法（ダルマ）　181
「あるべき姿」も法（ダルマ）　182
道徳的価値観も法（ダルマ）　182
宗教家の教えも法（ダルマ）　183
自然や社会の法則も法（ダルマ）　184
法律・政治理念も法（ダルマ）　184
ブッダの教えはダルマです　185
アビダルマのダルマ　186
覚りのために必要な法（ダルマ）　186

**蓋の部　Nīvaraṇapabbaṃ** …… 186

欲蓋　五欲という壁　188
「嫌」という壁　191
だらけ・眠気という壁　193
混乱状態・後悔という壁　195
疑いという壁　196
能力開発の「壁」　198

**五蘊の観察（蘊の部）　Khandhapabbaṃ** …… 199

五蘊と五取蘊　201
五蘊の観察（１）色蘊　201
五蘊の観察（２）受蘊　202
五蘊の観察（３）想蘊　204
五蘊の観察（４）行蘊　205
五蘊の観察（５）識蘊　207

**十二処の観察（処の部）　Āyatanapabbaṃ** …… 210

十二処の観察　210
眼耳鼻舌身意　212
色声香味触法　214
眼のはたらきを観察する方法　214
耳・鼻・舌・身のはたらきも観察する　216
意のはたらきを観察する　217

**十種類のsaṃyojana・束縛** …… 219

Sakkāyadiṭṭhi・有身見　219
Vicikicchā・疑　220

Sīlabbataparāmāsa・戒禁取 221
Kāmacchanda・愛欲 221
Byāpāda・瞋恚 222
Rūparāga・色貪 223
Arūparāga・無色貪 224
Māna・慢 224
Uddhacca・掉挙 225
Avijjā・無明 226
**七覚支の観察（覚支の部） Bojjhaṅgapabbaṃ** …………… 227
七覚支の意味 227
**念覚支の解説** …………………………………………… 228
高度なサティ（sati） 229
実践の仕方 231
念と念覚支 234
**択法覚支の解説** ……………………………………… 234
法の吟味とは区別能力 235
現象をひと束にしない 235
心と物質のはたらきを区別する 237
区別能力を強化する方法 238
**精進覚支の解説** ……………………………………… 238
俗世間的な精進 240
出世間的な精進 240
二つの精進の違い 241
気づきと精進の関係 242
精進を覚支に昇進させる 242
**喜覚支の解説** …………………………………………… 243
俗世間的な喜び 245
出世間的な喜び 245
喜びの意味 245
精進と喜びの関係 246
喜びを覚支に昇進させる 247
**軽安覚支の解説** ……………………………………… 248
軽安という上達 248

軽安の意味とその発見　249
軽安の落とし穴　250
軽安観察の仕方　251
軽安を理解しましょう　252
喜と軽安のバランス　253

**定覚支の解説** …… 254

精神的な能力と解脱を目指す能力の差　254
禅定とヴィパッサナーのサマーディ　255
サマーディを理解しましょう　256
定覚支観察の仕方　257

**捨覚支の解説** …… 258

最後の修行は落ち着き　258
相反する平静と価値観　260
平静のはたらき　261
平静覚支観察の仕方　262

**諦の部　Saccapabbaṃ** …… 264

**四聖諦を如実に知る** …… 264

「如実に知る」ってどういうこと？　265
如実に見る能力　266
四聖諦　知識と経験の差　267
滅諦・道諦の発見　269
小さな種は大樹に成長する　270

**苦諦の解説** …… 270

生まれとは何か？　273
老いとは何か？　275
死とは何か？　277
愁いと悲しみとは何か？　279
苦しみと憂いと悩みとは何か？　281
愛さない者たちと結ばれる苦（怨憎会苦）とは何か？　284
愛する者たちと結ばれない苦（愛別離苦）とは何か？　285
求めて得られない苦（求不得苦）とは何か？　288
法則を理解できない　289
要するに五取蘊の苦とは何か？　291

五取蘊の苦　292
「自分がいる」という実感の問題　292
色取蘊の苦　293
受取蘊の苦　294
想取蘊の苦　296
行取蘊の苦　297
識取蘊の苦　298
五蘊の苦と五取蘊の苦　299
**苦の生起　集諦** …… 301
集諦の解説　301
再生ではなく「再有」が正しい　302
喜びと欲　303
ここかしこで歓喜する　304
欲愛・欲への渇愛　306
生存愛・生存への渇愛　308
非生存愛・虚無への渇愛　311
渇愛が生まれるところ　314
観察を濁らす先入観　315
理解しようとして誤解する　315
修行にも落とし穴がある　316
納得することで自分を騙す　317
単純明快なほうが良い　317
渇愛に変身する喜び　318
渇愛にならないために「とどまる」を知る　319
真理だと誤解する「言いわけ」　320
迷信の壁を破る　321
世界の愛しいもの、喜ばしいもの（1）六つの感官　321
世界の愛しいもの、喜ばしいもの（2）六つの対象　324
世界の愛しいもの、喜ばしいもの（3）六つの認識　327
世界の愛しいもの、喜ばしいもの（4）六つの接触　329
世界の愛しいもの、喜ばしいもの（5）六つの感受　331
世界の愛しいもの、喜ばしいもの（6）六つの想　333
世界の愛しいもの、喜ばしいもの（7）六つの意志　335
世界の愛しいもの、喜ばしいもの（8）六つの渇愛　337
世界の愛しいもの、喜ばしいもの（9）六つの大まかな考察　340

世界の愛しいもの、喜ばしいもの（10）六つの細かな考察　341
言葉への執着が修行を阻む　343
渇愛の発見は難しくない　345

**苦の滅尽　滅諦** …… 346

渇愛はどこで消えていくのか？　348
起きたところで渇愛が消えていく　351
仏教の生滅論と渇愛の滅　361

**苦の滅尽の道　道諦** …… 363

八正道の１　正見　363
・正見と知識の違い　365
・知識の本質的な欠陥　366
・知識では苦はなくならない　367
・正見の観察法　367
・皆にあるべき正見　368
八正道の２　正思惟　369
・「完全に知っている」人は誰もいない　370
・邪思惟は三つ　372
・正思惟は三つ　373
・正思惟の観察法　374
八正道の３　正語　375
八正道の４　正業　385
八正道の５　正命　388
八正道の６　正精進　390
八正道の７　正念　392
八正道の８　正定　395

**四聖諦観察のまとめ** …… 400

明確な道案内　401
観察のフォーマット　402

**四念処の実践にはどんな結果があるのか？** …… 404

結果は確実です　410

**結語** …… 411

編集／木岡治美
佐藤哲朗
校閲／星飛雄馬
校正／髙柳涼子
装丁／鰹谷英利

〔出典〕
パーリ原文：ミャンマー第六結集版（http://tipitaka.org/）
日本語訳：片山一良『パーリ仏典　第二期４　長部（ディーガニカーヤ）大篇Ⅱ』
大蔵出版、2004

# はじめに

衆生にとって、（心の）清浄に達するための、愁い悲しみを乗り越えるための、苦しみと憂いが消えるための、正理を得、涅槃を目のあたりに見るための唯一の道である、『Mahāsatipaṭṭhānasutta（大念処経）』を読んで、理解してみましょう。原文を読んで理解できるならばそれに越したことはありませんが、現代人の世界観は昔と変わっているので、簡単に理解できて納得いけそうにないのです。というわけで、うるさく感じるほど延々と、大念処経について解説いたしました。解説は決して絶対的なものではありません。色々な角度から解説できるからです。本書では、お釈迦様の教えを実践する方々に焦点を合わせて説明したのです。実践することを念頭に置いた解説なので、学術的な註釈にはならないと思います。

実践する方々は、この経典の内容を全てそのまま実践しなくてはいけないと思う必要はありません。人々には、様々な性格、様々な能力、様々な好き嫌いがあるものです。完全に同一の生命は存在しません。しかし、生きるという衝動はみな同じです。生き方がそれぞれ変わっているだけです。お釈迦様の教えは、全ての生命に適用できるように普遍的な立場で語られているのです。いかなる人間にも、自分の性格と生き方に適用する教えを見つけることができます。大念処経の場合も同じです。実践する方々には、自分個人に適用できる教えを見つけられるだろうと思います。しかし、実践は身・受・心・法という四段階になりますので、終わりまで読んで理解することが必要になるかもしれません。納得がいかないところ、疑問に思われるところなどを見つけたならば、そのまま信じる必要はありません。さらに調べてみたほうが良いのです。

この解説は、二年間ほどかけて説法の形で話したものです。一回の説法は四時間ほどになったので、録音されたデータは膨大な量に達しました。大阪府岸和田市の木岡治美さんと奈良県生駒市の西則子さんがテープ起こしに並ならぬ苦労をなさいました。それから、木岡治美さんが仏典を参照しながら一つのテキストになるように編集しました。説法では大量の繰り返しの説明もありました。時間の流れに合わない例え話などもたくさんありました。説法のなかから何をカットして何を使えるのかと判断するのは、決してたやすいことではありません。パーリ語と原文に詳しい木岡さんが見事にその責任を果たしました。

それからさらに編集して、約四年かけて『パティパダー』誌に連載しました。話はそれで終わってほしかったのですが、大念処経の解説は単行本としてまとめたほうが良いという提案が起こったのです。それで再びテキストを編集の篩（ふるい）にかけることになりました。『パティパダー』の連載と単行本の編集の責任者として苦労したのは、日本テーラワーダ仏教協会事務局の佐藤哲朗さんです。というわけで、たくさんの方々の苦労に支えられて、本書を出版することができたのです。

読者の方々にも、本を出版するまで苦労を惜しまなかった方々にも、それほど苦労しなかった私が心より感謝いたします。

仏法僧のご加護がありますように。

序

# 総説

## 大念処経とはどんな経典か

はじめに、『大念処経（だいねんじょきょう） Mahāsatipaṭṭhānasutta（マハーサティパッターナスッタ）』という経典の名前について説明します。パーリ語で mahā（マハー）は「大」、sati（サティ）は「気づく」、paṭṭhāna（パッターナ）は「何かをつくる方法」「建てる方法」「やり方」という意味です。sati-paṭṭhāna とは「sati の実践方法」という意味です。これは、sati をいかに実践すれば良いかという、sati そのものについて説かれた経典（sutta（スッタ））なのです。それでは、原文を最初から読んでみましょう。

### 経典が説かれた場所

1 Evaṃ me sutaṃ – ekaṃ samayaṃ bhagavā kurūsu viharati kammāsadhammaṃ nāma kurūnaṃ nigamo. Tatra kho bhagavā bhikkhū āmantesi – “bhikkhavo”ti. “Bhaddante”ti te bhikkhū bhagavato paccassosuṃ. Bhagavā etadavoca –

1 このように私は聞いた——

あるとき、世尊（せそん）は、クル国に住んでおられた。カンマーサダンマというクルの町があった。

そこで、世尊は、比丘（びく）たちに話しかけられた。

「比丘たちよ」と。

「尊い方よ」と、かれら比丘は世尊に答えた。

世尊はつぎのように言われた。

まずは場所です。記録に大切なのは場所と時間ですが、時間についてあまり経典では触れないのです。経典は全て、お釈迦様が亡くなったあと「結集」の場でまとめて編集されたものだからです。この経典は、インドのクルという州にあるカンマーサダンマという名前のクル人の大きな町（nigama）で比丘たちに説かれました。

## 経典の総説

2 “Ekāyano ayaṃ, bhikkhave, maggo sattānaṃ visuddhiyā, sokaparidevānaṃ samatikkamāya dukkhadomanassānaṃ atthaṅgamāya ñāyassa adhigamāya nibbānassa sacchikiriyāya, yadidaṃ cattāro satipaṭṭhānā.

“Katame cattāro? Idha, bhikkhave, bhikkhu kāye kāyānupassī viharati ātāpī sampajāno satimā vineyya loke abhijjhādomanassaṃ, vedanāsu vedanānupassī viharati ātāpī sampajāno satimā, vineyya loke abhijjhādomanassaṃ, citte cittānupassī viharati ātāpī sampajāno satimā vineyya loke abhijjhādomanassaṃ, dhammesu dhammānupassī viharati ātāpī sampajāno satimā vineyya loke abhijjhādomanassaṃ

2 「比丘たちよ、この道は、もろもろの生けるものが清まり、愁いと悲しみを乗り越え、苦しみと憂いが消え、正理を得、涅槃を目のあたり見るための一道です。すなわち、それは四念処です。

四とは何か。

比丘たちよ、ここに比丘は、

身において身を観つづけ、熱心に、正知をそなえ、念をそなえ、世界における貪欲と憂いを除いて住みます。

もろもろの受において受を観つづけ、熱心に、正知をそなえ、念をそなえ、世界における貪欲と憂いを除いて住みます。

心において心を観つづけ、熱心に、正知をそなえ、念をそなえ、世界における貪欲と憂いを除いて住みます。

もろもろの法において法を観つづけ、熱心に、正知をそなえ、念をそなえ、世界における貪欲と憂いを除いて住みます。

このセンテンスに経典全ての内容、これから何を説明するかという経典の内容が入っています。暗記するためにつくっている経典でもあるので、暗記しやすくなっているのです。この大念処経は一般の人々もかなり暗記しています。長いけれど暗記しているのです。私も子供のころお寺へ行ったとき、在家信者さんたちは、修行に来たら、夜ゆっくりと朝まで暗記して唱えていたのです。さすがにいまの人々は憶えてないみたいですが。私がスリランカにいた三十五年ぐらい前までは、お寺に来るほとんどの人々が憶えていたのです。

## 「唯一の道」を説く

四つの実践方法を紹介するときは ekāyana（エーカーヤナ）という言葉がありまして、これは one way、唯一の道、これしか道がないという意味で一般的には理解しています。パーリ語で言えば「比丘らよ、この道は唯一の道である……」と訳さなければいけないのです。他の経典ではそれほど断言的な言葉は出てきません。初期仏教の経典では、あとから勝手に編集できないように、厳密に真理を語っていますが、「これしかないよ」とわざわざ言う必要もないのです。お釈迦様は品格を大切にしていましたから、「私こそ真実を語っているんだぞ、他の人の説く真実を聞くな」というような言葉はないのです。逆に、「私が言っていることが嘘だと思うならば、嘘だと証明してみなさい」というふうに語ります。教えへのアプローチをオープンにしておくのです。なぜかというと、ブッダの教えは真理だから、誰がどのように研究してみても真理を発見する人は同じ真理を発見するはずなのです。しかし、他の人が真理を発見していない場合、お釈迦様はどうされるのでしょうか。「あの人の言っていることは間違っている」などとは言いません。他の人が違う意見を言う場合は、その人がどのような方法でその結論に達したのかを調べるのです。何かを理解する、発見するとは、何かを認識することなのです。ですから、我々が何かが正しいと認識する場合は、その認識に至るプロセスが大事です。プロセスが間違っていると、認識も間違っていることになります。お釈迦様は他宗教の方々の考えについて一方的に批判することを止めて、その認識に至った過程が正しいか否かを調べるのです。要するに、お釈迦様は認識論（epistemology）を大事にしたのです。他人の意見に対しては、その意見に達した方法が客観的で事実に基づいているか否かを調べて、客観的でない場合、事実にあってない場合、人の努力は認めますが、達した結論は完全ではないと示すのです。長部（じょうぶ）経典の第一の『梵網経（ぼんもうきょう） Brahmajālasutta（ブラフマジャーラスッタ）』では、このようなアプローチで、様々な宗教哲学の相違点を示したのです。相手を自分の意見と比較して一方的に批判することはなかったのです。

人の意見に対して柔軟な態度をとっても構いませんが、実践になると曖昧な方法ではいけないのです。あのやり方でもこのやり方でも良いのではないかと言われると、どうすれば良いのか分からなくなるのです。ですから、心を清らかにするならば、悩み苦しみをなくすならば、一つの方法しかないと決定してあるのです。その決定に達したのは、お釈迦様が他の宗教家の実践方法を試してみて、解脱に達することに成功しなかったからです。気づきの実践で、完全たる解脱に達したからです。

## 如実に見るということ

正しい観察の仕方という意味で、パーリ語でいつでも使うのは yathābhūtaṃ（ヤターブータン） passati（パッサティ）「如実に見る」という言葉です。日本語で人気のある“ありのままに見る”という言葉はその訳です。日本語では一般的な言葉になっていますが、その意味は全然分かっていないようです。「ありのままに見る」というと、ただボケーッと見ることだと勘違いしているのです。仏教の世界では、「ボケーッとして放っておいて見る」ということでは、ありのままに見ることにはなりません。

## 「理に適っている」見方を学ぶ

それからyoniso-manasikāra（ヨーニソー マナスィカーラ）という言葉がありまして、漢訳仏教語では「如理作意（にょりさい）」となっています。理とは「ものの理」のことです。その「理の如く」に「意識（意）をはたらかす（作す）」ということなのです。いいかげんに自分の感情、感覚で、自分の好き嫌いで見るのではなくて、「理の如く」に見ればいい。それがありのままということなのです。

如理作意という言葉はよく考えぬいて訳された仏教語なのですが、一般的には使われていません。一般的に我々が言うのは「理に適っている」という言葉です。理に適っているという場合の理というのは、どういう意味でしょうか。言っていることは正しい、論理的であるということでしょう。しかし如理の代わりに「理に適っている」という言葉を仏教で使う場合は、「事実に適っている」という意味になります。yoniso-manasikāraのyoniso（ヨーニソー）は「原因」であって、どのようにこの現象ができたのか、現象がどんな過程でどのように生まれて、消えていくのかをしっかりとmanasikāra（マナスィカーラ）「観察する」こと。つまり因果法則を発見することなのです。だから「ありのままに見る」と誰でも因果法則を発見するはずです。

## 認識論的な診断

そこで、誰かが何か変てこな教えを説いているのならば、その人を認識論的に診断して、知識を得た方法を調べなくてはならないのです。

先述した『梵網経 Brahmajālasutta』には、お釈迦様の方法論の特色が記録されています。簡単に読める経典ですので、ぜひ読んでみてください。お釈迦様は哲学的に認識論の立場から、古代インドにあったあらゆる宗教哲学を分析しています。一つだけ例を出します。例えば「魂は無限である」という哲学がある。無限という立場を魂に当てはめて時と空に分けてみると、時間的にも無限であって、空間的にも無限であると二つありますけど、それまた、きめ細かく分析するのです。魂が空間的に有限か無限か、時間的に有限か無限か云々と。そこで哲学的に「我論」を二つに分けると、時間的な有限、無限という二つがあって、それから空間的に有限か無限かという相違が出てきて、その二つを組み合わせると、さらにたくさんの思想的な立場ができ上がってしまう。「空間的には有限だが、時間的には無限である。だから魂は小さいけれど永遠である」ということにもなるのです。一方には、「魂は空間的にも時間的にも無限である。魂は巨大であって、またさらに永遠である」という立場も成り立つ。もう一つ、「魂は時間的には有限で、空間的には無限である」という立場もある。魂は無限に広がる大きな存在ですが、時間的には有限だから、魂も死んでしまう、いつか消えてしまうと主張する。そのように、同じ「我・魂」についても色んなことを考えることはできるのです。このような様々な魂に対する結論について、何一つも客観的なデータを取れないのです。そういう哲学は単に論理的な思考の産物ですから、仏教ではただの理屈、論理というものはほとんど評価していないのです。

### 「論理だけ」では意味がない

理屈というのは数学と同じことなので、いくらでも広げることはできます。数学は抽象的なもので、存在するものではないから、数学的な方程式をつくったり、色んなことを考えたりすることはいくらでもできる。しかし、数学で言っていることを実際の世界に当てはめてみると全て完璧に当てはまるということはないのです。実際の世界に全く当てはまらない数学も説くことができます。論理学も同じです。特に記号 symbol で論理を構成していく、記号論理学（symbolic logic）という論理学があります。その場合は現代数学も使って色んな論理を発展させていくのです。でも最終的に「実際の例を出してみなさい」と言ったら、例は出せなくなってしまうのです。記号論理学はかなり発展している学問です。最初は簡単。例えばＡという定理（proposition）があってＢという定理があるとすると、「ＡはＢですよ」ということを論理学的に言うと、Ａ＝Ｂになります。そうすると数学なのですが、しかし、「ＡはＢですよ」ということは論理的には世のなかで例を出さなければいけないのです。これはなかなか大変です。例がないのです。いま言ったのは記号論理学の最初の定理です。スタートはそこからですが、そちらもなかなか、実例は出せない。一応出しているのは、Ａは人間である、と言えば、Ｂは皆死んでしまいますと。ですからＡはＢですよ、ということで、「全ての人間は死にますよ」ということになるのです。「何となくそうだなぁ」と分かるでしょう。でもＡ＝ＢだったらＢ＝Ａなのです。そうすると、「全ての人間は死にますよ」ということは逆にすることはできません。「死ぬ全てのものは人間ですよ」ということは言えなくなってしまうのです。間違ってしまうのです。だからそれで困ったといって、また、きめ細かく分けていってしまいます。ですからＢというのは死ぬということだったらＢに入る範囲はすごく大きくて、Ａに入る範囲は小さい。だから「Ａの全てはＢですが、Ｂの全てはＡではありません」と言わなければいけないのです。それに、それなりの記号シンボルを使ってどんどん広げていくのです。とにかく論理学を広げていくけれど、なかなか実例は出てこなくなってしまいます。数学の場合も同じことで、いくらでも数学は語れますし、つくれますが、実際の世界では例はなくなってしまうのです。そういうことで、古代インド、お釈迦様の時代では「論理だけ」というのはあまり人気がなかったのです。「お釈迦様は論理的だ」と言われたらすごく気に入らない。そういう評判を聞くと、出かけて行って反論する。黙ってはいないのです。誰かが「お釈迦様はよく論理的にしゃべります」と言ったら、かなり嫌だっただろうと思います。目の前ではなくて、どこか他の所で誰かがそういう話を広げてしまうと、そこへ出かけて行って反論してくるのです。「論理だけ」という評価はもうすごく嫌だったのです。そういうエピソードは経典にも残されています。

## 「因果法則」は存在そのものの研究成果

お釈迦様の立場からは、単なる純粋論理 pure logic というのは意味がないのです。いくらでも回転していくのですから。純粋論理ではなくて、実践性 practicability という、実際の人間の生き方にどれぐらい当てはまるかということ、人間の生き方そのものが一番大事であって、そこを抜きに論理だけを発展させません。お釈迦様は人間が生きていること、存在そのものについて研究して、システムを発見して、それをしゃべっているのです。それがたまたま厳密に論理的になっただけです。世のなかにあることだから、それは当たり前のことです。

お釈迦様が発見された因果法則では、「Aがあるとき、Bが生まれる」ということでAとBの間で必然的な関係が生まれてくるのです。因果法則を語る場合、お釈迦様は tathatā（タタター）（かくの如き状態、真如、涅槃）、avitathatā（アヴィタタター）（虚妄でない状態、真実なる状態、不異如性、真性、不虚妄性）、anaññathā（アナンニャター）（不異如に、不異に、真実に）、idapaccayatā（イダパッチャヤター）（これを縁とすること、縁起の道理、此因性、相依性）という特色を挙げて因果法則を説明しています。

因果法則についてはここでは詳しくは説明しません。一般の日本語で言えば、「AがあるときBが生まれる」と言うとAとBの間には必然的な関係が生まれている。ですからAがあるときBがあるのであって、AがあるときたまたまBがあるというわけではないのです。或いは「ほとんどAがあるときBがある」というわけではないのです。因果法則では、ほとんど、たまたま、ときどき、というふうに、「AがあるときBが生まれるときもあって、生まれないときもありますよ」という五分五分は絶対ありえないのです。「Aであるならば次にB」ということは、invariability（不変性）だから、「Aがないとき、Bはない」ということになります。経典では、「これが起こるとき、これも起こる。これがないとき、これもない」という表現で、不変性を表現しているのです。厳密に論理的かもしれませんが、論理性を大事にしたわけではないのです。事実を語っていたので、たまたま論理的になっただけです。

このekāyanaという単語の説明をしようと思って、寄り道してしまいました。

お釈迦様は、実際にある具体的なものを見て、真理を説明されたのです。具体的なものに沿って論理的にお話されただけであって、そこから論理だけを抽象的に抽出して、論理を回転させることはなかったのです。人間がそういうこと（論理の抽出）をやっているから、思考が実際にある我々の問題からかけ離れて行ってしまうのです。ですから仏教を学ぶとき、余計に論理っぽくなってしまうおそれもあります。仏教を実践する人々は、論理に固まるという弊害にも気を付けなくてはいけないのです。

## 大念処経は唯一の「実践」を説く

この経典の総説では、「ekāyana 一つの道」ということを説いています。『Mahāsatipaṭṭhānasutta 大念処経』は色々な思想に関係ある経典ではないので、勉強する場合、あまりゴチャゴチャ考えなくてもいいのです。なぜならば実践論を語っているのですから。お釈迦様が教えていた弟子たちは、論理のセクションはもうとっくにマスターしていた。次に教えをどのように実践するのか、という段階で、「このように実践しなさい」と説かれた経典なのです。論理的に真理を教えたうえで、その真理を証明する実践を教えているのです。仏弟子たちがよく勉強して教えを理解したところで、我々が苦しみをなくして涅槃に至るためにどうすれば良いかと問えば、「一つの道」しか答えがないのです。『大念処経』と他の経典は、その点で違います。この経典は仏教をよく知って理解した人に向けて、覚りの境地を得るためにこうするのだ、他の方法はないのだと教えているのです。

方法がたくさんある場合はちょっと問題なのです。例えば風邪をひいたら何を飲めば良いのでしょうか。結局、答えられないと思います。葛根湯を飲む人もいて、生姜湯を飲む人もいる。オレンジジュースを飲む人もいて、市販の風邪薬を飲む人もいる。論理的に見ると、結局、「風邪に薬はない」ということでしょう。もし風邪に薬があるならば、「風邪をひいたらこれを飲む」と言えるはずでしょう。だから皆様の経験から見ても何かを飲んだから、それで確実に風邪が治ったということはないのです。もし何かを飲んで治ったならば、これからも風邪をひいたらこれで行くぞ」と各人が勝手に決めてその方法で続けているだけ。そういうわけで、方法がたくさんあるということは怪しい。はっきりした論理が分かっていない証拠です。逆に、風邪をひいたら何を飲みますかと問われて、「四種類ありますよ。その四種類から、自分の体質に合わせて一つ選んでください」と答えられるならば、それはしっかりしているのです。四種類しかない。その四種類のなかに私の飲むものもある、ということで選べますから。実践の場合は、曖昧はよくないのです。

### 方法は「一つの道」でないと困る

薬はいくつかあっても構いませんが、しっかりしてほしいのです。しっかりしてないということは「風邪に薬はない」ということです。しかし、「頭痛のときは何を飲めば良いのか」と訊けば、それほど難しくないでしょう。飲む薬の種類は色々ありますが、選ぶのは難しくない。そちらには薬があるということです。下痢になった場合も、そんなに混乱はしません。十種類ぐらい薬はありますが、「これを飲めばどうですか？」と出せる薬はあります。というわけで、方法としては、これもいいし、あれもいいし……ということでは困るのです。方法は一つの道でないと困ります。お釈迦様が“ekāyano ayaṃ bhikkhave（エーカーヤノー アヤン ビッカヴェー）”という普通の経典に出てこない言葉を入れているのはそういうわけです。ほんの一言のお釈迦様の言葉にも、かなりの考え方が背後にあります。ブッダの一言ひとことの裏側には哲学的・論理的に深い考え方があるのです。「富士山に登るためにどうすればいいのですか？」と訊かれて、数えられないほどの方法が挙げられるでしょうか。「道」ですから、そんなにないのです。富士山に登りたければちゃんと決まった方法があって、その方法で登るのです。「色々あるんだから……困ったなぁ、この質問には答えられない」ということはないでしょう。いま答えられなくてもちょっと調べて、電車でどこまで行けるか、五合目までどう行けば良いかと、調べて言えるでしょう。ですから方法論については曖昧なことは認められません。認めてしまうと危ないのです。例えば誰かが虫垂炎に罹って手術を受けようとしている。主任の医者が自分の弟子に手術を任せたとします。先生は弟子に向かって、「まぁどこからでもいいから切ってよ」とは言わないでしょう。きちんとメスを入れる場所を決めてあって、そこをまた何㎝切るかと厳密に決めてある。「どこから切ってもいずれ虫垂に届きます」ということは、あまり意味がないのです。そういうわけで方法論としては、どうしても「一つの道 ekāyana」になるのです。

### 生命が清らかになるための道

『Mahāsatipaṭṭhānasutta 大念処経』は私たちに「一つの道 ekāyana」を指し示しているとお話ししました。道を歩むのであれば、その道を歩んでどこへ行くのか、という目的が必要なのです。それが「sattānaṃ（サッターナン） visuddhiyā（ヴィスッディヤー） 衆生が清浄になるために」です。この一つの道は、清浄の境地に至るための道なのです。ブッダゴーサ長老が、テーラワーダ仏教の瞑想方法を全てまとめた著書も『清浄道論（しょうじょうどうろん）（visuddhi magga（ヴィスッディ マッガ））』というのです。同書のタイトルの元になったのは、この経典にあるvisuddhiとmaggaという言葉です。この方法には、「心の清らかさ」というはっきりした目的があります。心というのは私が付け加えた言葉ですが、お釈迦様が第一に挙げたのは、「sattānaṃ衆生の」清らかさのためにという、衆生が清浄になるための道だったのです。

## 愁いと悲泣を乗り越える

二番目は、「sokaparidevānaṃ（ソーカパリデーワーナン） samatikkamāya（サマティッカマーヤ）愁いと悲泣を乗り越えるために」です。この瞑想をすれば愁いも悲泣も乗り越えられる。しかし、奇跡が起こるということではありません。『大念処経』を実践すればもう地震は起きないとか、刀で襲われても身体が切れないとかいうことではないのです。人間であるかぎり、死んだり、親戚が亡くなったり、自分の身体も病気になって倒れたり、壊れたりはします。しかし、やっぱり愁いと悲泣は乗り越えているのです。そんなことにはメゲない、あまり気にしない、ビクともしないのだと。それをちゃんと証明するために、お釈迦様のことも、他のお坊さんたちのことも宗教的に描いていないのです。

註釈書など一般的なパーリ文献になるとブッダを神格化して大袈裟に説明するようになってしまいましたが、それでも人間だったことは忘れていません。ある経典のなかに、お釈迦様が川で水浴びをして、身体を拭きながら誰かとしゃべっているという描写があります。それが註釈書になると、「偉大なる三十二相を持つブッダであるから、お釈迦様の身体には埃が全然たまらない。水一滴もたまらない。しかし世のなかの皆がやっているから、ただ水浴びをしただけに過ぎない……」というふうに書かれるのです。しかし、これは嘘であって、註釈書を書いた人がお釈迦様のことは一般人として扱うのは申しわけなくて余計なことを書いただけのことです。

お釈迦様はごく普通の人間で、歳も取ったし、病気にもなりました。「覚ったのにどうして病気になったのか」とか、「なんで身体が痛い、痛いと言っているのか」とか疑問に感じる人もいるかもしれませんが、覚るというのは、そういう意味ではないのです。だから苦しいことは確かにありました。「苦しいことはあったけれど、それは悲しみに至らなかった」という話なのです。お釈迦様は優秀なお弟子だったサーリプッタ尊者とモッガッラーナ尊者が亡くなったとき、まるで自分の両腕がなくなったような感じがしたそうです。やっぱり寂しいのです。お釈迦様はあと何年か生き続けるでしょう。自分もお歳だから、誰かが助けてくれたほうがありがたい。お身体の世話は誰にでもできますが、説法の世界、弟子の指導の分野で活躍していたお二人が先に逝ってしまって、お釈迦様の心に開いた穴がよく分かるのです。分かるけれど、お釈迦様はそういうことにはビクともしないのです。でも「何か、いまの比丘たちを見るとすごく寂しいのだ。空しく感じるのだ。太陽とお月様が消えたような感じだ」とお話はする。自分の弟子たちを見回しても、あの二人がいないのですから。

そこはお釈迦様の人間としての素晴らしさなのですね。両手がなくなったような感じだ、という事実を語っても、全然落ち込んだりすることはないのです。ですから仏道修行をするからといって、何から何まで奇跡に富んだ人生になると思ったら、それは勘違いなのです。

この道を実践すれば愁いと悲泣は乗り越えられるのだ、ということは「実践したものには愁いと悲泣はない」ということでしょう。人間にとって愁いと悲泣とは何かといえば、子供が死ぬこと、親戚が死ぬこと、財産をなくすことでしょう。地震が起きて全て消えてしまえば、そういった苦しみが一番劇的に味わえるのです。地震が起きなくても、病気になったら人間は苦しんだり悩んだりする。会社が倒産したりリストラされたりしたら、かなり苦しみが出てくる。『Mahāsatipaṭṭhānasutta 大念処経』を実践すればそういうことはなくなるのです。

もちろん、『大念処経』を実践しようがしまいが、地震が起こること、会社が倒産することはなくなりません。しかし、地震が起きたら sati を実践する人と、実践しない人には差があるのだということは事実です。実践しなかった人はひどい愁いと悲泣に陥ってもう立ち上がれなくなってしまう。しかし、sati を実践している人は、別に何のこともなく、そのときそのときのやるべきことをやってずうっと生きているのです。寂しい出来事が起これば、その人も寂しいのです。冬の外気に当たれば、その人も寒いのです。そこで、「sokaparidevānaṃ samatikkamāya」です。気づきを実践することで、愁いと悲泣を乗り越えることです。生きることそのものが苦です。『大念処経』を実践する人々は、色々な悲惨な事件や災害といった苦に遭遇しても、愁いと悲泣が心に生まれないのです。

## 苦しみと憂いが消える

次に「dukkhadomanassānaṃ atthaṅgamāya（ドゥッカドーマナッサーナン アッタンガマーヤ）苦しみと憂いが消える」。Dukkha（ドゥッカ）とは身体で感じる普通の苦しみです。Domanassa（ドーマナッサ）は心で感じる悲しみ。分析しようとすれば、いくらでも分析できます。先ほどの sokapariddava（ソーカパリッダワ）（愁いと悲泣）というのは自分の身体の外に起きたことなのです。もし、自分の子供が死んだとします。そうすると sokapariddava が生まれるのです。死んだのは自分ではなく子供です。しかし自分が悲しむのです。だから sokapariddava の場合は地震の例を出しました。

Dukkhadomanassa は自分に起きた出来事です。地震が起きて自分の足を切断しなければならなくなった。命は助かったけれど自分の足は瓦礫に挟まれている、ということになったら、それは自分に起きたことです。そのときはdukkhaが生まれるのです。すごく痛いのだから。それからdomanassaも生まれる。精神的にすごい悲しみが生まれる。その二つ。ですからsokapariddavaは外に起きる出来事で、dukkhadomanassaというのは自分に起きる出来事で、どちらにしても人間は大変苦しみを味わってしまうのです。良いものではないのです。そういうものによって、人間の幸せ、やすらぎ、心の安定というのは壊れてしまうのです。自分の子供が死んじゃったら、死んだのは子供だから自分には関係ないと思えますか？　私には関係ないんだと。なんで私は悲しむのかと。全然そんなことはできないでしょう。ですから他人の不幸も、自分の心の安定、やすらぎを壊してしまうのです。自分に起こることも自分の心の安定、やすらぎを壊してしまう。でも、そのどちらも気づきの実践によって乗り越えることはできるのです。

次のatthaṅgamāya（アッタンガマーヤ）は「なくす、消える」という意味なのです。だからと言って、「覚った人をぶん殴っても痛くない」ということではありません。身体の痛みはありますが、ただ身体の痛みだけで、精神的には痛みは全くない。愁いと悲泣の場合は乗り越えるのです。外のことですから、それに対する自分はその状況を乗り越えて対処する。痛みについても瞑想の技が身についている人々は色々できます。身体の痛みについても瞑想の技が身についているならば、何のこともないようにすることもできるし、あるいは別に痛いぐらいは何だ、ということで、平気でいることもできる。消そうと思えば痛みは完全に消すこともできる。それは瞑想をして禅定に達したところの話ですから、俗次元のレベルで考えると困ります。ですからdukkhaはあったりなかったりしますが、domanassaはまるっきりない。落ち込むこと、悩むこと、暗くなることは全くないのです。病気になって倒れても、心の明るさは消えません。

## 「痛み」の正体／「痛み」が正体

身体の痛みというのはそのときと場合によるものです。身体がどうしようもなく痛くて、何とか止まってほしいと思えば、止めることもできます。それはそれほど複雑ではなく、論理的に説明できます。痛みというのは身体の感覚を心が受けることだから、「認識すること」でしょう。認識しなければ痛みはなくなってしまうのです。病院の手術で、麻酔をかけるときはそういうことをやっています。物理的にお腹を切るのですが、人が痛くて泣くのは「知っているとき」なのです。知らなければいいのだから、麻酔で感覚を麻痺させて、知らないようにしておく。患者さんは腹部を切られていることを認識できません。だから痛くはないのです。知っていたならば、痛くて死んでしまうかも。麻酔をかけないで、ちょっとした外科的な治療をやる場合、先生がよくしゃべるでしょう。しゃべって話題を変えていく。患者さんがこれから痛くて叫ぶだろう、というぐらいは分かっていて、さっと話題を変えてしまうのです。どこかを切除しないといけないなら、治療をしながら、「タレントの○○さんが離婚したね、仲良しに見えたのにねぇ」とか言いながら、さっと切ってしまうのです。患者さんの頭が世間話に行っている間に、痛いと気づく前に、もう仕事を終えているのです。

身体の痛みというのはそれぐらいのことです。気になったら痛いのであって気にならなかったら痛みはない。そのへんは自由自在です。身体の感覚を厳密に見てみようと集中力を育てると、身体が全体的に痛みのかたまりのように感じるときもあります。基本的に、細胞というのは痛みで生きているのです。皆、痛みは消えてほしい、消えてほしいと思うのですけど「それならば死んでください」としか言えません。痛みは消えないのです。なぜならば細胞というのは痛みで生きているので、他の感覚はないからです。楽しい感覚、快楽の感覚は細胞にはないのです。神経細胞に感じられる信号は決まっていて、それは「痛み」という信号だけなのです。他の情報は伝達できません。

我々はPCやテレビなど、色んな電気製品を持っていますが、そうした電気製品の部品のなかで動く信号は電子だけでしょう。他のものは全然、流れません。全ての機械のなかで電子だけが動いているのです。テレビはテレビ、PCはPC、ステレオはステレオとして仕事はしていますが、なかに流れるのは電子だけ。それと同じく、身体のなかに流れているのは「痛み」という情報だけなのです。テレビは映像が映って、ステレオは音が出てくる。扇風機の場合は羽根が回る、電子レンジの場合は電磁波を出して温める云々、色々仕事が変わるだけ。だから我々は、「楽しい」とか「気持ちいい」とか言いますが、この「気持ちいい」ということ自体も痛みなのです。例えばマッサージしてもらうと気持ちいいと感じるでしょう。もともと痛みがあったならば、マッサージを受けて、「ああ気持ちいい」と言うのです。でも本当は、マッサージ自体が痛みなのです。身体に痛みがないとき、マッサージしてもらうとあまり気持ちよくなりません。かなり痛いのです。身体が凝って、凝ってどうしようもない、普段も痛い、歩くときも坐っているときも痛い。そんなときにマッサージしてもらって、「気持ちいい」と思うその感覚はほとんど嘘であって、相対的なものなのです。

しっかりと瞑想で身体を観察すると、身体が全体的にただ痛みのかたまりで生きていることが分かります。そうすると恐怖感が生まれてきます。私が他所に生まれたとしても、心は痛みで動いているのではないかと。心はvedanā（ヴェーダナー）（受、感覚）のあるところに生まれるのですから。「たとえ天国に行っても、あるのは痛みだけだ」と知ったところで、輪廻への恐怖感が生まれて、心が解脱の方向に向くのです。

## 緩和医療とヴィパッサナー

身体の痛みを緩和するためとか、病気を治すためといった目的でヴィパッサナー瞑想を使うことはヨーロッパでも試みられています。それは仏道とはかなり次元が違う話です。末期的な症状で、何の薬も効かない病気があります。治療法もない、薬さえ効かない病気で身体が痛いならば、皆死ぬまで待つしかないのです。筋肉に我慢できないほど痛みが生まれる病気もあるそうです。なぜ痛みが生まれるのか、さっぱり分からない。立っていても坐っていても強烈に痛い。麻酔やモルヒネもさっぱり効かないのです。本人にとってはもう地獄でしょう。そういう場合でもヴィパッサナーの技を使うとかなり落ち着くことはできます。感覚を客観的に観る訓練をすることで、心に客観性が生まれて、痛みが出ても混乱しないで「あ、それぐらいか」と落ち着いて対処できるのです。

瞑想がいくらかできる人になると、痛みが身体の全体に出て、自分自身が落ち込んで手もあげられないような状態になると、その痛みを客観化するのです。集中力をどんどん痛みを感じる部分に持っていくのです。大ざっぱに「痛い、痛い」と悩むのではなく、どこが痛いのかと、厳密にそのスポットに集中するのです。「ここに痛みを感じる」と確認する。ただ、痛みを淡々と客観的に確認して、湧きあがってくる主観的な感情は放っておくのです。そうすると、「痛みはあるにはあるけれど、別に大丈夫だ」ということで落ち着くのです。痛みは、どこかで生まれたら身体全体に広がってしまって、皆「もう終わりだ」と思って倒れてしまうものなのです。しかし、それは一般人の反応の仕方であって、ヴィパッサナーでは、感覚の発生源、オリジンを探すのです。「ここから痛みが生まれてくる」と、痛みのスポットを確認することで、痛みの感覚が無際限に広がることを防げる。それは一番簡単な、やりやすい方法です。例えば足がひどい病気になって痛いとする。その人にとっては、足だけではなく頭のてっぺんまで痛むのです。痛みが生まれたら、痛みが身体全体に広がってしまう。そこで痛みがある足だけに集中していく。次に、足が痛いといっても、足の全体が痛いわけではないのですから、痛みが起きている局部に集中するのです。

## 痛みの観察で「智慧」を開発する

だいぶ以前のことですが、ヴィパッサナー瞑想の合宿に、足を一本切断された方が来ました。彼は頑張って修行して、瞑想はかなりのところまで進んでしまったのです。皆としゃべっているときでも、ものの見方をチェックすると、彼はなかなか進んでいると分かるのです。私が説法で教える見方を、全然聞いたことがないのに、何のことなく本人が言ってしまう。「最初はひどく痛くて瞑想できませんでした。でもとにかくやるぞと決めてやってみて、よく考えると痛いと言っても毎日痛いわけでもないんです。二十四時間痛いわけではないんです」と。そこで彼は、時間的に絞っていくのです。「身体が痛いからだめだ」ということではなく、一日は二十四時間あって、その二十四時間ずうっと痛いのかというとそうではないことを発見する。彼はそうやって痛みを時間的に絞っていって、空間的にも絞っていった。これは誰からも教えてもらったわけではないのです。まじめに瞑想をやるとそういう智慧が開発されていく。そういうものの見方は何のことなく身についてしまうのです。そこでいきなり痛みも飛んでしまって、誰よりも楽しく、楽に瞑想をしていたのですね。嫌な顔をすることもなく、ものすごく明るくなってしまった。そういう境地は、自分と一体になってくると、いつでも消えないようになるのです。

だから空間的に絞ってスポットが見つかったところで、それから時間的に絞って見ると、いつでも痛いわけではなくて、痛みはそれなりの波を打っていることが分かります。さらに進んだらもう一つ分かるのです。そこに心が行くから痛いのであって、そこに心が行かなかったら痛くないのです。分かりやすく言えばその場所を自分が知っているから痛いのであって、知らなかったら痛くはない。だから他のことを知ろう、ということで、他の場所に集中力を持っていく。

お釈迦様や他の阿羅漢たちは、遊行の日々を送られました。毎日、毎日、歩きづめで一日も休みはない。日曜日も祭日もない。托鉢をしたからといって、ちゃんと栄養のある食べものをもらえるとも限らない。ベッドで楽に寝ることもできない。そういう大変過酷な生き方でした。そこでもう身体がクタクタに疲れると、意識を身体から完全に離すのです。離して、身体を置いといて、意識が別に流れるようにしてしまう。その間は身体がない。その人にとって、「身体がある」ということを知らないのです。他のことで忙しい。その間、身体というのはただの植物のような感じになるから、それなりに落ち着いてきます。「一時間くらいあれば、この痛み、この怪我が落ちつくだろう」と思ったら、一時間くらい心を他所へ持っていけば、あまり苦しみを感じずにコントロールできる。そうやって、身体的な痛みも瞑想の達人には自由自在にコントロールできます。だからと言って奇跡のような感じで、「身体を切っても痛くない」「火に触ってもやけどをしません」とかそんな催し物はまずやらない。病気になっても、自分だけ得するようなことはしません。能力を使うか否かはその場で決めるものなのです。ときどき、お釈迦様も病気を瞬時に治してしまうことがありました。病気で歩けないのに、瞬時に治して何のことなく元気で活動することもできた。しかし、赤痢に罹って、半年以上も弟子たちにも誰にも会わず、寝たきり状態で普通の病人として臥せっていたこともあります。そのときも、お釈迦様は自分の心のエネルギーですぐ病気を治すことはできたはずですが、あえてそれをなさらなかった。そうやってその場でその場で判断されていたのです。

身体の痛みなどは、修行が進めば、その場その場で、治すか治さないかは決めることができます。それが「dukkhadomanassānaṃ atthaṅgamāya」ということです。

## 世間の「正理」はこうして現れる

「Ñāyassa adhigamāya 正理を得（るための）」。日本語訳では ñāya（ニャーヤ）は正理と書いています。文字通りそれでいいと思います。註釈書には「正理（ñāya）という八支聖道の証得のために」とあるのです。八支聖道とは八聖道（八正道）のことで、これは伝統的な註釈の解釈です。八聖道が身につくために、ということです。だからこの satipaṭṭhāna（サティパッターナ）という瞑想方法でなければ八聖道は身につかない、八聖道を実践したことにはならないという意味なのです。

Ñāya は八聖道でもいいですが、「論理」ということでもあるし、「もののあり方」という意味もある。自分に対する、世間に対する方法というか、システムというか、世のなかには、皆が知りたがる論理的なテーマがあるのです。「私は何ものなのか？」「どのように現れたのか？」「どのように現れてどのように消えるのか？」など、みな普通にそういうことを考えてしまうのです。

例えば、「アダムとイヴが人間の祖先だ」という教えは、「私は何ものなのか？」という質問に対する一つの答えなのです。なるほど、人間はこういうふうに現れて来たのだ、という答えです。アダムとイヴの物語はその文化圏の人々にとっては「正理・論理（ñāya）」なのです。それで存在の説明ができるのです。何で女性の方々は苦しんでいるのか？なぜ男性はずうっと女性のために一生懸命に命懸けで頑張っているのか？　仏教からすれば何のこともない悩みですが、ヨーロッパ文化や中東文化では、アダムとイヴの物語でそれを解決しているのです。「アダムとイヴの間で起きた出来事のせいでこういう酷い結果になった。イヴが悪魔の誘惑に負けて悪いことをやってしまい、楽園を追放されたのだから、いまさら、どうしようもないのだ」と。それもその人々がつくり出した「正理（ñāya）」なのです。しかし、それが本当に正しい「正理（ñāya）」ならば、その方法で心のやすらぎを得られなければいけないはずです。

ヒンドゥー教ならば、全く違う「正理（ñāya）」を主張するでしょう。科学者も違う「正理（ñāya）」を考えているでしょう。「私は何ものなのか？」という問いに、科学者は物質だけを見て答えを出します。物質を色々組み立てたところで生命のもとになるようなアミノ酸ができた、と推測するのです。そこでいまも生き続けている原始的な生命体を観察して、その生命体からどのようにいまの複雑で多様な生命体が現れたかというストーリーを組み立てて語っている。つまり、アミノ酸と遺伝の物語が科学者の「正理（ñāya)」になっているのです。

そうやってみな、「正理（ñāya)」だと思うことを各々で勝手にしゃべっています。当然、みな正しいとは思えません。しかし誰が正しい理論を語っているのかも分からないのです。存在に対する真理を神話的なストーリーで解説できるか、ということも問題です。それでも、人は真理を知らなくてはいけないのです。それならば、自分で探してみるより他に方法はないのです。『Mahāsatipaṭṭhānasutta 大念処経』の実践方法を行なってみると、生命の真理をおのずから発見することができるのです。生命に関する正理（ñāya）を発見する方法が、『大念処経』の実践なのです。

## 正理（ñāya）で疑が消える

ブッダにより説かれた実践方法で「全ての疑が消える」と言われています。現代的な思考では、そんなことはあり得ないと思われるでしょう。現代人は一つの問題にいくつかの解説方法を見出し、たくさんの意見をつくります。それから、自分たちの意見を立証しようと必死で議論するのです。議論することで、間違った意見が破れて、正しい意見が残るだろうと推測するのです。しかし議論だけでつくられた正しい唯一の意見というものは、この世のなかに一つも存在しないのです。実験をしたり証拠を探したりして、最終的な考え・結論に至ったケースならばあります。これについて、私がいつでも出す簡単な例は、「地球が丸い」という結論です。これは聖書を信じる人々と、聖書を信じない人々が議論の末に達した結論ではないのです。聖書賛成派はいまだに負けを認めていません。聖書反対派も「聖書は間違っている」という断言的な意見には達していないのです。いまだに議論中なのです。

この状況は、お釈迦様の時代も同じことでした。みな議論ばかり。魂はあるかないか、あるならばその魂はどのようなものか、と激しく議論をしていたのです。現代人もいまだに魂について議論しています。いまだに誰も、最終的な結論に達していません。これからも、地球上に人間がいる間は、議論が続くだろうと思います。ということは、議論では真理に達しない、という証拠なのです。しかし、「地球が丸い」という意見には、異見がありません。最終的な答えに達する方法が、ここにあります。それは、調べることです。証拠を探すことです。データを見つけることです。それを行なったから、お釈迦様は真理を発見したのです。「生きる」ということについての答えを見つけたのです。いままで人類が散々議論してきて、無数の意見をつくって、どちらが正しいのか分からなくて、悩んでいたのです。どちらが正しいと分からない状態は、「疑」です。「この意見が有力」と言えても、正しいとは言えないのです。この場合も、疑は晴れていないのです。お釈迦様は真理を発見した瞬間、一切の議論から心が解放されたのです。それは、疑が消えた状態です。『Mahāsatipaṭṭhānasutta 大念処経』の実践で、私たちにもこの、疑が消えることを経験できるのです。疑が消えたとは、正理（ñāya）に達したことなのです。

### 疑は無数の哲学・宗教をつくる

まとめてみると宗教と哲学の課題は二つです。

一、私は何ものですか？
二、世界とはどんなものですか？

この二つについて、たくさんの創造論があります。自然法則という論や唯物論、唯物論に対立してでき上がった唯識論もあるのです。そこに魂論も割り込んでくるのです。科学者が発見するデータからつくりだす、科学的哲学もあります。しかし誰一人として、論争に勝ってもいないし、負けてもいないのです。みな最終結論に達することができなくて、「そうだと思います」程度で止まります。世にある様々な意見をまとめてみると、「みな知らないから議論する」と見えてくるはずです。知っていることなら、議論・異論は成り立たないのです。簡単な例を出しましょう。「今日は何曜日ですか？」、この問いに皆様がたは議論すると思いますか？　異論が成り立つと思いますか？　もしかすると誰かが「○○曜日と日に名前をつけたのは人間の勝手です。日には曜日名をつけられません」と反論するかもしれませんが、それに関係なく、「今日は何曜日ですか？」という問いの答えは決まっているのです。

もし人が、今日は何曜日ですか、と明確に知っているぐらい、「生きるとは何か？」という問いに答えを見つけた場合は、一切の疑がたちまち消えてしまうので当然のことです。世のなかでたくさん宗教と哲学が現れたのは、人間に無智があるからです。無智が母親なのです。これからもたくさん、宗教・哲学が現れることでしょう。しかし、いまだに「どんな宗教が正しい宗教でしょうか？」という問いに、答えがないのです。哲学の場合も同じです。議論しても、結論には達しないのです。結果は、時間が無駄に減ってしまう、悩んだり困ったりする、疑が減るどころか強化される、自分の意見にしがみついて他人をけなしたり攻撃したりする、人生は無智のままで終わるのです。

お釈迦様は「生きるとは何か」と、客観的にデータを集める方法を選んだのです。その方法は『大念処経』で説かれています。ですから、四念処を実践すると正理（ñāya）に達するのです。

## 群盲象を撫でる

世のなかの思想・哲学は、アダムとイヴの神話物語みたいに何の根拠もない妄想だと切り捨てることもできないのです。正直な人は、何かの証拠があって自分の意見を語るのです。また別の人が、それに対立した反対意見を出すのです。そちらにもそれなりに証拠があるのです。その二人の間で「誰が正しいか決めましょう」ということになると、終わりが成り立たない議論の流れが起こるのです。実は、人の意見は認めるわけにはいきませんが、きれいに否定することも難しいのです。そこで人は、疑のままでいるはめになるのです。

お釈迦様は「群盲象を撫でる」という例えで、この状況を説明します。生まれつき目が見えない人々の前に、象を連れてきて、「象とはどんな生き物かと説明してくれ」と、その人々に頼みます。一人は象の鼻、もう一人は足、もう一人は尾っぽ、もう一人は耳、またもう一人は身体、などを撫でてみる。それから、おのおの自分の意見を言うのです。身体を触った人にとって、象は山のような存在です。尾っぽを触った人には、ホウキのような存在です。足を撫でた人からすれば臼のような存在です。耳を撫でた人は脱穀に使う箕のような存在だと言います。……互いの意見はあまりにも違うので、お互いに議論を始めるのです。喧嘩までするのです。相手に嘘つき呼ばわりされたら、黙っているわけにはいきません。自分は正直に、自分の経験を語っているのですから。結局、象の姿に関して結論に達することなく、議論だけ、喧嘩だけ続いていくのです。では仮に、この人々が触る場所を変えてみたらいかがでしょうか？　足を触った人は尾っぽも触ってみる、また耳も触ってみる、などです。そうなると、このような結果になります。「象とは臼のようでホウキのようで箕のような存在である」。ではこれが答えになりますか？　宗教・哲学の場合は、私たちはこの例えで出てくる群盲状態に陥っているのです。それも正直に、まじめに語る場合だけの話です。誇大妄想で悩んで、また金に目がくらんで、皆に拝まれることを狙って、語る人のことではありません。そのような人々は、詐欺師以外のなんでもありません。

この例え話は、ほんのわずかな経験だけに頼って結論に走ることの危険性を示しています。同時に、ものごとを全体的に見るために必要な観察能力が欠けていることも示しています。群盲には視覚能力が欠けていたのです。私たちには観察能力が欠けているのです。大念処経はこの問題を解決して、観察能力を育てる方法を教えているのです。象が見えた瞬間、群盲が繰り広げた全ての議論が消えて平和になるように、私たちに観察能力が身につけば、全ての疑が消えて、心が平和になるのです。

### 道には目的がなければいけない

そこで次に、サティ（sati）の実践によって「nibbānassa sacchikiriyā 涅槃を体得・体験する」という、達すべき目的を示しているのです。現代人は「瞑想すれば精神的に落ち着きます。集中力が上がります。ストレスがなくなります。それで仕事がはかどります」という気持ちで瞑想に興味をいだきます。仏教の瞑想、ヨガ、他宗教の瞑想、現代人が創りだした瞑想などに挑戦するのです。心のやすらぎを目指すことは悪くないが、次の狙いは問題です。心が落ち着いたならば、よく勉強できる、仕事がはかどる、というところが問題です。単刀直入に言えば、「金が儲かります」ということです。なのにまた、金は全てじゃない、金では幸せは買えない、などとも言う。瞑想しなくても金儲けや商売繁盛などはできると知らないのでしょうか？

欲・嫉妬・怒り・憎しみなどの感情が絡んでいるから、心に落ち着きがないのです。心が混乱すると、勉強も仕事も商売も金儲けも平和に生活することもできなくなるのです。金儲けを狙って瞑想することで、自分の心の欲に充分燃料を与えているのです。燃料があるならば、欲はごうごうと燃えるのです。それで精神的に混乱するのです。心が混乱すると、勉強も金儲けも失敗するのです。もとに戻ります。混乱していたから、それを治すために瞑想を始めました。瞑想をしてから、混乱に陥りました。ではまた、混乱を治すために瞑想を始めることでしょう。

ブッダの実践には、この悪循環はないのです。涅槃を体験するために実践するのです。涅槃とは、心の煩悩がなくなったところで、心が経験する究極な安穏なのです。もとに戻ることはありません。精神的に落ち着いて、心が感情に振り回されないならば、商売も勉強も人間関係も良くなるのは当たり前の話ですが、それを目指すと、とんでもない悪循環に陥って元の木阿弥になることを憶えておきましょう。ですから仏道を歩む人々は、解脱・涅槃を目指すべきなのです。

## 身体の動きに気づく

yadidaṃ cattāro satipaṭṭhānā. ‘Katame cattāro?

すなわち、それは四念処です。
四とは何か。

### 気づき：世間と仏道の違い

Cattāro satipaṭṭhānā と説かれているので、気づきは四種類になります。なぜ気づきを明確に四つに制限したのかと説明します。気づきという言葉は、私たちが日常使っている単語の一つです。ですから気づきの意味は、「日常、私たちが考えている気づきではないか」と勘違いする恐れもあります。ほとんどの人々は、それなりの気づきがあって、生きているのです。その気づきについて、正覚者たるブッダがあえて「唯一の道だ」と説く必要はないのです。ですから、四つの気づきとは、みな毎日やっていることではないかと思われたら、困るのです。皆に何かしらの気づきがあることは確かですが、誰一人として悩み苦しみを乗り越えていないのです。愁い悲しみをなくしていないのです。心の安穏を確保して、解脱に達していないのです。ということは、釈尊が提案する気づきと、私たちが日々やっている気づきは、同じものではないのです。註釈書はこのポイントを明確にします。気づき（sati）は日常世界の心では起きません。仏道を実践するときのみ、その心に気づきが起こるのだと註釈するのです。

正しく気づいて日常生活を送ることが、良いに決まっているのです。人生で起こる失敗の大半は「気づかなかった」から起こるものです。気づきがないと、運転するときは事故を起こすし、寝ている間に家が火事になることもあります。ですから、気づきが私たちの命を守っているのです。私たちは「気をつけなさい」としょっちゅう叱られる身分です。しかし一度たりとも、「気づきを育てなさい、気づきを実践しなさい」と言われたことはないのです。「ただ気づけばいいのに。わざわざ気づきを育てる必要があるのか」というのは、みんなが思うことでしょう。

一般的に考える気づきは、問題を起こさず無事生きることを期待しています。生きることを乗り越えて、解脱に達するべきだという目的はないのです。苦しみを乗り越えて、憂い悲しみをなくして、正理を発見して、安穏たる解脱に達するための「気づき」もあるのです。この経典でその気づきを提示しています。それは四種類です。

### ブッダのことば

Idha, bhikkhave, bhikkhu kāye kāyānupassī viharati ātāpī sampajāno satimā vineyya loke abhijjhādomanassaṃ,

**比丘たちよ、ここに比丘は、**
**身において身を観（み）つづけ、熱心に、正知（しょうち）をそなえ、念（ねん）をそなえ、**

世界における貪欲（とんよく）と憂いを除いて住みます。

## 観察

四種類の気づきのなかで第一は、身体に（kāye（カーイェー））気づくことです。次にanupassī（アヌパッスィー）という単語が出てきます。Passati（パッサティ）とは「観る、観察する」という意味です。Passatiにつく接頭辞anu（アヌ）は、観察の仕方を説明します。Anuは「沿う」という意味なので、身体に沿って観察する、という意味になります。パーリ語でgacchati（ガッチャティ）と言えば「行く、歩く」という意味です。Anugacchati（アヌガッチャティ）と言えば、誰かの後をついて行く・歩くことです。「身体に沿って身体を観察する」という場合も、身体の後をついて観察することになります。身体というのは、常に動くものです。物のように停止しているのではありません。身体の動きに沿って、どのように動いているのかと観察するのです。他人の身体の動きを観察すると、他人に怒られることでしょう。訴えられる可能性もあります。他人の身体の動きを観察しても、自分には何の役にも立ちません。ですから自分で自分の身体の動きを観察するのです。それで「こんなのはできるのか」という疑問が生じます。「できない」ではなく、誰もやっていないだけです。ここで人は、科学的な観察方法を使用しなくてはいけなくなるのです。要するに、主観的に「私の身体」ではなく、客観的に「この身体の動き」を観察し始めるのです。次の単語は、viharati（ヴィハラティ）です。Viahratiとは「生きる、生活する、住む」などの意味です。ですから客観的に「この身体の動き」を観察することを生活習慣にしなければいけないのです。これは「修行する」という意味になります。日常の「身体に気をつける」こととは随分違います。

## 修行

Ātāpīとは「修行する、精進する、苦労する、努力する、頑張る」という意味です。身体を観察することにおいては、修行しなくてはいけない、苦労しなくてはいけない、努力しなくてはいけない、頑張らなくてはいけないのです。

## 正知

Sampajāno（サンパジャーノー）の意味は「正知をそなえ」です。その訳では理解できないでしょう。この単語を英訳するとawareness, presence of knowledgeになります。しかし複雑に考える必要はないのです。いま何が起こっているのかと、知っていることです。私たちは日常、ご飯を食べているとき、テレビを観ているのです。またテレビを観ながら料理をつくっているのです。イヤーフォンを耳に差して音楽を聞きながらジョギングするのです。ご飯を食べているか、テレビを見ているか、よく分からなくなります。食べ終わったのに、どれくらい食べたか、何を食べたか、どんな味だったかよく分からないし、その間に見ていた番組の中身も分からない。あれもこれも同時にやろうとするのは、心に落ち着きがないからです。たくさんのことを同時にやろうとすると、一つもまともにやったことにはならないのです。全て中途半端なのです。ものごとの理解能力がなくなるのです。何も理解せず、何も発見できず、充分に生きてきました、という実感はなく、人は老いて死ぬのです。お釈迦様はsampajānoという一語で、一般人の生き方と全く違う生き方を提案しているのです。いまの瞬間で何が起きているのかとよく知っておくこと、頭を過去や将来に走らせないこと、妄想や雑念にふけってはいけないことを推薦しているのです。その生き方が、「正知をそなえ」という意味なのです。

## 気づき

Satimā（サティマー）の意味は「念をそなえ」です。Satiは念と訳するのが慣例です。私たちはsatiを「気づき」と訳します。気づきという語は、sampajāna（サンパジャーナ）とsatiの間を取っています。ヴィパッサナー実践をする方々に、瞬間瞬間の感覚を言葉で確認すること、ラベリングすることを推薦しています。それは、「念」ずることです。歩くときに、足を「上げる、運ぶ、下ろす」とラベリングしながら行なうと、言葉だけ空回りしてしまうこともよくあります。そうなると修行にはなりません。精進することにはなりません。Sampajāno正知がついてくると、修行なのです。Satiとsampajānaはペアなのです。分かりやすく言えば、足を上げるとき、「上げる」とラベリングしながら上げている足（身体の動き）に気づかなくてはいけないのです。

## 効果

Vineyya loke abhijjhādomanassaṃの意味は「世界における貪欲と憂いを除いて住みます」です。このフレーズも解説する必要があります。身体の動きに気づいて観察すると、その人に他のことを考える余裕はないのです。過去や将来のことを考えて心配したり、妄想にふけって空想の世界に戯れたりする余裕がないのです。一般人は「いまの瞬間」という現在に生きることはしないのです。何をやっていても、頭はそのやっていることに集中しないで、過去か将来や、妄想などに走るのです。それで欲が生まれたり、怒りが生まれたり、憂い悲しみが生まれたりするのです。いまの瞬間に身体に触れることには、ほとんど欲・怒り・憂いなどは生まれません。例えば、人の掌にダイヤを置いたとしましょう。軽い石を一個、手に置いた感触でしょう。目で見ると、光を反射する物として見えるでしょう。ではそこで、いっぱい妄想・思考を注いでみましょう。「これは本物のダイヤです。二十カラットもあります。二十カラットのダイヤは、この世で珍しいものです。価値は軽く二千万円を超えます。このダイヤは、英国のエリザベス女王が皇太子の結婚式でダイアナ妃にあげたプレゼントでした。ダイアナ妃はこのダイヤを慈善活動のために寄付したのです」と説明を聞いたら、驚いて腰が抜けるでしょう。すごいものに触れることができたと、感動もするでしょう。どんな気持ちになるのかということは、それぞれの人によって変わるかもしれませんが、「いま・ここ」を離れて、頭が過去・将来・妄想などに走ってしまうと、欲や怒り、憂い悲しみなどが起きてしまって、心が汚れるのです。

お釈迦様が仰った通りに、身体の動きを客観的に、正知をそなえて観察すると、心には憂い悲しみなどが起こるはずもないのです。このフレーズにlokeという言葉があります。「俗世間に対する」という意味です。俗世間の生き方では、必ず欲、怒り、憂い、悲しみなどが起こるのです。お釈迦様が推薦する観察方法を実践しはじめたその瞬間から、心が憂い悲しみなどから解放されるのです。人がたった一分間でも観察を実践すると、その一分間で心がやすらぎを味わうのです。経典では、法の特色を説明するとき、akālikoという言葉を使います。簡単にいえば、時間はかからない、すぐその場で結果が出ます、という意味です。Satiの実践を始める人が、その瞬間、その瞬間で、憂い悲しみから解放されたやすらぎを感じるのです。Vineyya loke abhijjhādomanassaṃというフレーズで、気づきの実践から得る結果を示しているのです。

しかしこれが解脱だと、勘違いしないでください。まだ修行を始めたばかりです。始めた瞬間にでも、結果があるのです。そのことを説かれているのです。まだ気づきの三種類が残っています。

## 「受・心・法の随観」のあらまし

Vedanāsu vedanānupassī viharati ātāpī sampajāno satimā, vineyya loke abhijjhādomanassaṃ, citte cittānupassī viharati ātāpī sampajāno satimā vineyya loke abhijjhādomanassaṃ, dhammesu dhammānupassī viharati ātāpī sampajāno satimā vineyya loke abhijjhādomanassaṃ

　もろもろの受において受を観つづけ、熱心に、正知をそなえ、念をそなえ、世界における貪欲と憂いを除いて住みます。
　心において心を観つづけ、熱心に、正知をそなえ、念をそなえ、世界における貪欲と憂いを除いて住みます。
　もろもろの法において法を観つづけ、熱心に、正知をそなえ、念をそなえ、世界における貪欲と憂いを除いて住みます。

　二番目は vedanāsu（ヴェーダナース）感覚において、vedanānupassī（ヴェーダナーヌパッスィー）感覚に沿って、感覚のままに観察します。Vedanā とは身体の感覚です。身体の感覚について、また気づきの修行をすることです。その場合も感覚のままに、というのが肝心です。人は普通、感覚に楽しい、欲しい、嫌、苦しい、などの価値を入れるのです。自分が勝手に入れた価値を重視しますが、肝心な感覚を無視するのです。ですから、善し悪しなどの価値を入れないで、「感覚とは何だ」と感覚について妄想したりもしないで、感覚のままに観察していく。その場合も sampajāna 正知は必要ですし、abhijjhā-domanassa（アビッジャー ドーマナッサ）貪欲と憂いも当然、なくなるようにしなくてはいけないのです。
　三番目は citte（チッテー）心において、cittānupassī（チッターヌパッスィー）心のままに観察していくのです。
　四番目は dhammesu（ダンメース）法において、dhammānupassī（ダンマーヌパッスィー）法のままに観察します。Dhamma（ダンマ）法とは何かと、ここで説明しなければいけないのですが、説明を控えたほうが良いと思います。Dhammaというのはパーリ語で、もっとも広い意味に使う単語なのです。文脈に合わせて訳さなくてはいけないのです。ブッダの教え、真理、世の常、法律、正しい、法則、現象、などなどの意味があります。大念処経におけるdhammaの意味は、法随観のセクションで説明があります。ここでは、kāya（カーヤ）身とvedanā受とcitta（チッタ）心を除いた、他の諸々のことだと仮に理解しておきましょう。

## ものごとに目覚める

これで四つの項目について気づくべきだと、説かれたのです。この四つの項目は、大念処経の骨格です。気づきがメインテーマです。

気づきの実践は特別な修行方法として紹介してありますが、一般人は何にも気づかないで生きている存在でしょうか。それはあり得ない話なのです。皆、色々なことに気づいて、生きているのです。飼っている猫も、動いているものならすぐ気づくのです。ワンちゃんも、聴き慣れていない音にすぐ気づいて吠えるのです。私たちも、色んなことに気づいて生きているのです。しかし、それがなぜ修行にならないのでしょうか。

我々の気づきは、決まって偏見です。主観です。何にでも気づくのではなく、自分にとって興味のあるものにだけ気づくのです。動くものが気になる猫は、怪しげな音を無視するのです。料理に興味ある人は、料理の本を買って読んだり料理番組を見たりするのです。お笑いに興味ある人は、番組表を調べて、お笑い番組だけ予約録画ボタンを押しておくのです。また、気に入らないこと、都合が悪いことに、あえて気づかないようにと頑張るのです。自分の都合で、主観で、偏見で、世を観察しても真理の発見はできません。

この問題は、ときどき、瞑想を始める方々のなかにも現れます。もしかすると、世のなかのことを気に入らなかったから、うまく対応できなかったから、仏教に興味を持ったかもしれません。それは「真理を知りたい、ありのままの事実を知りたい」というアプローチとは違います。世のなかのことが嫌だから、仏教に興味を持ったのです。それで瞑想を推薦されたところで、瞑想実践を始めます。それから、私は瞑想だけしたい、世のなかのことには全く興味がない、世間から離れて出家したい、などなどの気持ちも起きます。このようなケースにしても、結局は、好きなことはやる、嫌なことは無視する、というスタンスです。このスタンスは、真理を発見する道ではないのです。人が「私は西洋人が好きです。アジア人が嫌いです」と言ったとしましょう。それはその人の主観で、好き嫌いで、偏見なのです。西洋人が良い人間で、アジア人が悪人だということにはならないのです。このような態度を取ると、西洋人はどんな人間か分からなくなりますし、アジア人もどんな人間か分からなくなるだけです。主観的な気づきはこのようなもので、修行して真理を発見する世界とは、天と地の差なのです。

正しい気づきとは、一切の主観、偏見、先入観、思考、妄想、好き嫌い、感情などをカットして、客観的にありのままに観察することです。仏教が推薦する気づきは、決してたやすいものではありません。真剣まじめな修行の一種です。諸々の修行方法のなかでも、難しいものだと思っても構わないのです。

それで理論的には、一切の現象に気づかなくてはいけない、ということになります。始めから無理な話です。お釈迦様が一切の現象を四つの項目に分けます。その項目は、身・受・心・法なのです。この四つに一切の現象が入るのです。人間の認識順序から言うと、まず自分がいることに気づきます。それから、外の世界もあることに気づきます。修行はこの順番で行くのです。まず、自分の存在を身・受・心・法に合わせて観察する。それから、その他の現象も身・受・心・法に合わせて観察するのです。そのやり方で、全ての現象に目覚めることになるのです。

## 私を知ることを智慧と言う

この身・受・心・法の四つを観ると私たちに何が分かるのでしょうか。この身体、身体の感覚、そして心、という三つは、私と名付けられる全てです。その三つを観察することは、私を発見することになるのです。主観的・偏見的な観察と違って、客観的な観察なので、私とは何かと、ありのままの事実として発見するのです。自分を調べただけで全てを知ったとは言えないでしょう、という異論は成り立ちます。しかし修行として観察を実践する人は、①自分のこと、②他人のこと、③自分と他人を含めて、という三つのステップで観察するから、問題はありません。それから、法の観察という実践もあります。そこから、現象に関する法則を発見するのです。それは、全てを発見したことなのです。智慧が現れているのです。

## 価値観は真理の敵

Satiの実践に入らない、関係がない対象は一つもないのです。気づきの実践で、全ての現象の本来の性質を発見できるのです。智慧が現れるのです。この観察方法は、普通の人々の観察方法とは違います。普通の世界の観察には、価値観は欠かせない条件です。価値がなければ観察しないのです。価値はプラスでもマイナスでもよろしいのです。日本海に天然ガスがあるかと観察する場合は、プラスの価値です。価値があるからこそ調べるのです。放射線が身体に与える影響は、マイナス価値です。ですから、放射線はどの程度身体に悪影響を与えるのかと観察するのです。放射線が身体に何の影響も与えないならば、その観察はしないのです。観察するために価値が必要です。価値とは、世のなかでいちばん曖昧で、何の定義もできない概念なのです。ナポレオン三世の時代では、アルミも貴金属の一種でした。ガラス製品も宝物だと思われた時期もあったのです。日本の将来は原子力にかかっていると思っていた時期も、原子力は損ばかりだと思う時期もあります。先祖代々のお墓なので大事に守る場合も、墓石を処分してその土地で駐車場かビルを建てて金儲けする場合もあります。価値観はあてになりません。科学者の研究も、価値観があって行なうものです。ですから、価値観を基準にする観察は、貪瞋癡、怒り、嫉妬、憎しみ、争い、苦しみを生産するのです。価値観に基づいた観察で、人はより高度な無智に達するのです。

修行として気づきの実践をする場合は、価値観を基準にしてはならないのです。心に怒りが生まれたら、怒りが起きた、と気づくのです。しかし、「怒りは嫌だ、怒るのは当然だ、心を清らかにしようとしたところで怒りが起きたので私はだめな人間だ」などなどの価値観は絶対禁止です。気づきを実践すると良い気持ちになりました、心が落ち着きました、楽しくなりました、などの価値観も禁止です。価値観とは、良い・悪い、高い・安い、善・悪、好き・嫌い、欲しい・いらない、敵・味方、苦・楽、などの虚妄分別なのです。二分化することです。虚妄分別（こもうふんべつ）は、無智への道です。智慧ではありません。価値観は智慧の敵なのです。

# I

# 身の随観

カーヤーヌパッサナー

Kāyānupassanā

大念処経のイントロダクションは終わって、経典はここから各論に入ります。まずは身体に沿って身体をどのように観察するのか（身の随観）について、明確に説明していきます。

## 出息・入息の部　Ānāpānapabbaṃ

アーナーパーナパッバン

### 瞑想に適した場所

3　Kathañca, bhikkhave, bhikkhu kāye kāyānupassī viharati? Idha, bhikkhave, bhikkhu araññagato vā rukkhamūlagato vā suññāgāragato vā nisīdati, pallaṅkaṃ ābhujitvā, ujuṃ kāyaṃ paṇidhāya, parimukhaṃ satiṃ upaṭṭhapetvā.

3　では、比丘たちよ、どのようにして比丘は、身において身を観つづけて住むのか。

比丘たちよ、ここに比丘は、森に行くか、樹下（じゅげ）に行くか、空屋（くうおく）に行って、跏趺（かふ）を組み、身を真直ぐに保ち、前面※に念を凝（こ）らして坐（すわ）ります。

そろそろ身体を、身体のままに観察することにしましょう。自分の身体はいつも自分のところにあるから、場所なんかは関係ないと言えますが、そうはうまくいきません。落ち着かない、騒音が多い、人々が行き交う場所などでは、集中して観察することができないのです。瞑想した経験もない、集中力を育てたこともない初心者は、当然、誘惑に弱いのです。ですから、最良の場所を選んだほうが、正しく観察することができるようになります。集中力と能力が上がったところで、どこでも観察できるように成長することでしょう。

しかし最初にお釈迦様は、身体とは出息・入息することだ、とするの



※底本では「全面」となっています。

です。これは当たり前の事実です。生きているという生命は、皆、一貫して吸ったり吐いたりしているのです。それがなくなったら、生きているとは言えないのです。ですから、生きているとは出息・入息だとするのは、客観的な事実です。出息・入息を観察するためには、落ち着いた場所が必要です。ですから、修行者は森に入るか、樹の下で坐るか、空き家・空き地などのところを探さなくてはいけないのです。簡単にいえば、人が入らないところか、入りたがらないところを選ぶのです。

### 足を組んで坐る

出息・入息観察の場合は、足を組んで坐って、背筋を伸ばして、身体をまっすぐに保つのです。これはお釈迦様によって定められた条件ですから、その通りに守ったほうが良いと思います。「足を組んで坐る」習慣はインドで始めて南アジアに広がったものだから、いまは守らなくても良い、現代文化に合わせたほうが良い、などの意見もあると思います。家具を使わず床に坐る習慣は、インドに限ったものではありません。中東の国々でも、古代文明のなかでも、この習慣はあったのです。

しかし、呼吸瞑想するときは、足を組むことは文化的な習慣でもないような気がします。足を組んで坐る人は、坐るためには自分の身体の力を使わなくてはいけないのです。身体の筋肉と神経が仕事をしなくてはいけないのです。ということは、ある程度で身体が活動状態なのです。身体を活動状態に保つためには、脳も活動状態でいなくてはいけないのです。瞑想実践を始めるためには、必要な条件です。瞑想とは、居眠りすることの反対なのです。足を組むことによって、自分の力で坐るだけではなく、姿勢がとても安定するのです。倒れないのです。椅子に坐っても、立っても、ベッドに横たわっても、それほど安定しているとは言えないのです。横たわったら身体の力を全く使わないので、脳も機能低下するのです。他人にその人を転がすこともできるのです。しかし、足を組んで坐ることは、本当に安定した姿なのです。背筋を伸ばせるし、血液もよく流れるし、脳は活性化するのです。瞑想などの脳を激しくはたらかせる仕事には、適した姿勢なのです。

経典には簡単・単純に足を組みなさいとあるだけで、上になるのが左足か右足かは説かれていないのです。手を組むときも、左が上か右が上かは強調しません。ただ足を組んで坐ればいいだけの話です。仏像などでは右足が上で、右手も上にしてつくるのです。しかしそれが決まっている正しい姿勢だと言うのは難しいです。どちらにしようかなと思われたところで、インド文化では右は清らかで左は汚れという迷信があったので、とりあえず右を上にしようかなと仏師たちが思ったことでしょう。それから、仏像にはムドラー（印契）があります。それも芸術家たちが考え出した造形の仕方なのです。慈しみ、涅槃、説法などを表現したくなる場合は、何かの形にしなくてはいけないのです。ですから仏像には、施無畏印、説法印、降魔印、禅定印などなどがあります。仏教を造形で表そうとした芸術家たちの考えです。仏教を実践する人々がその猿真似をしようとするのは、あまりにも無意味でおかしな行為です。

## 椅子は禁止でしょうか

椅子に坐るなかれとは、どこにも書いてありません。『清浄道論』では、呼吸瞑想を紹介するところで、腰掛けを使って坐りなさい、とあります。腰掛けとは、椅子のことです。なぜ経典から逸脱したのかとよく分かりませんが、その考えにも理由があります。清浄道論にあるのはサマーディ・禅定状態をつくるためのアドバイスです。いっぺん瞑想を始めたら、三時間、四時間ほど続けてやらなくてはいけない、と書いてあります。ですから腰掛けを使ったほうが良いかもしれません。とはいっても、椅子に坐って瞑想する習慣はないのです。

ついでに、椅子とは何かとも憶えておきましょう。椅子は家具です。

家具には価値があります。金がある人は高い椅子を使えるし、金がない人は何かの腰掛けを使わなくてはいけなくなるのです。腰掛けから贅沢なソファーまで、椅子には様々な形があります。椅子の座面は、木の板から豪華なクッションまであります。背もたれも色々です。その上、身体に合う椅子も合わない椅子も、健康に良い椅子も健康に悪い椅子もあります。気に入っているものも気に入らないものもあります。足を組んで坐れば、心を混乱させる、集中力の妨げとなる、椅子に関わるややこしい問題や悩みなどはなくなります。瞑想していた人が、ご飯を食べてから瞑想する場所に戻ると椅子が盗まれた、ということもないのです。

仏教文化は、基本的に床に坐る文化です。しかし出家に椅子は禁止項目ではないのです。在家の仏教徒が布施するならば、僧坊に家具を入れても構わないのです。しかし家具を個人の所有物にすることは禁止されています。寄付された家具は共有物なのです。出家は家具を借用するのです。

余談ですが、律蔵に色々面白い記述があります。コーサラ国のパセーナディ王の祖母が亡くなったとき、その方が住んでいた宮殿にあった家具の全てをお寺に寄付してしまったのです。お寺とは最低限の品物で生活が間に合う場所なのです。そちらに王族の方々が使う絨毯や家具などを入れると、問題が起きます。一般人さえお目にかかることのできない高価なものでしょう。王のお布施を却下することも、捨てることもできないのです。お釈迦様が解決策を説かれます。家具の脚、アームレスト、背もたれなどに彫刻している馬、虎、ライオンなどの動物の姿を削りなさい。花模様は構わない。金銀の装飾も削って捨てなさい。絨毯の場合は、豪華な鹿の皮、毛足の長い毛皮のベッドカバーなどは捨てる。絨毯にも怪しげな模様などがあれば、その部分を切り取る。高価な珍しい家具にこのような乱暴な加工を施すと、一般人の家にある家具と何のかわりもなくなるのです。価値が消えるのです。それでお坊さんたちも、戒律を犯すこともなく、贅沢に溺れることもなく、泥棒に入られて身を危険に晒すこともなく、修行することができたのです。

### 気づきを前面に持ってくる

正しく坐って身体はまっすぐにしてから、集中力（気づき）を前面に置く（parimukhaṃ satiṃ）のです。註釈書には、鼻の先に集中することだと記してあります。鼻が長い人は鼻の先、鼻が短い人の場合は空気が上唇に触れるので、そちらに集中するのです。

出入息観の場合は、集中するところはサマーディ瞑想をするのか、ヴィパッサナー瞑想するのか、ということによって変えるべきです。大念処経はヴィパッサナー瞑想を教えているのです。ヴィパッサナーとしての出入息観は、理論的に身体の観察にならなくてはいけないのです。ですから、鼻の先ではなく、後ろになったほうが正しいのです。要するに身体のなかの感覚で呼吸を観察することです。呼吸は身体の前面に起こるはたらきです。ですから身体全体の前面を感じて、呼吸の観察を始めるのです。鼻の先に集中することになると、サマーディの呼吸瞑想になります。たいした違いはないでしょう、と思われるかもしれません。しかし、とてつもない違いなのです。前面に集中して観察をすると、瞑想は自動的に受の随観に進みます。呼吸瞑想の場合は、集中力だけ高くなっていくのです。そのときは色々新たな経験が起こりますが、ヴィパッサナーの方向へは行けません。

### 「自然な呼吸」の観察

So satova assasati, satova passasati.

かれは、念をそなえて入息し、念をそなえて出息します。※



※ assasati、passasati を底本では逆に訳しています。（以下同）

その人はsato（サトー）気づきがあって、感じながら・気づきながらassasati（アッササティ）吸います、sato気づきながらpassasati（パッササティ）吐きます。ヴィパッサナー瞑想を学ぶとき、「先に、二・三回ぐらい深呼吸をしてみなさい」と言われるはずです。あえて無理に・強引に深呼吸する必要はあるのでしょうか。人間は生まれてから死ぬまで呼吸をしていますが、呼吸困難にでも陥らない限り、呼吸には気づかないものです。自律神経系のはたらきで、自動的に起こるものだと思って、放っておくのです。呼吸とは、意識的にも無意識的にもできるものです。自律神経系だけではなく、体性神経系（感覚神経と運動神経）でもできるものです。ヴィパッサナー瞑想の場合は、呼吸という身体のはたらきが起こるときも、感覚に気づくのです。それを明確に行なうために、最初は意図的に深呼吸したほうが良いのです。そのとき、「吸うときはこの感覚だ、吐くときはこの感覚だ」と明晰に感じることができます。しかし、意図的に強引に呼吸することは、ありのままの現象を観るヴィパッサナー瞑想においては、正しくないやり方になります。まず深呼吸して、呼吸の感覚をよく感じ取って、それから、呼吸を身体に任せるのです。経典はそのところから説明しているのです。

Dīghaṃvā assasanto ‘dīghaṃ assasāmī’ti pajānāti, dīghaṃ vā passasanto ‘dīghaṃ passasāmī’ti pajānāti,

長く入息するときは〈私は長く入息する〉と知ります。あるいは、長く出息するときは〈私は長く出息する〉と知ります。

Dīghaṃvā（ディーガンワー） assasanto（アッササントー）もしも長く吸っているならば、あ、長く吸っているのだと理解するのです。長く吸っていることを感じ取ってみるのです。

Rassaṃ vā assasanto 'rassaṃ assasāmī'ti pajānāti, rassaṃ vā passasanto 'rassaṃ passasāmī'ti pajānāti,

また、

短く入息するときは〈私は短く入息する〉と知ります。あるいは、短く出息するときは〈私は短く出息する〉と知ります。

もし、自分の吸う息がrassaṃ(ラッサン)短いならば、それは短い入息であると観察する。吐く息が短い場合は、それは短い出息だと観察するのです。空気が身体に入ったり、身体から出たりする、というシンプルなはたらきです。しかし、それは身体に感覚がない限り起こるものではないのです。外に空気があるからと言って、勝手に肺には入らないのです。身体の感覚が大事なはたらきをして、空気が入るように、出るように、しているのです。瞑想する人は、この身体が行なっている仕事に気づいておくのです。

呼吸瞑想は簡単に説明されていますね。そう思われても、私たちは色々な概念を取り入れて、この瞑想をややこしく複雑なものにしてはなりません。大念処経はヴィパッサナー瞑想を紹介して解脱に達する方法を教えるところです。呼吸瞑想に特別に配慮する必要はないのです。しかし、呼吸瞑想自体はとても大事な瞑想であると、中部経典一一八番の『Ānāpānasatisutta(アーナーパーナサティスッタ)安般念経(あんぱんねんきょう)』で説明されてあります。その経典でも、呼吸のやり方を説明するのではなく、基本的に呼吸に気づいてから、徐々に智慧を開発して、解脱に達する方法へと指導しているのです。

呼吸瞑想は仏教以外の宗教でも実践されていますが、皆同じことをやっているのだと思ってはならないのです。それぞれの宗教の教えに合わせて、呼吸を調整しながら瞑想しているようです。何かしらの神秘体験を得たくて、呼吸をいじるのです。深呼吸ばかりをしたり、息を吸って止めたり、また吐いて止めたり、できるだけ長く息を吸ったり吐いたり、鼻で吸って口で吐いたり、口で吸って鼻で吐いたり、呼吸と一緒に呪文を唱えたり、色々なやり方があります。それは自然のままに、ありのままに、呼吸を観察することではないのです。自分の妄想に合わせて、呼吸をいじめているのです。不自然なことをやるから、因果法則によって不自然な結果になるかもしれませんが、ありのままの真理には達しないのです。皆様の耳にも、色々な呼吸瞑想の情報が入っているだろうと思いますが、それとブッダの説かれた解脱に達する瞑想を混ぜて実践しないほうが安全です。お釈迦様の説かれた、いたってシンプルな呼吸の観察方法を実践したほうが、智慧の開発になります。

**身体全体を感じる呼吸**

次に

Sabbakāyapaṭisaṃvedī assasissāmī'ti sikkhati, 'sabbakāyapaṭisaṃvedī passasissāmī'ti sikkhati,

〈私は全身を感知して入息しよう〉と学び、〈私は全身を感知して出息しよう〉と学びます。

Sabbakāya（サッバカーヤ）全ての身体を、paṭisaṃvedī（パティサンヴェーディー）理解しながら、感じながら、吸います。sikkhati（スィッカティ）学ぶ、訓練を続けていく。訓練のポイントはそこなのです。決して腹式呼吸の訓練ではなくて、「吸います」と確認して吸ったところで、身体全体を感じられるくらいに、自分の「感じる能力」を育ててみるのです。より頭を良くする、理解能力を伸ばすということなのです。

この身体全体と言う場合、ブッダゴーサ（Buddhaghosa）長老の註釈では、「呼吸そのものが身体」と解釈します。すると、呼吸を全部観なさいという意味になりますが、何かちょっと納得いかない。一般的に「身体全体」ということでいいのではないか、とも思います。なぜそのような註釈になったかというと、伝統的に鼻先だけに集中する呼吸瞑想を教えていたからなのです。その方法はsamādhi（サマーディ）統一状態をつくるためには、大変便利なやり方でした。鼻先の感覚だけを見て呼吸瞑想をする。鼻の先だけに集中していると、身体の感覚が消えてしまうのです。そこまで行くのは時間がかかりますが、どんどん瞑想して、訓練していくと、鼻先の感覚だけを観られるようになって、他のところには興味がなくなってしまう。坐っているか、立っているか、ということではなくて、鼻先のほうがすごく厳密に体験できるようになってきます。その場合は呼吸を全部分からなくてはならないのです。呼吸は鼻先に触れて身体の中に行ってしまう。しかし、身体のなかは感じません。身体の外も感じない。ですから、呼吸というものを一本の棒のように考えると、その一本の棒のような空気が鼻の穴から最後まで入ってしまう。最後まで入るまで、鼻先で感じる。それから、この棒のような空気が鼻先から終いまで出ていってしまう。そこまで鼻先で感じる。空気が触れはじめて、どんどん触れて、止まって、それから出ていって、出ていって止まる。その空気の流れそのものを、sabbakāya全ての身体、一つの身体として註釈書で解釈しているのです。その瞑想の場合は、足やお腹といった場所は一つも感じない。感じる能力・集中力をわざと鼻先だけに持っていってしまうのです。だからうまくいった人の場合、その人にとって他のものはないように感じてしまう。もう興味はないということで、そこには心はいかないのです。それからsamādhi状態が現れるのです。Samādhiを目指して瞑想するならば、註釈書のアドバイスに従っても構わないのです。

## ヴィパッサナー瞑想における呼吸の観方

この経典で説いているのは、サマーディ瞑想ではなくて、ヴィパッサナー（vipassanā）瞑想の世界です。

ブッダゴーサ長老の註釈では、やはりそうやって呼吸全体を身体として解釈してしまいます。では私たちはどのように取ればいいか、というと、決めることはできませんが、私は自分の意見として、普通の常識的な読みとして、「身体全体」でいいのではないかと思っています。ですから、「長く吸っています」と言ったら、長く吸っている、というエネルギーが身体全体に行きわたってしまう。それから「長く吐いています」と言ったら、長く吐いている、というエネルギーが身体全体から出て行くということです。結局エネルギーなのです。吸ったということはエネルギーだから、全体に行きわたるはずなのです。振動にしても、どこかに触ったらその振動がずぅっと先まで行くでしょう。それを感じられるくらい我々は敏感か、敏感でないかということなのです。例えばいましゃべったり、色々なことを考えたりすると、我々は呼吸のことをまるっきり感じないでしょう。しかし、ほんの幽かな音でも感じてしまうときもある。真夜中に一人でいると、わずかな音でも感じるのです。そうやって人間はそのときそのとき色んなものを感じたり、感じなかったりします。いま私達のいる部屋の外は全く静かです。しかし、ほんのちょっと待ってじぃっと外に耳を向けてみると、かなりうるさい、色んな音に気づくでしょう。それは集中力次第なのです。

ここではわざと呼吸というものを見ているのだから、吸うということは身体でいうと膨らむことだから、論理的にはそのエネルギーは身体全体に行くはずなのです。しかし瞑想しないとそのエネルギーは感じられないのです。それで気をつけてずうっと感じて、感じていくと、我々の感覚が鋭くなって、いとも簡単に身体全体で感じられるようになります。身体全体で、吸っています、吐いています、吸っています、吐いています、ということが感じられるようになります。「あ、いま長く吸っています」というと、身体全体で長く吸っていることを感じている。「あ、いま長く吐いています」というと、身体全体で長く吐いている、そのエネルギーを感じられるようになるのです。そこで使っている言葉はsikkhati、そこまで頑張ってみなさい。Sikkhatiは英語のlearn学ぶという意味で、実践しなさい、感じる能力を育ててみなさい、ということです。だからといって、無理をして身体全体で感じようとすると、うまく行かないのです。自然のままで、呼吸の感覚に気づいていくのです。身体全体で感じられるようになるまで、実践を続けてみるより他の方法はないのです。

**身体を落ち着けて呼吸をはっきり理解する**

呼吸の観察によって身体全体を感じる能力が充分に育ったところで、次のステージがあります。

Passambhayaṃ kāyasaṅkhāraṃ assasissāmī'ti sikkhati, 'passambhayaṃ kāyasaṅkhāraṃ passasissāmī'ti sikkhati.

**〈私は身行(しんぎょう)を静めつつ入息しよう〉と学び、〈私は身行を静めつつ出息しよう〉と学びます。**

身行(カーヤサンカーラン)(kāyasaṅkhāraṃ)とはどういう意味でしょうか。この場合のsaṅkhāra(サンカーラ)(行)は、「諸行無常」というときのsaṅkhāraの意味と違います。Saṅkhāraとは、動きのことです。動かしているエネルギーにもsaṅkhāraと言うのです。身体の動きと身体を動かしているエネルギーという両方をまとめて、kāyasaṅkhāraṃ・身行と言うのです。身体には二種類の動きがあります。歩いたり坐ったり手足を振ったり頭をかいたりする意図的な動きと、自分の意思に関係なく起こる勝手な動きです。お腹は自分勝手に動いたり、頭が自分勝手に色んな動きをしたり、身体の色んな部分が好き勝手に動いたりします。意図的に動かしたりするときも、勝手に動いたりするときも、心が混乱します。落ち着きがなくなります。

そこで呼吸だけを観て感じることにします。呼吸の感覚は徐々に身体全体で感じられるようになります。集中力が強くなった、という意味です。さらに瞑想すると、集中力もさらに向上するのです。それで徐々に身体の他の動きが減って落ち着いていくのです。意図的に行なう動きと、意思と関係なく起こる動きという二つがあると前に言いましたが、この両方の身体の動きは、結局は心のはたらきによって起きているのです。そこで、その心が呼吸の動きだけに集中し始めると、身体の他の部分を動かすために身体中に散らばって働いていたエネルギーが、呼吸に集中してしまうのです。呼吸以外、身体の他の動きは徐々に落ち着いて、なくなっていくのです。これが「身行を静めつつ」という言葉の意味です。

呼吸観察を始めても、すぐ皆にこの経験が起こるわけではないと思います。呼吸に集中していると、心臓の鼓動が気になったり、手足、胸などの動きが気になったりします。そのときは、うまく呼吸の観察ができなくなります。それでも呼吸の感覚に集中し続けるのです。集中力が向上していくと、身体の他の動きは静まっていくのです。

### 呼吸観察の仕方

Seyyathāpi, bhikkhave, dakkho bhamakāro vā bhamakārantevāsī vā dīghaṃ vā añchanto ‘dīghaṃ añchāmī’ti pajānāti, rassaṃ vā añchanto ‘rassaṃ añchāmī’ti pajānāti; evameva kho, bhikkhave, bhikkhu dīghaṃ vā assasanto ‘dīghaṃ assasāmī’ti pajānāti, dīghaṃ vā passasanto ‘dīghaṃ passasāmī’ti pajānāti, rassaṃ vā assasanto 'rassaṃ assasāmī'ti pajānāti, rassaṃ vā passasanto 'rassaṃ passasāmī'ti pajānāti; 'sabbakāyapaṭisaṃvedī assasissāmī'ti sikkhati, 'sabbakāyapaṭisaṃvedī passasissāmī'ti sikkhati; 'passambhayaṃ kāyasaṅkhāraṃ assasissāmī'ti sikkhati, 'passambhayaṃ kāyasaṅkhāraṃ passasissāmī'ti sikkhati.

比丘たちよ、たとえば、熟練した轆轤工(ろくろこう)か轆轤工の弟子が長く引っ張るときは〈私は長く引っ張る〉と知ります。あるいは、短く引っ張るときは〈私は短く引っ張る〉と知ります。

比丘たちよ、ちょうどそのように、比丘は、
長く入息するときは〈私は長く入息する〉と知ります。あるいは、
長く出息するときは〈私は長く出息する〉と知ります。
また、
短く入息するときは〈私は短く入息する〉と知ります。あるいは、
短く出息するときは〈私は短く出息する〉と知ります。

〈私は全身を感知して入息しよう〉と学び、〈私は全身を感知して出息しよう〉と学びます。

〈私は身行を静めつつ入息しよう〉と学び、〈私は身行を静めつつ出息しよう〉と学びます。

身体の動きを静めるところまでいかに呼吸を観察するべきなのかと、その仕方をお釈迦様が例えで説明します。轆轤工か轆轤工の弟子が、長く引っ張るときは「長く引っ張っているのだ」と、また短く引くときは「短く引っ張っているのだ」と明確に知った上で自分の仕事をこなすのです。轆轤工とは、大工さんのことだと思います。熟練した職人とは、大雑把・無批判的・いいかげんには仕事をしません。一つ一つの動きを精確に行なうのです。呼吸の感覚を観察するときも、熟練した職人さんと似た心構えが必要です。

この例えを詳しく理解すると、呼吸瞑想の正しいやり方も理解できると思います。轆轤工の例えは註釈書で説明していないようです。現代的に考えると、轆轤を長く引く、短く引くというとイメージがよく分からなくなります。轆轤は回すものだから、早く回す、ゆっくり回すといえば理解できます。そこで、轆轤を回して木材を削り、形にすることを考えましょう。その場合は当然、長く削る、短く削る、ということが成り立ちます。大工さんは木材を轆轤に付けて、長く引いたり短く引いたりするのです。その動きは全て、計算して精確に行なうものです。作業の目的は、木材をなめらかにして、必要な形に加工することです。修行者も職人さんと同じ気持ちで、呼吸の感覚を見張るのです。呼吸は長くなったり短くなったりしながら、精確に起きていきます。それで徐々に、身体の動きが静まっていくのです。職人さんは結果を期待するよりは工程に集中します。工程が正しければ、望む結果は自ずから現れるのです。修行者も、呼吸という工程にのみ気づいていれば充分です。それで身行が静まっていくのです。

### 受動的観察と能動的観察

Iti ajjhattaṃ vā kāye kāyānupassī viharati, bahiddhā vā kāye kāyānupassī viharati, ajjhattabahiddhā vā kāye kāyānupassī viharati;

以上のように、
内の身において身を観つづけて住みます。あるいは、
外の身において身を観つづけて住みます。あるいは、
内と外の身において身を観つづけて住みます。

Ajjhattaṃ vā kāye（アッジャッタン ワー カーイェー）とは自分の身体を観察すること、bahiddhā vā（バヒッダー ワー）kāye（カーイェー）とは他人の身体を観察することです。「身体の観察」という項目の

下に、地水火風の観察、三十二の不浄相の観察、九つの死体の観察などがあります。いまは呼吸の観察を説明するところなので、ajjhattaṃ vā kāye は自分の呼吸を観察する、bahiddhā vā kāye は他人の呼吸を観察する、という意味になります。Ajjhatta は「内」、bahiddhā は「外」という意味です。註釈書は、自分の呼吸、他人の呼吸、と解説していますが、いったいどのように他人の呼吸を瞑想として観察するのかは疑問です。誰かの前で背筋を伸ばして結跏趺坐して坐り、その誰かの呼吸を観察することなどあり得ない話です。しかし、仮に誰かが病気になってベッドに横たわって寝ているとして、看病する人が病人の呼吸を観察することならあり得るのです。しかし病人が目をさましても観察をやり続けたら、恐らく怒られるでしょう。死体を観察する瞑想なら、当然、他人の死体を観察するのです。それならば、自分も同じく死体になったとイメージして観察することはできます。

呼吸の瞑想の場合は、「自分の呼吸、他人の呼吸」よりも、「内の呼吸、外の呼吸」と理解したほうが良いかもしれません。しかしそれでも、しっくりと理解できないでしょう。呼吸の観察とは、自分（内）の呼吸を観察することです。それから集中力を育ててみると、「身体とは呼吸なのだ」というところまで理解できるようになります。「自分の身体とは呼吸機能そのものであります。身体は自分特有のものではありません。その他の生命にも身体というものがあるのです。他の生命の身体も、ただ呼吸である」と理解を深めていくのです。どんな生命も呼吸という機能で成り立っているのだと理解していくと、呼吸が生命に共通している身体の機能の一部として観えてくるはずです。瞑想実践では、自分という身体（内）に起こる現象は他の生命の身体（外）にも起こるのだと発見するのです。それから、その現象は自分にも他人にも（内と外）共通している普遍的な現象であると発見するのです。Ajjhattaṃ vā kāye kāyānupassī viharati, bahiddhā vā kāye kāyānupassī viharati, ajjhattabahiddhā vā kāye kāyānupassī viharati とはそういう意味です。

呼吸の観察を始める人は、まず自分の身体に起こる呼吸というはたらきをそのまま観察していきます。徐々に集中して、深く観察していくのです。呼吸そのものを変えたり、管理したりはしません。意図的に、長く吸ったり長く吐いたり、短く吸ったり短く吐いたりはしないで、呼吸を受動的に観察するのです。これは「内」という意味です。それから、呼吸とは他の生命にもある機能だということで、他の生命の呼吸にも気づくようにするのです。犬・猫・魚など様々な生き物を観察すると、皆、絶えず呼吸していることが見えます。この観察は能動的なものになります。これは「外」という意味です。受動的な観察と能動的な観察を相互に繰り返して行なうことで、呼吸という機能を普遍的な現象として理解することができるようになります。経典の言葉でいうならば、「内と外の身において身を観つづけて住みます」です。

## 現象は現れては消える

Samudayadhammānupassī vā kāyasmiṃ viharati, vayadhammānupassī vā kāyasmiṃ viharati, samudayavayadhammānupassī vā kāyasmiṃ viharati.

また、

身において生起（しょうき）の法を観つづけて住みます。あるいは、
身において滅尽（めつじん）の法を観つづけて住みます。あるいは、
身において生起と滅尽の法を観つづけて住みます。

お釈迦様は呼吸瞑想について、サマーディ状態をつくって喜悦感をおぼえる目的では、教えていないのです。ブッダの瞑想とは「真理を発見するためのもの」です。智慧を開発して煩悩をなくすために行なうものです。ここからお釈迦様は、呼吸瞑想をありのままの真理を発見する方

向へ、智慧が現れる方向へと、指導します。呼吸という機能は様々な原因によって現れる現象なのです。ここまで呼吸に集中して瞑想した修行者には、どのように呼吸という現象が起こるのかと明確にはっきりと観えているはずです。呼吸は初めから付いているものでもなく、永遠不滅なものでもなく、その都度その都度、現れるものです。呼吸には、現れる、起こる、という性質があるのです。言い換えれば、呼吸とは、現れるものです。これは samudayadhammā と言います。この場合の dhammā は、「法」ではなく「法則」です。呼吸の法則は、「現れること」だけではありません。現れたら、すぐその場で消えるのです。消えること、滅することも法則です（vayadhammā）。修行者は、吸う息が現れて消えること、吐く息が現れて消えることに集中して、呼吸の観察を続けます（samudayavayadhammā）。生じて滅することは諸々の現象の本性であると発見することが、智慧の現れるきざしなのです。

**智慧に執着しない**

Atthi kāyo'ti vā panassa sati paccupaṭṭhitā hoti. Yāvadeva ñāṇamattāya paṭissatimattāya anissito ca viharati, na ca kiñci loke upādiyati.

そして、かれに〈身がある〉との念が現前します。それは他でもない、智のため念のためになります。かれは、依存することなく住み、世のいかなるものにも執着することがありません。

「身体がある（atthi kāyo）」と修行者が気づくのです。この場合、kāyo とは呼吸です。しかし「ある（atthi）」は、実体として存在する、という意味ではありません。際限なく生じて滅する呼吸というはたらきがある、という意味です。「生じて滅する流れ」なのです。何の実体もないのです。吸う息が起こる原因も知っているし、吸う息が消える原因も知っているのです。吐く息が起こる原因も知っているし、吐く息が消える原因も知っているのです。発見する智慧とは、ただ、これだけです。ありのままの現象で、明確に現れている現象なのです。瞑想経験がない人であっても、理解しがたいはたらきではないでしょう。しかし瞑想しない人々の心は、大量の固定概念、先入観などで覆われているのです。何事にも深い意味があるはずだと、妄想するのです。修行者が、「因縁に依って生じて滅する現象なのだ」と発見することで、先入観、固定概念などは破れてしまう。これがsati気づきが現れたことなのです（sati paccupaṭṭhitā hoti）。大念処経の「念処」とは、気づきを確立することです。呼吸瞑想で気づきを確立したことになったのです。これにまた、智慧とも言えるのです。この智慧によって、この気づきによって、この世の何ものにも頼らないで、何ものも拠りどころとしないでいられるようになります（anissito ca viharati）。この世の何ものにも執着しないようになるのです（na ca kiñci loke upādiyati）。

Evampi kho, bhikkhave, bhikkhu kāye kāyānupassī viharati.

**このように、比丘たちよ、比丘は身において身を観つづけて住むのです。**

身体の観察はこのようにも（evampi）できます。つまり、「まだ他にもあります」という意味です。他の方法について、これからお釈迦様が説明されるのです。私たち現代人にはちょっと実践できそうもない瞑想法もあれば、ちゃんと実践できるものもあります。

## 威儀の部　Iriyāpathapabbaṃ（イリヤーパタパッバン）

身体を対象としたサティの実践（身随観）について読んできました。

「出息・入息観察の部」に続いて、威儀（身体の動き）を観察するセクションを読みます。

4　Puna caparaṃ, bhikkhave, bhikkhu gacchanto vā ‘gacchāmī’ti pajānāti, ṭhito vā ‘ṭhitomhī’ti pajānāti, nisinno vā ‘nisinnomhī’ti pajānāti, sayāno vā ‘sayānomhī’ti pajānāti. Yathā yathā vā panassa kāyo paṇihito hoti tathā tathā naṃ pajānāti.

4　つぎにまた、比丘たちよ、比丘は、
行っているときは〈私は行っている〉と知ります。あるいは、
立っているときは〈私は立っている〉と知ります。あるいは、
坐っているときは〈私は坐っている〉と知ります。あるいは、
臥しているときは〈私は臥している〉と知ります。
そしてかれは、身体をどのように動かすのか、そのとおりに知ります。※

## 威儀の観察の仕方

呼吸瞑想が終わったところで、次に身体を対象にして瞑想するもう一つの方法が説明されます。

また比丘らよ、比丘が gacchanto vā 歩くときは、gacchāmī’ti 歩いていますと、pajānāti 知ります、確認しておきます。ṭhito 立っているときは ṭhitomhī’ti 立っているのだと、nisinno vā 坐っているときは nisinnomhī’ti いま坐っていると確認する。Sayāno vā 横になっているときは、‘sayānomhī’ti 横になっていると知る。Yathā yathā vā どのように（どんな形で）、panassa また彼の（自分の）kāyo 身体が paṇihito hoti 動いているか、tathā tathā naṃ それに合わせて、それを pajānāti 確認します。

※底本では「そしてかれは、その身が存するとおりにそれを知ります。」

身体を対象にしたサティ（sati）の実践方法の二番目は、威儀（身体の動き）を観察することです。身体の主な動きは、行・住・坐・臥です。つまり、歩く、立つ、坐る、横になるということ。この四つの行為を不注意で、また他のことを考えながら行なってはならないのです。身体の行為に集中して、気づいて、よく知った上で行なうのです。身体の動きに気づいているならば、必ず集中力も観察能力も向上するのです。人は日常、身体で様々な行為をして生きているのだと思っていますが、それは違います。ほとんど、歩いているか、立っているか、坐っているか、横たわっているかです。そのときの身体の動きのみを感じて集中しているならば、立派な瞑想です。

## 苦行とヨーガ

苦行まがいの修行はいりません。当時インドでは、身体を戒めれば心の汚れがなくなると思っていた修行者たちもいました。彼らは身体を対象にした瞑想として、苦行を推薦したのです。仏教では不自然な、極端的な苦行には反対です。お釈迦様は、人が四六時中行なっている行住坐臥に気づきなさいと説かれるのです。当時のインドの宗教背景から考えると、大胆で革命的な提案です。しかし身体を不自然に動かすことが修行だと思う勘違いは、現在まで続いているのです。その方法はヨーガという名前で世界的に知られています。

ヨーガという不自然な動きによって、心の集中力が上がって安らかな状態に達するのだと仮定しておきましょう。不自然な動きによって心が清らかになるという理論は、行住坐臥のような常識的な動きによって心が汚れるという前提から生じています。不自然な動きでいくら心を戒めても、修行者はまた自然な動きに戻らなくてはいけないのです。自然な動きを行なうとまた心が汚れてしまうのだと、異論を立てることができます。わずかな時間落ち着いていること、わずかな時間清らかな心でいることは、それほど難しいことではありません。ですから仏教では、ヨーガ修行はありません。もし人が、常に行なっている行住坐臥に気づくことによって心の落ち着きと清らかさを得られるならば、それに越したことはないです。ブッダの瞑想方法には優れたポイントが二つあります。一、誰にでも簡単に実行できて、苦行にならないこと。二、獲得する心のやすらぎが、壊れて消えないことです。

### 詳細な威儀の観察

身体の動きは行住坐臥ですが、それ以外の細かい動きもあります。身体を傾けたり、回ったり、振ったりもするのです。かがんで物を取ったり置いたりします。手を動かして料理の材料を切ったり洗ったり、手を上げたり下げたり、引き出しを引いて開けたり押して閉めたりします。このような細かい動きをするときも、それぞれの動きに気づくのです。確認しておくのです。それが yathā yathā vā panassa kāyo paṇihito hoti の意味です。ということは、身体の動きを確認する修行をしようと思う修行者は、朝目が醒めたときから夜眠りに入るまで、絶え間なく修行できます。微塵も苦行になりませんが、大変な修行量になります。ですから、間もないうちに結果が現れる修行なのです。「いま・ここで結果が出ます」というのは、仏教の宣伝文句です。

### 瞑想の進め方

Iti ajjhattaṃ vā kāye kāyānupassī viharati, bahiddhā vā kāye kāyānupassī viharati, ajjhattabahiddhā vā kāye kāyānupassī viharati; samudayadhammānupassī vā kāyasmiṃ viharati, vayadhammānupassī vā kāyasmiṃ viharati, samudayavayadhammānupassī vā kāyasmiṃ viharati. ‘Atthi kāyo’ti vā panassa sati paccupaṭṭhitā hoti. Yāvadeva ñāṇamattāya paṭissatimattāya anissito ca viharati, na ca kiñci loke upādiyati. Evampi kho, bhikkhave, bhikkhu kāye kāyānupassī viharati.



以上のように、
内の身において身を観つづけて住みます。あるいは、
外の身において身を観つづけて住みます。あるいは、
内と外の身において身を観つづけて住みます。
また、
身において生起の法を観つづけて住みます。あるいは、
身において滅尽の法を観つづけて住みます。あるいは、
身において生起と滅尽の法を観つづけて住みます。

そして、かれに〈身がある〉との念が現前します。それは他でもない、智のため念のためになります。かれは、依存することなく住み、世のいかなるものにも執着することがありません。

このようにまた、比丘たちよ、比丘は身において身を観つづけて住むのです。

行住坐臥などの身体の威儀を観察する瞑想に、他の瞑想と同じ次のステップがあります。それは一、ajjhattaṃ vā kāye 自分の身体について、内なる身体について、身体の威儀に沿って観ながら、確認をしながら生活することです。二、bahiddhā vā kāye 外の身体も同じように観察することです。三、ajjhattabahiddhā vā kāye 自分の身体も他人の身体も同じ行為をしているのだ、という理解で、両方の身体の威儀を観察し続けることです。

「外の身体を観る」という項目は理解が難しいのだと、呼吸瞑想のセクションでも説明しました。修行とは真剣に行なうもので、気楽に他の

人々が歩いたり坐ったりしていることを観察したところで、心が清らかになるのかと疑問をいだくこともできます。しかし、無数の生命の威儀を観察し続けると、「生きているとは行住坐臥とその他の細かい動きのみだ」と発見することができるのです。他の生命の行住坐臥を観察することが、必ず皆にできるとは言えません。ある人には観察するチャンスが訪れるし、ある人には全くそのチャンスがない、ということもあり得ます。しかしブッダの瞑想法は、一部の人に実践できて、一部の人に実践できないことはあり得ない。お釈迦様は、誰にでも実践できる普遍的な方法を語るのです。

このスタンスで、内の身体・外の身体の区別をしなくてはいけないのです。修行を始める人は、まず物理的な肉体の動きを確認します。それはどの生命にも同じことだと発見するのです。物理的な肉体の動きと言っても、自分の身体の威儀を観察することです。それが「外の身体を観る」です。次に、身体のなかから観察してみれば良いと思います。歩いたり坐ったりすると、外から見える変化だけではなく、身体のなかにも様々な変化が起こるのです。坐ったり歩いたりという威儀を行なっている人が、最初は形的な変化に気づきますが、それをできるようになったところで、身体のなかの変化を観察すれば良い。坐るときは身体のなかにどのような変化が起こるのか、歩いているときは、身体のなかの変化はどのようなものか、と観れば良い。それが「内の身体を観る」になります。それから、内と外という両方とも併せて観察すれば良いのです。

これが決定的な解釈ではありません。単純に、自分の身体を観る、他人の身体を観る、という意味で理解しても構わないのです。しかし皆に実践できる、という立場から見ると、自分自身の身体を外から観る、内から観る、という方法を取ったほうがベターではないかと思います。

この実践で、生命たるものの身体は、同じ威儀で動いているものだと理解することができます。仏教は頭で理解することより、経験で理解することを推薦するのです。理屈で言うならば、誰の身体も同じ動きだと言うのは簡単です。しかしその思考は、覚りに繋がりません。実践してみなくてはいけないのです。ここまで智慧が現れたところで、次のレッスンがあります。それは各威儀がどのように起こるのかと観察することです。坐っている人が立つと思いましょう。完全に立つまでは、坐った姿から様々な変化が起き続けます。完全に立ってから、その姿勢を変化しながら続けるのです。次から次へと生じ続ける、新たな現象を観察するのです。それが samudayavayadhammānupassī の意味です。

新たに現れる現象は、比較的発見しやすいのです。それができたところで、消えていく現象も観察するのです。坐っている人が立とうとすると、様々な現象が消えて、新たな現象が生まれる、という過程です。そこでどんな現象が消えていくのかと気づいてみるのです、完全に立っているときでも、一つの現象が消えて新たな現象が起こっています。だからこそ、立ち続けることができるのです。消えていく現象に気づく実践は、vayadhammānupassī と言います。次に、消える現象と、新たに現れる現象を併せて、観察するのです。これは samudayavayadhammānupassī と言います。

## 気づきから智慧が起こる

身体の威儀に対する観察の仕方は、これで終わります。しかしものごとを内から・外から・内と外からという三つの立場から観るのは、仏教の観察の仕方です。何一つも「私だけに限った現象」はありません。「私」とは、唯一特定の存在ではありません。生きているという、大自然のはたらきそのものなのです。別な例えを言います。海と言えば無量で巨大なものです。個とは一滴のしずくです。海を観察する人は、一滴のしずくに引っかかったり、執着したり、取り憑かれたりはしません。無執着の状態になるのです。この無執着の気持ちを引き起こすために、固定した自我が存在しないと理解するために、内・外・内と外という三つの側面から観察する必要があるのです。

この観察ができたら、atthi kāyo 身体があるのみ、という気づきが生じます。ここで誤解に陥ってはならないのです。この瞑想で身体（kāyo）というのは、行住坐臥とその他の威儀のことです。いわゆる普遍的に、いかなる生命にも起こる威儀という機能なのです。威儀とは無常で、原因によって起こるものであるということは明確です。自我も実体も成り立たない、ということも明確です。この威儀こそが、生命であり、命であり、自分なのです。何の中身もないので、「空」なのです。

威儀を観察すると、適度の智慧（ñāṇamattāya ニャーナマッターヤ）が現れます。この智慧によって、適度の気づきが確立する（paṭissatimattāya パティッサティマッターヤ）のです。感情・煩悩の衝動で生きてきた人生が変わります。生きることと気づきが不可分状態になるのです。「生きることが気づきそのもの」になります。それがサティの確立（paṭissati パティッサティ）です。この念処経（satipaṭṭhānasutta）の名前は、paṭissati という用語から付けられています。この経典が説明する瞑想を実践すると、paṭissati という気づきが確立する状態に達しなくてはならないのです。この状態に達した人は、この世で何にも依存しないで生活します（anissito ca viharati）。この世で、何にも執着することはない（na ca kiñci loke upādiyati）のです。

## 正知の部　Sampajānapabbaṃ サンパジャーナパッバン

### よく気づくとは「脳細胞を全部使う」こと

5　"Puna caparaṃ, bhikkhave, bhikkhu abhikkante paṭikkante sampajānakārī hoti, ālokite vilokite sampajānakārī hoti, samiñjite pasārite sampajānakārī hoti, saṅghāṭipattacīvaradhāraṇe sampajānakārī hoti, asite pīte khāyite sāyite sampajānakārī hoti, uccārapassāvakamme sampajānakārī hoti, gate ṭhite nisinne sutte jāgarite bhāsite tuṇhībhāve sampajānakārī hoti. Iti ajjhattaṃ vā kāye kāyānupassī viharati bahiddhā vā kāye kāyānupassī viharati, ajjhattabahiddhā vā kāye kāyānupassī viharati; samudayadhammānupassī vā kāyasmiṃ viharati, vayadhammānupassī vā kāyasmiṃ viharati, samudayavayadhammānupassī vā kāyasmiṃ viharati. ‘Atthi kāyo’ti vā panassa sati paccupaṭṭhitā hoti. Yāvadeva ñāṇamattāya paṭissatimattāya anissito ca viharati, na ca kiñci loke upādiyati. Evampi kho, bhikkhave, bhikkhu kāye kāyānupassī viharati.

5　つぎにまた、比丘たちよ、比丘は、

進むにも、退くにも、正知（しょうち）をもって行動します。

真直ぐ見るにも、あちこち見るにも、正知をもって行動します。

曲げるにも、伸ばすにも、正知をもって行動します。

大衣（だいえ）と鉢衣（はつえ）を持つにも、正知をもって行動します。

食べるにも、飲むにも、噛（か）むにも、嘗（な）めるにも、正知をもって行動します。

大便・小便をするにも、正知をもって行動します。

行くにも、立つにも、坐るにも、眠るにも、目覚めるにも、語るにも、黙するにも、正知をもって行動します。

以上のように、

内の身において身を観つづけて住みます。あるいは、

外の身において身を観つづけて住みます。あるいは、

内と外の身において身を観つづけて住みます。

また、

身において生起の法を観つづけて住みます。あるいは、

身において滅尽の法を観つづけて住みます。あるいは、

身において生起と滅尽の法を観つづけて住みます。

そして、かれに〈身がある〉との念が現前します。それは他でもな

い、智のため念のためになります。かれは、依存することなく住み、世のいかなるものにも執着することがありません。

このようにまた、比丘たちよ、比丘は身において身を観つづけて住むのです。

次のセクションは、正知の部と訳されています。ここでも身体の瞑想が説明されます。

Abhikkanteというのは前に進むということ。Paṭikkanteというのは後（うしろ）にさがること。この場合はsampajānakārīになって行なうのです。Sampajānakārīとは、よく気づいていることです。よく知った上で、行なうことです。前に進むときもよく気づいている。後にさがるときもちゃんと気づいている。Ālokitaというのはまっすぐ見ること。Vilokitaというのは横にして見ること、「あちこち見るにも」と訳されていますね。まっすぐ見るときもよく気づいて見る。首を回しながら見るときもちゃんと承知の上で見る。経典では、承知ではなく正知ですね。そこでsamiñjite pasārite曲げるにも、伸ばすにも。身体を色々曲げるときもちゃんと正知しながら、よく知りながら、確認しながら、気づきながら、身体を曲げる。身体を伸ばすときもちゃんと気づきながら身体を伸ばす。経典で教えられているように行なうためには、高度な集中力が必要になります。逆に言えば、実践しようとすると高度な集中力がそなわるのです。高度な集中力は智慧が起こるきっかけになります。正知の実践のために、休みなく頭をはたらかすことになるのです。同じ意味のことを私は「脳細胞を全部使ってください」と軽く説明しています。普通に使う集中力では足りません。我々は料理をつくるときも、仕事をするときも、他の何かをやっているときも、心は散漫になっています。集中力はないのです。ギューっと一箇所を見ようとはしません。散漫になった状態で生きているから、ストレスも溜まるし疲れてしまう。楽しくはないのです。強く集中して何かを行なうと、疲れません。行なっていることから喜びが湧いてきます。それから、何を行なっているのかとよく理解することもできるのです。

俗世間でも、集中力を楽しむケースは色々あります。ゲームをやったり、映画を観たり、音楽を聴いたり、面白い本を読んだりすると、楽しいでしょう。あの楽しみは、他のことを忘れて「いま」やっていることに集中するから起こるのです。ゲームなんかはバカバカしいカラクリです。何の意味もないものです。しかし、やっていると釘付けになる。他のことを忘れてしまう。この状況を脳は「楽しみ」だと解釈するのです。しかし音楽・映画・ゲーム・テレビ番組などが、瞑想の一環だと思ったら勘違いもいいところです。それらは人々の貪瞋痴という感情をかき混ぜる作業なので、瞑想と正反対の機能です。この例は、ただ集中力によって楽しみが生まれるのだと言うために使いました。智慧が開発する正しい集中力を育てるためには、歩いたり、坐ったり、立ったり、食べたり、飲んだり、服を着たり、着替えたり、といった行為をするとき、正知を持って行なうことです。

## 集中力と楽しみの関係

世間話になりますが、集中力と楽しみの関係を理解したほうが役に立つと思います。人生を楽しみたいと、皆思っています。しかし楽しみとは何かと分かっていないのです。それなら楽しみを得られません。旅に出たいと思っても、行き先が全く決まらない場合は、旅に出られないのです。それで私たちは、音楽を聴いたり映画を観たりゲームをやったり踊ったりして、楽しもうとする。実際、楽しくもなるのです。この楽しみは何なのかと分からないので、映画・音楽などに依存してしまうのです。

この楽しみは、映画や音楽がつくってくれるものではありません。映画や音楽に集中できたから楽しかったのです。ですから人に、好きな音楽も嫌いな音楽もある。好きな映画も気に入らない映画もある。簡単にいえば、自分が乗りたいか、乗りたくないか、という差です。アカデミー賞などを獲るのは、芸術的に最高な作品とは言い切れません。たくさんの人々が簡単に乗れる映画が賞を獲るのです。大ヒットして、ブロックバスターになるのです。楽しむために、食べ物・服装・芸術・旅行・趣味などに頼る道は危険です。興味を失ったら、乗れなくなります。楽しみがなくなるのです。他の頼るもの・乗れるものを探さなくてはいけなくなるのです。

実際の楽しみは集中力によって生まれるのだと理解したほうが安心です。それなら、危険なものではなく、安心で良いものに集中してみれば、楽しみが生まれます。例えば子供たちがゲームではなく数学に集中してみる。そうすると数学を学ぶことが楽しくなる。それはその子供にとって、将来悪い結果になるのだと言えないのです。

しかしなぜ仏教は、俗世間的な楽しみを評価しないのでしょうか。俗世間の楽しみは、貪瞋痴の感情をかき回すからです。貪瞋痴に覆われると、理性が失われます。無智に陥って、不幸になってしまいます。世間は、たとえ不幸に陥っても構わないと思って、楽しみに依存する場合が多いのです。

仏教が推薦する楽しみ方は、必ず人を幸福に導きます。貪瞋痴の感情をなくします。理性と智慧が現れて、一切の苦しみを乗り越えることも可能なのです。

## 集中力と智慧の関係

集中するだけで智慧は生まれません。貪瞋痴の感情をかき回すものにも簡単に集中できます。映画・音楽などに夢中になるためには、何の訓練も要りません。好きなことをやり続けるためには、特別な訓練も修行も要りません。何かに夢中になるとは、いたって簡単にできることです。夢中になることは一種の集中力でもあり、それによって当然、楽しみも生まれるのです。しかし、智慧が現れて理性の人間にならないでしょう。頭が良い人間にならないでしょう。悪い性格が改良されて人格完成者にならないでしょう。ですから、集中力だけで智慧が現れるとは言えないのです。言えるのは、集中力がないと智慧もない、ということです。正しい方法で集中力を育てて、同時に智慧も起こるように気を付けなくてはいけないのです。



### 「正知」して「承知」すること

Satiの実践は、samādhi瞑想とは違います。Samādhi瞑想を実践するときは、呼吸などの何か一つの対象に徹底的に集中すれば良いのです。Satiの実践と比較してみると、samādhi瞑想はやりやすいと言えます。前にも述べたように、samādhi瞑想で禅定をつくったからといって、智慧が現れて解脱に達する保証はないのです。Satipaṭṭhānasuttantaはsatiを実践する瞑想を教える経典です。禅定をつくる目的より、解脱に達する目的で説かれているのです。Satiの実践は脳細胞を全部使って「智慧の開発」をするための訓練です。目で何かを見るならば、まっすぐ見るときも、首を回しながら見るときでも、きちんと確認して、sampajāna・正知しながら見るのです。日本語でショウチという場合、正知と承知と、二通りの字があります。この場合、どちらのショウチでもいいのです。Sampajānaの意味は、外から来る情報をきちんと受けとって知る（承知する）ことであり、きちんと受け取って知るのだから、正しく知る（正知する）ことでもありますから。行くときも、さがるときも、まっすぐ見るときも、横に見るときも、というのは文学的な言葉で、何をするにしてもいつでも確認する機能を使ってくださいという意味なのです。身体を伸ばしたり、曲げたりするときもちゃんと正知してやってください。集中力を散らして何もやってはいけないのです。身体の動作を全て明確に気づいた上で行なうのです。かなり厳しい・難しい訓練にはなりますが、いとも簡単に、短時間で、高度な集中力が起こるのです。

Saṅghāṭipattacīvaradhāraṇeという言葉を分析しましょう。お釈迦様の説法の相手は比丘達ですから、「衣を纏うとき、鉢を持つとき、気づいて行なってください」という意味になります。Saṅghāṭiは重衣と言います。布を二重に縫った厚い衣です。Pattaは鉢のこと。Cīvaraは普通に使っている衣。そういうものをdhāraṇe着るときは、持つときは、そのときもちゃんと確認しながら、正知（承知）の上でするのです。在家修行者にこのセクションは関係ないと思わないでください。鉢がなくてもカバンなどはあるでしょう。それを持つとき、正知で行なうのです。衣よりは制服は着方が複雑でしょう。そのときも正知で行なうべきです。出家よりも仕事が多くなって大変だと思います。しかし、在家も道場に入って修行する場合は、簡単な修行服に着替えるのです。カバン等の俗世間の道具を使うことをやめるのです。それで出家比丘たちと同じく、修行できるようになります。

それからasite pīte khāyite sāyite食べるにも飲むにも噛むにも味わうにもsampajānakārī hoti正知を持って行動します。Uccārapassāvakamme sampajānakārī hoti大便小便をするにも正知を持って行動します。それから、gate歩くとき、ṭhite止まっているとき、nisinne坐っているとき、sutte寝ているとき、jāgarite目覚めているとき、bhāsiteしゃべるときtuṇhībhāve何もしゃべらずに黙っているときも、いつでもsampajānakārī正知という機能を使ってください。

できそうもない指導だと思われるかもしれません。私たちの日常の行動から、何一つも抜けてないのだから。二十四時間の行動全てに、satiを実践しなくてはいけないのです。できそうもないと頭で妄想・推測してはいけません。これはブッダの言葉です。その通りにやってみようという意欲さえあれば、充分です。見事にできるようになります。というよりも、解脱に達するために必要な高度な集中力が、いたって簡単に短時間で現れるのです。勉強が完了してなかったが、試験は合格した、というような状態です。

## 二十四時間体制で全ての動きが観える

正知の実践で集中力が生まれると説明しました。Samādhi 瞑想からも集中力が生まれます。Samādhi 瞑想は集中力を上げることを目的にしています。しかし、sati の瞑想から起こる集中力と、samādhi 瞑想の集中力は質的に差があるのです。

人間は色んな行為をするために脳の色んな部分を使っています。例えばベッドに横になって寝ようとするときの脳のはたらきは、普通に目覚めているときとは違います。ベッドに横になってまだ寝つかないときの脳のはたらきと、坐っているときの脳のはたらきもそれぞれ違う。しゃべっているときの心のはたらきと、何もしゃべらないでいるときの心のはたらきもかなり違います。そのときそのとき確認しようとすると、これはなかなか難しい。どうなるかというと私達がごく一般的に使っている脳細胞を一つ残らず使わなければいけないはめになってしまう。これをギューッと集中して忙しくやりますから、楽しみもあります。苦しみも悲しみも消えます。同時に、全ての能力はいつでも起動状態になって幅広くなるのです。Samādhi 瞑想と vipassanā 瞑想の違うところはそこらへんの脳の使い方にあるのです。samādhi 瞑想の場合は、脳のほんの一部だけ使えばもう究極的な喜悦感が感じられます。この vipassanā の場合はそんな簡単にはできません。瞬間瞬間の自分の行為を確認する作業には、強烈な力が必要になります。だから二十四時間体制の修行になるのです。

自分の身体のはたらきをそうやってジーッと長い間確認していると、身体の全てのはたらきが見えてくるのです。それから、他の人の身体のはたらきについても確認してみると、「蛇にしても、ムカデにしても、足の数に差はあるかもしれないが、やっていることは同じだ。心のはたらきも同じだ。蛇が寝るときも、人間が寝るときも、同じくこういう心のはたらきをしているのだ。何かを食べるときも同じことだ」と分かるのです。生命はみんな同じだということが分かるのです。観察すると何となく自分のことを知っているのだから、他の生命との差も分かってきます。それで幅広い智慧が生まれてくるのです。

### 自分の身体が分かれば他の身体も分かる

分かりやすい対象で言えば、大便や小便をする場合、人間のやり方、自分の身体の感覚、そのときなぜ大便したくなるか、なぜ小便したくなるかという、そのときの、その仕事をしているときの感覚をきちんと確認しておく。そうすれば、烏や鳩にしても同じ大小便をしていますが、それがどういう感覚かとすぐ分かるはずです。鳩や烏は飛んでいるときも糞をします。それもほんの一秒もかからない瞬間でしょう。人間が排泄をしたいときに生まれる身体の感覚は、鳥たちには瞬間しか生まれません。それだけではありません。鳥は食べては出す、食べては出すという具合に、一日中、何十回も糞をするでしょう。ならばその鳥には一日中どういうふうにその感覚が生まれて、消えて、生まれて消えていくかと分かるのです。人間の場合は、一日に数回で終わってしまいますが、代わりに長い時間かかってしまう。また、鳥の場合は小便と大便をいっしょにします。しかし、細胞を持っている生命体だから、排泄の感覚は同じはずです。

そうやって、それぞれの生命を観ても「こういう感覚でしょう」ということは分かってきます。それは一人一人が瞑想実践して確かめなくてはいけないことだから、あまり説明しないほうが良いのです。そうやって他の人のことを観てみます。それから一般的な行為としてまっすぐに歩く、あるいは前に歩く、さがる、まっすぐに見る、首を回して周りを見る、そういったことを正知（承知）して観て、そのときそのときの感覚を一般論として捉えてみる。それから、その生滅です。このように現れる、このように消える、というその機能を見たところで「あ、そんなもんか」という、身体とはそんなもんだよ、という sati（気づき）が生まれてきます。

そこで、「適度の智慧 ñāṇamattāya（ニャーナマッターヤ）」が生まれてきます。「適度の気づきが確立する paṭissatimattāya（パティッサティマッターヤ）」のです。「適度の」という形容詞は、お釈迦様があえて使用されている言葉です。それは、実践者の経験に適した量、という意味で理解することになります。この智慧と気づきが現れれば、もう、とらわれることなく生活ができます。世のなかに何一つも執着することはなくなってしまいます。以上のようなやり方は、kāyānupassanā（カーヤーヌパッサナー）身随観という瞑想なのです。

この「正知の部」は大変幅広いセクションです。やりにくいかもしれませんから、まずは呼吸瞑想で実践してみるとか、歩く瞑想で実践してみるとか、一つの対象を選んで実践してみることです。それから、徐々に全ての行動に対象を広げて実践する、という順番で実践すれば良いと思います。

## 厭逆観察の部　Paṭikūlamanasikārapabbaṃ（パティクーラマナスィカーラパッバン）

身体を客観的に観察する修行者はどのように観察するべきかと、お釈迦様は具体的に語られます。当然、私たちの見方で身体を観察しても、客観的な観察にはなりません。私たちの観察は、俗世間の立場から見る観察になるのです。ここまでお釈迦様が三種類の観察の仕方を語られました。この段落では、四番目の観察の仕方を紹介しています。

## 主観を離れて客観的に身体を観る

6 “Puna caparaṃ, bhikkhave, bhikkhu imameva kāyaṃ uddhaṃ pādatalā, adho kesamatthakā, tacapariyantaṃ pūraṃ nānappakārassa asucino paccavekkhati –

6 つぎにまた、比丘たちよ、比丘は、この身を、足の裏より上、頭髪より下の、皮を周辺とする、種々の不浄に満ちたものとして、観察します。

俗世間では、この肉体は美しいものである、という先入観で身体にアプローチします。身体を飾ったり、美しく見せたり、肉体をこの上のない価値のある宝物として扱ったり、肉体の維持管理のために大量の財産を費やしたり、そのために精神的にも燃え尽きたりするのです。肉体には徹底的に執着しているのです。しがみついているのです。それによって、憂い、悲しみ、悩み、失望感などで悩み苦しむのです。心が汚れてしまうのです。やすらぎを失うのです。肉体はこの上ない価値あるものだという前提をもって見ることは、無明（むみょう）です。人類が持っているこの根拠のない価値観という誤解を破るために、四番目の観察方法は効果抜群です。その方法とは、身体の臓器を一つ一つ取り上げて、客観的に見ることです。そのように見ると、清らかで美しくこの上ない価値あるものというより、不浄の集まり以外の何でもないと発見できるのです。この発見によって、身体に対する愛着が消えるはずです。愛着が消えると同時に、身体に執着することによって生まれてくる膨大な悩み苦しみもなくなるのです。これからお釈迦様が語られた言葉の意味を調べましょう。

Imameva kāyaṃ この身体について、uddhaṃ pādatalā 足の裏から上、adho kesamatthakā 髪の毛より下。tacapariyantaṃ 皮膚で囲まれたこの身体。お釈迦様が身体を一つの物体として見ているのです。この物体の範囲を具体的に、誰にでも分かりやすく説かれているのです。身体は単なる「もの」であって、決して尊いもの、美しいもの、価値あるもの、ありがたいもの、かけがえのないもの、などの感情的・主観的言葉は使わないのです。遺体を解剖して調べる研究者と似たようなアプローチです。遺体を解剖する場合は、かわいい人、美しい人、私の知人、有名人、などの感情的なアプローチはしないのです。単なる研究対象なのです。遺体を解剖して客観的に調べるのです。ヴィパッサナー瞑想を実践する場合も、このようなアプローチで身体を観察するのです。研究対象になるのは、自分自身の肉体なのです。主観的な感情や価値観を一切捨てて観る必要があるので、imameva（イマメーワ） kāyaṃ（カーヤン）（まさにこの身体を）という言葉を使っています。「自分の身体（attano（アッタノー） kāyaṃ（カーヤン））」という言葉さえも使っていないのです。自分の、という一言があっただけでも、感情が湧きあがる可能性があるのです。お釈迦様の言葉遣いは、微妙に精密であった、というべきです。

髪の毛から下、足の裏から上、皮膚に囲まれたそのなかに、色んなものが pūraṃ いっぱいに満たされているのです。何に満たされているのかというと、nānappakārassa asucino 気持ち悪くなる、不浄と感じるものばかり、なのです。

Asuci（アスチ）は不浄と訳します。Suci（スチ）は浄らかな、素晴らしいという意味です。仏教では決して、suci を身体に対する形容詞として使いません。心が貪瞋痴から解放された場合、心に対してのみ、suci という形容詞を使うのです。Asuci という言葉に、不浄という意味以外、気持ち悪い、不潔、たちさわってはいけない、というニュアンスもあります。便にも asuci というのです。瞑想実践とは、人の心にある非論理的な汚れた感情をなくすことです。ですから、肉体を不浄として観察するときも、不潔、気持ち悪い、たちさわってはならない、というニュアンスも入れたほうが良いのです。

身体というこの物体は、上は髪の毛、下は足の裏、周りは皮膚で囲まれています。それから、その中身はどのようなものかと、paccavekkhati 観察するのです。

### 身体を三十一に分けるリスト

どのように観るかというと、

'atthi imasmiṃ kāye kesā lomā nakhā dantā taco maṃsaṃ nahāru aṭṭhi aṭṭhimiñjaṃ vakkaṃ hadayaṃ yakanaṃ kilomakaṃ pihakaṃ papphāsaṃ antaṃ antaguṇaṃ udariyaṃ karīsaṃ pittaṃ semhaṃ pubbo lohitaṃ sedo medo assu vasā kheḷo siṅghāṇikā lasikā mutta'nti.

〈この身には、
髪・毛・爪・歯・皮、
肉・筋・骨・骨髄・腎臓、
心臓・肝臓・肋膜・脾臓・肺臓、
腸・腸間膜・胃物・大便、
胆汁・痰(たん)・膿・血・汗・脂肪、
涙・脂肪油・唾(つば)・鼻液・関節液・小便がある〉と。

この身体には、以下のものが入っています。Kesā 髪の毛、lomā 身体の毛、nakhā 爪、dantā 歯、taco 皮膚、maṃsaṃ 筋肉、nahāru 筋、aṭṭhi 骨、aṭṭhiminjā 骨髄、vakkaṃ 腎臓、hadayaṃ 心臓、yakanaṃ 肝臓、kilomakaṃ 肋膜、pihakaṃ 脾臓、papphāsaṃ 肺。Antaṃ は底本の翻訳では腸になっていますが、腸だけではなく、口の下から食道全部、胃、小腸、大腸など全部 antaṃ という言葉にまとめています。Antagunaṃ は腸間膜、腸を取り巻いているものです。Udariyaṃ は胃物、胃の内容物です。Karīsaṃ は大便。Pittaṃ 流れるもので胆汁。

Semhaṃ は痰、pubbo は膿。Lohitaṃ 血液、sedo 汗、medo は脂肪。Assu は涙。Vasā は脂肪油、皮膚の上に出てくるあぶら。Kheḷo は唾。Siṅghāṇikā は鼻水。Lasikā は関節髄液、関節のなかにある油みたいな液体です。それから muttaṃ 尿、という全部で三十一種類あります。不浄随観という瞑想の場合は、身体を三十二の不浄に分けるのが普通です。その場合は、上の三十一種類に脳みそも入れるのです。ヴィパッサナー実践の一環として不浄随観を説明するときは、三十一種類の不浄になります。

このリストは別に医学的な分析ではありません。だからと言って間違っている訳でもない。身体にあるものは全部入っています。人々に医学的な知識を与える目的は、お釈迦様にありません。お釈迦様は解脱に達する方法を説かれるのです。心の汚れをなくし、智慧が現れ、一切の執着を絶って、解脱に達するために、お釈迦様の説かれた分析に合わせて身体を観察しなくてはいけないのです。身体の臓器に医学的な説明が入ると、生存欲が増してしまうのです。欲をなくすためには、身体の臓器は不浄として観なくてはいけないのです。お釈迦様の三十二の分け方は、医学者の分析よりは誰にでも分かりやすいのです。当時の人々にはすごく観察しやすかっただろうと思います。身体を分解して部品単位でみてみるのですが、それを医学的にキメ細かくやる必要はない。「観たらこんなものがありますよ」というくらいです。胃、大腸、小腸と口から下までセットにして、antaṃ という一言で、食べものが流れる臓器をまとめています。それから腸を外に出そうとしても膜やら血管やら色んなものが繋がっていて出せない。それを antagunaṃ という言葉でまとめている。胸を観たら、大きく肺が見える、心臓が見える、それからお腹のほうで肝臓とか腎臓が見える。そんな感じで簡単に分けていて、それから硬いもの、骨とか骨髄を挙げる。ここまでは固体で、それから液体のリストになります。固体と液体に分けて見ているのです。唾液や、鼻水や、涙や、あぶらや、脂肪や、尿といった液体があるのだと。そこで関節のなかも、関節を破ったら液体・滑液が出てきます。

## 身体に好き嫌いは成り立たない

皆さん、そういうふうに観たら、身体がきれいなものだとは思わない。がっかりするのです。そのときは美人も不細工も存在しないから。そういう目で見ると、皆同じことです。それで私はこの人のことをすごく好きだとか、この人のことをすごく嫌いだとか言っても、身体を開けてみたら好きも嫌いもないでしょう。「あなたのハートが好きですよ」という人がいても、実際に心臓を見せたら逃げ出すかもしれません。心臓として観ると、男性も女性も、若者も老人も、美人も不細工も、関係がないのです。皆、似た心臓を持っているのです。心臓を観たところで、なんて美しい人でしょうか、などの感情は起こるはずもないのです。どんな人を見ても、冷静でいることができるのです。束縛も憎しみも起こらないのです。それこそ、心の自由なのです。

“Seyyathāpi, bhikkhave, ubhatomukhā putoḷi pūrā nānāvihitassa dhaññassa, seyyathidaṃ – sālīnaṃ vīhīnaṃ muggānaṃ māsānaṃ tilānaṃ taṇḍulānaṃ. Tamenaṃ cakkhumā puriso muñcitvā paccavekkheyya – ‘ime sālī ime vīhī ime muggā ime māsā ime tilā ime taṇḍulā’ti. Evameva kho, bhikkhave, bhikkhu imameva kāyaṃ uddhaṃ pādatalā, adho kesamatthakā, tacapariyantaṃ pūraṃ nānappakārassa asucino paccavekkhati – ‘atthi imasmiṃ kāye kesā lomā nakhā dantā taco maṃsaṃ nahāru aṭṭhi aṭṭhimiñjaṃ vakkaṃ hadayaṃ yakanaṃ kilomakaṃ pihakaṃ papphāsaṃ antaṃ antaguṇaṃ udariyaṃ karīsaṃ pittaṃ semhaṃ pubbo lohitaṃ sedo medo assu vasā kheḷo siṅghāṇikā lasikā mutta’nti.

比丘たちよ、それは、たとえば、両方に口のある袋が、種々の穀物に、すなわち、サーリ籾米、ヴィーヒ籾米・緑豆・そら豆・胡麻・米に満ちており、それを眼のある人が開けて、〈これらはサーリ籾米である、これらはヴィーヒ籾米である、これらは緑豆である、これらはそら豆である、これらは胡麻である、これらは米である〉と観察するようなものです。

比丘たちよ、ちょうどそのように、比丘は、足の裏より上、頭髪より下の、皮膚を周辺とする、種々の不浄に満ちたものとして、この身を観察します。

〈この身には、
髪・毛・爪・歯・皮、
肉・筋・骨・骨髄・腎臓、
心臓・肝臓・肋膜・脾臓・肺臓、
腸・腸間膜・胃物・大便、
胆汁・痰・膿・血・汗・脂肪、
涙・脂肪油・唾・鼻液・関節液・小便がある〉と。

身体を三十一の不浄の分類にわけて観察する方法を、例えで説明しています。袋のなかに様々な穀物が入っているのです。しかし、この袋は特別なもので、上と下に口が二つあります。それで眼のある人が袋を開けて、どんな穀物が入っているのかと調べてみるのです。Sālīnaṃ の sāli（サーリ）というのはある米の一種です。それの籾は細長くて、赤くて、ものすごく高級な米です。次に vīhīnaṃ の vīhi（ヴィーヒ）というのは一般的な籾（もみ）のことです。次に muggānaṃ の mugga は緑豆。それから māsānaṃ の māsa はそら豆。Tilānaṃ の tila は胡麻。それから taṇḍulānaṃ の taṇḍula は、籾殻を取った米のことです。袋のなかにそれらが満ちており、それを眼ある人が開けて観たところで、これらはサーリ籾である、これらはヴィーヒ籾である、緑豆である、そら豆である、と簡単に分かるでしょう。そのように身体のなかを観たら、この肉体を構成している三十一種類の不浄が簡単に見られます。ヴィパッサナー瞑想の場合は、ものごとを「観る」だけです。観るものについて、考察したり、議論したりする必要はありません。「肉体というものは、髪の毛、皮膚、骨、心臓、腎臓などでできているものだ」という程度の観方で結構です。身体に対する、我々の妄想概念がなくなれば結構です。抱きしめて、決して離しはしない、というように愛着・執着すべきものではないと理解することです。

"Iti ajjhattaṃ vā kāye kāyānupassī viharati bahiddhā vā kāye kāyānupassī viharati, ajjhattabahiddhā vā kāye kāyānupassī viharati; samudayadhammānupassī vā kāyasmiṃ viharati, vayadhammānupassī vā kāyasmiṃ viharati, samudayavayadhammānupassī vā kāyasmiṃ viharati. 'Atthi kāyo'ti vā panassa sati paccupaṭṭhitā hoti. Yāvadeva ñāṇamattāya paṭissatimattāya anissito ca viharati, na ca kiñci loke upādiyati. Evampi kho, bhikkhave, bhikkhu kāye kāyānupassī viharati.

以上のように、
内の身において身を観つづけて住みます。あるいは、
外の身において身を観つづけて住みます。あるいは、
内と外の身において身を観つづけて住みます。
また、
身において生起の法を観つづけて住みます。あるいは、
身において滅尽の法を観つづけて住みます。あるいは、
身において生起と滅尽の法を観つづけて住みます。
そして、かれに〈身がある〉との念が現前します。それは他でもない、智のため念のためになります。かれは、依存することなく住み、

世のいかなるものにも執着することがありません。

このようにまた、比丘たちよ、比丘は身において身を観つづけて住むのです。



不浄の観察の仕方は、それで終わります。次に、他の身を観察する瞑想も、同じやり方で瞑想を続けるのです。内の身体を観察する（自分の身体）、外の身体を観察する（他人の身体）、自分と他人という区別なく一般的な立場で身体を観察する。それから、身体が生起すること、消えていくことを観察する。生じて滅するプロセスを観察する。それで身体に対してサティ・気づきが生じてくるのです。この場合、身体というのは三十一種類の不浄です。肉体というものは一切、三十一の不浄でできているのだ、という気づきに達したら、当然、その修行者はこの世で何ものにも執着しない気持ちに達するのです。繰り返し書きますが、ヴィパッサナー瞑想の観察は三つのステップで行なうものです。一、自分。二、他人。三、自分と他人を含む全て。ですから、私の身体が不浄でもなく、この他人の身体が不浄でもなく、身体たるものが不浄である、という理解に達することです。

## 不浄観は欠かせない修行です

ここでは疑問が生じると思います。どのようにして、自分の腎臓・心臓・肺臓・肝臓・腸・胃物などを観察するのか、という問題です。当然これは無理です。しかし無理だからやらなくてもいい、ということにはなりません。自分の髪の毛、身体の毛、爪、歯などの観察はできます。もう一つの方法は、遺体を観ることです。遺体は自分でも他人でもない物体です。遺体の不浄物を観察しながら、まず自分の身体も同じようなものでできていると観る。それから、他の人々の身体も同じような不浄のもので構成されていると観るのです。お釈迦様の時代のインドでは、遺体の観察はいたって簡単でした。亡くなる人々を皆火葬する習慣はなかったのです。火葬したのは、高貴な人々か、豊かな人々だけでした。一般人の遺体は、森のそばにある遺体捨場に置いておくのです。現代は、遺体の観察も難しくなっています。

身体が美しいものだと思って愛着するのは、全ての生命の本能です。解脱を目指して心を清らかにすることに励むならば、この愛着を捨てなくてはいけないのです。身体に対する愛着をなくす手っ取り早い方法は、身体は不浄なものであると、ありのまま観ることです。ですから出家する人々には、最初に不浄の瞑想を授けるのです。出家儀式は次に行ないます。出家儀式の最初に、頭を剃らなければいけないのです。出家希望者が、「出家をお願いします」と頼むと、師匠のお坊さんが髪の毛を切る。一部を切って「これを持ちなさい」と手に持たせてあげる。これから捨てる髪の毛を手に持ってジーッと観なければいけない。ぜんぶ剃り終えるまで、その人は髪の毛を持っている。これは、「身体とは何ものかと観てみなさい」ということなのです。剃り終って、身体を洗うときに、はじめて髪の毛を捨てるのです。

出家儀式では、kesā（ケーサー）髪の毛、lomā（ローマー）身体の毛（体毛）、nakhā（ナカー）爪、dantā（ダンター）歯、taco（タチョー）皮膚という五つを観察しなさいと教えます。その五つを唱えさせて、出家させるのです。Kesā lomā nakhā dantā taco, taco dantā nakhā lomā kesā と順番と逆順で言います。それを言わせてから衣をあげるのです。それで正式に仏弟子の世界に入ったことになります。単純なようでいて、とてつもなく深い。どんな宗教の出家儀式よりも深い意味があるのです。それは一切の世俗的な概念を捨てるということです。エピソードによれば、出家するその瞬間に、髪の毛を剃り始めたらもう覚って阿羅漢になった人もいるのだそうです。

## 死体を観る瞑想は仏教だけのもの



自分の身体の三十一の部分を全部観ることは不可能ですが、客観的に観ることができるものは観てほしい。観られる部分はいくらでもあります。自分の鼻水とか、自分の尿とか、大便とか、観察できます。それらは決してきれいなものではない。愛着が生まれるものではない。人間は幻覚の世界で生活しているから、とにかく演じるのです。料理も演じる世界でしょう。いかに美しく、いかにおいしく、いかに見映えが良くということを演じる世界ですから。演じる世界は全部嘘、インチキの世界なのです。そこはもう仏教ではカットする。演じる世界は知識の世界ですから、苦しみしか生まれてこない。料理の面でものごとを見て、料理研究家になってしまったら、もう他のことは勉強できなくなってしまう。料理の研究だけで、一生かかってしまう。一生かかって分かるのは、「どのように鶏の肉を料理するか」というくらいのことです。どう見たって、人間が食べるものは決まっていて、肉の場合は鶏か豚か牛か。野菜の種類はたくさんありますが、まとめてみると葉を食べるか、土のなかの根を食べるか、それくらいのものでしょう。それで食材をありとあらゆる方法で料理して、素晴らしいと褒め称える。そういう幻覚の世界は必ず苦しみをつくる世界なのです。食べものはどれぐらいの種類に分けられるでしょうか。考えたこともないでしょう。三種類なのです。動物（肉・魚）、植物（野菜・穀物）、それから乳製品。人間が食べるのはその三種類。智慧の立場から見れば、それぐらいに分けてみればいいことなのです。

そこで幻覚を破りたければ、「これはすごい御馳走だ」と言うだけではなくて、これはどのような大便になるかと、観察しなくてはいけない。結局、大便になってしまいますから。だから食べ物は便をつくるための材料なのです。べつに科学的な説明なんかいらないのです。ただ単に「どんな材料で便をつくるか」ということです。それを見たら、三種類に分けられるから、たいしたことはない。幻覚を破ることで、「あ、そんなもんか」と全てがほんの小さなものになる。小さくなることがポイントなのです。それで何もかも分かってしまう。

この瞑想の場合は自分の身体、他人の身体を観るというところでは、やり方にちょっと色々無理はあります。三十一も全部観察できない可能性があります。しかし当時、インドではいとも簡単に遺体が見られました。人が死んだら、遺体を森に持って行って捨ててしまうという習慣もありました。仏教のお坊さんは、人の住まない森のなかでも生活していたので、墓場（遺体捨場）に行って解剖して観てみることもできたのです。註釈書によると、お坊さん達とお墓の責任者達は結構仲が良くて、他の宗教と違ってよく行き来していました。バラモンの人々は、不浄な墓場に行ってはいけないと、ものすごい差別感を持っていたのです。仏教だけは全然そんなことはない。主観的に遺体は不浄だと思わない。むしろ瞑想対象なのです。だれでも不浄、不浄と言うけれど、その不浄の感覚が違うのです。お坊さん達は瞑想する場所としても墓場を選ぶこともある。人は来ないし、来たとしても遺体を処分してさっさと帰りますから。インド人は迷信のかたまりだから、墓場に行くことさえも怖いのです。ヒンドゥー教だったらすごく怖がって、遺体をなんとか処分して早く帰る。それから遺体を処理する人々にお金か何か払って処理してもらう。いまもそういう仕事はあります。親戚も遺体には触ろうともしないのです。

ジャイナ教でも苦行は教えているけれど、遺体を観て瞑想することはしていなかった。それは仏教だけの特色なのです。他の瞑想はだいたい皆同じことをやります。例えば、呼吸瞑想ならヒンドゥー教の人々もやっていました。しかし、この遺体を観る瞑想は仏教文化にだけある瞑想で、インドでは他のどこにもない。お坊さん達は、お墓にはよく行くのです。お墓というのは、お坊さん達のお寺の一部みたいなものだったのです。だからと言って、お寺ではお墓はつくりません。西欧では、お墓と教会が一緒になっています。それは宗教が死んだ人の魂を運ぶ宅配便屋さんだと思っているからです。（いまの日本仏教は別として、）本来の仏教はそういうことはしませんでした。お寺にお墓はないのです。でも誰よりも、お墓の見張り番とは仲が良かったのです。



### お坊さんと墓守は仲良し

昔から伝わるいくつかのストーリーがあります。お金持ちは死体を火葬しますけど、お金がない人はそのまま、土の上に置いておく場合があるのです。それで墓守がお坊さん達に「今日は品物が入りましたよ」と連絡する。そのお坊さんが死体を二、三週間観て瞑想したいと言ったら、「では瞑想を頑張ってください」とそのまま置いておく。

インドの火葬というのはすごく失礼なやり方で、ほんのちょっとしか薪を使わないのです。遺族は墓守の人にまかせて帰ってしまいます。墓守さんも商売だから、大量に薪を使って燃やしたら商売にならない。だからほんの少々薪を持って来て、遺体を切って焼く。身体から水分が出て行くまで遺体を放置しておくのです。油分だけ残った状態になったら、さらに死体を切って火をつける。そうするとよく燃えます、あまり薪はいらないので経済的です。ですから内臓を観たいお坊さんにとっては、そうやって放置してある死体を使って簡単に観られるのです。いまは人間の生き方が変ったから、なかなか難しいけれど、それでも一部だけは観られます。金持ちと貧しい人と、心臓が違うものでできているわけではない。ただの心臓だと、肺はただの肺だと、これは誰でも同じなのだと、観ることができます。不思議なことに、蛙の肺も同じように肺なのです。学校で解剖すると、蛙の心臓もただ小さいだけで、かなりの勢いで鼓動しているのが分かるでしょう。人間と比べたらスケールが小さいだけ。そういうふうに自分の身体も、他人の身体も、同じものでしかない、と分かったところで、欲も煩悩もなくなってしまう。「あの人のことを愛しています」とか、「あの人はたまらなく美しい」とか、そういう幻覚の世界はいきなり消えてしまうのです。人間であろうが、動物であろうが、ごく単純に観られるようになるのです。身体にあるのは、脳みそも入れて三十二種類の不浄だけなのです。蛙の皮膚も、トカゲの皮膚も、猫の皮膚も、皮膚はただの皮膚ですから。猫にしても毛がいっぱい生えているとかわいいけど、抜け落ちた毛だけ取ってみたら迷惑なだけで、かわいくも何ともないのです。毛が鼻に入ったら鼻水が出るし、喘息になってしまうし、本当は好ましくないものです。そうやって、生命の身体を部品化して観るのです。自分の身体を観て、他人の身体を観て、両方を観て、身体がどのように現れるか、つまり身体に色んな食べものを入れることで成長していくのか、それからどのように消えていくのか、ということまで観察してみる。観察すると、「あ、そんなものか」という智慧が生まれてくる。身体はそんなものでしょう、という智慧が生まれてくるのです。

## 逆さまに観ることが「正しく観る」こと

　これは不浄観というものではなく、まさに「厭逆観察」なのです。この漢字は「逆に観る」ということで、不浄観と書くよりはきちんと意味が通っています。逆さまにして観ることは、本当は「正しく観る」ことなのです。正しく観るとこんなものだ、ということです。人間の変てこなものの見方からすれば「厭逆観」になりますが、別に仏教の人々がものごとを変に逆さまにして観ているわけではないのです。人間に皮膚がないと誰が言えるでしょうか？　心臓がないと誰が言えるでしょうか？　大便小便がないと誰が言えるでしょうか？　本当は、三十一種類に分ける観察こそが正しいものの見方（観方）なのです。

　全ての生命はそんなものだ、と智慧で観ることで、適度の智慧が生まれてきます。適度の気づきが生まれてきます。もう、とらわれることなく生活ができます。世のなかで何一つも執着することはなくなってしまいます。以上のようなやり方でも、身体の瞑想ができるのです。



## 要素観察の部　Dhātumanasikārapabbaṃ（ダートゥマナスィカーラパッバン）

身の随観の五番目は、「地水火風」という四大要素を観察する仕方を紹介します。

### 地・水・火・風の観察

7　“Puna caparaṃ, bhikkhave, bhikkhu imameva kāyaṃ yathāṭhitaṃ yathāpaṇihitaṃ dhātuso paccavekkhati – ‘atthi imasmiṃ kāye pathavīdhātu āpodhātu tejodhātu vāyodhātū’ti.

“Seyyathāpi , bhikkhave, dakkho goghātako vā goghātakantevāsī vā gāviṃ vadhitvā catumahāpathe bilaso vibhajitvā nisinno assa. Evameva kho, bhikkhave, bhikkhu imameva kāyaṃ yathāṭhitaṃ yathāpaṇihitaṃ dhātuso paccavekkhati – ‘atthi imasmiṃ kāye pathavīdhātu āpodhātu tejodhātu vāyodhātū’ti.

7　つぎにまた、比丘たちよ、比丘は、この身をあるがままに、置かれたままに、要素から観察します。

〈この身には、
地の要素、
水の要素、
火の要素、
風の要素がある〉と。

比丘たちよ、たとえば、熟練した屠牛（とぎゅう）者かその弟子が雌牛を殺し、四大路で切り分けて※坐っているようなものです。

※底本は「切り裂いて」

比丘たちよ、ちょうどそのように、比丘はこの身をあるがままに、置かれたままに、要素から観察します。

〈この身には、

地の要素、

水の要素、

火の要素、

風の要素がある〉と。

これは「要素に分けて観る」という瞑想です。要素とは地・水・火・風です。存在する全てのものはもうそれ以上、縮めることはできない。Pathavīdhātu（パタヴィーダートゥ）地の要素は「硬いもの」、āpodhātu（アーポーダートゥ）水の要素は「流れるもの」、tejodhātu（テージョーダートゥ）火の要素は「火・熱」のこと、vāyodhātu（ワーヨーダートゥ）風の要素は「風・空気」のこと。そういうふうにシンプルに理解しても、実践する上では充分なのです。厳密に仏教哲学（アビダルマ）的な地水火風の理解をしなくても、ただ硬い部分と、流れる水のような部分と、火・熱と、空気という四つがあるのだという捉え方で構いません。

例えば学校では、物質には三つの形があると習います。solid 固体、liquid 液体、gas 気体です。それに熱を入れれば四つになります。そうやって単純に観ても、いっこうに構いません。厳密に地の元素でしょうか、水の元素でしょうかと、そこまでこだわって観る必要はないと思います。

「身の随観」で要素観察をしようとする場合は、この身体を四つの要素に分けて観るのです。この身体には固い部分（地の要素）があって、流れる部分（水の要素）もあります。厭逆観察の部で取り上げた三十一の部品にあるのは固体（地の要素）と液体（水の要素）だけでしたが、リストを見るときちんと、地の要素（固体）、水の要素（液体）の順番になっていることに気づくでしょう。厭逆観察のリストは、要素観察のうち、地の要素、水の要素の観察がしやすいようになっているのです。そこに火の要素と、風の要素を付け加えれば四つになります。



## 生命には地水火風しかない

そこで、この身体に硬い、地の要素がある。流れる液体的な要素がある。それから熱という要素がある。それから空気という要素がある。どうみても、その四つの要素でこの身体ができているのです。身体のなかには熱があって、また空気も色んなところに入っている。それぐらいですよ、と観るのです。自分の身体を観ても、他の身体を観ても、どこを観ても地・水・火・風しかない。他のどんな身体を観ても地水火風だけなのだ、と、他の生命についても観るのです。固いものと、液体のものと、熱と、空気と、それだけで身体ができている。犬を観ても猫を観ても、虫やアメーバをみても、その四つしかないのだと。

「熟練した屠牛者かその弟子が雌牛を殺し、四大路で切り分けて坐っているようなもの」という恐ろしい例えが出てきます。屠牛者は牛を殺して肉を切り分けて売っている人々です。そうやって牛の肉を部位に分けて売っているのです。肩肉、ロース、脂身、牛たん、内蔵、テール、骨付き肉、というように分けて、値段をつけて売っているのです。そのように、この身体も地・水・火・風に分けて観てみなさい、というのです。

Iti ajjhattaṃ vā kāye kāyānupassī viharati bahiddhā vā kāye kāyānupassī viharati, ajjhattabahiddhā vā kāye kāyānupassī viharati; samudayadhammānupassī vā kāyasmiṃ viharati, vayadhammānupassī vā kāyasmiṃ viharati, samudayavayadhammānupassī vā kāyasmiṃ viharati. 'Atthi kāyo'ti vā panassa sati paccupaṭṭhitā hoti, Yāvadeva ñāṇamattāya paṭissatimattāya anissito ca viharati, na ca kiñci loke upādiyati. Evampi kho, bhikkhave , bhikkhu kāye kāyānupassī viharati.

以上のように、
内の身において身を観つづけて住みます。あるいは、
外の身において身を観つづけて住みます。あるいは、
内と外の身において身を観つづけて住みます。
また、
身において生起の法を観つづけて住みます。あるいは、
身において滅尽の法を観つづけて住みます。あるいは、
身において生起と滅尽の法を観つづけて住みます。
そして、かれに〈身がある〉との念が現前します。それは他でもない、智のため念のためになります。かれは、依存することなく住み、世のいかなるものにも執着することがありません。
このようにまた、比丘たちよ、比丘は身において身を観つづけて住むのです。

自分の身体であっても他人の身体であっても同じことなのです。なぜ地の要素が生まれるか、なぜ火の要素が生まれるかというようなことも観察する。どのように消えていくかということも観てみる。そこで「あ、これぐらいなのだ」ということが分かるのです。Atthi kāyo'ti vā panassa sati paccupaṭṭhitā 身体というのはこれぐらいのものだ、という理解が生まれてきます。身体というもの、生命というものが、すごく小さくなって地水火風になってしまう。これぐらいだと。それは智慧なのです。そこでちょっとした落ち着きが生まれてきます。執着なしに世のなかで生きていることができるのです。

### 地水火風を観る瞑想の仕方

精密に言うと、地・水・火・風の四大元素とは、つち・みず・ひ・かぜ、というわけではないのです。物質が構成されているもとのエネルギ

ーのことです。現代科学の言葉を借りると、素粒子の話になります。しかし人間の五感に頼った認識範囲では、素粒子の発見はできません。素粒子じたいは、見えないように隠れている微量なものではありません。全て素粒子なのです。富士山は見えますが、富士山を構成している素粒子は認識できません。現代科学も、素粒子が存在すると実証するために大変苦労しています。瞑想が成功して、自と他の区別がなくなって、認識機能のみ残ったところで、心は物質を「本、椅子、山」などの現象ではなく、素粒子として、エネルギーの波動として認識するのです。そのとき、心は「地・水・火・風」という四種類の波動を見つけるのです。またいくつかの微妙に違う波動がありますが、全ての物質は地・水・火・風という四つの基本波動でできているのです。ですから、四大元素と名付けるのです。何兆円も金をかけてつくる「大型ハドロン衝突型加速器（Large Hadron Collider / LHC）」がなくても、瞑想して素粒子の存在を認識することができます。心を成長させることなく、一般的な認識能力で科学データとして発見しようとすると、大変なコストがかかることになります。

お釈迦様が、身体を構成している地水火風をありのまま観察しなさいと教えるときは、我々に素粒子を発見しなさいと指導しているのではないのです。老若男女だれにでも実践できるように、指導されているのです。一般人に分かるようにレベルを下げたわけでも、分かるところだけ教えて理解できないところを教えないことにしたわけでもないのです。身体は地水火風という四つの基本的な素粒子の流れでできていることを発見するプロジェクトなのです。丁寧に実践すれば良いのです。

### 地の元素の観察

まず、地の元素です。ものは硬いのです。重いのです。身体も硬いのです。重いのです。これを地の元素として確認すれば結構です。要するに、ものごとの硬さ・重さを司るエネルギーの波長になります。そこまで考えると推測したことになるので、そう考える必要はないのです。自分の身体で、硬い、と感じるとき、地（pathavī）と確認する。重い、と感じるとき、地（pathavī）と確認する。他人の身体についても、他のものごとについても、同じ確認作業を行なってみる。硬さ・重さ、というエネルギーを通して、私の身体、他人の身体、机、などの認識が生まれるのだと発見できると思います。次に、机がある、ではなく、自分の心に流れてくる硬さ・重さというエネルギーを通して、机という現象が心のなかで起きる、というプロセスを発見するのです。

## 水の元素の観察

次は、水の元素です。普通の水を観てみましょう。重いのです。硬いのです。しかし、それは気にならないのです。重いから、硬いから、水というわけではないのです。何か別な特色があります。それを気にしているのです。それはなんですか？　水といえば、流れる性質があるのです。形は定まってないのです。この流れるという機能・エネルギーが、水の元素です。我々には自覚がないだけで、心がその特色を取って、個体と液体の区別をするのです。瞑想する人々は、自分の身体のなかにある水分、血液、鼻水、よだれ、尿、リンパ液、膿などを発見するたびに、気になるたびに、水（āpo）の元素と確認する。川を観て、雨を観て、水（āpo）の元素と確認する。ご飯を食べるときも、味噌汁や水、茶などを水（āpo）の元素と確認する。ご飯やおかずなどにしても、硬いのみであるならば、決して食べられないのです。そのなかに水（āpo）の元素があることを確認する。他の身体の場合も、同じ確認作業をして、水（āpo）の元素を発見する。小麦粉に水を入れて練ってみましょう。簡単に飛び散る粉が一箇所にまとまったのです。飛び散らなくなったのです。形は定まっていないのです。これで水の元素のもう一つの特色が観えてきます。地の元素を飛び散らないように繋げるはたらきです。我々の身体も、粉にならないのは、水の元素があるからです。机も粉にならないのは、水の元素があるからです。自分の身体のなかに、自由に流れる液体があると同時に、身体が飛び散らないように繋いでくれる粘着的なはたらきも、水（āpo）の元素として確認するのです。

### 火の元素の観察

次は、火の元素です。火とは言葉通りに火(ひ)です。詳しく言えば、熱・温（度）です。それも素粒子としてはたらくエネルギーなのです。身体のなかにある熱を感じて、火の元素だと認識すれば良いのです。外を観ると、至るところに火を発見できます。そのときは、火の元素だと発見するのです。倒れて動かない動物がいるとしましょう。生きているか死んでいるか分からない。それで触ってみる。熱を感じる。「死んでない。まだ生きている」と判断するのです。それで分かりますか、生かされている、というエネルギーは？　火の元素です。氷の塊があります。どのように水に変えられますか？　熱を入れるのです。他にどんな方法をとっても、氷の塊は、水にならないのです。それで結論です。地の元素を火の元素が変化させるのです。氷を水にするのです。水を気体に変えるのです。変化はそれだけではありません。紙一枚があります。それに火をつけましょう。燃えて灰になる。見た目的には全く違う物質になっているのです。形のあった紙が、形の定まらない塵になっているのです。すごい変化です。火の元素がやったのです。全てのものごとに熱があるのです。我々は比較して、温かい、冷たい、と言いますが、冷たいというものにも、熱があるのです。ですから全てのものごとは、このままでいることなく、絶えず変化するのです。それは火の素粒子によって起きる出来事です。素粒子の話、波長の話などを持ちださなくても、このはたらきは観察することで発見できるのです。

ロウソクの炎を観て、火（tejo）だと確認する。温かいと感じて、火（tejo）だと確認する。自分の身体の温かいことを感じて、火（tejo）だと確認する。いたって簡単な方法でしょう。しかし、このやり方で、火（tejo）という元素・素粒子・エネルギー・はたらき・波動を発見できます。この実践の仕方を自分の身体、他人の身体、全ての身体、という三ステップで実践します。さらに、ものごとの全てに火（tejo）の元素があるのだと観察することを実践するのです。

## 風の元素の観察

最後は、風の元素です。まずは誰でも知っている風（かぜ）から始まるのです。風とは空気のことです。身体のなかの空気を感じて、風（vāyo）だと確認する。空気が身体に入ったり出たりするときも、風（vāyo）だと確認する。お腹が張っているときはガスが溜まっていることでしょう。風（vāyo）だと確認する。他人の身体においても、同じく確認する。揺らぐ樹の枝を観て、樹の枝を認識するのではなく、目に観えない風が枝を揺さぶっていることに気づいて、風（vāyo）だと確認する。揺らぐ炎を観ると、勝手に揺らいでいるようにみえますが、それは違います。周りの空気が揺らしているのです。その空気を認識して、風（vāyo）だと確認する。この実験をやってみると、世界中、何を観ても、風（vāyo）の元素が満ちていることを発見するのです。

少々レベルを上げてみましょう。ゴム風船を取ってください。結構硬いのです。当然、重さもあるのです。小さいのです。それから、膨らませます。バカでかく大きくなるのです。膨らむ前のゴム風船と、膨らんだゴム風船は、機能として違うものになっているのです。第一に観えるのは、大きさです。かなりの空間を取ってしまったのです。小さな箱に百枚のゴム風船でも詰められるのに、膨らませた風船なら一個も入りません。これで、風の元素の特色を発見です。地の元素に空間をつくってくれるのです。一センチくらいのサイコロを取ってみてください。一立方センチメートルの空間を取っているのです。犯人は地の元素のなかに入り込んだ風の元素です。自分の身体の大きさを決めたのも、風の元素です。ミミズの身体は小さいですが、その身体のなかに風の元素を入れるならば、うなぎぐらいの大きさにすることもできます。空気を入れるのも一つの手段ですが、ただそれだけで素粒子のなかに風の素粒子が入り込む保証はないので、実験はうまく行かないと思います。食べ過ぎると太ります。太るといっても、いくつかの変化が起きます。物質を入れたから重さが増えます。地の元素です。身体の大きさも増えます。風の元素です。太った人の身体はブヨブヨでこんにゃくみたいです。痩せている他の人の身体とは違います。水の元素です。太った人は痩せた人より汗かきです。身体が熱すぎです。口から入れた物質のなかにあった火の元素の仕業です。火がたくさん入ったから、痩せた人より老けるスピードも早いのです。太ることを地水火風で説明すると、このようになります。

水の元素と、風の元素のはたらきは、互い違いです。水の元素は、地の元素が塵になって逃げられないようにして繋げておくのです（引き寄せるエネルギー）。風の元素は、地の元素を引き離して間（あいだ）をつくるのです（引き離すエネルギー）。二つの元素が均衡したところで、ものごとの大きさが決まります。風の瞑想をする人は、ここまで発見しようと努力しなくても構わないのです。ただ、風の元素を発見すれば充分です。

## どの元素を選ぶのか

一人の修行者がその四つの瞑想ともやらなくてはいけない、という決まりもありません。自分に分かりやすい元素を選ぶのも構わない。その都度その都度、気づく元素を確認しても構わないのです。人の性格によって、簡単に発見できる元素が変わる可能性もあります。地の元素を簡単に発見する人も、火の元素を簡単に発見する人もいるのです。修行する自分は、何を発見しやすい性格かと分からないので、気にする必要はありません。その都度、気になる元素を確認することです。このように、全てのものごとは地・水・火・風で構成されているものだと発見します。そこには「私がいる、あなたがいる、人々がいる」という世界は成り立ちません。生命がいる、ではなく、地水火風というはたらきのみがある、という発見になります。お釈迦様はこの発見を「Atthi kāyo'ti vā panassa sati paccupaṭṭhitā 身体というのはこれぐらいのものだ、と気づきを確立するのです」とフレーズで表現しています。その発見によって、心が執着から解放されるのです。

## 九墓地の部　navasivathikapabbaṃ（ナワスィワティカパッバン）

身の随観の六番目は、死体を観察する瞑想になります。身の随観の解説は、この項目で完結します。

### 捨てられた死体を観察して瞑想する

8　Puna caparaṃ, bhikkhave, bhikkhu seyyathāpi passeyya sarīraṃ sivathikāya chaḍḍitaṃ ekāhamataṃ vā dvīhamataṃ vā tīhamataṃ vā uddhumātakaṃ vinīlakaṃ vipubbakajātaṃ. So imameva kāyaṃ upasaṃharati— 'ayampi kho kāyo evaṃ dhammo evaṃ bhāvī evaṃ anatīto'ti.

8　つぎにまた、比丘たちよ、比丘は、
（1）たとえば墓地に捨てられた、死後一日、あるいは死後二日、あるいは死後三日経ち、膨張し、青黒くなり、膿（うみ）ただれた身体を見るように、この身のみに集中します。
〈この身も、このような性質のもの、このようになるもの、このような状態を超えないものである〉と。



ここから９種類の死体を観察して瞑想します。

Sarīraṃ 死体が sivathikāya 墓場に chaḍḍitaṃ 捨てられているのが passeyya 見つかるでしょう。その死体は ekāhamataṃ 死んで一日経っているか、dvīhamataṃ 二日経っているか、tīhamataṃ 三日経っているか。死んで数日経った死体が墓場に捨てられているのが見つかります。その死体の状態は uddhumātakaṃ 膨張していて、vinīlakaṃ 青黒くなっている。vipubbakajātaṃ 醜くなっているのです。これは膿でただれた死体です。亡くなって日数が経ってくると、そういう遺体の状態でかなり膨らんで、それから青黒くなってしまって、あちら、こちらでほんのちょっとはれたりとか、鼻とか目とかそういうところからかなり膿が出ていたりする。そういう死体を観て、それから自分の身体に当てはめて観る。imameva kāyaṃ upasaṃharati この身体のみに集中して観察します。ここで身体が二つあります。遺体と、自分の身体です。身体という現象に集中して観るのです。一つの身体が朽ちて醜い状態になっているのです。決して執着の対象にはならないのです。それから、ayampi kho kāyo この自分の身体も evaṃ dhammo このような性質だと evaṃbhāvī このような状態になってしまうのだ、と確認するのです。自分の身体は evaṃ anatīto このようにならない、ということはありません、必ずこのようになります、と確認します。これは死体の状態を自分の肉体に当てはめて観る修行です。

## 身体のために大騒ぎしない

Iti ajjhattaṃ vā kāye kāyānupassī viharati bahiddhā vā kāye

kāyānupassī viharati, ajjhattabahiddhā vā kāye kāyānupassī viharati; samudayadhammānupassī vā kāyasmiṃ viharati, vayadhammānupassī vā kāyasmiṃ viharati, samudayavayadhammānupassī vā kāyasmiṃ viharati. 'Atthi kāyo'ti vā panassa sati paccupaṭṭhitā hoti. Yāvadeva ñāṇamattāya paṭissatimattāya anissito ca viharati, na ca kiñci loke upādiyati. Evampi kho, bhikkhave, bhikkhu kāye kāyānupassī viharati.

以上のように、
内の身において身を観つづけて住みます。あるいは、
外の身において身を観つづけて住みます。あるいは、
内と外の身において身を観つづけて住みます。
また、
身において生起の法を観つづけて住みます。あるいは、
身において滅尽の法を観つづけて住みます。あるいは、
身において生起と滅尽の法を観つづけて住みます。

そして、かれに〈身がある〉との念が現前します。それは他でもない、智のため念のためになります。かれは、依存することなく住み、世のいかなるものにも執着することがありません。

このようにまた、比丘たちよ、比丘は身において身を観つづけて住むのです。

それからこのセクションに共通するsatiのセットが入ります。ajjhattaṃ内なる身体を観る、いわゆるなかから観る外から観るということで、この場合は簡単です。自分の身体もそうやって膨らんで汚く醜くなっていく、ということを観察して、自分も決してそうならないことはない、確実にそういう状態になるのだと観る。それから他の人々にしても同じことだ、この世のなかのどんな人であろうが必ず死んでこうやって膨らん

で臆が垂れるようになって醜くなるのだ、ということを観てみる。それで一般的に ajjhatta bahiddhā vā kāye どんな身体にしても同じことだと観察する。samudayadhammānupassī vā kāyasmiṃ viharati 身体はどのように生まれて来るものかということも観察してみる。vayadhammā-nupassī vā kāyasmiṃ viharati 身体はどのように消え去っていくかということを観察する。そして、samudayavayadhammānupassī vā kāyasmiṃ viharati その両方をまとめて観ます。そこで、彼が確実に確認するのです。何をでしょうか？　atthi kāyo 世のなかにあるのはこのような身体、このいままで観察したような状態の身体なのだ、と。確実に確固たる真理はそういうことだ、と確認するのです。その確認したことは変化しないのです。身体とはこのようなものである、という理解が生まれて来ます。それは、yāvadeva ñāṇamattāya この適度の智慧に繋がっていく。patissatimattāya 適度の気づきに繋がっていく。いわゆる sati が入った（確立した）状態になるのです。

どんな身体でも、いま自分が観察している身体と同じ状態になる。身体は色々なものからできていて、また毎日壊れて欠けていく。最終的に死んでしまったらこのように腐ってしまう。ただそれだけ。食べ物のことやら、職業のことやら、経済的なことやら、おしゃれのことやら、私たちが世間で繰り広げる大騒ぎは、結局、「身体」を維持するためのものに過ぎないのです。身体の観察をする人は、「そんなことで騒ぐ必要があるものか」と落ち着いて生きられます。

Anissito ca viharati この人は世のなかに対してあれをやりたい、これが欲しい、といって困ったり悩んだり、混乱したりすることは何もなくなってしまう。全て無意味ということが分かって、すごく落ち着くのです。na ca kiñci loke upādiyati 何ものにもとらわれることがない。Evampi kho bhikkhave bhikkhu kāye kāyānupassī viharati そのように、身体の瞑想でそれぐらいのことは得られるのです。

**動物に食べられた死体**

死んで日が経つにつれて変わっていく死体の状況に合わせて、瞑想が九つあるのです。次には、例えばこういうふうな身体が見つかるかもしれません。

Puna caparaṃ, bhikkhave, bhikkhu seyyathāpi passeyya sarīraṃ sivathikāya chaḍḍitaṃ kākehi vā khajjamānaṃ kulalehi vā khajjamānaṃ gijjhehi vā khajjamānaṃ kaṅkehi vā khajjamānaṃ sunakhehi vā khajjamānaṃ byagghehi vā khajjamānaṃ dīpīhi vā khajjamānaṃ siṅgālehi vā khajjamānaṃ vividhehi vā pāṇakajātehi khajjamānaṃ. So imameva kāyaṃ upasaṃharati— 'ayampi kho kāyo evaṃdhammo evaṃbhāvī evaṃanatīto'ti. Iti ajjhattaṃ vā kāye kāyānupassī viharati bahiddhā vā kāye kāyānupassī viharati, ajjhattabahiddhā vā kāye kāyānupassī viharati; samudayadhammānupassī vā kāyasmiṃ viharati, vayadhammānupassī vā kāyasmiṃ viharati, samudayavayadhammānupassī vā kāyasmiṃ viharati. 'Atthi kāyo'ti vā panassa sati paccupaṭṭhitā hoti. Yāvadeva ñāṇamattāya paṭissatimattāya anissito ca viharati, na ca kiñci loke upādiyati. Evampi kho, bhikkhave, bhikkhu kāye kāyānupassī viharati.

つぎにまた、比丘たちよ、比丘は、

（2）たとえば墓地に捨てられた、烏に食べられたり、鷹に食べられたり、禿鷹に食べられたり、蒼鷺（あおさぎ）に食べられたり、犬に食べられたり、虎に食べられたり、豹に食べられたり、ジャッカルに食べられたり、あるいは種々の小さな生き物に食べられたりしている身体を見るように、この身のみに集中します。

〈この身も、このような性質のもの、このようになるもの、このような状態を超えないものである〉と。

以上のように、

内の身において身を観つづけて住みます。あるいは、

外の身において身を観つづけて住みます。あるいは、

内と外の身において身を観つづけて住みます。

また、

身において生起の法を観つづけて住みます。あるいは、

身において滅尽の法を観つづけて住みます。あるいは、

身において生起と滅尽の法を観つづけて住みます。

そして、かれに〈身がある〉との念が現前します。それは他でもない、智のため念のためになります。かれは、依存することなく住み、世のいかなるものにも執着することがありません。

このようにまた、比丘たちよ、比丘は身において身を観つづけて住むのです。

墓場に捨てられているもう一つの死体が見つかります。その死体は烏にあっちこっち食べられている。鷹や禿鷹、蒼鷺といった肉食の鳥（猛禽類）たちが来て食べていく。

それから野良犬やジャッカル、色々な動物や虫たちが来て食べているのだと。

そういう死体が見つかったら、前と同じ観察をする。ここに死体があって、色んな動物たちが来て、一部分をむしって食べてしまう。そこでは社会的な肩書きもないし、男もないし、女もない。動物達にとっては何のこともないのです。お化けが出るとか、成仏できないとか考えることは何もなく、ただ食べてしまう。そういう状況で自分の身体に瞑想を持っていく。この身体も確実にそんなことになる。こういう状況から解放されることは決して有り得ない。死んでしまえば、ただの肉になる。

自分の身体だけではなくて、どんな人の身体も、どんな動物の身体も、結局死んだらそんなものです。ただどこかの動物の食料になるだけ。そういうふうに観てみる。それでまた、身体の現れるプロセス、滅するプロセス、また、その両方を観察します。生と滅の観察方法は色々ありますが、どんな方法でもいいのです。例えばこの瞑想の場合、身体はどのように現れてくるかと。どんな現れ方でもいいのです。我々が世のなかを観ていると、色んなところで毎日毎日新しい身体が生まれてくるでしょう。動物の世界を観ても色んなところで新しい身体が生まれることは、いつでも観察できます。生まれてきた身体は色んな方法で栄養を摂って、餌を食べて大きくなるし、それから運動をして消耗したり、病気になったりして、身体が毎日衰えていって、やがて死んでしまう。やがて他の生命の食料になって終わってしまう。

これは全然残酷な考え方ではなくて、普遍的にどんなときでも、どんな時代でも確実に起こる出来事です。これは決して避けることができないのです。もし身体の肉が栄養であるならば、誰が死んだとしても、放っておけば他の動物が見つけてそれを食べるのは当然です。どこかの山奥に旅客機が墜落したとき、そこで越冬して生き残った人々が、仲間の肉を食べてやっと生き残ったという話がありますね。映画にもなった実話のようですが、映画にするまでもなく、普通のことなのです。いまだに我々は、死体を食べて生きているのです。なくなった人間の肉を食べたからといって、そんな珍しいことでも変なことでもない。いまも同じく死体（魚、豚、牛、鶏など）の肉を食べて身体を大きくしているのです。

おかしいことは鳥肉や豚肉を食べる場合は、「死体を食べている」とは思わない。魚を食べても、「死体を食べている」とは思わない。そこで人が猫を食べてしまうと、「この人は変な人だ、猫を殺して食べているのだ」と驚く。でも、猫を食べても蛇を食べても、ゴキブリをあさりの代りに味噌汁に入れてもどうってことはないのです。「これは食べるもの、これは食べられないもの」と自分たちの色眼鏡で勝手に決めつけているだけのことです。そうやって死体を観察して patissati 、sati が入ってしまう（確立してしまう）と、世のなかでやっている大騒ぎが、心のなかからきれいに消えてしまいます。

### 食い荒らされたあとの死体

Puna caparaṃ, bhikkhave, bhikkhu seyyathāpi passeyya sarīraṃ sivathikāya chaḍḍitaṃ aṭṭhikasaṅkhalikaṃ samaṃsalohitaṃ nhārusambandhaṃ. So imameva kāyaṃ upasaṃharati — ‘ayampi kho kāyo evaṃ dhammo evaṃ bhāvī evaṃ anatīto’ti. Iti ajjhattaṃ vā kāye kāyānupassī viharati, bahiddhā vā kāye kāyānupassī viharati, ajjhattabahiddhā vā kāye kāyānupassī viharati; samudayadhammānupassī vā kāyasmiṃ viharati, vayadhammānupassī vā kāyasmiṃ viharati, samudayavayadhammānupassī vā kāyasmiṃ viharati. ‘Atthi kāyo’ti vā panassa sati paccupaṭṭhitā hoti. Yāvadeva ñāṇamattāya paṭissatimattāya anissito ca viharati, na ca kiñci loke upādiyati. Evampi kho, bhikkhave, bhikkhu kāye kāyānupassī viharati.

つぎにまた、比丘たちよ、比丘は、
（3）たとえば墓地に捨てられた、骨が連鎖している、血肉がある、筋（すじ）が繋（つな）がっている身体を見るように、この身のみに集中します。
〈この身も、このような性質のもの、このようになるもの、このような状態を超えないものである〉と。
以上のように、
内の身において身を観つづけて住みます。あるいは、
外の身において身を観つづけて住みます。あるいは、

内と外の身において身を観つづけて住みます。

また、

身において生起の法を観つづけて住みます。あるいは、

身において滅尽の法を観つづけて住みます。あるいは、

身において生起と滅尽の法を観つづけて住みます。

そして、かれに〈身がある〉との念が現前します。それは他でもない、智のため念のためになります。かれは、依存することなく住み、世のいかなるものにも執着することがありません。

このようにまた、比丘たちよ、比丘は身において身を観つづけて住むのです。

次にまた違う形の死体が見つかるかもしれません。その場合、ほぼ骨組みは見えますけど、あちこちに肉も付着していて、血もあって、血管も骨も見える。色んなところでまだ肉やら、血やら残っているくらいの死体ですね。いわゆる、動物がいくらか食べて逃げて行ったとかね。もうきれいに全部食べるということはないし、またある動物によっては骨も折って食べる場合もある。狐なんかはそこまでは食べないで、肉だけ取っていってしまう。鳥だったら、肉だけ全部ついばんで骨は残してしまうし、ハイエナや熊が来たら、骨まで噛んで食べます。そういう食べ残しのような身体が見つかったら、自分の身体もそのようになるのだ、と自分の身体を観察するのです。

### 血まみれで骨と筋だけの死体

Puna caparaṃ, bhikkhave, bhikkhu seyyathāpi passeyya sarīraṃ sivathikāya chaḍḍitaṃ aṭṭhikasaṅkhalikaṃ nimaṃsalohitamakkhitaṃ nhārusambandhaṃ. So imameva kāyaṃ upasaṃharati — ‘ayampi kho kāyo evaṃ dhammo evaṃ bhāvī evaṃ anatīto’ti.

Iti ajjhattaṃ vā kāye kāyānupassī viharati, bahiddhā vā kāye kāyānupassī viharati, ajjhattabahiddhā vā kāye kāyānupassī viharati; samudayadhammānupassī vā kāyasmiṃ viharati, vayadhammānupassī vā kāyasmiṃ viharati, samudayavayadhammānupassī vā kāyasmiṃ viharati, 'Atthi kāyo'ti vā panassa sati paccupaṭṭhitā hoti. Yāvadeva ñāṇamattāya paṭissatimattāya anissito ca viharati, na ca kiñci loke upādiyati. Evampi kho, bhikkhave, bhikkhu kāye kāyānupassī viharati.

つぎにまた、比丘たちよ、比丘は、

（4）たとえば墓地に捨てられた、骨が連鎖している、肉のない、血にまみれ、筋が繋がっている身体を見るように、この身のみに集中します。

〈この身も、このような性質のもの、このようになるもの、このような状態を超えないものである〉と。

以上のように、

内の身において身を観つづけて住みます。あるいは、

外の身において身を観つづけて住みます。あるいは、

内と外の身において身を観つづけて住みます。

また、

身において生起の法を観つづけて住みます。あるいは、

身において滅尽の法を観つづけて住みます。あるいは、

身において生起と滅尽の法を観つづけて住みます。

そして、かれに〈身がある〉との念が現前します。それは他でもない、智のため念のためになります。かれは、依存することなく住み、世のいかなるものにも執着することがありません。

このようにまた、比丘たちよ、比丘は身において身を観つづけて住むのです。

次はもっと時間が経った身体かもしれません。もう骨だけになっています。動物達に肉を全部食べられて、だけどまだ筋が繋がっている。骨まで取って食べられているわけではない。例えば、身体が完全に鳥たちだけに食べられると、骨とかは全部そのまま繋がったままなのです。そこで肉を取ってしまうと、太い血管とか筋とかはなかなか切れないからそれらはまだ残っている。骨組みですが、あまりきれいというわけではなく、ものすごく汚れている。そういうものを観たら、「自分の身体もこんな感じになるのだ」と瞑想するのです。

### ほぼ骨と筋だけの死体

Puna caparaṃ, bhikkhave, bhikkhu seyyathāpi passeyya sarīraṃ sivathikāya chaḍḍitaṃ aṭṭhikasaṅkhalikaṃ apagatamaṃsalohitaṃ nhārusambandhaṃ. So imameva kāyaṃ upasaṃharati — 'ayampi kho kāyo evaṃ dhammo evaṃ bhāvī evaṃ anatīto'ti. Iti ajjhattaṃ vā kāye kāyānupassī viharati, bahiddhā vā kāye kāyānupassī viharati, ajjhattabahiddhā vā kāye kāyānupassī viharati; samudayadhammānupassī vā kāyasmiṃ viharati, vayadhammānupassī vā kāyasmiṃ viharati, samudayavayadhammānupassī vā kāyasmiṃ viharati, 'Atthi kāyo'ti vā panassa sati paccupaṭṭhitā hoti. Yāvadeva ñāṇamattāya paṭissatimattāya anissito ca viharati, na ca kiñci loke upādiyati. Evampi kho, bhikkhave, bhikkhu kāye kāyānupassī viharati.

つぎにまた、比丘たちよ、比丘は、
（5）たとえば墓地に捨てられた、骨が連鎖している、血肉のない、筋が繋がっている死体を見るように、この身のみに集中します。
〈この身も、このような性質のもの、このようになるもの、このような状態を超えないものである〉と。

以上のように、

内の身において身を観つづけて住みます。あるいは、

外の身において身を観つづけて住みます。あるいは、

内と外の身において身を観つづけて住みます。

また、

身において生起の法を観つづけて住みます。あるいは、

身において滅尽の法を観つづけて住みます。あるいは、

身において生起と滅尽の法を観つづけて住みます。

そして、かれに〈身がある〉との念が現前します。それは他でもない、智のため念のためになります。かれは、依存することなく住み、世のいかなるものにも執着することがありません。

このようにまた、比丘たちよ、比丘は身において身を観つづけて住むのです。

次は、骸骨だけですがまだ形がちゃんと繋がっている死体です。雨が降ったりして、表面の血などが流されてしまって、骨だけがきれいに残っています。そんな骨だけの身体を観るのだと。次にまた、こういう死体も見つかるかもしれません。

### 骨が散乱した死体

Puna caparaṃ, bhikkhave, bhikkhu seyyathāpi passeyya sarīraṃ sivathikāya chaḍḍitaṃ aṭṭhikāni apagatasambandhāni disā vidisā vikkhittāni, aññena hatthaṭṭhikaṃ aññena pādaṭṭhikaṃ aññena gopphakaṭṭhikaṃ aññena jaṅghaṭṭhikaṃ aññena ūruṭṭhikaṃ aññena kaṭiṭṭhikaṃ aññena phāsukaṭṭhikaṃ aññena piṭṭhiṭṭhikaṃ aññena khandhaṭṭhikaṃ aññena gīvaṭṭhikaṃ aññena hanukaṭṭhikaṃ aññena dantaṭṭhikaṃ aññena sīsakaṭāhaṃ. So imameva kāyaṃ upasaṃharati— ‘ayampi kho kāyo evaṃdhammo evaṃbhāvī evaṃanatīto’ti. Iti ajjhattaṃ vā kāye kāyānupassī viharati bahiddhā vā kāye kāyānupassī viharati, ajjhattabahiddhā vā kāye kāyānupassī viharati; samudayadhammānupassī vā kāyasmiṃ viharati, vayadhammānupassī vā kāyasmiṃ viharati, samudayavayadhammānupassī vā kāyasmiṃ viharati. ‘Atthi kāyo’ti vā panassa sati paccupaṭṭhitā hoti. Yāvadeva ñāṇamattāya paṭissatimattāya anissito ca viharati, na ca kiñci loke upādiyati. Evampi kho, bhikkhave, bhikkhu kāye kāyānupassī viharati.

つぎにまた、比丘たちよ、比丘は、

（6）たとえば墓地に捨てられた、もろもろの骨に繋がりがなく、四方八方に、すなわち、別の方向には手の骨が、別の方向には足の骨が、別の方向には踝（くるぶし）の骨が、別の方向には脛（すね）の骨が、別の方向には腿（もも）の骨が、別の方向には腰の骨が、別の方向には肋骨が、別の方向には背骨が、別の方向には肩の骨が、別の方向には頸（くび）の骨が、別の方向には顎（あご）の骨が、別の方向には歯の骨が、別の方向には頭蓋骨が散乱している身体を見るように、この身のみに集中します。

〈この身も、このような性質のもの、このようになるもの、このような状態を超えないものである〉と。

以上のように、

内の身において身を観つづけて住みます。あるいは、

外の身において身を観つづけて住みます。あるいは、

内と外の身において身を観つづけて住みます。

また、

身において生起の法を観つづけて住みます。あるいは、

身において滅尽の法を観つづけて住みます。あるいは、

身において生起と滅尽の法を観つづけて住みます。

そして、かれに〈身がある〉との念が現前します。それは他でもない、智のため念のためになります。かれは、依存することなく住み、世のいかなるものにも執着することがありません。

このようにまた、比丘たちよ、比丘は身において身を観つづけて住むのです。

この遺体は、もう肉は全部食べられてしまって、血液も犬たちが嘗めてなくなってしまっている。そこで大きな動物達が来て、あちこち引っ張ったり喧嘩したりして、死体を食べるとき、足の骨なんかが引っ張られて、身体からはずれてしまいます。身体からはずれた骨を他のところに持っていって食べてそのまま行ってしまう。それからまた他の小動物が来て、さらに骨を引っ張ってバラして、骸骨をバラバラにしてしまう。もう人とは言えない。頭蓋骨も、大腿骨も、上腕骨も、色んなところにバラバラに散らかっているのです。それを観たら、「こんなものだ。自分も確実にそうなるのだ」という瞑想を続けます。

### 白骨化した死体

Puna caparaṃ, bhikkhave, bhikkhu seyyathāpi passeyya sarīraṃ sivathikāya chaḍḍitaṃ, aṭṭhikāni setāni saṅkhavaṇṇapaṭibhāgāni. So imameva kāyaṃ upasaṃharati — 'ayampi kho kāyo evaṃ dhammo evaṃ bhāvī evaṃ anatīto'ti. Iti ajjhattaṃ vā kāye kāyānupassī viharati, bahiddhā vā kāye kāyānupassī viharati, ajjhattabahiddhā vā kāye kāyānupassī viharati; samudayadhammānupassī vā kāyasmiṃ viharati, vayadhammānupassī vā kāyasmiṃ viharati, samudayavayadhammānupassī vā kāyasmiṃ viharati. 'Atthi kāyo'ti vā panassa sati paccupaṭṭhitā hoti. Yāvadeva ñāṇamattāya paṭissatimattāya anissito ca viharati, na ca kiñci loke upādiyati. Evampi kho, bhikkhave, bhikkhu kāye kāyānupassī viharati.

つぎにまた、比丘たちよ、比丘は、
（7）たとえば墓地に捨てられた、もろもろの骨が白い貝の色のような身体を見るように、この身のみに集中します。
〈この身も、このような性質のもの、このようになるもの、このような状態を超えないものである〉と。
以上のように、
内の身において身を観つづけて住みます。あるいは、
外の身において身を観つづけて住みます。あるいは、
内と外の身において身を観つづけて住みます。
また、
身において生起の法を観つづけて住みます。あるいは、
身において滅尽の法を観つづけて住みます。あるいは、
身において生起と滅尽の法を観つづけて住みます。
そして、かれに〈身がある〉との念が現前します。それは他でもない、智のため念のためになります。かれは、依存することなく住み、世のいかなるものにも執着することがありません。
このようにまた、比丘たちよ、比丘は身において身を観つづけて住むのです。

そこで、次は骨だけが見つかるのです。骨はカルシウムだから結構長持ちします。そんな簡単に水に溶けるということはないし、土に埋めてもそう簡単に壊れない。カルシウムで白くなっている骨だけが見つかるのです。それを観たら、人間というのはこんなものになって終わってしまうのだ、私もこうなって終わるのだ、と。だから骨を一本観ても、「これは元は人間の骨だったが、いまはただの骨で、何の意味もない」

と観る。自分についても、「自分もこうなるものだ、どんな人でもこうなるのだ」と。色んなことをして威張っていても結局はこんなものだ、と観ることで、この世に対する心の騒ぎが、それで消えてしまうのです。

### 骨が山積みされた死体

Puna caparaṃ, bhikkhave, bhikkhu seyyathāpi passeyya sarīraṃ sivathikāya chaḍḍitaṃ aṭṭhikāni puñjakitāni terovassikāni. So imameva upasaṃharati — 'ayampi kho kāyo evaṃ dhammo evaṃ bhāvī evaṃ anatīto'ti. Iti ajjhattaṃ vā kāye kāyānupassī viharati, bahiddhā vā kāye kāyānupassī viharati, ajjhattabahiddhā vā kāye kāyānupassī viharati; samudayadhammānupassī vā kāyasmiṃ viharati, vayadhammānupassī vā kāyasmiṃ viharati, samudayavayadhammānupassī vā kāyasmiṃ viharati. 'Atthi kāyo'ti vā panassa sati paccupaṭṭhitā hoti. Yāvadeva ñāṇamattāya paṭissatimattāya anissito ca viharati, na ca kiñci loke upādiyati. Evampi kho, bhikkhave, bhikkhu kāye kāyānupassī viharati.

つぎにまた、比丘たちよ、比丘は、
（8）たとえば墓地に捨てられた、もろもろの骨が山積みされ、一年経っている身体を見るように、この身のみに集中します。
〈この身も、このような性質のもの、このようになるもの、このような状態を超えないものである〉と。
以上のように、
内の身において身を観つづけて住みます。あるいは、
外の身において身を観つづけて住みます。あるいは、
内と外の身において身を観つづけて住みます。
また、

身において生起の法を観つづけて住みます。あるいは、
身において滅尽の法を観つづけて住みます。あるいは、
身において生起と滅尽の法を観つづけて住みます。

そして、かれに〈身がある〉との念が現前します。それは他でもない、智のため念のためになります。かれは、依存することなく住み、世のいかなるものにも執着することがありません。

このようにまた、比丘たちよ、比丘は身において身を観つづけて住むのです。

遺体捨て場（墓場）に行ったら、そこらへんに散らばっていた骨が一箇所にまとめておいてある。もう壊れかけて古くなった骨を観たら、そのときも、私もこうなるのだ、背が高いとか肌の色はこうだとか、そんなものは全部消えてなくなって、ただ山積みにした骨だけになってしまうのだ、ということを観察する。

### 骨が粉々になった死体

Puna caparaṃ, bhikkhave, bhikkhu seyyathāpi passeyya sarīraṃ sivathikāya chaḍḍitaṃ aṭṭhikāni pūtīni cuṇṇakajātāni. So imameva kāyaṃ upasaṃharati— 'ayampi kho kāyo evaṃdhammo evaṃbhāvī evaṃanatīto'ti.

Iti ajjhattaṃ vā kāye kāyānupassī viharati, bahiddhā vā kāye kāyānupassī viharati, ajjhattabahiddhā vā kāye kāyānupassī viharati; samudayadhammānupassī vā kāyasmiṃ viharati, vayadhammānupassī vā kāyasmiṃ viharati, samudayavayadhammānupassī vā kāyasmiṃ viharati. 'Atthi kāyo'ti vā panassa sati paccupaṭṭhitā hoti. Yāvadeva ñāṇamattāya paṭissatimattāya anissito ca viharati, na ca kiñci loke upādiyati. Evampi kho, bhikkhave, bhikkhu kāye kāyānupassī viharati.

つぎにまた、比丘たちよ、比丘は、
（9）たとえば墓地に捨てられた、もろもろの骨が腐食し粉々になっている死体を見るように、この身のみに集中します。
〈この身も、このような性質のもの、このようになるもの、このような状態を超えないものである〉と。
以上のように、
内の身において身を観つづけて住みます。あるいは、
外の身において身を観つづけて住みます。あるいは、
内と外の身において身を観つづけて住みます。
また、
身において生起の法を観つづけて住みます。あるいは、
身において滅尽の法を観つづけて住みます。あるいは、
身において生起と滅尽の法を観つづけて住みます。
そして、かれに〈身がある〉との念が現前します。それは他でもない、智のため念のためになります。かれは、依存することなく住み、世のいかなるものにも執着することがありません。
このようにまた、比丘たちよ、比丘は身において身を観つづけて住むのです。

最後には骨も古くなって粉々の石灰状態になってしまって、もう触っただけで、壊れてしまう。手で握れば粉にできるくらいにボロボロ状態の骨を観るのです。それを観たら、自分もこうなるのだ、という観察をする。ここまで死体を観る瞑想が九つ出てきました。九つ全部やらなければいけないということではなくて、そうやって色んな形の死体が見つかるのだ、ということです。たった一本の骨を観ても、この瞑想はでき

るのです。

たくさんある経典のなかで、お釈迦様はある決まった思考で全ての説法をされています。それは「苦集滅道」という四聖諦にまとめられているし、あるいは「因果法則」という一言にまとめることもできます。仏教は四聖諦と因縁論である、ということは確立していて、その上でお釈迦様は色んな説法をされています。ブッダの教えは現代の人々に分かりやすく言うならば、「価値の世界」と「非価値の世界」の二つに分けられているのです。世のなかの全ての学問知識は価値の世界に入ります。価値を探す、あるいは価値のないものに価値をつけるのです。例えば水はもともと無料でしょう。しかしいまは、水にも価値がついています。それだけでは終わらない。水に名前をつけるのです。それでまた価値の差が生まれてきます。人気のあるタレントさんの名前でも出して、「あの人はこのブランドの水しか飲みません」と宣伝してしまうと、他の愚か者たちがそれをこぞって買うでしょう。

そうやって価値をつくる世界に意味があるかと言うと、別に意味があるわけじゃない。ただ人を苦しめるために色んな価値をつくっている。例えば金といっても、ただの金属なのに人間がそれに価値をつくっている。そのために戦争まで起こるのです。宝石というのはただの石でしょうに。石には色んな種類があって、その一種が宝石というものなのです。エメラルドにしても、ただの石です。しかしそれに価値を入れてしまうでしょう。価値のおかげで大変な世界が生まれてくるのです。毎日、毎日、いかにどのように価値を入れるか、ということだけのために、人間の思考は頑張っています。

### ブッダは「価値」の苦しみを解除する

価値を入れる世界というのは苦しみの世界であり、切りがない世界です。なぜかと言うと価値はいいかげんだから実際にその意味があるわけではない。ダイヤが高価な価値を持つというなら、万人にダイヤが高価なものでなくてはならないでしょう。しかし、ダイヤモンドはある一定の愚か者どもだけに価値があって、子供にとっては全然価値がありません。子供に二十カラットのダイヤをあげて、これをおもちゃにして遊んでください、と言ったら、その子供は世界一幸福を感じるでしょうか？むしろ、そのへんに売っている五百円ぐらいのおもちゃをあげればもっと喜ぶでしょう。だから、価値というのはあまり論理的なものではないのです。ものに対して、自分で色んな価値を入れてしまうからこそ、我々は大変色んな苦しみと出会わなくてはならないはめに陥っているのです。

お釈迦様は、いとも簡単にその「価値」を解除するのです。

なぜ仏教では身体を色受想行識という五つの要素のみに分けているのでしょうか？　どんな人の身体にしても、色受想行識しかない、と言ったとたん、人間の価値ということは言えなくなるのです。人間に価値があるというインチキな話があるでしょう。人間は評価できないのだ、命は尊いのだ、と何の理屈でそう言うのでしょうか。人間は尊いといいながら平気で人を殺しています。残酷に人をはかって値段を付けているでしょうに。事故を起こして人に怪我をさせたらこれぐらいの賠償額ですよ、と。十歳の子供を殺したらこれぐらい、四十歳の人を殺したらこれぐらいの賠償額、という基準が歴然とあるではないですか。そこでどんな身体にしても色受想行識それだけと思ったら、その色には別に価値はありません。色は肉体だから、そんな価値はない。牛の肉ならば値段はつきますけど、人間の肉の価値はゼロです。では、自分の感情に価値があるかと言ったら、全然ありません。みるみるうちに変化していくものだから、価値があるどころか醜くてどうにもならないのです。そうやってこの五つに分けて自分を観たら、そこで全ての価値が消えるはずなのです。

## 無常論は「無価値」論

なぜ「全ては無常だと観なさい」というかというと、無常という一言で「無価値です」ということも言っているからです。金はピカピカ光るからこそ価値があると言っても、それは嘘でしょう。他に金よりよく光るものはあります。でもそれは長持ちしないんです。普通のアルミ箔でもちゃんと光を当てれば金よりはもっとよく光るでしょう。しかし、アルミ箔にはあまり価値を入れません。なぜならば金と比べるとアルミのほうは無常でしょう。短命でしょう。だから短命ならば価値は入れません。我々はそこらでテントを張ったならばそれは一日二日しかもたないと知っているので、それほど価値は入れません。誰かに壊されてもそんなに大騒ぎはしません。しかし、鉄筋コンクリートのマンションは、三十年四十年は持つと思っています。それを作ったところで二、三ヶ月経たないうちに耐震設計の偽装が発覚して、壁面のあちこちにヒビでも入ってしまったら、大騒ぎです。長持ちする、価値がある、と思っていたものに価値がない、長持ちしないことが分かると、パニックになってしまうからです。なぜ人間の命は尊くて、価値があると思っているというと、魂は永遠だと勘違いしているからなのです。本当は魂さえも見つかっていないのに、永遠という特色だけはあらかじめ決まっている。あるかどうか分からないものですが、それは永遠ですよと言っているのです。ですから長持ちするという錯覚は価値をつくり、同時に苦しみをつくるのです。長持ちするというのは錯覚です。本当は「長持ちしてほしい」という希望に過ぎないのです。

お釈迦様はそういう私たちの希望に、渇愛と言っているのです。なぜ永遠を謳う妄想概念が出て来るかというと、心には長持ちしてほしいという希望があるからです、どんなものについても。炊いたご飯にしても、三時間で腐るのはいやでしょう。とにかくちょっとでも長持ちするようにと、何とか苦労します。冷蔵庫や冷凍庫に入れたり、あるいはちょっと酢を混ぜたり、塩で握って長持ちさせたりする。人間はそうやって長持ちさせるためには努力をする。でもそこにある真理は、「長持ちしない」ということなのです。「長持ちしない」ということが真理であって、私たちの心には「この真理は嫌だ、長持ちしてほしい」という渇愛があります。だから長持ちするということは錯覚・幻覚なのです。自分の心に生まれた夢に過ぎないのです。そこで皆ずうっと幻覚を追っています。だから、色んな言いわけをつくって、ものに価値を入れます。しかし、どこまで価値を入れたところで、問題はそのままなのです。ものは長持ちしないのです。そして、心には長持ちしてほしいという希望があるのです。

なぜ、長持ちしてほしいという希望が生まれるかというと、自分も他人も、全てすぐ消えていくことを毎日・毎日、瞬間・瞬間に経験しているからです。瞬間・瞬間経験しているものを否定するのです。だから「愚か」としかいいようがない。瞬間・瞬間、無常ということを経験しているのに、「それは違う」と否定するのだから。お釈迦様の単語で言えば愚かもの、愚者という言葉しか出てこない。そういう意味で、仏教では全ての人々、全ての生命に正しく「愚か者」という言葉を使っているのです。

### 無常が分かれば「価値観」の苦しみが消える

愚か者たる私たちは、「全て無常である」という真理を否定して苦しんでいます。その否定したがる気持ちをお釈迦様は「渇愛」と言っています。だから、渇愛さえ消してしまえば、それで全て解決する、簡単・単純ではないか、という教えになるのです。そこで、幻覚である価値観を消せ、と仰るのです。

価値観を消すためには、無常ということが分かればいいのです。「全ては無常で、瞬間しかもたないのが存在ですよ」とはっきり分かれば問題が解決するのです。そういうことで、元素レベルまでものごとを分析しなければいけないはめにもなりました。例えば何でも水の上に書いた線のように消えてしまいますよと。水の上に書いた文字のごとくもう書くと同時に消えていきますから。そのように全ては瞬間・瞬間、無常ですと言っても、愚か者どもたちは「やっぱり地球はずうっとあるのではないか」とか、「人が死んでも歴史的な文化遺産は五千年も続いているではないか」とか、そうやって何がなんでも何かに価値を入れようとしてしまう。長く持っているということは、大変な価値ではないか、という錯覚が出てきて、とにかく心は無常を否定しようとするのです。それなら客観的に現実を観ることです。どんなものでも瞬間・瞬間、変化して新しいものに変わっていくのです。古いものはいまあるわけではありません。千年も前のものを、いま見ることは不可能なのです。いま見ているのはいまあるものなのです。これは、千年前から、千年間ずうっと変化し続けていまに至っているだけなのです。だから一億年前の恐竜の化石が見つかったとしても、かつて存在した恐竜は、いまはただの化石に過ぎないのです。だからいま見ているのはいまの存在でしかない。

このように、仏教でものごとは瞬間・瞬間に変化していくという無常論を徹底的にしゃべっているのも、価値観を消すためなのです。価値観を消したところで、守るものはなくなってしまう。私たちの心のなかにある、何とかしなくては、何とか守らなくては、という思いが、もう消えてしまう。消えてしまえば、ホーッと一息ついて、落ち着きます。

### 観方が変われば瞑想は成功

身の随観に出てきた九つの死体の観察瞑想にしても、普通の人間が全然観ようとしない角度で観ているのです。普通の人間が観る角度で観たら、いっこうに覚らないし、いっこうに智慧が生まれてこないのです。普通の人々が生きているのは「価値の世界」、つまり無智の世界なのです。価値の世界を破って覚るためには、お釈迦様が仰った通りの観方で、ものごとを観なくてはいけない。仏教でたくさんの瞑想法があるのは、そうやって観方を変えるための心の訓練なのです。観方を変えてしまったら、それで瞑想は成功したということなのです。

さて、この死体の観察瞑想に関して、あるエピソードがあります。ある女の子がお嫁に行ったところで、旦那と喧嘩して「実家に帰ります」と森のなかの道を帰ってしまった。とにかくその男が嫌になって、「もう二度と戻りません」と出ていったのです。この女が駆け込んだ森では、あるお坊さんが九つある死体の瞑想のなかから、骨だけを取って「もう皆、骨だけです。自分の身体も骨だけであって何の価値もない」と観る瞑想をしていました。森のなかでこのお坊さんはこの女の人と出会ったのです。すると、この女の立場から見たら、自分の旦那よりは格好いい男に見えたのです。「あら、この人、格好良いわ」と思ってニコッと笑いかけました。しかし、お坊さんはそんな世界のことを考えているのではなくて、真理の世界に頭が回転していたのです。「みんな骨だ」と瞑想をしながら托鉢に出かけようとしたところで、目の前に骨が見えたのです。歯も骨ですから。「ああやっぱり骨だ」と、それだけで終わってしまったのです。やっぱりこれは骨だ、と思ったところで、ぜんぶ骨に見えてしまった。我々に見えるように、「若い女性だ」とは見えなかったのです。俗世間の概念である、若い女性だ、こちらのほうに向かって歩いているのだ、私を見て微笑んでいるのだ、などの概念は、心のなかに起こらなかったのです。彼が知っていたのは「骨が動いている」ということ。それで、森の道を托鉢に出かけると、向こうから女の旦那が追いかけてくる。そしてお坊さんとすれ違ったのです。

その男が、「お坊様、お尋ねしますが、この道を若い女が通りませんでしたか」と聞いたら、「いえ、女は見ていないけど、骸骨が動いているのを見ました」とお坊さんは正直に本気で答えました。女か男かは分からないけど、骸骨が動いているのは見たのだと。男は「この坊主はアホではないか」と思って帰ったかもしれませんが、アホなのはお坊さんではなくて、その他の人々なのです。そのお坊さんには骨の瞑想がしっかり身についていました。だからこのお坊さんの骨相観の瞑想は成功していたのです。瞑想といえばたくさん種類があります。仏教が推薦する複数の瞑想では、共通するポイントがあります。俗世間の見方、価値を入れる見方と違った見方で世のなかの現象を観察することです。

Ⅱ

# 受の随観

ヴェーダナーヌパッサナー

Vedanānupassanā

身の随観が終わったところで、次に、受の随観・感覚の瞑想を説明いたします。

**苦・楽・非苦非楽を観る**

9　“Kathañca pana, bhikkhave, bhikkhu vedanāsu vedanānupassī viharati? Idha, bhikkhave, bhikkhu sukhaṃ vā vedanaṃ vedayamāno ‘sukhaṃ vedanaṃ vedayāmī’ti pajānāti.

Dukkhaṃ vā vedanaṃ vedayamāno ‘dukkhaṃ vedanaṃ vedayāmī’ti pajānāti.

Adukkhamasukhaṃ vā vedanaṃ vedayamāno ‘adukkhamasukhaṃ vedanaṃ vedayāmī’ti pajānāti.

9　つぎにまた、比丘たちよ、どのようにして比丘は、もろもろの受において受を観つづけて住むのか。

比丘たちよ、ここに比丘は、

楽を感受すれば〈私は楽を感受する〉と知ります。あるいは、

苦を感受すれば〈私は苦を感受する〉と知ります。あるいは、

非苦非楽を感受すれば〈私は非苦非楽を感受する〉と知ります。

受というのは身体の感覚です。その身体の感覚を分かりやすく三つに分けて観るのです。一つめは、sukhaṃ vedanaṃ（スカン ヴェーダナン）「楽」楽しい感覚（気持ち）です。その感覚（気持ち）が身体に生まれたら、「いまは楽しい感覚です」と確認します。次に dukkhaṃ（ドゥッカン） vedanaṃ「苦」苦しみ・痛みの感覚（気持ち）です。その感覚（気持ち）が生まれたら「いまは苦しみの感覚です」と確認します。それから adukkhamasukhaṃ（アドゥッカマスカン） vedanaṃ 楽とも苦しみとも言えない感覚が生まれているとき、「いまは非苦非楽の感覚です」と確認します。そうやって感覚の世界をきちんと三つに分

けて確認していくという実践です。全ての受を楽と苦と非苦非楽に分けてみる。それしか感覚はないはずなのです。この三つに分けて観察すると、心が変わってしまうはずなのです。苦・楽・非苦非楽の三つしかない感覚に、価値を入れることができるでしょうか、ということになるのです。例えば私たちは、いつも「楽」の感覚に強く価値を入れているでしょう。では、自分に「楽」の感覚（気持ち）がどれぐらいあるのか、と観てみればいいのです。最初はこの三つのセットで観察しますが、次にまたもっと感覚を分けて考えてみます。

## 対象に依存して生まれる感受

Sāmisaṃ vā sukhaṃ vedanaṃ vedayamāno 'sāmisaṃ sukhaṃ vedanaṃ vedayāmī'ti pajānāti.

Nirāmisaṃ vā sukhaṃ vedanaṃ vedayamāno 'nirāmisaṃ sukhaṃ vedanaṃ vedayāmī'ti pajānāti.

Sāmisaṃ vā dukkhaṃ vedanaṃ vedayamāno 'sāmisaṃ dukkhaṃ vedanaṃ vedayāmī'ti pajānāti.

Nirāmisaṃ vā dukkhaṃ vedanaṃ vedayamāno 'nirāmisaṃ dukkhaṃ vedanaṃ vedayāmī'ti pajānāti.

Sāmisaṃ vā adukkhamasukhaṃ vedanaṃ vedayamāno 'sāmisaṃ adukkhamasukhaṃ vedanaṃ vedayāmī'ti pajānāti.

Nirāmisaṃ vā adukkhamasukhaṃ vedanaṃ vedayamāno 'nirāmisaṃ adukkhamasukhaṃ vedanaṃ vedayāmī'ti pajānāti.

あるいは、

欲に関わる楽を感受すれば〈私は欲に関わる楽を感受する〉と知ります。あるいは、

無欲に関わる楽を感受すれば〈私は無欲に関わる楽を感受する〉と

知ります。あるいは、

欲に関わる苦を感受すれば〈私は欲に関わる苦を感受する〉と知ります。あるいは、

無欲に関わる苦を感受すれば〈私は無欲に関わる苦を感受する〉と知ります。あるいは、

欲に関わる非苦非楽を感受すれば〈私は欲に関わる非苦非楽を感受する〉と知ります。あるいは、

無欲に関わる非苦非楽を感受すれば〈私は無欲に関わる非苦非楽を感受する〉と知ります。

これだけで、vedanā・受のセットは全て終わります。変わるのはこのsāmisa（サーミサ）、nirāmisa（ニラーミサ）という言葉だけです。受は、苦と楽と非苦非楽の三つですが、この三つの受はsāmisaか、nirāmisaかと確認するのです。そうすると確認できる感覚は六つになります。

Sāmisaというのは、原因があって生まれてくる感覚なのです。いわゆる対象があるのです。目を開けて何かを見る。すると「楽しい」と感じる。なぜ楽しみが生まれたのでしょうか。「目で何かを見た」からなのです。だから、いまの自分の楽しみは、自分の目と見えた対象に依存しているのです。自分の目と、見えた対象がなければ、その楽しみは生まれないはずなのです。そこで耳に何かの音が入ってくる。「ああきれいな音楽だ。気持ちいいなぁ」と、そこで楽の感覚が生まれるのです。なぜ気持ちいい、楽の感覚が生まれたかというと、耳があって、そこに音という対象が流れ込んだからなのです。だから自分の楽しみはこの二つの原因に依存しているのです。耳に入ってきた音楽を聞いたときの喜びを、その音楽なしに体験することができるでしょうか？　同じ楽しい気持ちをもう一回作ろうかな、と思っても作れません。それだったら、またＣＤでも聞かなければいけないし、あるいは自分で歌ってでも、その音を作らなければならないのです。

そうやって、ものに依存して楽しみが生まれるのです。分かりやすくまとめれば、眼・耳・鼻・舌・身という情報を受け取る感覚器官（五根）と、それに色・声・香・味・触という五つの対象があります。それらの対象を原因として楽しみが生まれる、また苦しみが生まれる、また非苦非楽が生まれるのです。ですから自分が感じている楽、苦、非苦非楽というものの半分は、いや実際ほとんどは、眼耳鼻舌身から入る情報によって生まれているのです。そういう全ての感覚をsāmisaと言うのです。dependent（依存）しているという意味です。そういうことで、俗世間では（「欲界では」と言ってもいいのですが）、sāmisa・依存している、苦と楽と非苦非楽しかないのです。

## 対象に依存しないことで生まれる感受

Nirāmisaはsāmisaの反対で、何かに依存しないで生まれる感覚です。何かに依存しないで生まれる感覚も、苦と楽と非苦非楽の三つに分けています。耳に色んな音が入ってくると、色んな楽・苦・非苦非楽が生まれてきます。そこで音が止まったとします。止まったことで生まれてくる感覚は何でしょうか？　音から離れるとどうなるのでしょうか？　音から離れたときも何かの感覚があるはずなのです。その感覚がnirāmisaなのです。例えば絵本を開けたところで、何か見たこともないきれいな絵があったとする。「あ、これはきれい」と思って覗き込んだとたん、誰かがその本を閉じて持って行ったらどうなりますか？　自分が見たかった対象が消えてしまうのです。対象を見て「楽しかった」のに、その対象が見られなくなった瞬間に、苦しくて腹が立ってしまうのです。そうすると、なぜいま、苦しい感覚があるかというと、対象がなくなってしまったからなのです。それも一時的にはnirāmisaということになるのです。厳密には、それでは本当のnirāmisaではないのですが、最初はそういうふうに分析したほうがいいのです。音が入ると、きれいな音だ、うるさい音だ、云々と色んな感覚が生まれてきます。音がなくなったら、そこで生まれる感覚はnirāmisaです。だから論理的に言えば、食べて「楽」を感じている人から、食事を取り上げてしまったら、確実に苦しくなるでしょう。音がうるさいと思っている人にとっては、音を消してあげたら、楽が生まれるでしょう。そういうふうには言えます。分かりやすく説明すれば、そういうことになります。瞑想というのは分かりやすく観なくてはならないのですから。

このように、感覚を観察する場合はこのsāmisa、nirāmisaの両方を観察するのです。音が聞こえてきます。入ってきた音に「うるさい、邪魔だ」と思ったなら、これは耳と音（声）という対象によって苦痛を感じているのだから、「sāmisaの苦」だと確認する。次に、その音が消えて音がない状態になったとします。そこでいまの感覚は何かと観察して、楽を感じているなら、いまは「nirāmisaの楽」と確認する。あるいは、ただ落ち着いた、というときは「nirāmisaの非苦非楽」というぐあいに分けてみれば良いということですね。この苦・楽・非苦非楽というのは、いいかげんな感覚で、しっかりしていないのです。音が入ってきて楽が生まれたなら、次に音が入ってもまた楽が生まれるというなら、数学的で正しいのです。「ある特定の音が入った。ある楽しい感覚が生まれた」というならば、同じ音が入ると、また同じ量の楽しみの感覚が生まれるはずです。それを続けていくと、ずうっと楽しみが生まれ続けるはずなのです。しかし、感覚の世界はそうではなくて、随分いいかげんです。同じ音質の音が耳に触れるのに、時と場合によって、楽しみが生まれたり、苦しみが生まれたり、非苦非楽が生まれたりするのです。そういうことを、キメ細かく観察しないと人には智慧が生まれてきません。

人は、音楽はいかに美しいか、ということをきちんと観察していないのです。頭ごなしに「音楽を否定する人はみんな人格が悪い」と思っているでしょう。シェイクスピアのドラマでも、悪役の人格を表現するときには必ず音楽を嫌っているという設定を入れるのです。『ベニスの商人』の悪役シャイロックも音楽が嫌いです。「この連中の音楽が流れてくるから家のなかまでうるさくてしょうがない。窓を閉めなさい」と娘に言う台詞があります。シャイロックは音楽が嫌い。なぜかというと悪役だからです。そこで良い役をやっている人は遊び好きで酒を飲んで音楽を奏でてという設定になっています。本当は逆なのです。むしろ音楽に凝っているということは、頭が悪い証拠なのです。感覚というものは、そんなにあてになるものではありません。だから「この音楽は最高だ」と感じても、次に聴いたときも同じように感じるとは限らないのです。だから客観性をしっかり持つと、感覚というものは随分いいかげんに流れていくものだと分かるはずです。それが分かれば、「価値」が消えてしまうのです。

例えば「リンゴはおいしい」といっても、本当に客観性をもって食べてみてください。あるときはおいしくて、あるときは全然おいしくない。食べたくもないほど嫌という場合もあるはずなのです。どんなものにもそういうことはある。コーヒーや日本茶、紅茶にしても、いつでも「おいしい」と言えるわけではない。「これは香りのいいお茶ですね、どこで買ったのですか」と、自分も探してきて淹れたところで大はずれ、ということもあります。客観的にみれば、その瞬間のいいかげんな感覚に依存して、振り回されてしまっただけなのです。

感覚の世界はいいかげんだ、ということです。感覚はそのとき、そのときに生まれるものであって、それを観察しなければいけないのです。ものと感覚器官から生まれてくる感覚には、Ａに対してＢ、Ｃに対してＤといった決まりはありません。それにもかかわらず、人々は自分の楽の感覚をどうやって作ろうかと、外の世界でものを探していくのです。それは全くはずれのやり方です。だからこそ、この世のなかには苦しみしかないのです。あるときはお金があって、「ああ、良かった」と思う。次には、「もっとお金を儲けよう。そうすれば最高に楽しいだろう」と頑張るのです。でもそれは間違いです。お金を手に入れるためには、犯罪に手を染めたり、色んな苦しい思いをするはめになって、結局不幸で終わる可能性もあります。だから感覚は、一つもしっかりしたものではないのです。だからここでまた、ものに対する「価値」が消えるはずなのです。

### 対象に依存しない感覚の本当の意味

厳密なnirāmisaの意味は、依存しないときの感覚ということです。音を聴いているときの感覚と、聴かないときの感覚。ものを見るときの感覚と、ものを見ないときの感覚、ということなのです。それも結局いいかげんなものです。自分が「それは非苦非楽だ」と解釈してしまったら、ほとんど非苦非楽で終わってしまう。「楽だ」と解釈したら、ずうっと「楽」になるのです。音を聴いているときにはやはり重さを感じて、「苦しいのだ（苦)」と解釈したならば、音がないときはすごく楽しく感じて「楽しいのだ（楽)」というふうに解釈してしまう。それでその解釈した感覚が続いてしまうのです。なぜならば、対象に依存しないで生まれる感覚だから、ずうっと生まれっぱなしの状態にできるのです。音を流しているときの感覚は一時的でしょう。音を消したことで生まれる感覚はずうっと続きます。一時的なもの、という問題は起きないのです。nirāmisaの感覚は、観察すると長持ちしている感じが分かります。

世のなかで色んな仕事をしながら生活することが刺激になって楽しいと思う人にとっては、一時間、二時間でも世間から離れることはすごく苦しいのです。犯罪を起こしたり、騒動を起こしたりすることで生きている人々にとって、社会から隔離されて刑務所に入れられることは強烈な苦しみです。とにかく社会に出てたくさんお金を儲けたり、色んな人と喧嘩したりして暮らしたいのだから。世間から隔離されることは耐えられないのです。

しかし、社会で色んなことをやりたくない、ものごとには関わりたくないというタイプの人は、「あなたを十年刑務所に入れますよ」と言ったら、「ああ良かった」と、最高に楽しくなってしまうのです。ご飯をつくらなくてもいいし、朝はちゃんと時間に起こしてくれるし、夜はもう時間だから寝なさいと言ってくれるし、自分がちょっと怠けたいと思っても、いま運動の時間だとか言ってその通り動かなければいけないし、いまは仕事の時間だと言われたら行って何のことなく仕事をすればいい。そこでの競争はないから、楽々と仕事ができるし、納期やノルマに追われる普通の世界の仕事とは随分わけが違って楽しいのです。分からないことがあったら教えてもらえばいいし、失敗しても、あなたは会社に損を与えましたと言われることもない。だから世のなかに関わりたい人にとってだけ刑務所は苦しい場所であって、関わりたくない人にとっては、あれほどいいところはないのです。

そういうことで関わりがあって生まれる受はsāmisaで、関わりがないことで生まれる受はnirāmisaということに分けています。だから世のなかから離れて静けさを楽しむ人々にとっては、いくらでも楽しむことはできるのです。静けさを苦しみだと思う人にとってはお気の毒なことで、一時間、二時間でも静かなところにはいられなくなってしまいます。普通、仏教用語になると、nirāmisaは解脱・涅槃に関わる言葉です。そのときは必ず、nirāmisa pītiになるのです。俗世間から離れると、必ず喜び（pīti）が生まれるからです。しかし大念処経では、nirāmisaという言葉を「解脱の境地」という意味で理解する必要はありません。瞑想実践は、普通の人が行なうものです。解脱とは何かと、まだ分からないはずです。しかし受の観察を行なう場合は、感覚をsāmisaとnirāmisaに分けなくてはいけないのです。ですから、上で説明したような方法で、実践するのです。

Iti ajjhattaṃ vā vedanāsu vedanānupassī viharati, bahiddhā vā vedanāsu vedanānupassī viharati, ajjhattabahiddhā vā vedanāsu vedanānupassī viharati; samudayadhammānupassī vā vedanāsu viharati, vayadhammānupassī vā vedanāsu viharati, samudayavayadhammānupassī vā vedanāsu viharati. 'Atthi vedanā'ti vā panassa sati paccupaṭṭhitā hoti. Yāvadeva ñāṇamattāya paṭissatimattāya anissito ca viharati, na ca kiñci loke upādiyati.

Evampi kho, bhikkhave, bhikkhu vedanāsu vedanānupassī viharati.

以上のように、

内のもろもろの受において受を観つづけて住みます。あるいは、

外のもろもろの受において受を観つづけて住みます。あるいは、

内と外のもろもろの受において受を観つづけて住みます。

また、

もろもろの受において生起の法を観つづけて住みます。あるいは、

もろもろの受において滅尽の法を観つづけて住みます。あるいは、

もろもろの受において生起と滅尽の法を観つづけて住みます。

そして、かれに〈受がある〉との念が現前します。それは他でもない、智のため念のためになります。かれは、依存することなく住み、世のいかなるものにも執着することがありません。

このようにまた、比丘たちよ、比丘はもろもろの受において受を観つづけて住むのです。

そうやって感覚を分けて、感覚が生まれてくることを観察する。消えていくことを観察する。それで生まれて消えて、生まれて消えていく流れを観察する。自分だけではなくて、世のなかのどこを観ても同じことなのです。人は音楽を聴いているとき、「楽しい感覚が生まれているのだ」と分かります。誰かが喧嘩をしている音が流れていたら、「この人も相手の人も嫌な感覚を作っているのだ」といった具合に、それは明確に見えることでしょう。この人はいま楽しい感覚を味わっている、苦し

みの感覚を味わっている、非苦非楽の感覚を味わっている、ということは分かるはずなのです。これは自分のことを観察しておけば、簡単に見えます。それで「ただ感覚があるのみだ」ということが分かってきたところで、ただそれぐらいの感覚の世界だということで、「価値」が消えてしまって楽になるのです。

## 感覚の観察はなぜ大事なのか？

### 感覚が自我意識を作る

　仏教は無我を語る教えです。自我があると思うと、自分に強烈に執着するのです。生き続けたい、という気持ちになるのです。その気持ちの結果として、限りなく輪廻転生するのです。解脱に達するためには、自我意識をなくさなくてはいけないのです。これがなかなか消えないのは、我々みんなの最大の問題です。自我意識とはどのようなものかと発見するために、感覚を客観的に観察してみる必要があります。大念処経の「受の随観」章では、観察の仕方だけが述べられています。実践する人にとっては、それで充分です。説法や解説を入れると、実践はうまく進まなくなるのです。

　しかし、感覚について少々理解したほうが良いと思われますので、経典解説から脱線することを覚悟の上で説明します。「自我がない」と人に言われると、納得しないのです。遠い昔からも、人には魂があると教えられてきたのです。魂があるということは、全ての人間に、歴史的・文化的に刷り込まれているのです。洗脳されていると言ったほうが、正しいのです。しかし昔の人々が何の根拠もなくいいかげんに、「魂がある」と信じたとはいえません。何か理由があるはずです。その理由を誰も調べないのです。お釈迦様は、本当に魂が実在するのか、と調べたのです。そこで、魂が実在しないと発見しただけでなく、その気持ちが生じるカラクリも発見したのです。

人は最初から、「魂がある」と信じているわけではないのです。しかし誰にでも、「自分がいる」という実感があるのです。魂が存在すると教えられたところで、この実感が自我意識にすりかわるのです。実感とは、感覚のことです。見たり聴いたり感じたりするときは、「私は見ている」「私は聴いている」「私は感じている」という解釈になります。そこに「私がいる」という実感が割り込んでいるのです。簡単に考えれば、もし感覚がなければ、何も感じないはずです。それなら、自分がいる、という実感がないのです。

ですから、感覚とは何かと観察をするのです。苦・楽・非苦非楽という三種類の感覚が生まれます。それも六根（眼耳鼻舌身意）に情報が入り次第です。感覚は一貫して変わらないものではないのです。六根に何を入れるかということによって、感覚が変わるのです。問題は、感覚が絶えることなく起こり続けていることです。感覚がない瞬間は、ないのです。ですから人に、「自分がいる」という実感がいつでもあるのです。この世に一個の細胞として現れる人間が、徐々に成長して、老いて、死ぬのです。成長というのは、古い細胞が壊れて新しい細胞が生まれることです。二、三年経ってみると、人の身体は全く別な材料で入れ替わっているのです。人のアイデンティティを保つために、変化せず頑張っている細胞は一つもないのです。しかし、生まれたのも私、幼稚園・小学校などに行ったのも私、結婚したのも中年になったのも私、老いさらばえて死にかけているのも私、という実感だけがあります。それは、絶えず変化し続ける感覚の仕業です。

細胞分裂の場合は、遺伝子を新しい材料でコピーするのです。コピーの元である遺伝子が壊れます。コピーからコピーを取り続けると、どんどん原稿から変わってしまうのです。しかし全く分からなくなった、ということもないのです。肉体の場合は、遺伝子がコピーされるから、アイデンティティのようなものが見えるのですが、「自分がいる」という実感を作る感覚には、それさえもないのです。感覚はコピーされるものではありません。触れる情報によって、現れて消えるものです。誰も、遺伝子を参考にして「自分だ」と言っているわけではないのです。感覚を参考にしているのです。ですから、「私がいる」とは明確に錯覚なのです。勘違いなのです。感覚を観察し続けると、「私がいない」と発見します。正しい言葉でいえば、「私がいる、とは成り立たない」という発見です。言い換えると、最初から「私」はいなかったのです。感覚のはたらきを誤解していただけです。これが解脱に繋がる智慧なのです。

## 感覚と自我

自我・魂という概念は、一般人の考えではなく、宗教世界の考えなのです。誰でも知っている「私がいる」という実感の正体は、永遠不滅の魂であると、宗教家が語るのです。それは思考の結果です。「感覚が変わらない」という誤解に基づいた思考なので、魂という概念は正しい結論ではないのです。私がいる、という実感がある人々に、「死にたくはない」という気持ちが生じます。楽しい感覚を感じると、「これが続いてほしい」という欲望と希望が生じます。このように、誤解に基づいて現れた欲望と、叶わない希望に汚染されて弱くなっている心にとって、永遠不滅の魂の話は朗報になります。無批判的に、鵜呑みにします。それで心が洗脳されてしまいます。

間違った思考は、思考とは言えません。データに則った考えのみが思考です。実証不可能な思考は、思考ではなく妄想なのです。妄想になると、何でも妄想することができます。文学者、芸術家などは、イマジネーションという言葉を使って、派手に妄想して、作品をつくるのです。地球外の生命があり得ると科学者は論理的に推測します。しかし実証していないのです。芸術家はこの推測に基づいて妄想して、地球がエイリアンに攻撃される映画などをつくるのです。妄想次第で、色んな形・色んな性格のエイリアンをつくります。妄想とはそういうものです。何かのきっかけで、何でも妄想できるようになります。

魂があると思ったことも妄想なので、魂論がたくさんあります。魂はどのようなものか、という疑問に、各宗教が互い違いの答えを出すのです。お釈迦様の時代、インドの宗教家のなかでも魂論がたくさんあったのです。「魂は親指ほどの大きさのものである」という話から、「無限に広がるものである」という話までです。「苦・楽を感じるのは魂である」「ものごとを知るのは魂である」という話もあります。「知る機械は魂である」という妄想を「魂には何でも知れるのだ」とさらに拡大します。しかし、現実にはそうではありません。それで、「魂が汚れている。その汚れを落として一切智者になる」という話になります。西洋も東洋も、魂の罠にまんまと引っかかって、抜けられなくなっているのです。

人に楽しい感覚が生まれると、それが続いてほしいという欲望が生まれます。苦しい感覚が生まれると、早く消えてほしいという欲望になります。その欲望を魂論に当てはめると、まずいことになります。ですから、魂が喜悦感のみを感じるのだと、都合のいい話をします。では苦しみの感覚は何なのでしょうか？　それは魂が汚れているからだ、という言いわけで逃げるのです。もしも魂が実在する実体であるならば、人の都合によって様々な魂論を語れないはずです。妄想概念だからこそ、できることです。

宗教では修行という方法で、魂を浄化しよう、魂を体験しようと頑張っているのです。魂は神に与えられたものだと信じている人々は、神に祈っておけば、死後、魂を救い上げてもらえると思っているのです。魂を経験しました、梵我一如を経験しました、真我を経験しました、神を体験しました、などの神秘体験を語る人々もいます。しかし、そのような人々の数はとても少ないのです。ですから、信頼性は低いのです。これがどのような機能なのかと、考えてみましょう。

## 感覚と幻覚

人は感じるものについて、概念を作って思考するのです。感じるところまでは誰でも同じです。概念や思考は、各人の主観になるのです。ネズミの死骸を、人間は「気持ち悪い」と認識する。カラスはおそらく「ご馳走だ」と認識するでしょう。カラスの気持ちは精密には分かりませんが、ネズミの死骸を食べてしまうから、仮に「ご馳走」にしました。主観の場合は、共感という現象もあります。バラの花を見た私が「きれいだ」と言ったら、周りの人々もそれに賛成します。それは人間同士の共感です。しかし、確実に共感が生まれるという保証はありません。「バラの花など大したことありません、面白くない」というふうに感じる人もいるのです。ご馳走を見たら、「美味しそう」と感じることが一般論ですが、人が皆同じく感じるわけではありません。満腹だったり、病気で食欲が全くない場合は、感想が変わります。というわけで、主観的な感想には当然、客観性がないのです。妄想と同じく、感想も何でもできるのです。

主観が正しいとしがみつくことは良くないのです。しかし、人は主観が正しいと思うのです。自分が美味しそうだと言った食べものに対して、相手が「なんだこの不味いものは」と言ったら、嫌な気分になるのです。それは自分の主観が正しいと思っているからです。お釈迦様は、主観を制御する修行方法まで説かれているのです。世の人々が清らかと思うものに対して不浄だと感じること（厭逆）、不浄だと思うものに対して不浄ではないと感じること（無厭逆）を推薦するのです。これは主観にしがみつくことなく、心を自由にさせるための良い訓練です。エピソードがあります。ある日、お釈迦様がアーナンダ尊者と一緒に、人の田んぼのほうに散歩しました。すると、夜に盗みを働いた強盗が逃げる途中、田んぼに金の入った袋を落とすのを目撃したのです。釈尊はそれを指して「アーナンダ、蛇を見た？」と言いました。アーナンダ尊者も「はい尊師、蛇を見ました」と返事したのです。一般の人が札束を見ると起こる感情は、決まって欲でしょう。しかし釈尊とアーナンダ尊者は、苦しみと死をつかさどる蛇を見たときと同じ感想を起こしたのです。ですから、美人を不細工と見ることも、不細工を美人と見ることも、食べものを美味しいと見ることも、不味いと見ることも、金を財産と見ることも、迷惑として見ることも、可能です。主観にとらわれないと、視野が広がります。

主観は妄想に似ていると言いました。主観を作るとき、人の思考、感情などを混ぜるのです。怒りの感情があるときは、我が子でさえも邪魔者に見えるのです。存在欲と「私がいる」という実感を混ぜると、人は認識するたびに自我意識が現れるのです。感覚に入る情報を、自分の都合に合わせて捏造して認識するのです。それから人に何かの概念を無理矢理に叩きこむと、それも事実として認識してしまうのです。はっきり言えばこれは幻覚です。欲・怒り・嫉妬・憎しみ・恐怖感などの感情によって心が弱くなると、幻覚を引き起こしやすくなるのです。これは日常茶飯事に起きていることです。

宗教では、あえて幻覚機能を作る訓練をするのです。神・ホトケ・お不動さん・阿弥陀さん等を感得する訓練をするのです。ヒンドゥー教でも様々な神を感得する訓練をします。魂を体験する修行もします。欲に基づいて作った感情を繰り返し脳に叩きこむと、脳がその幻覚を作ってくれるのです。幻覚を幻覚だと発見するのは至難の業です。ですから、非常識な幻覚を経験したら、それこそ真理だと固執するのです。このように心が誤作動ばかりすると、真理を発見することはできなくなります。幻覚を引き起こすためにも、感覚のはたらきが欠かせないのです。ですから大念処経で説かれているように、ありのままに感覚を観察すると、心が成長して、幻覚を作るはたらきを止めるのです。心を誤作動させないためにも、感覚の観察は欠かせない訓練です。

Ⅲ

# 心の随観

チッターヌパッサナー

Cittānupassanā

ここからは、cittānupassanā（チッターヌパッサナー）・心の随観の部です。「心をどのように観察するか」という説明が始まります。

10 “Kathañca pana, bhikkhave, bhikkhu citte cittānupassī viharati? Idha, bhikkhave, bhikkhu sarāgaṃ vā cittaṃ ‘sarāgaṃ citta’nti pajānāti, vītarāgaṃ vā cittaṃ ‘vītarāgaṃ citta’nti pajānāti; sadosaṃ vā cittaṃ ‘sadosaṃ citta’nti pajānāti, vītadosaṃ vā cittaṃ ‘vītadosaṃ citta’nti pajānāti; samohaṃ vā cittaṃ ‘samohaṃ citta’nti pajānāti, vītamohaṃ vā cittaṃ ‘vītamohaṃ citta’nti pajānāti; saṃkhittaṃ vā cittaṃ ‘saṃkhittaṃ citta’nti pajānāti, vikkhittaṃ vā cittaṃ ‘vikkhittaṃ citta’nti pajānāti; mahaggataṃ vā cittaṃ ‘mahaggataṃ citta’nti pajānāti, amahaggataṃ vā cittaṃ ‘amahaggataṃ citta’nti pajānāti; sauttaraṃ vā cittaṃ ‘sauttaraṃ citta’nti pajānāti, anuttaraṃ vā cittaṃ ‘anuttaraṃ citta’nti pajānāti; samāhitaṃ vā cittaṃ ‘samāhitaṃ citta’nti pajānāti, asamāhitaṃ vā cittaṃ ‘asamāhitaṃ citta’nti pajānāti; vimuttaṃ vā cittaṃ ‘vimuttaṃ citta’nti pajānāti, avimuttaṃ vā cittaṃ ‘avimuttaṃ citta’nti pajānāti.

10 つぎにまた、比丘たちよ、どのようにして比丘は心において心を観つづけて住むのか。

比丘たちよ、ここに比丘は、

貪りのある心を、貪りのある心であると知ります。あるいは、

貪りを離れた心を、貪りを離れた心であると知ります。あるいはまた、

怒りのある心を、怒りのある心であると知ります。あるいは、

怒りを離れた心を、怒りを離れた心であると知ります。あるいはまた、

愚痴のある心を、愚痴のある心であると知ります。あるいは、

愚痴を離れた心を、愚痴を離れた心であると知ります。あるいはまた、

萎縮（いしゅく）した心を、萎縮した心であると知ります。あるいは、
散乱した心を、散乱した心であると知ります。あるいはまた、
大なる心を、大なる心であると知ります。あるいは、
大ならざる心を、大ならざる心であると知ります。あるいはまた、
有上（うじょう）の心を、有上の心であると知ります。あるいは、
無上の心を、無上の心であると知ります。あるいはまた、
安定した心を、安定した心であると知ります。あるいは、
安定していない心を、安定していない心であると知ります。

あるいはまた、

解脱した心を、解脱した心であると知ります。あるいは、
解脱していない心を、解脱していない心であると知ります。

## 心はつかみにくい

心を客観的に観察するということは、大変難しいことです。しかし心のはたらきを理解しないまま、智慧が完成するとは言えないのです。心のはたらきも、明確に観察して知る必要があるのです。ここでお釈迦様は、心を観察する仕方を説かれているのです。お釈迦様が示されるガイドに沿って観察すれば、心のはたらきを理解することができます。

瞑想実践する人は、心がつかめないほどの速さで変化していくことを感じます。そこで、心の観察は無理だと、諦めてしまうこともあるのです。ですから、どのように心をキャッチするべきかと教える必要があります。この経典では、心の詳細な変化については示されていません。心の変化の過程で、目印になる変化だけ、項目として説かれています。これらの項目を理解すると、詳細な変化も観察することができるようになるのです。

## 目印で発見する

心は「知る機能」です。眼耳鼻舌身意で、外の世界を知るのです。自分の身体のことも知るのです。気持ちの変化も知るのです。常に止まることなく、知る機能が起きているのです。それを観察するのは、また知ることなのです。ですから、観察は難しくなります。何を知るのか、ということによって、心が変化します。その変化をキャッチするのです。

静かな処に坐って実践していると、空気を漂ってくる音が身体に触れるのです。しかし身体は知ることをしません。「耳」がその音に反応するのです。耳が音をキャッチして、聴覚が生まれる。ここで、知る機能（心）が音を知ったのです。いままで音がなかったところに、突然、音が現れたことで、実践者はそれを知ることができる。聴覚・耳識が起きたのです。そこで、「音、音」と確認するか、「耳識、耳識」と確認するかします。そのときは、実践者が心をキャッチしたのです。知る機能（心）が音に変わったので、その変化を発見しやすいのです。やる気を出して実践を始めても、少々時間が経つと、やる気が減ってきます。はじめにあった明るさが消えます。明るさが消えたこと、やる気が減ったことは、変化なのです。それは実践者に簡単に発見できます。「やる気が減りました」と確認することで、心を確認したことになるのです。

心の変化が目印です。目印は発見しやすいのです。目印を確認することで、心を観察したことになります。経典では、確認するべき目印が説かれています。しかし実践者には、よりたくさんの目印を発見することができます。

## 機能と「もの」の違い

心随観の解説から脱線しますが、智慧が現れるための刺激になるので、説明してみます。「もの」は、私たちにとって一番分かりやすい概念です。ですから、何の躊躇もなく、「ものがある」と決めつけているのです。これが「実体論」という邪見を惹き起こします。智慧の反対です。私たち一般人にとって、花、椅子、机、家、国、世界、宇宙、などは当たり前に、「ある」のです。私、他人、私の心、他人（ひと）の心、精神、魂、なども「ある」のです。あると理解するようになっているから、神も悪魔も「いる」のです。「ある」と認識することで邪見が生じるのだと注意すると、「“ある”が正しくないならば、“ない”ということか」と理解しようとするのです。それはただの極論です。「ない」は認識できません。「ある」か「ない」かと極論的に理解しようとするのではなく、「どんな仕組みなのか」と理解したほうが良いのです。

ここで「機能」という言葉が登場します。心は「もの」ではなく、「機能」なのです。機能とは「はたらき」であって、「変化」でもあります。何かを見て、「花」と認識します。眼を通して、心が変化したのです。眼に触れた色（しき）という情報が、心を変化させたのです。ですから、色という情報も、機能なのです。「もの」だと認識する全てを、「機能」として理解しているのです。「椅子」といえば、その物体が何か特定の仕事をしているのです。あるものを「皿」というためには、その「もの」が特定の仕事をする必要があるのです。概念は、心のなかに現れます。ものに対する名前も、心のなかに現れます。外の世界のものごとは、決して自分特有の名札を持っていないのです。花は、「花」という名札を持って現れるのではないのです。その物体が心に惹き起こす変化を「花」という概念で理解するのです。心に変化を起こさないならば、その「もの」の存在を知ることはできません。リチャード・パネクさんの『４％の宇宙』という本には、我々が知っているのは宇宙の物質の４％だけで、96％のものは知ることが不可能だと書かれています。それを私の言葉に言い換えれば、「宇宙に確実にある96％のものは、我々の心に何の変化も惹き起こさない」ということです。ダーク・マターとダーク・エネルギーを発見するためには、何かの方法で心を変化させるようにしなくてはいけないのです。「何かを発見した」とは、「心に変化を起こすことに成功した」ということです。

「ものがある」というよりは、「変化がある」「機能がある」と言ったほうが良いのです。「もの」とは、頭でつくる観念です。心が変化を認識するとき、起こる出来事です。認識変化に、花、机、椅子、などの名札をつけるのです。それで「花がある」「机がある」ということになっているのです。それは認識変化が惹き起こした別の認識変化であって、「ものがある」と証明されたわけではないのです。

## 「知る機能」に心という

「永遠の魂がある」という邪見は根深いものです。知る機能（心）について正しく理解しないから、このような邪見に陥るのです。心も機能であって、「もの」ではありません。知るとは、一つの機能です。知る機能が仕事をしない瞬間はないのです。ですから、「私がいる」「魂がある」という錯覚が必ず起こるのです。「花」と認識する、「音」と認識する、「人」と認識する、それぞれの認識は、知る機能の変化です。知るといえば一つの機能です。「何を知るか」ということによって、知る機能の変化を発見できます。つまり、こういうことです。身体に眼・耳・鼻・舌・身・意という六つの感覚器官があります。それに色・声・香・味・触・法という機能が触れることで、知る機能は眼識（げんしき）・耳識（にしき）・鼻識・舌識・身識・意識へと変化するのです。知る機能を発見するよりは、その変化の発見が簡単です。心随観では、心の変化を観察するのです。

これから説明する心の観察（心随観）は、身体の観察（身随観）と感覚の観察（受随観）を行なってから実践するのです。順番を飛ばしてはいけないのです。誰にでも身体の観察はできます。それができたら、感覚の観察もできるようになります。それらができたところで、心の変化を発見することを始めるのです。

### 欲の心

Idha, bhikkhave, bhikkhu sarāgaṃ vā cittaṃ ‘sarāgaṃ citta’nti pajānāti,

比丘たちよ、ここに比丘は、貪りのある心を、貪りのある心であると知ります。

Sarāga（サラーガ）とは「欲がある」という意味です。Cittaとは心です。知る機能です。しかし、知る機能を知るのは難しい。ここで、心が欲に染まってしまったとしましょう。いままでの心とは変わってしまったのです。欲が現れたことを理解できます。知り得る「欲」という心所を目印にして、「欲がある心です」と認識するのです。

実践者が「欲がある心」と確認するためには、欲とは何かと知っておかないとだめです。世間一般的な意味で欲を理解して、その特色が自分の心にも現れたとき「欲がある心」と確認することは構わないのですが、世間がこの概念を明確に理解しているとは言えないのです。ですから、ブッダの教え、仏教の心理学を学んで、「欲とは何か」と前もって知っておいたほうが便利です。

心に情報が触れたら、認識変化が起こる。その変化が好きになる。好きな状況に変わったのです。このような変化なら認識はいくら変化しても構わない、という気持ちになるのです。ものを通してではなく、機能として説明すれば、これが「欲」というはたらきになります。

私たちは色々な方法で欲を理解します。金銭欲、名誉欲、食欲、性欲、権力欲といった名札で欲を発見します。名札はありませんが、まだたくさん欲の種類があります。例えば、「家族を愛する」という場合は、家族に対して欲があります。自分の気に入っている仲間に対しても、欲があります。「趣味がある」ということも、欲です。「旅行したい」という気持ちも欲です。なぜ欲というのでしょうか。これらのことを行なうと、楽しいのです。そのとき起こる認識変化を好むのです。そのような認識変化であるならば、いくら変化しても構わないのです。金、家族、ペットなどの「もの」に名札をつけて、それが欲だというのは正しくないのです。金銭欲という場合は、「金が欲しい、金が好き」という意味になるかもしれませんが、「もの」ではなくて、「機能」で理解しなくてはいけないのです。金を見ると、金が自分の手に入ると、金のことを考えると、心に起こる認識変化が、欲なのです。幼稚園児に金をあげても、欲は起こりません。おもちゃをあげたほうが良いのです。そのとき、欲が起こります。金であっても、金のおもちゃなら、欲が起こります。ですから欲というのは、あるパターンの認識変化のことです。そのパターンとは、繰り返して言いますが、「このような変化なら認識はいくら変化しても構わない」というパターンです。

『大念処経』に説かれるサティの実践を行なう場合は、欲をこのように理解しなくてはいけないのです。修行中、家族のことを思い出したとしましょう。そのとき、認識が変化しているのです。その認識が、欲か否かを確認しなくてはいけない。そうしないと、心随観にならないのです。

### 欲から離れた心

vītarāgaṃ vā cittaṃ ‘vītarāgaṃ citta’nti pajānāti;

**あるいは、貪りを離れた心を、貪りを離れた心であると知ります。**

Vītarāga（ヴィータラーガ）という言葉は、仏教用語では「解脱に達した境地」を意味するために使うのです。いまはその話ではなく、解脱に達する実践方法を教えているのです。心が貪りから離れたならば、「貪りを離れた心である」と確認することです。「貪りから離れた」ということは、少々前、心に欲があったのです。いまの心に、その欲がないのです。欲の心を確認した実践者は、次に、欲がなくなった心を確認することになるのです。お釈迦様が教えられる目印なので、その順番で確認を行なったほうが良いのです。

以下のような確認は、初心者が行なっても構わないが、正しくないと思います。例えば、心に欲が現れた。「いま、欲のある心だ」と確認する。欲の心がじわじわと怒りの心に変わっていく。「いま、怒りの心だ」と確認する。この順番は、それほど良くないのです。お釈迦様が説かれる順番は、心に欲が生まれたら、「いま、欲のある心だ」と確認して、その欲がなくなったところで、「欲がなくなった心である」と確認することです。それには理由があります。ものごとは、生まれては消えるのです。それから別のものごとが起こるのです。欲が起きたら、次の順番は、その欲が消えることです。欲が消えてから、怒りや嫉妬や悲しみや他の心が生まれるでしょう。そのとき、それらを確認すれば良いのです。しかし、どんな心でも、現れては消える。この順番に従って確認するのです。

心随観に入ったばかりの初心者には、最初からは難しいかもしれません。欲の心、怒りの心、悲しみの心、落ち込みの心、嫉妬の心、などなどを確認するのがやりやすいかもしれません。最初はそれで構いません。いったんこのように心を発見できるようになったら、順番を守りましょう。欲が現れたら、その欲が消えて、その後、怒りなどの別な心が現れるのです。現れたものが消えてから、別なものが現れるのです。

## 怒りの心

sadosaṃ vā cittaṃ ‘sadosaṃ citta’nti pajānāti, vītadosaṃ vā cittaṃ ‘vītadosaṃ citta’nti pajānāti;

あるいは、

**怒りのある心を、怒りのある心であると知ります。あるいは、怒りを離れた心を、怒りを離れた心であると知ります。**

次に、sadosaṃ vā cittaṃ（サドーサン ワー チッタン）心に怒りが生まれたら、「いま怒りの心です」と確認します。次に怒りが消えてしまったら、「いま怒りが消えた心です」と確認します。

欲の心について説明したときと同じく、怒りとは何かと理解しておかないと、その心の発見ができなくなるのです。まずは自分の理解通りに実践するのは構いませんが、徐々に仏教の精密な定義に合わせて確認作業を行なうのです。

一般的には、怒りは発見しやすいとも言えます。我々が怒りだという場合は、仏教的には結構強い怒りなのです。怒りがかなり発展した状態なのです。激怒状態になっているのです。心が激怒になったら、怒りだと確認する実践では、心を成長させるのは難しいのです。できるだけ早く、仏教の定義に合わせて確認するようにしましょう。

一般的には、怒りました、腹が立ちました、ムカつきました、カチンときました、イライラしました、キレました、恨んでます、許せません、根に持ってます、などの名札で怒りを発見します。名札はないが、他の怒りもあります。気持ち悪くなった、嫌になった、煩（わずらわし）くなった、機嫌が悪くなった、好みでない、気に入らない、どうしようもない、落ち込んでいる、困っている、言うことを聞いてくれない、私に逆らっている、邪魔をしている、あの人の態度が良くない、感謝されない、認めてくれない、悲しいのです、などの言葉で表しているのも、怒りの心です。実践中、このような気分になった場合も、「いま、怒りの心です」と確認するか、上で書いた通りの言葉で確認するのです。

次に、仏教的な定義を理解しましょう。眼耳鼻舌身意という感覚器官に情報が触れると、認識が変化します。新たに生まれた認識が好みではないのです。その気持ちが続くのは望まないのです。この認識変化によって、ストレスが溜まるのです。ストレスを発散するために、何かをしたくなるのです。それはどういうはたらきかというと、感覚器官に入った情報は、受け入れたくないのに入ってしまったのです。「お呼びではなかった」という意味です。入った情報に対して、認識が拒絶反応を起こしたのです。情報に拒絶反応を起こす認識変化が、怒りです。拒絶反応を起こす認識変化を「怒りの心だ」と確認するのです。それが定義に合わせた確認です。

初心者は、まずは自分が知っている言葉を使って、怒りの心を発見するようにします。それができるようになってから、仏教の定義に合わせて精密に確認しなくてはいけないのです。

一般的には、怒りも「もの」で発見するのです。あの人が悪い、あの人は悪人だ、世のなかがおかしい、あの人は頑固だ、わがままだ、あの人は自分の話に耳を貸さないのだ、社長は独裁的に経営をやっているのだ、など批判的な言葉で他人について表現することは、怒りを「もの」として認識していることなのです。例えば、「あの人は頑固だ」というフレーズを考えてみましょう。それは、その人の性格の客観的な判断をしたのではなく、その人の態度を認識した自分の心に拒絶反応が起きたのです。自分はその態度が気に入らないのです。しかし、「私が怒っているのだ」と理解できず、相手の・ものの状況を説明するようにしているのです。「あなたが悪い」という場合も、本当の意味は、「自分の心に拒絶の認識が起きている」ということです。その人が悪いかどうかは分かりませんが、あなたは怒っているのです。怒りも「もの」で判断するのは正しくないのです。「機能」として判断するのです。その機能とは、自分の認識が拒絶認識に変わったことです。

怒りの認識が起きたら、次にその認識が消えるのです。消えたならば、直ちに「怒りが消えた心」と確認するのです。他の心を確認するのは、それからなのです。

### 無智の心

samohaṃ vā cittaṃ ‘samohaṃ citta’nti pajānāti, vītamohaṃ vā cittaṃ ‘vītamohaṃ citta’nti pajānāti;

あるいは、

愚痴のある心を、愚痴のある心であると知ります。あるいは、
愚痴を離れた心を、愚痴を離れた心であると知ります。

Moha（モーハ）とは、無智のことです。無智がある、という意味でsamoha（サモーハ）です。無智がある心は、samohaṃ cittaṃ（サモーハン チッタン）です。心に無智が起きたら、「いま無智がある心です」と確認するのです。その無智が消えたら、「いま無智が消えた心です」と確認するのです。

問題が起きます。「心が無智に陥ったら、無智だと確認できるのでしょうか？」ということです。無智なので確認できないでしょう、と言えるのです。心随観を始めた初心者は、無智のペアで失敗すると思います。無智の意味を理解しておく必要があります。眼耳鼻舌身意に入るデータによって、認識変化が起きます。しかし、どのような情報でしょうかと、明確に判断できなくなります。認識変化が起きたのですが、変化そのものが曖昧で安定しないのです。一般的に、「よく分からない」という状況です。はっきりしない、よく分からない状況なので、疑・vicikicchā（ヴィチキッチャー）が生じるのです。疑が生じた心は、無智の心です。よく分からない状況があると、心が不安になるのです。混乱・uddhacca（ウッダッチャ）に陥るのです。混乱している心も、無智の心です。この定義を理解して、無智の心を発見するのです。

分かりやすいやり方があります。心に入るデータを喜んで受け入れて認識変化が起こる場合は、欲がある心です。心に入るデータに対して、拒絶反応する認識変化が起きたら、怒りがある心です。欲でもない、怒

りでもない、よく分からない気持ちの認識変化は、まとめて「無智の心である」と確認すれば良いのです。

一般の社会でも、なかなか無智は発見しないのです。怒りや欲とは状況が違うのです。一般的に無智というのは、定義上の無智ではないのです。頼んだ仕事は正しくできない、言ったことは理解しない、勉強はできない、知識がない、判断が間違っている、などの状況に対して、無智だと言っているのです。それは単純に、「自分の希望に沿ってない」というくらいのことです。私たちに理解できないものはいくらでもあるでしょう。だからといって、無智とは言えないのです。実践する人は、自分の心を発見するのです。世界の情報から判断するのではなく、自分の心の認識変化を観て、判断するのです。疑が起きたり、不安定になったりする場合は、無智の心です。修行中は、何を妄想しているのかはっきりしませんが、妄想だけはやっているのです。とりとめのない妄想が起きることもあるのです。そのような妄想は無智の心です。修行者の思考・妄想のなかで、大半は無智の妄想です。というわけで、無智の心は発見しやすいのです。

## 無智は悪の源（みなもと）

心に無智があるから、身口意の悪行為をするのです。無智と欲が絡んだら、欲の心だと分かりますが、無智は隠れています。無智と怒りが絡んだら、怒りの心だと分かりますが、無智は分かりません。欲も怒りもない場合は、心は無智だけです。ですから修行する人は、自分の心が欲でもなく怒りでもないと分かったら、「無智の心だ」と確認するのです。定義的には難しいところがありますが、量的にいえば、無智の心は大量です。思考・妄想の大半は、無智の心なのです。ですから、確認は難しくないのです。

無智が起きたら、「いま、無智の心です」と確認する。その無智が消えたら、「いま、無智のない心です」と確認するのです。

### 不貪・不瞋・不痴とは何か？

貪・瞋・痴、不貪・不瞋・不痴という仏教用語は、頻繁に使われているのです。ここでそれについて少々、説明する必要があります。経典の解説として、欲がある心、欲が消えた心、怒りがある心、怒りが消えた心、無智がある心、無智が消えた心、という意味に解釈しました。瞑想実践する場合は、現象が生まれては消える、続いて新たな現象が生まれる、という流れに沿わなくてはいけないのです。

貪・瞋・痴は、行為を不善に変える原因です。不貪・不瞋・不痴で行なう行為は、善行為です。心随観を行なうときも、善心・不善心を区別して確認するのは構わないのですが、経典ではそのような項目がありません。瞑想実践じたいが、完全なる善行為です。ですから修行者は、「これが善行為である」という何かは発見しないのです。気づきの実践をするという善心の流れのなかで、ときどき、違う認識も割り込んでくるのです。割り込んでくるのは当然、不善心なのです。それをお釈迦様が、目印として説かれたのです。

### 仏教は「不」という字を好む

悪をつかさどる原因として、貪・瞋・痴という三つの心所を挙げています。善をつかさどる原因を挙げているときは、不貪・不瞋・不痴と言うのです。肯定的な用語を使っていないのです。お釈迦様がこのように説かれたので、何か深い意味があるはずです。不貪・不瞋・不痴を肯定的な用語に変えるならば、施し・慈しみ・智慧ということになります。そうなると、善行為を行なうことが、日常の生き方から離れた特別な行ないになるのです。しかし日常生活のなかで、欲・怒り・無智の感情が割り込まないように気をつければ、そのまま善行為になるのです。仏教徒には、一日中を善行為に変えることができます。「善い行ない」という特別なことをしなくても、人生を善に変えることができるのです。ですから、「不」が使われたのです。

仏教は心を完全に清らかにすることを目指します。ある特定の善行為を行なうことをアドバイスすると、心が清らかになるのはその行為をするときだけになります。それから、普通の汚れた心に戻ってしまうのです。特別な善行為のリストは当然ありますが、それだけでは実践は完成しません。不貪・不瞋・不痴の実践とは、一日中行なわなくてはいけないのです。ですからものの見事に、心が清らかになっていくのです。

「不」にはもう一つ意味があります。貪りの反対の行為として、施しを唱えたとしましょう。施しを行なうことになっても、当然、リミットがあります。そのリミットも、人によって違います。財産を施すためには、財産がなければ不可能です。福祉などの施しも、皆にできることではないのです。怒りの反対の行為として、慈しみを唱えたとしましょう。慈しみのリミットは、一切の生命です。しかし、実践する人には本格的な一切の生命を認識して、実行することは無理です。慈しみの実践も、各人の能力によって変わります。痴の反対の行為として、智慧を唱えたとしましょう。智慧とは何かと学ばなくてはいけなくなります。学んだら智慧が現れるかというと、そうでもありません。ただ知識だけで終わる場合が多いのです。完全なる智慧とは、無常・苦・無我を発見して、解脱に達することです。一般の方々にいきなり、解脱に達しなさいというのは、無理な話です。実践的ではないのです。

そこで人々は、自分がよく経験している貪・瞋・痴を戒めようとするのです。知っているもの、把握できるものは、管理可能です。貪・瞋・痴が徐々に弱くなって、やがて完全に消えるはずです。貪瞋痴が完全に消えたとは、解脱に達したことです。修行を終了したことです。涅槃の境地とは、悪をやめて善に達することではないのです。善・悪を両方とも乗り越えることです。ですから、肯定形の用語ではなく否定形の「不」を使ったのです。それで仏道を完全に語ったことになるのです。

### 萎縮した心、散乱した心

saṃkhittaṃ vā cittaṃ ‘saṃkhittaṃ citta’nti pajānāti, vikkhittaṃ vā cittaṃ ‘vikkhittaṃ citta’nti pajānāti;

あるいはまた、
萎縮（いしゅく）した心を、萎縮した心であると知ります。あるいは、
散乱した心を、散乱した心であると知ります。

次のセットです。Saṃkhittaṃ（サンキタン） cittaṃ（チッタン）は縮まった心、「萎縮した心」です。Saṃkhittaṃ は、小さくなるという意味なのです。どんどん自分が小さくなって、やる気がなくなることです。見たくない、やりたくない。あるいは見ようとするけれど、何かエネルギーがない状態です。例えばお腹の膨らみ縮みを確認はするけれど、どこか心が萎縮しているのです。しっかりと確認するときは、心はしっかりしています。そういう変化も心には起こるのです。心は認識する、知る（識る）機能であって、知るというエネルギーなのです。ものすごくエネルギーを引き絞って知るのか、中途半端に知るのか、という違いです。しかし、こちらでは saṃkhittaṃ cittaṃ の反対は vikkhittaṃ（ヴィッキッタン） cittaṃ（チッタン）なのです。これは力強いという意味ではないのです。日本語訳は「散乱した心」です。ですからいい方向ではないのです。知るエネルギーがなくなって小さくなってくる心と、何が何だか分からなくて散乱している心です。あれもして、これもして、どうしようか、どちらにラベリングすればいいのか、という状態なのです。音も入ってくるし、膨らみ、縮みも分かっているし、足も痛いし、どうすればいいのかと。そういう場合は、心が散乱してい

るのです。散乱ということは、一つに集中している状態の反対です。散乱した心があると、次には惛沈睡眠（眠気）が必ず現れます。皆さんが瞑想する場合、よく訊かれるのは、「いつでも言葉で確認しなければいけないのですか」ということ。そうすると、私は「なぜそんなことを聞くのですか」とわざと訊きかえすのです。知ってはいるけれど、逆に質問を出すのです。何でそんなこと聞くのですかと。すると、「いえときどき、音も入ってきて、膨らみ縮みも分かっていて、私は言葉をかけるのは面倒臭いんです。ただ感じておけばそれだけで充分ではないですか」と、すごく賢そうな答えが返ってくるからです。私は、その答えが欲しくて質問を出しているのです。そこで「ではやってみなさい。次に来るのは惛沈睡眠ですよ」ということになる。言葉でラベリングしないで、「感じている、感じている」とやったところで、結果は惛沈睡眠になるだけなのです。

瞑想実践するときは、心の状態が、経典で示している言葉にピッタリと合わないのではないかと思われる可能性もあります。自分が感じる通りに言葉で確認して、知っておけば充分です。心が萎縮しているようだと感じたら、「萎縮している、萎縮した心」のように、簡単に確認すれば充分です。萎縮した心はどのような状態なのかと、精密に調べる必要は全くありません。集中力が弱くなって、うまく確認ができないときは、「散乱している、散乱した心」のように、確認するのです。

### 大きな心、普通の心

mahaggataṃ vā cittaṃ ‘mahaggataṃ citta’nti pajānāti, amahaggataṃ vā cittaṃ ‘amahaggataṃ citta’nti pajānāti;

あるいはまた、

大なる心を、大なる心であると知ります。あるいは、大ならざる心を、大ならざる心であると知ります。

Mahaggataṃ cittaṃ は大きくなった心。「広がった心」という意味に取っていいのです。心が大きくなっていて、すごく強くなっていて、集中力があって、元気なのです。厳密にお腹の膨らみ縮みを感じて、確認できる。もう何の苦労もなしに明確に感じるのです。心があっちこっち飛び散らずに、音があろうが、痛みがあろうがどうということもない。あちこち感じようともしない。そういうとき、心は巨大になっているのです。心が巨大になっている状態と散乱している状態とは随分違います。そのときは、やる気があってすごく元気で、心に力があるのです。それから、amahaggataṃ cittaṃ あまり巨大化していない心。いわゆる普通の心です。それも瞬間、瞬間、起こります。ときどき、瞬間的に、抜群に確認できるときもあって、「あ、すごく上手にできるものだ」と分かるでしょう。そのときは「あ、mahaggata の心だ、巨大になっている心だ」と確認します。しかし、それもあまり長持ちしません。1分、2分くらい経つと、普通の痛み、膨らみ、縮みになってしまうのです。そこで「あ、amahaggataṃ の心だ、巨大化していない心だ」と観るのです。

アビダンマでは、mahaggataṃ cittaṃ とは、禅定に達した心になるのです。それは仏教心理学の用語になりますので、実践する方々には関係はないのです。ただ、広い心が生まれて簡単に確認できる状態だと理解すれば充分です。ときどき、膨らみと縮みと確認する場合は、自分の肉体の振動と一緒に、周りの世界も併せて共鳴して振動しているように感じます。その場合も、大なる心だと確認するのです。「自分と世界が一緒になった」などの危険な妄想をしてはいけません。自分の膨らみ、縮み、痛みなどの感覚をやっと観察しているときは、amahaggataṃ cittaṃ なのです。

Mahaggataṃ cittaṃ（禅定に達した心）、amahaggataṃ cittaṃ（禅定に達していない心）という意味の単語で瞑想を紹介することにも、意味があります。普通に瞑想しているときの心の変化をこの言葉で確認していたのです。もしも心が成長して、禅定状態に達したならば、そのときも冷静に、大なる心、大ならざる心、と確認することができるのです。そうしないと、修行者が混乱して、道から脱線する恐れがあります。

### 有上の心、無上の心

sauttaraṃ vā cittaṃ ‘sauttaraṃ citta’nti pajānāti, anuttaraṃ vā cittaṃ ‘anuttaraṃ citta’nti pajānāti;

あるいはまた、

有上（うじょう）の心を、有上の心であると知ります。あるいは、

無上の心を、無上の心であると知ります。

次のsauttaraṃ（サウッタラン） cittaṃ（チッタン）は「有上の心」という訳になっています。Sauttaraṃというのは何か自分が上達しているような感じなのです。「いま、結構瞑想は上達しているんだ」と、気持ちよく（抵抗なく）やれる状態です。Anuttaraṃ（アヌッタラン） cittaṃ（チッタン）「無上の心」はそんなにすごく上手になったわけでもない、上達したという気持ちもない状態です。それもその瞬間、その瞬間変わってしまうのです。「ああ、よくできそうだな、瞑想が簡単にできそうだな」ということもあって、「まあ、そうでもないかな」と思ったりもする。十分くらい瞑想をしたとしても、そういう変化は頻繁に起きるのです。

この二つの単語も、仏教心理学の用語です。Sauttara（サウッタラ）は、解脱に達した心か、解脱に近づいた心、なのです。Anuttara（アヌッタラ）とは、普通の心、という意味です。ですから、瞑想を始めたばかりの方々にも、上達して解脱に近づいていく方々にも、同じ単語で確認することができるのです。

## 禅定のできた心

samāhitaṃ vā cittaṃ ‘samāhitaṃ citta’nti pajānāti, asamāhitaṃ vā cittaṃ ‘asamāhitaṃ citta’nti pajānāti;

あるいはまた、
安定した心を、安定した心であると知ります。あるいは、
安定していない心を、安定していない心であると知ります。

Samāhitaṃ（サマーヒタン） cittaṃ（チッタン）とはsamādhiができた心のことです。Samādhiができたということは第一禅定とか、第二禅定とか、そこまでいかなくてもいいのです。ヴィパッサナー瞑想だけでは、だいたいそこまでは行けません。禅定状態をつくることは大変な修行なのです。Samādhiという世界では、一つの対象にきちんと集中していて、他のものは消えてしまうのです。集中して一つを知るのですから。包丁に例えてみてください。包丁でリンゴをむいているとき、キャベツは切れないでしょう。だから心も同じく一つの仕事しかできないのです。でも一時間のことをまとめてみたら、ある人が台所で色んなものを切っていた、と。大根も切って、キャベツもみじん切りにして、タマネギも切って、それからサッサッとリンゴの皮をむいて、それからまたジャガイモもむきました、と。包丁で色んなことをやったと、一時間をまとめたら言えますが、二つを同時にはやれません。リンゴとジャガイモを二つ手で持って皮をむくということは無理なのです。だから知るのは一つだけです。我々の時間感覚は、すごく遅くて鈍いから、同時に、聞いて、見ているのだと勘違いします。それはそれでしょうがないけれど、どんどん瞑想をし続けると、一つだけ見続ける集中力が生まれてきて、それだけ見えるのです。膨らみだと確認したとたん、他のものはあることさえも知らない。縮みと確認したところで、縮みがあるのであって、他のものはないと。そうなる

と、もう samādhi があるのです。それを一分ぐらい続けてしまうと、ものすごい経験になります。身体が消えてしまった、とか、勘違いする場合もあります。「瞑想すると、ある瞬間全部消えてしまった」と混乱に陥る人も、やったぞー！と舞い上がってしまう人もいるのです。どちらも、瞑想実践には障害になる感情なのです。びっくりすることなく、舞い上がることもなく、samādhi のような心だ、と確認するのです。

修行道場に入って集中的に瞑想して、瞬間で、例えば「膨らみ」だけ見えたとします。その人は他のものが見えないのです。もう消えているのです。本人の解釈では、消えたという解釈になるのです。そういう場合、瞑想指導者が修行者に出す質問リストがあります。その質問を聞けば、本人が自分の勘違いに気づくのです。そうやって一つのものが見えた瞬間は samādhi です。そこで、「あ、心は samādhi の瞬間を得たんだ」と確認する。次には膨らみ縮みだけではなくて、（消えたはずの身体が）足も組んでいることが分かってしまうので、「いまは samādhi ではありません」と確認する。前の心は samādhi の心、いまの心は asamāhitaṃ（アサマーヒタン）禅定ではない普通の心、と確認すればいいのです。

## 解放された心

vimuttaṃ vā cittaṃ ‘vimuttaṃ citta’nti pajānāti, avimuttaṃ vā cittaṃ ‘avimuttaṃ citta’nti pajānāti.

あるいはまた、
解脱した心を、解脱した心であると知ります。あるいは、
解脱していない心を、解脱していない心であると知ります。

Vimuttaṃ cittaṃ（ヴィムッタン チッタン）は「解脱した心」と訳されています。そこでちょっと問題があるのです。「私の心が解脱しました。いま解脱している心で

す」とは、いっこうに確認できないでしょう。だからその訳語は適切ではないのです。むしろ「解放された心」というほうがしっくりきます。瞑想を続けているとときどき、心から貪瞋痴が全部なくなって、まるで解脱したかのごとく、何の心の波もなく、「膨らみがある、そんなものだ。縮んでいる、そんなものだ。色々と現れて消えている、そんなものだ」という気持ちになります。それは何となく、解脱の擬似体験みたいなものなのです。決して解脱ではありませんが、でもそのとき、心には貪瞋痴がないのです。以前は貪りがあって、貪りがなくなった。以前は怒りがあって、怒りがなくなった。いまはそのどちらでもなくて、貪瞋痴の全てがない状態なのです。瞑想中は、そうやって貪瞋痴が全くない心というのは結構生まれるものです。二、三週間ぐらい瞑想を頑張って経験を積み重ねていくと、生まれてきます。そこで、「あ、いま vimuttaṃ cittaṃ 解放された心だ」と確認する。そこで色々と感情が、貪、瞋、痴、不貪、不瞋、不痴が生まれてくるとしたら、心は解放されてないのです。やはり何かに引っかかっているのです。そこで、「あ、いまは解放されてない心だ」と確認する。

## 十六種類の心の観察

心を貪瞋痴で分類すると、六つの心があります。それに萎縮した心と散乱した心を加えて八つ。それから巨大化した心と小さくなった心を合わせて十種類になります。それから有上の心、無上の心で十二。Samādhi が出たり、消えたりする心で十四。それから解放された心と、解放されない心で十六になります。だいたい、心はそれぐらいに分ければいいのです。

このリストにも、お釈迦様のウラの狙いが込められています。このセクションで使っている単語は全部、解脱者の心に使う単語なのです。そういう単語で瞑想を続けてしまうと、間違いなく、心が解脱の方向に行ってしまうのです。最初は、サマーディ、解脱などの疑似体験が起こるのです。しかし少々時間が経つと、疑似体験が消えて、普通の心に戻ってしまいます。その変化を観察することで、修行者は誤解して瞑想を終了する危険性から守られるのです。

例えば、「いま解脱の心だ」と確認したとしましょう。そこで、解脱に達したという誤解に陥る恐れが現れます。しかし、少々の時間、実践をすると、あの「解脱の心だ」というときのやすらぎの気持ちが消えて、普通の心に戻っているのです。それで落ち着いて、いま解脱の状態に入っていない心だ、と確認すれば良いのです。修行者は本格的な解脱ではなく、疑似体験を経験したことに気づくのです。解脱の心になった、という言葉で確認するのは、控えたほうが良いと思ったので、「解放された心」という言葉を提案したのです。

このようなやり方で確認作業を続けると、貪瞋痴が二度と現れないように消えたとき、それも明確に知ることができるのです。解脱に達しました、と、如実に知ることができるのです。お釈迦様の精密な単語の選び方によって、覚った、という勘違いになる恐れがなくなるのです。

## ブッダの智慧に勝るものなし

心を十六に分けてこういうふうに観てください、ということは、お釈迦様の狙い、というより想像を絶するような「計画」なのです。お釈迦様は学者中の学者でしたが、どうやってここまで客観的に心を分析して、このセットにまとめあげたのでしょうか。そのすごさは、いまだ私には想像できないほどです。なぜならばお釈迦様は自分で瞑想をして、中道的な方法を発見されて、突然、覚ったのです。お釈迦様にとって、覚るための「方法」なんかはなかったはずなのです。

お釈迦様は、「覚りましたが、こんなことを誰かに言っても理解されないし、意味がない。説法するのはやめました」という気持ちにもなったのです。しかし、後になってお釈迦様は、どうすれば人々の心を解脱する方法へ導くことができるか、という道順を切り開かれたのです。それはとてつもない智慧、理解能力の賜物なのです。ブッダの智慧に勝る智慧は、どこにもありません。こういう瞑想方法を設定すること自体が、誰にもできないことです。私の解説で Mahāsatipaṭṭhānasutta 大念処経を読んでから、ヨーガスートラであろうが、どんな瞑想のテキストであろうが、関係なく読んでみてください。お釈迦様の教えほど、深く考えて書かれていないということはすぐ見えると思います。しかし、ヨーガスートラのほうがもっと難しくて読みにくいのです。ブッダの教えはインドの俗語で、誰にでも「簡単単純ではないか、分かるではないか」と思えるように書いてあるのです。それも、またすごいところなのです。誰にでも教えを実践できるように説かれているのですから。

## 心への執着を捨てる

Iti ajjhattaṃ vā citte cittānupassī viharati, bahiddhā vā citte cittānupassī viharati, ajjhattabahiddhā vā citte cittānupassī viharati; samudayadhammānupassī vā cittasmiṃ viharati, vayadhammānupassī vā cittasmiṃ viharati, samudayavayadhammānupassī vā cittasmiṃ viharati. 'Atthi citta'nti vā panassa sati paccupaṭṭhitā hoti. Yāvadeva ñāṇamattāya paṭissatimattāya anissito ca viharati, na ca kiñci loke upādiyati. Evampi kho, bhikkhave, bhikkhu citte cittānupassī viharati.

以上のように、
内の心において心を観つづけて住みます。あるいは、
外の心において心を観つづけて住みます。あるいは、
内と外の心において心を観つづけて住みます。
また、

心において生起の法を観つづけて住みます。あるいは、
心において滅尽の法を観つづけて住みます。あるいは、
心において生起と滅尽の法を観つづけて住みます。

そして、かれに〈心がある〉との念が現前します。それは他でもない、智のため念のためになります。かれは、依存することなく住み、世のいかなるものにも執着することがありません。

このようにまた、比丘たちよ、比丘は心において心を観つづけて住むのです。

そのように自分の心の色んな波を観るのです。色んな波ですが、一応十六種類ぐらいに分けておいたほうがやりやすくなります。「いま包丁を見ている心だ」「いま鳥の声を聴いている心だ」と確認していたら、瞑想になりません。あるいは、ただ「知っている、知っている」と確認してしまったら、マントラ（呪文）と同じになってしまうので、何にもなりません。どちらも取らないで、きちんと分けてみようと。分ける場合でも、やはり人間に扱いやすい種類に分けて、この経典では十六種類に分けています。

それから、自分の心だけ観るのではだめで、色んな人の心も同じように観察するのです。他人の心を観察し続けると、抜群の能力が生まれてきます。自分も他人も、心は同じ「知るという機能」なのです。自分の萎縮している心を一回観たのならば、「いまこの人の心が萎縮している」「いまは萎縮していない」という具合に他人の心も観えるようになります。

心が変化していくプロセスを観られると、人の心もきちんと読める、分かるようになるのです。瞑想によって自分の心、他人の心、その両方の心の変化を観たならば、心とは単に「知るという機能」であって、働いている過程であって、別に絶対的な何かがあるわけではないと分かります。その知る機能も様々であって、時には散乱して知ったり、時には

巨大化して知ったり、萎縮して何となく知ったり、また集中して禅定で知ったりする。ときどきは欲が生まれたり、ときどきは怒りが起こったり、また欲が消えたり、怒りがなくなったりもする。いくら観察しても、見つかるのはすごい勢いでどんどん変化している機能だけですから、「なぁんだ、こんなものか」という気持ちになって、心に対する執着は消えてしまうのです。

# Ⅳ

# 法の随観

ダンマーヌパッサナー
Dhammānupassanā

## ここまでのおさらい

ここまで大念処経の流れに沿って、お釈迦様が教えたsatiの瞑想法、ヴィパッサナー瞑想について説明してきました。

Sati・気づきの瞑想法を実践するためには、順番があります。まず身体について気づくところから始まるのです。呼吸を観たり、身体の動きを観たり、身体を不浄として三十二に分けて観たり、あるいは身体を物体として地水火風に分けて観察したり、身体をただの死体として観たりします。その場合はまた瞑想のやり方がいくつかあって、身体を四つの側面から観察します。内（自分のこと）を観察する。外（他人のこと）を観察する。それから、内（自分のこと）と外（他人のこと）を両方観察する。それから一般的な真理として観察します。

この四つの側面からの観察は、瞑想次第で変わってしまうのです。例えば呼吸瞑想だったら自分の呼吸を観察しますから、内（自分のこと）から始まるのは当たり前なのです。それから地水火風の瞑想だったら、内（自分のこと）から始めてもいいし、外にあるものを、これは硬いものだから地の要素です、これは繋がっているものだから水の要素です、と外（他人のこと）から観ても構いません。それから死体の瞑想の場合は、自分が死体になって瞑想することはできませんから、まず外の観察から始まるのです。死んだ人を見つけたら、「この人はもう死んでいて、このような状態である」と外から観察して、次に「私もこのようになるのだ」と、自分のことも観察する。自分もこのような状態になるのだ、と、死体の状態を自分に移して観るのです。自分も死んだような感じになって、観察するのです。それから、「だから大変ということではなく、世のなかはみんなそんなものだよ」というふうに一般論として観察する。それが身体の瞑想なのです。

次に説明したのは感覚の瞑想です。感覚には、苦しみの感覚（苦）、楽しみの感覚（楽）、一般的な感覚（非苦非楽）、という三つしかないのです。感覚の瞑想は自分を観察するところから始まります。自分の身体で苦しみが生まれると、「これは痛み（苦）だ」と観察する。楽しみが生まれてくると「これは楽しい感覚（楽）だ」と観察する。ごく普通の感覚は、「ごく普通に感じている（非苦非楽）」と観察する。そうやって三つに分けて観察するのです。それから外の世界を観ると、どんな動物・どんな生命を見たとしても、苦しみを避けて楽しみを追っている姿が見えますから、他の生命に対しても、「あるのはこの三つの感覚だけです」というふうに観察するのです。

それが終わってから、心の観察に入ります。心の観察とは自分の心の状況を観ることです。心というのは観にくいものだから、だいたい分かる範囲でやるのです。観察する心は十六種類あります。例えば自分の心を観て、何となく欲があるのではないかなと思ったら、「いまは欲のある心だ」と観察する。その欲が消えてしまったら、「いまは欲がない心だ」と観察する。怒りがあるとすぐ分かります。その場合は、「いま怒っている・怒りの心だ」と観察する。怒りが消えてしまったら、「いまは怒りのない心だ」と観察する。わけの分からない混乱状態になってきたら、「いまは無智の心だ」と観察する。それが消えてしまって心がしっかりしたら、「いまは無智が消えた心だ」と観察する。そうやって心の状況から心のことを判断します。それから、心が小さくなってやる気がなくなってきたら、「いまは萎縮した心・縮まった心だ」と観察する。それから、やる気があるのにしっかりしない状態、あれもやりたい・これもやりたいという状態になってくると、「いまは散乱した心になっている」と観察する。その他にも、「広がった心」「広がっていない心」「有上の心」「無上の心」「禅定のある心」「禅定のない心」「解放された心」「解放されていない心」という心の状況があります。これはそのときどきの、自分の気持ちを観ることなのです。そうやって心を観てみると、もうかなり瞑想は進むのです。

## 身・受・心・法の巡観

Sati・気づきの瞑想法は、身体を観察するところから始めるのだと分かっていることでしょう。実践する人は、身の観察はどこで終了するのか、いつ受の観察を始めるのか、また、心の観察、法の観察という二つも残っているのではないか、などなど考えて、心配するかもしれません。この心配は、全く要りません。身・受・心・法は、繋がっているのです。身の観察から、気づきの実践を始めます。徐々に気づきに慣れます。集中力も上がります。実践者には、身の観察とともに、感覚（受）も明確に現れてきます。自動的に感覚（受）の観察に入るのです。受の観察で気づきがさらに上がります。そこで心のありさまが観えてきます。興味はそちらに行きます。そのときは、心の観察になっているのです。一つの観察を終了して次の観察に入る、というような明確な隔たりはありません。身体（身）の観察は終わりました、卒業しました、またやる必要はない、というような状態ではありません。身の観察が上手にできるようになると、受の観察も加えるのです。それもできるようになると、心の観察も加えるのです。この三つの観察が上手にできる人に、おのずから、法が現れてくるのです。法とは、ものごとの法則と、釈尊が説かれた真理のことです。それが観えてきたら、観察すれば良いのです。

身・受・心・法の瞑想の段階というのは、「私は身体の瞑想が合格してから受のほうに行くんだ」という進み方をするわけではないのです。ですから、「いつ私は心の瞑想をするのですか？」と指導者に聞く必要もないのです。ただ基本的な瞑想のやり方は決まっているので、その基本的なやり方だけ守ってみれば、自分の能力次第で、自動的に身・受・心・法の順番に観察対象がずうっと回っていくのです。いくらか一部分の観察を続けたならば、これまでやらなかった部分が観察対象として自動的に出てきます。そこで出てきたセクションを観察することを続けて、いくらかそこが平らかになったら、うまく観察できるようになったら、やらなかった他の部分がまた出てくる。そうやって法の随観まで進んだら、また身の随観から始めなければいけないのです。身体を観察すると、受と心と法と、ひとまわりしてまとまっていくのです。そうやって完全に煩悩がなくなるまで何回も繰り返し、繰り返し、身・受・心・法の観察を修行しなければいけないのです。

それでは、ここからは法の観察に入ります。お釈迦様が、法について学問的に、知識的に、論理的に、きれいに分類して説明されたところです。

## 法（ダンマ、ダルマ）とは何ですか？

大念処経では、「法とは何か？」という定義は別に説かれていません。瞑想方法を読んでみれば、法の意味は理解できるのです。

しかし、法（ダンマ）という言葉は広い意味で使うものです。ですから、翻訳したりするときは、困らされる言葉でもあります。インド文化圏では、法（ダンマ、ダルマ）は一般的に使う言葉でもあります。Dharmaという単語に適した訳語は、他の言語ではないのです。文脈に合わせて訳さなくてはいけないのです。

## 「ある姿」は法（ダルマ）

いくらか頑張って例を出してみましょう。世のなかに当たり前で普通に起こる出来事。それは避けられない、どうしてもそうなる、ということがあります。例えば、昼が過ぎたらじき夜になる。それは不思議でも何でもないのです。いまはもう昼間だからどんどん夜になる。夜になったら、またどんどん昼になる。それから秋になったら紅葉があるし、冬になったら寒い、夏になったら暑いとか、また春になったら花が咲く……。そういった“決まり”、これがダルマなのです。その場合、ダルマとは何なのでしょうか。そこで、「自然法則がダルマです」と言ったら、またちょっとおかしいのです。「自然法則＝ダルマ」ではなくて、そういう不思議でも何でもなく、当たり前に起こる出来事。また誰にもそれは変化させることは無理なこと。そういうことに「ダルマ」と言うのです。昼が夜になることはどう頑張っても止めることはできません。それはものごとの「ある姿」です。

### 「あるべき姿」も法（ダルマ）

それからあるべき姿についてもダルマと言うのです。あるべき姿というと、大体は「ない姿」でしょう。そうすると道徳的な価値観になってしまうのです。インド文化圏では、実際の状況を判断して理解する法則にダルマと言います。それから、希望的な状況を想定していることについてもダルマと言うのです。

例えば、「人は嘘をついてはいけない。そんなことはダルマですよ」と言ったら、皆もう当たり前に「ダルマだから」と同意するのです。我々が日常生活するなかで、誰かに「あなたには何のダルマもない」と言う。それは、行儀が悪い、常識がない、いいかげん、といった意味なのです。やはり人であるならば行儀よくきちんとした性格を持って、しっかり生きていかなければいけないでしょう。それなのにだらしなく生きているならば、我々は何もたくさん言葉を費やさない。「もう何もダルマがないね」と一言で済ますのです。

### 道徳的価値観も法（ダルマ）

それから、道徳を犯して世のなかの生きるべき道から全くはずれた人、例えば犯罪をしたり、色んな悪いことをしたりする人については、「ダルマを壊した人」と言うのです。サンスクリット語で adharma（アダルマ、無法）の人だと。その場合は、アダルマの人だからといってその人にとって昼は夜になって、夜は昼になる、というわけではない。この場合も道徳的・希望的な観察から「ダルマ」という言葉が使われている。

また、人が何を守るべきかといえば、そのときは「ダルマを守るべきだ」と言うのです。人が何に従うべきなのか、というと我々インド文化圏の人間は「ダルマに従うべきですよ」とごく簡単に答えを出します。守るべきものと、従うべきものと言えば、位置が違うのです。守るものと言えば自分のなかにあるもので、従うべきものと言ったら自分の外にある尊いものです。ですから、「私は人間として何を守るべきか」と自分で問うてみたとき、出てくる内容を、インド文化ならば「ダルマ」と言うのです。

人が守るべきものは何なのか、やめるべきものは何なのか、と訊かれると、それぞれの個人が自分なりの考えを持っているのです。皆、同じ答えは出さないのです。個人が自分の主観で考えるものは、ダルマとは言いません。抽象的に、人間なら誰でも必ず守るべきもの、やめるべきもの、という意味でダルマと呼ぶのです。個人の生き方を努力してダルマに合わせなくてはいけないのです。

## 宗教家の教えも法（ダルマ）

それから、我々に生き方を教えてくれる人々の話もダルマです。要するに、宗教家たちの話です。学校の先生の話は、授業・講義です。お釈迦様の話は、説法です。ダルマです。授業などは、「一生役に立つ」ということは恐らくないでしょう。説法・ダルマは、一生役に立つ教えなのです。当然、お釈迦様の教えに法（ダルマ）と言うのですが、どんな宗教の教えにも、インド文化圏では、ダルマと言うのです。キリスト教はヒンディー語で「クリスト・ダルマ」です。ヒンドゥー教の教えはそのままダルマとも言うし、「ヒンドゥー・ダルマ」とも言うのです。哲学を語る人々の教えは、ダルマではなく「ダルシャナ」です。仏教も、哲学的に解説する場合は、「バウッダ・ダルシャナ」になります。ですから、どんな宗教の教えに対しても、インド文化圏では法（ダルマ）という言葉を使うのです。

### 自然や社会の法則も法（ダルマ）

法則にもダルマと言います。物理学では、たくさん物質の法則を発見しています。その法則を壊すことは誰にもできません。例えば、地球に引力があるということは、法則です。それは壊せません。しかし人間は、飛行機をつくって空を飛ぶし、宇宙船をつくって宇宙にも行くのです。でも、彼らは地球の引力という法則を破っていないのです。法則に従って工夫しているだけです。誰にも壊すことができない自然法則は、ダルマと言うのです。

### 法律・政治理念も法（ダルマ）

それから、法律にもダルマと言います。法律とは、人間が人間の為に定めるものだと言われています。現実は違うかもしれません。不公平な法律も、結構あります。その都度、それらの法律を変えれば良いのです。しかし、人間が好き勝手に制定したり変更したりする曖昧な決まりについて、法（ダルマ）と言うべきなのか、との疑問も生じます。そこでまた抽象的に、正しい法律、あるべき法律、という概念が出てきます。この理念的な法律が何なのかと誰も分かっていませんが、人間がつくる法律に何か間違いがあったらそれには気づきます。理念的な法律に配慮した上で、人間がつくる法律にもダルマと言うのです。しかし現代は、法律に使う別な言葉があるので、ダルマと言えば理念的な法律のみになります。

有名なアショーカ帝王は、喜んでダルマという言葉を使いました。インドの全ての人間に平等に対応して、人間の不平不満を平等に聞いてあげて解決する役目を果たす大臣たちに、ダルマ・マートゥラ（dharma mātra）と名付けたのです。日本訳は法務大臣になりますが、アショーカ帝王の法務大臣たちは、人間に正しく生きる方法を教えてあげたのです。

裁判官が審理を行なう・判決を下すという仕事に、仏典では「ダンマを審判する」と言っています。裁判官は偏ってはならないし、正しく証言を理解して判断しなくてはいけない。個人の好みや先入観を使ってはならないのです。ですから裁判もダルマなのです。

政治理念にもダルマと言います。それまた政治家が勝手に作るものです。それにダルマと言ってはならないのです。しかし、わがまま好き勝手につくる政治理念には、国民が反対します。それでは政権が取れなくなるから、政治家もどこかで自分を戒めなくてはいけない。この戒めが何なのか、皆、明確に分かってはいませんが、何となく感じるのです。ですから、政治のあるべき姿は、ダルマと言うのです。

仏典では、理想の政治家を転輪王と言います。転輪王は、法を尊敬して、法に従って、国を治めるのです。人間だけではなく、動物のことも心配するのです。権力を守るために国民を裁いたり、罰を与えたりはしません。人間と動物たちにとっては、理想の父親の役を果たすのです。ですから仏典によれば、理想の政治理念はダルマです。

## ブッダの教えはダルマです

宗教の教えはダルマであると、前に説明しました。だからといって、その教えが真理であるか否かは別な問題です。真理を発見して語るので、ブッダの教えはダルマなのです。ブッダは何を説くのかと問われたら、「ダルマを説きます」と答えられます。そのダルマとは何なのかとまた問われたら、因果法則であると答えなくてはいけないのです。因果法則は絶対的な真理で、それを否定することは不可能です。だからブッダの教えは、正真正銘のダルマです。

お釈迦様が推薦する究極の境地である「解脱」もダルマです。従って、その境地を目指して生きること、修行に励むことも、ダルマを実践することになります。ですから戒律のことも sīla-dhamma（スィーラダンマ）（戒法）と言うのです。

### アビダルマのダルマ

アビダルマでは、物質と心を徹底分析します。これ以上分析できないところになったら、それを勝義諦（しょうぎたい）と言うのです。物質は二十八、心は一つ、心所は五十二、涅槃は一つ、まとめて八十二のダルマがあると教えているのです。存在と言えばこれしかない、という意味でしょう。

### 覚りのために必要な法（ダルマ）

そういうわけで、法（ダルマ、ダンマ）というのは困ったものです。大念処経で説かれるダルマは、解脱に達するために必要な教えなのです。ダルマという言葉に入る全てのものを知る必要はありません。解脱に達するために必要なダルマとは何か、それをどのように観察するのかについて、次に説明いたします。

## 蓋の部　Nīvaraṇapabbaṃ（ニーワラナパッバン）

11　“Kathañca pana, bhikkhave, bhikkhu dhammesu dhammānupassī viharati? Idha, bhikkhave, bhikkhu dhammesu dhammānupassī viharati pañcasu nīvaraṇesu. Kathañca pana, bhikkhave, bhikkhu dhammesu dhammānupassī viharati pañcasu nīvaraṇesu?

11　つぎにまた、比丘たちよ、どのようにして比丘は、もろもろの法において、法を観つづけて住むのか。

比丘たちよ、ここに比丘は、五蓋の法において法を観つづけて住みます。

ではまた、比丘たちよ、どのようにして比丘は、五蓋の法において法を観つづけて住むのか。

Nīvaraṇa（ニーワラナ）とは蓋（ふた）という意味です。障害物として理解したほうが良いのです。障害物が五つあるのです。観察実践で、心を成長させようと努力はしているのですが、その過程で障害物に当たるのです。進めなくなるのです。この五つは心の障害物なので、一つでも現れたら、心の活発性がなくなります。やる気が失われます。

これは基本的な心についてのダルマで、どんな人の心も、なぜ思う存分力を発揮できないかというと、この蓋（ふた）が鍵をかけているからなのです。鍵をかけて蓋で押えられているのです。心については色々な法則、ダルマがありますけど、これが一番大事な肝心なことなのです。だから先に知っておかなければいけない。なぜ人は勉強ができないのか、能力がないのか、といえば、この五つの蓋にやられているからなのです。ですからこれを勉強しておかなければいけない。瞑想をしても、なぜ、自分の心は俗世間の次元を破って、自由な次元を見つけられないかと言うと、破るどころか、ここで押えられているからなのです。それならば、先にその五つを知るべきなのです。五蓋というダルマは瞑想する人が必ず観察すべきものであって、これを観察しなければ瞑想は先へと進めないのです。

## 欲蓋　五欲という壁

“Idha , bhikkhave, bhikkhu santaṃ vā ajjhattaṃ kāmacchandaṃ ‘atthi me ajjhattaṃ kāmacchando’ti pajānāti, asantaṃ vā ajjhattaṃ kāmacchandaṃ ‘natthi me ajjhattaṃ kāmacchando’ti pajānāti; yathā ca anuppannassa kāmacchandassa uppādo hoti tañca pajānāti, yathā ca uppannassa kāmacchandassa pahānaṃ hoti tañca pajānāti, yathā ca pahīnassa kāmacchandassa āyatiṃ anuppādo hoti tañca pajānāti.

比丘たちよ、ここに比丘は、

内に貪欲（とんよく）があれば〈私の内に貪欲がある〉と知ります。あるいは、

内に貪欲がなければ〈私の内に貪欲がない〉と知ります。また、未だ生じていない貪欲がどのように生じるかを知ります。また、既に生じている貪欲がどのように断たれるかを知ります。また、断たれている貪欲が将来どのようにして生じないかを知ります。

一番目のkāmacchanda（カーマッチャンダ）・愛欲（貪欲）とは、五欲を好むことです。五欲というのは、身体のことなのです。楽しい世界とは、ただ目で見て楽しむ。耳で聴いて楽しむ、鼻で嗅いで楽しむ、舌で味わって楽しむ、身体で感覚を楽しむことである、楽しむ世界はこれしかないのだと思って、身体の奴隷になっているのです。だから、もう先に進めない。いくら頑張っても目で見えるものしか探さない。耳で聞こえるものしか探さない。身体で触れられるものしか探さない。それをkāmacchanda・愛欲と言うのです。kāmacchandaがあると、瞑想するときでも、すぐ瞑想が嫌になってしまう。「早く瞑想を終えてどこかに行きたいなぁ」とか、「早く終えてご飯を食べたいなぁ」とか、瞑想の途中でも違うことがやりたくなってしまうのです。

なぜ瞑想が嫌になるかというと、身体のことが可愛くなって、頭がい

っぱいになるからです。「肉体の奴隷になって肉体の面倒を見るだけが人生ではない。もっと精神的な優れた境地があるのではないか？」と思って始めた瞑想実践ですが、修行途中で「美味しいものを食べたい」「音楽を聴きたい」などなどの欲が現れてくるのです。五欲を楽しむ妄想で、頭がいっぱいになってしまうのです。これは修行が愛欲蓋（貪欲蓋）という障害にぶつかったことです。実践が嫌になってきます。早く終えたくなってきます。心の明るさが消えてしまいます。

「心が欲の妄想に負けてしまった」と理解してほしいのですが、なかなかそうしない人もいるのです。代わりに「言いわけ」をするのです。瞑想実践は厳しい、自分には能力がない、五欲は人間が生きる上では必要です、いまやりたくはないがそのうちまじめに実践に励みます、などなどの言いわけ妄想が現れるのです。

五欲の妄想は、修行の障害になることが明確ですので、五欲をなくすべきだと思われるでしょう。しかし五欲は、そう簡単になくなって消えるものではありません。観察実践する修行者は、愛欲蓋を発見してみるのです。確認するのです。

心にこの五欲、kāmacchandaが生まれたら、「これは障害だ」と確認するのです。「いま、自分の心にはkāmacchanda・愛欲があるのだ」と。例えば早く瞑想やめたいなぁとか、これが早く終わったら、観たいテレビ番組があるから、それを観ないといけないとか、早く終わったらすぐ帰ってご飯を食べなければいけないとか、あるいは何時に寝られるかなぁとか、そういうふうなことが思い浮かんでしまうと、それはkāmacchandaが瞑想を邪魔している状態なのです。心に蓋をして開かないようにしているのです。いつも頭にあるのは「いつ瞑想が終わるのか」ということばかりなのです。心を育てることは早く終わりたい、という気持ちでいるのです。例えば、学校で子供達に授業などやっていると、子供たちが一番気になるのは時間なのです。別に時間を守って行動するということではなく、「この授業はいつ終わるのか」ということが気になるのです。ということは、授業は聞きたくないということになるでしょう。そうやって我々の心を抑える kāmacchanda・愛欲、五欲というものがあるのです。そこで kāmacchanda が心にはたらき出したら、「これは kāmacchanda・愛欲です」と確認して認識する。自分の心のなかに kāmacchanda があるときは、「いま、私に kāmacchanda がある」と理解する。

また、kāmacchanda がないときは、「いまは kāmacchanda がない」と確認します。kāmacchanda がない状態はどうすれば分かるでしょうか。例えば、「もうテレビはやめたいなあ。その代わりに瞑想したいなぁ」などと思ってしまうときは、kāmacchanda が働いていないのです。そこで「いまは kāmacchanda がない」と確認します。

それから、いままでなかった kāmacchanda が、後から生まれるということもあります。例えば気持ちよく瞑想を始めたのに、十五分ぐらい経ってくると、やはりこれを早くやめて、ご飯を食べたいなぁと思うときもあるでしょう。そうやって途中からでも kāmacchanda が生まれたら、「いま、kāmacchanda が生まれた」とそれを確認する。

それから瞑想の途中で五欲、kāmacchanda・愛欲が生まれても、消えることがあります。例えば、「いまは瞑想している時間だから、そんな馬鹿なことを考えるのではなくやはりまじめに瞑想するのだ」と覚悟を決めることで、生まれた kāmacchanda が消えるのです。そうやって kāmacchanda が消えた状態も、「いま kāmacchanda が消えてしまった」と確認する。

もし kāmacchanda がまた生まれてこないのであれば、それも確認するのです。kāmacchanda には色々な形があります。例えば二十歳の人が瞑想していても、八十歳の人が瞑想していても、それぞれに kāmacchanda があります。八十歳の人の場合は、「あまり長い時間坐ると身体が壊れるかもしれない」とか、「腰が痛くなるかもしれないからもうちょっと身体を伸ばして散歩したほうが健康にいいんじゃないか」

とか思ったりする。それも身体に対する欲だから、kāmacchandaなのです。そこで二十歳の人が瞑想していると、隣りに坐っている異性が結構格好いいなぁとか、可愛いなぁとか、仲良くしても悪くはないなぁとか、思うかもしれません。それもkāmacchandaです。しかし八十歳の人にはそのkāmacchandaは生まれてこないのです。二十才の人は結婚もしていないから、相手のことが気になったりする。八十歳の人から見ればそういう欲はもう消えてしまったので、また生まれてこないkāmacchandaかもしれません。

五欲にかかわる妄想は、年齢によって、性別によって、中身が変わるのです。しかし若者は五欲が強い、年寄りは五欲が弱い、などの理論を作ってはならないのです。「花がきれいで気に入った。ご飯が美味しくて気に入った。あの人は美しくて気に入った」などと欲の対象が変わっても、全て五欲なのです。ですから、愛欲蓋が起きたら、それを確認する。消えたら、それが消えたと確認する。うまく確認できるようになると、「なぜ突然、五欲が現れたのか？　なぜある時間、五欲が現れなかったのか？」なども観えてくるのです。それもその都度、確認するのです。

もう一つ、明確にしたいポイントがあります。修行中、美味しいご飯を食べたいなぁ、という気持ちが現れたとしましょう。「美味しいご飯を食べたい」という概念の流れは、妄想です。妄想に気づくのは、心の随観です。その妄想を引き起こした欲の感情があります。欲の感情があって、それが妄想として現れたのです。修行を法の随観に進める場合は、その感情を確認するのです。愛欲という感情を確認することが、五蓋の確認になります。

### 「嫌」という壁

“Santaṃ vā ajjhattaṃ byāpādaṃ ‘atthi me ajjhattaṃ byāpādo’ti pajānāti, asantaṃ vā ajjhattaṃ byāpādaṃ ‘natthi me ajjhattaṃ byāpādo'ti pajānāti; yathā ca anuppannassa byāpādassa uppādo hoti tañca pajānāti, yathā ca uppannassa byāpādassa pahānaṃ hoti tañca pajānāti, yathā ca pahīnassa byāpādassa āyatiṃ anuppādo hoti tañca pajānāti.

あるいはまた、

内に瞋恚（しんい）があれば〈私の内に瞋恚がある〉と知ります。あるいは、

内に瞋恚がなければ〈私の内に瞋恚がない〉と知ります。また、未だ生じていない瞋恚がどのように生じるかを知ります。また、既に生じている瞋恚がどのように断たれるかを知ります。また、断たれている瞋恚が将来どのようにして生じないかを知ります。

心の二番目の障害は、byāpāda（ビャーパーダ）・瞋恚です。観察する方法は、欲貪蓋と同じです。ですからここでは、瞋恚について理解するだけで充分です。Byāpādaとは、怒り・嫌な気持ちなので、説明する必要はないと思います。しかし修行中に怒りなんかが起こるはずはないでしょうと、疑問に思うことも可能です。お釈迦様が教える観察瞑想は、真理をありのままに発見することです。心に怒りの気持ちが現れてきたら、それはそのまま観察しておくのです。

修行中なので、おそらく激怒したりすることはないかもしれませんが、瞑想実践について嫌な気持ちが起きたり、一緒に修行する仲間のことを嫌だと感じたり、足腰などが痛くなるとそれを嫌だと感じたり、音が耳に入るとうるさいと感じたりするのです。また、朝早く起こされたことを嫌だと思ったり、皆夜遅くまで修行すると「早く休みたいのに自分もやらなくてはいけなくなった」と嫌に思ったりするのです。理由はどうであれ、心に怒りが生まれたのです。それで成長が妨げられるのです。そのとき、「瞋恚蓋が現れた」と確認すれば良いのです。

その瞋恚が消えてしまったら、「いま心にbyāpādaがない」と確認す

る。そこで嫌という気持ちがなかったのに、後からその気持ちが生まれてくると、「いまbyāpādaが生まれてきた」と確認する。そして生まれてきた嫌な気持ちが消えてしまったところで「前にあったbyāpādaの気持ちがいまはもう消えている」と確認する。それから、ある嫌な気持ちがいったん消えてしまったら、もう二度と出てこないということもあります。その場合も、「こういう嫌な気持ちは私にはもう出て来ない」と確認する。確認の仕方もそうやって決まっているのです。

ヴィパッサナー実践で、誰にでも簡単に発見できるのは「妄想」です。まず妄想をそのまま確認して、確認上手になってほしいのです。それから妄想を色分けするのです。欲の感情に染まっている妄想と、瞋恚の感情に染まっている妄想と、色分けしてほしいのです。それから、妄想と、妄想を引き起こす瞋恚という感情を区別するのです。妄想とは、単なる概念の回転です。しかしその回転は、瞋恚という感情が引き起こしているのです。瞋恚の感情を区別して観察できるようになると、それは瞋恚蓋を観察したことになるのです。さらに観察すると、瞋恚蓋が現れることも、消えていくことも、観えてきます。なぜ瞋恚蓋が現れたのかも、観えてきます。人には多種多様の怒りがあります。観察していくと、「この程度のことには怒りません。このようなことがあっても怒りがわいてきません」という状態にもなるのです。それは二度と現れない怒りだと言っておきましょう。それでも、別の種類の怒りが現れる可能性があるので、その都度、確認する必要があるのです。

### だらけ・眠気という壁

次に三番目です。

"Santaṃ vā ajjhattaṃ thīnamiddhaṃ 'atthi me ajjhattaṃ thīnamiddha'nti pajānāti, asantaṃ vā ajjhattaṃ thīnamiddhaṃ 'natthi me ajjhattaṃ thīnamiddha'nti pajānāti, yathā ca anuppannassa thīnamiddhassa uppādo hoti tañca pajānāti, yathā ca uppannassa thīnamiddhassa pahānaṃ hoti tañca pajānāti, yathā ca pahīnassa thīnamiddhassa āyatiṃ anuppādo hoti tañca pajānāti.

あるいはまた、

内に沈鬱（ちんうつ）・眠気があれば〈私の内に沈鬱・眠気がある〉と知ります。

あるいは、

内に沈鬱・眠気がなければ〈私の内に沈鬱・眠気がない〉と知ります。また、未だ生じていない沈鬱・眠気がどのように生じるかを知ります。また、既に生じている沈鬱・眠気がどのように断たれるかを知ります。また、断たれている沈鬱・眠気が将来どのように生じないかを知ります。

身体も心もだるい状態、鈍い状態、重い状態、さえていない状態はthīnamiddha（ティーナミッダ）・沈鬱と眠気／惛沈睡眠といいます。thīnamiddhaがないときは身体も心もすごく活性化しています。心が回転して、よく動いているのです。自由に動いている身体に、thīnamiddhaが入ってしまうと何となく動きにくい、動きたくなくなるのです。どこかで、ジーッとしていたくなってしまう。何となく暗い、だるいような状態なのです。分かりやすく言えば、「眠たい」という気持ちなのです。さえていない状態と、はっきり「眠たい」という気持ちが生まれて来たら、もう心の成長はそれでストップします。

生命は寝ることに恐ろしく執着しているのです。寝ることで肉体はいくらか休めるかもしれませんが、心の成長はないのです。心は起きて活発に活動することで成長するのです。修行中はとりとめのない、何を考えているのかよく分からない妄想が湧いてくることがあります。そのときは、妄想は無智（癡）に染まっているのです。無智の妄想の次、惛沈睡眠に陥るのです。惛沈睡眠は発見しやすいのです。その気持ちを客観的に具体的に捉えて、確認することです。確認の仕方は、前の２項目で説明した通りに行なうのです。

法の随観では、惛沈睡眠は心の障害なので、そのまま確認することだと説明しますが、この煩悩はかなりたちが悪いのです。修行を始める人々は、最初から眠気が入らないように工夫する必要があります。修行が、身の随観から、受の随観、心の随観へと進んでから、五蓋としての惛沈睡眠を確認するべきです。それまでは、とにかく眠気が入らないようにと工夫するのです。

### 混乱状態・後悔という壁

"Santaṃ vā ajjhattaṃ uddhaccakukkuccaṃ 'atthi me ajjhattaṃ uddhaccakukkucca'nti pajānāti, asantaṃ vā ajjhattaṃ uddhacca-kukkuccaṃ 'natthi me ajjhattaṃ uddhaccakukkucca'nti pajānāti; yathā ca anuppannassa uddhaccakukkuccassa uppādo hoti tañca pajānāti, yathā ca uppannassa uddhaccakukkuccassa pahānaṃ hoti tañca pajānāti, yathā ca pahīnassa uddhaccakukkuccassa āyatiṃ anuppādo hoti tañca pajānāti.

あるいはまた、

内に浮つき・後悔があれば〈私の内に浮つき・後悔がある〉と知ります。あるいは、

内に浮つき・後悔がなければ〈私の内に浮つき・後悔がない〉と知ります。また、未だ生じていない浮つき・後悔がどのように生じるかを知ります。また、既に生じている浮つき・後悔がどのように断たれるかを知ります。また、断たれている浮つき・後悔が将来どのように生じないかを知ります。

心の成長の障害になる四番目の蓋は、uddhaccakukkucca（ウッダッチャクックッチャ）・悼挙（じょうこ）と後悔です。

Uddhacca（ウッダッチャ）・悼挙は混乱状態、落ちつきのない状態です。一般的な用語で、緊張する、あがってしまう、という言葉もあります。心が浮ついたり、あがったり、緊張したりすると、自分が持っている能力まで消えてしまうのです。憶えていたものも忘れるし、習ったものでもなかなか手足や指先が動かなくなって失敗してしまう。ですから、心を成長させたければ、あがることの反対である、冷静であること・落ち着いていることが必要です。

Kukkucca（クックッチャ）・悪作は、後悔という意味です。もっと勉強しておけば良かった、もっと早く修行を始めたほうが良かった、などなど過去のことを思い浮かべるのが後悔です。後悔は二種類になります。やらなかったことに後悔することと、やってしまったことに後悔すること、です。後悔の気持ちが入ったら、必ず、いまやるべきことをやっていないのです。いま修行中なのに、瞑想実践をいったん停止しているのです。後悔の罠にはまったら、心の集中力は消え、落ち着かなくなるのです。悼挙が生まれてしまうのです。悼挙と後悔は別々の感情ですが、結局はやるべきことをやらない、という同じ結果になるので、ワンセットで取り上げられているのです。

修行を始めるときは、落ち着いて、明るい気持ちで、始めるべきです。しかし修行を続けると、どことなく、悼挙が起きたり、後悔が起きたりするのです。その都度その都度、確認することです。確認のやり方は、前の項目と同じです。

### 疑いという壁

次にあるのは、

“Santaṃ vā ajjhattaṃ vicikicchaṃ ‘atthi me ajjhattaṃ vicikicchā’ti pajānāti, asantaṃ vā ajjhattaṃ vicikicchaṃ ‘natthi me ajjhattaṃ vicikicchā’ti pajānāti; yathā ca anuppannāya vicikicchāya uppādo hoti tañca pajānāti, yathā ca uppannāya vicikicchāya pahānaṃ hoti tañca pajānāti, yathā ca pahīnāya vicikicchāya āyatiṃ anuppādo hoti tañca pajānāti.

あるいはまた、

内に疑いがあれば〈私の内に疑いがある〉と知ります。あるいは、

内に疑いがなければ〈私の内に疑いがない〉と知ります。また、未だ生じていない疑いがどのように生じるかを知ります。また、既に生じている疑いがどのように断たれるかを知ります。また、断たれている疑いが将来どのように生じないかを知ります。

Vicikicchā（ヴィチキッチャー）・疑とは、心に「迷い」が入ってしまうことです。迷ってしまうと、何もできなくなるのです。ですから、障害なのです。

Vicikicchāは「疑」と訳されるので、少々、説明が必要です。知識人・理性のある人々は、事実を求めるとき、「疑ってかかる」という態度を取るのです。それは良いことです。言い換えると、鵜呑みにはしない、言われたからといって調べない限りは信じない、証拠がなければ認めない、という程度のことです。先入観でものごとを判断しないのも、同じことです。これと「迷い」は違います。迷ってしまうと、何もできない。智慧は現れない。事実を発見することはできません。

仏教で説かれている真理も、簡単に理解することはできません。修行して体験してから、理解したことになる、迷いが完全に消えたことになるのです。科学実験する場合も、事実を発見する前に、ある程度データに基づいて仮説をたてます。それから実験して、仮説が正しかったか否かを検証するのです。仏教の実践も同じやり方です。「生きるとは苦で

ある。全ての現象は苦・無常・無我である。全ての現象は因縁によって生じて消える」などなどの真理をある程度理解して、「煩悩がなくなったら解脱に達するはず」という仮説を設定して、実践にとりかかるのです。このような「疑」なら、仏教は大歓迎です。しかし、「迷い」は迷惑です。修行中、迷いが生じたら、「疑蓋が生じた」と確認する。心が晴れたら、「疑蓋が消えた」と確認する。また現れたら、また同じことをする。次に、なぜ迷いが現れたのかも、観えてくるのです。それもその都度、確認するのです。

### 能力開発の「壁」

五蓋は全ての生命にある問題です。心の成長の障害です。俗世間的な能力開発の場合も、五蓋を理解しておけば何とかなると思います。頑張っているのに能力が発揮できないと悩んでいても、どうにもならないのです。能力が発揮できない理由は五蓋であると、釈尊が説かれているので、心に五蓋という障害が生まれないように気をつければ、結果が現れます。五蓋の問題は、瞑想世界だけに限られたものではありません。俗世間的な能力開発の場合は、一時的に、五蓋から心を解放すれば充分です。瞑想の世界では、長期的に五蓋を睡眠状態にすることで、五感に限定された認識次元が破られて、サマーディ状態が現れます。五蓋を二度と生まれないようになくすことによって、智慧を完成して、解脱に達します。

“Iti ajjhattaṃ vā dhammesu dhammānupassī viharati, bahiddhā vā dhammesu dhammānupassī viharati, ajjhattabahiddhā vā dhammesu dhammānupassī viharati; samudayadhammānupassī vā dhammesu viharati, vayadhammānupassī vā dhammesu viharati, samudaya-vayadhammānupassī vā dhammesu viharati. ‘Atthi dhammā'ti vā panassa sati paccupaṭṭhitā hoti. Yāvadeva ñāṇamattāya paṭissatimattāya anissito ca viharati, na ca kiñci loke upādiyati. Evampi kho, bhikkhave, bhikkhu dhammesu dhammānupassī viharati pañcasu nīvaraṇesu.

以上のように、
内のもろもろの法において法を観つづけて住みます。あるいは、
外のもろもろの法において法を観つづけて住みます。あるいは、
内と外のもろもろの法において法を観つづけて住みます。
また、
もろもろの法において生起の法を観つづけて住みます。あるいは、
もろもろの法において滅尽の法を観つづけて住みます。あるいは、
もろもろの法において生起と滅尽の法を観つづけて住みます。

そして、かれに〈法がある〉との念が現前します。それは他でもない、智のため念のためになります。かれは、依存することなく住み、世のいかなるものにも執着することがありません。

このようにまた、比丘たちよ、比丘は五蓋の法において法を観つづけて住むのです。

## 五蘊の観察（蘊の部） Khandhapabbaṃ（カンダパッバン）

ヴィパッサナー瞑想・大念処経の瞑想をすると、最後に出てくるのは法の観察です。章の最初で触れたように、「法・dhamma」という単語には幅広い定義があります。瞑想する人々はそのなかから、お釈迦様が選んだ解脱に関係する「法」のみを観察するのです。

前節では五蓋の観察を説明しました。次は、五蘊の観察というセクションを勉強します。

12 “Puna caparaṃ, bhikkhave, bhikkhu dhammesu dhammānupassī viharati pañcasu upādānakkhandhesu. Kathañca pana, bhikkhave, bhikkhu dhammesu dhammānupassī viharati pañcasu upādānakkhandhesu? Idha, bhikkhave, bhikkhu – ‘iti rūpaṃ, iti rūpassa samudayo, iti rūpassa atthaṅgamo; iti vedanā, iti vedanāya samudayo, iti vedanāya atthaṅgamo; iti saññā, iti saññāya samudayo, iti saññāya atthaṅgamo; iti saṅkhārā, iti saṅkhārānaṃ samudayo, iti saṅkhārānaṃ atthaṅgamo; iti viññāṇaṃ, iti viññāṇassa samudayo, iti viññāṇassa atthaṅgamo’ti;

12 さらにまた、比丘たちよ、比丘は五取蘊の法において法を観つづけて住みます。

ではまた、比丘たちよ、どのようにして比丘は、五取蘊の法において法を観つづけて住むのか。

比丘たちよ、ここに比丘は、

〈色とはこのとおりである、色の生起とはこのとおりである、色の消滅とはこのとおりである、

受とはこのとおりである、受の生起とはこのとおりである。受の消滅とはこのとおりである、

想とはこのとおりである、想の生起とはこのとおりである、想の消滅とはこのとおりである、

もろもろの行とはこのとおりである、もろもろの行の生起とはこのとおりである、もろもろの行の消滅とはこのとおりである、

識とはこのとおりである、識の生起とはこのとおりである、識の消滅とはこのとおりである〉と。

## 五蘊と五取蘊

経典のこの段落では、五取蘊の観察方法が説かれています。瞑想実践は、執着をなくす目的で行なうものです。真理を発見していない生命は、五蘊・pañcakkhandha（パンチャッカンダ）に執着するのです。ですから五取蘊（ごしゅうん）・pañcupādānakkhandha（パンチュパーダーナッカンダ）と名付けてあります。これは「五蘊を捨てなさい」という意味ではありません。それは無理な話です。五蘊とは、我々の命を構成している身体と心のことです。身体を捨てましょう、というような話は成り立ちません。ですから、五蘊を捨てるのではなく、五蘊に対する執着（取）を捨てることを目指して、観察実践を行なうのです。これから、執着（取）の対象になる五蘊について解説します。

## 五蘊の観察（1）色蘊

五蓋を観察していくらか落ち着いてくると、次に五蘊とは何かと観ることができるのです。五蘊というのは色受想行識（しきじゅそうぎょうしき）という五つです。色というのは身体のこと。この身体は色rūpa（ルーパ）である、色蘊（しきうん）であると観察するのです。なぜ蘊（あつまり）というのでしょうか。身体というのは固体ではなくて、色んなものが組合わさってできているものです。仏教的に言えば地水火風というものが組み合わさったところで身体ができている。そういうわけで、rūpakkhandha（ルーパッカンダ）・色蘊と観るのです。「私の身体です」と観るわけではなく、rūpaというあつまり、と観るのです。Rūpaもあつまり（蘊）で観ると、身体が変化していることはよく分かるのです。瞑想を始めたら、始めたときから終わるときまで、身体は全く同じではありません。ずうっと色んな変化を起こしてしまうのです。自分ではそれは明確に分かるはずです。どんどん鋭くなると、一分ごとに三十秒ごとに、あるいは一秒ごとにこの身体は変化していくのだと発見できる。そう発見してほしいのです。「これは身体だ、これは身体だ」と観察してもそれは正しい実践になりません。身体ではなくて、rūpaとして観るのです。

Rūpaと言えば物質的なエネルギーであって、その物質的なエネルギーというものはずうっと変化していく。一分以内でも大量に変化してしまう。だから前の身体といまの身体は違う。いまの身体と次の身体が違う。物質のエネルギーとして観ることはrūpakkhandha・色蘊として観察することなのです。だからそれもいきなりできるわけではないのです。瞑想の経験のない人にとっては、身体というのは固体であって、我が身であって、大事なものに見えるのです。変化しているようにはまるで観えません。しかし鋭い集中力が出てくると、やはり変化していくのだと分かるのです。これは「一つの身体」ではなくて、物質のシステムであって、組み立てているものであって、この物質のエネルギーはずうっと変化していくのだということが観えてきます。「rūpaがどのように生まれるか」と、「どのように変わっていくか」とを観ればいいのです。五蘊の観察に入る修行者の実践は、進んでいるのです。身の随観・受の随観・心の随観が終わっているのです。高いレベルの集中力があるのです。心は活発になっているのです。高度な集中力がある人が、その集中力を自分の身体に向けて観るのです。そのときは、物体のかたまりとしての身体には観えないのです。「我が身」という気持ちはないのです。生まれては消える、決して止まらないエネルギーの流れとして観えるのです。

### 五蘊の観察（2）受蘊

次はvedanā・受（じゅ）、いわゆる感覚です。身体全体に感覚が流れているのです。身体に感覚がなければ身体があることも分からない。身体は物質ですが、その物質のなかに感覚というエネルギーが働いているのです。それは物質ではなく、心の世界のことなのです。足は足で感じること、手は手で感じること、頭は頭で感じること、それはもう感覚なのです。

そこで、感覚も三種類で、苦として感じるし、楽として感じるし、非苦非楽としても感じます。感覚自体が身体中で繋がっているエネルギーですから、それも一つのvedanākkhandha（ヴィーダナッカンダ）・受蘊（じゅうん）として観るのです。感覚もrūpa・色と同じく、繋がっています。修行者は、受念処のところで感覚を観察していたのです。そのときは例えば、膝に痛みがある、腰を硬く感じる、などの観察で充分でした。しかしそのときは、様々な感覚が身体の様々なところで現れて消えてしまうように観えていたのです。法念処に入る場合は、さらに進んで観察しなくてはいけないのです。電気が金属を伝わることを考えてください。電気が金属の全体に入るのです。一箇所に電気があって、また別の箇所に電気がない、ということはないのです。同じく、身体（色）という物体のなかに、感覚（受）というエネルギーが満遍なく流れています。「膝に痛みがある、背中に痒みがある」などの観察レベルではないのです。眼、耳、鼻などにも、感覚があるのです。色という物質エネルギーの流れのなかに、満遍なく受という感覚の流れがあるのだと、発見して観察しなくてはいけないのです。

感覚の流れを通電に例えましたが、この例えには合わないところがあります。金属にどこかから電気信号を入れなくてはいけないのです。入れた電気信号が伝わるのです。身体の場合は、その場その場で感覚が生まれます。一箇所で生まれた感覚が、別の場所に流れることはないのです。眼に起こる感覚は眼で消えていくのです。その感覚が鼻に行ったり、足に行ったりはしないのです。耳の感覚（音）は、耳で起きて耳で終わります。舌で音を感じることはないのです。色というエネルギー組織に、外から何か触れると、感覚が生じます。身体全体に常に何かの感覚が生まれては消えていくのです。感覚が起こらない瞬間はないのです。色というエネルギーの流れを発見してから、受という感覚のエネルギー組織を発見します。感覚はそれで終わらないのです。身体だけではなく、心にも感覚が生じます。この発見は難しいかもしれません。しかし、悲しいとき、楽しいとき、落ち込んでいるとき、イライラしているときは、どうでしょうか？　それは身体の感覚ではないでしょう。このようなサンプルを使って、心の感覚にもアクセスしてみるのです。様々なところで起こる様々な感覚を一つの組織として観るので、受蘊と言うのです。

## 五蘊の観察（3）想蘊

次にあるのはsaññā（サンニャー）・想です。Saññāとは概念だと理解しておきましょう。前のセクションで感覚を観察する方法を説明しました。身体に、心に、何かが触れると、感覚が生じるのです。感覚が生じた瞬間で、saññāが生じるのです。要するに「何の感覚ですか」と認識することです。耳に何かが触れる。それを感じる。聴覚が生じる。修行する人は、「音」だと確認する。この場合は、耳に生じたsaññāを「音」という言葉でラベリングしたのです。

観察実践を始める人々は、最初に思考・妄想などを抑える努力もするのです。そうしないと集中力と観察能力が現れてこないのです。この作業は、初心者にとっては苦行になってしまうのです。「思考・妄想・雑念を制御したい、やめたい」と思ってはいても、頭のなかが妄想・雑念の竜巻になってしまうときもあります。この状態はsaññāの暴走だと理解しておきましょう。

「法の随観」のところまで進んだ修行者には、saññāの暴走はないだろうと思います。しかし感覚がある限り、saññāも同時に起きてしまうのだと発見することができます。修行者は最初に、お腹に起こる感覚変化（受の変化）を確認します。そのとき、「膨らみ、縮み」とラベリングします。お腹の感覚が、膨らみである、縮みである、と認識しているのです。ですから、膨らみとは概念であり、saññā・想なのです。

Saññāは膨大です。生まれてからいままで学んだものは、全てsaññāなのです。Saññāがなければ、似たものを「花だ、人間だ、猫だ」と区別することさえできないのです。物質エネルギーの流れ、感覚のエネルギーの流れに加えて、saññāのエネルギーの流れがあるのです。それも、生まれては消えていく流れなのです。概念の流れを別なエネルギー組織として確認することが、想蘊の観察なのです。

### 五蘊の観察（4）行蘊

Saṅkhāra（サンカーラ）・行は、意欲のようなものなのです。欲ではなくて意欲です。我々の心のなかではずうっと、何かしたい、何かやりたいという、そのエネルギーが働いているのです。それも瞬間、瞬間生まれてくる。何かをしたい・やりたいから、何かしたり・やったりするのです。そして人間には、考えること、しゃべることと、身体を動かすことしかできない。だから意欲には結局、三種類しかありません。manosaṅkhāra（マノーサンカーラ）・意行、vacīsaṅkhāra（ワチーサンカーラ）・口行（くぎょう）（語行）、kāyasaṅkhāra（カーヤサンカーラ）・身行の三つしかないのです。そこを分析しない人は、やはり人間には色んな意欲があると言っていますが、仏教から分析してみれば、とても簡単に分かるものなのです。

例えば天に生まれ変わりたいとか、偉い人間になりたいとか、色んな意欲が出てくるでしょう。そこだけ見て、「自分の考え方はこうである、自分がこの世のなかについてはあまり欲がなくて、とにかく早く死んで天に生まれ変わりたい」云々と、自分の生きる目的はこういうものだと格好をつけたりする。それは単なるmanosaṅkhāra・意行以外の何でもないのです。頭で何か考えているだけのことであって。身体でもkāyasaṅkhāra・身行が生まれてきます。例えば右足を運んで下ろしたところで、左足を上げたくなるのです。上げて運びたくなるのです。それはkāyasaṅkhāra・身行なのです。それからしゃべりたくなる。それはvacīsaṅkhāra・口行（語行）なのです。ですから、この「何かやりたい」という意欲も決して消えることはない。それもずうっと流れていくのです。次から次へと、何かをやりたがっているエネルギーが変わっていく。例えばしゃべりたいエネルギーと、歩きたいエネルギーは随分違うでしょう。ご飯を食べたいというエネルギーと、実際にご飯を食べるときのエネルギーとは随分違うでしょう。ご飯を食べるときでも、このsaṅkhāraが変化していくのです。手を伸ばしたい、箸を取りたい、これを運びたい、噛みたい、という具合に、食べる瞬間に他のことをやりたくなってしまうのです。食べていながら、横にいる誰かとしゃべりたくもなる。とにかく、やりたいという気持ちには終わりがない。そうやって生きているのです。生きているということは、この三種類のsaṅkhāraの流れであって、saṅkhāraに従順に行動しているのです。

例えば妄想自体はsaṅkhāraかと言えば、妄想はsaññā・想なのです。でも、saṅkhāraがなければsaññāしないのです。呼吸も同じで、呼吸もやりたいからやっているのですから、分かりやすいのです。吸いたいという気持ちが出てきて、吸う。吐きたいという気持ちが出てきて、吐くのです。厳密に観るならば、saṅkhāraは観ることができるのです。

私がよく、「歩く瞑想をしっかりやってください」と教えるのは、歩く瞑想をしっかりやると、自動的に運びたがる気持ちが観えてくるからです。「止まりたい」と止まりたがる気持ち、回りたがる気持ち、また足を運びたがる気持ち、という具合に、分かってくるはずなのです。そうやってチラチラとsaṅkhāraを確認できるのです。だからsaṅkhāraと行動はほぼ同時に起こるものなのです。そうやってsaññāと厳密に繋がっているのです。これは意欲、気持ちだから、頭の概念とは厳密に繋がっています。離れません。離れずに一緒なのですが、行動としては、別に確認できる行動なのです。

そういうわけで、人間とは何なのかというと、ずうっと変化して流れている身体という物質的なエネルギー（色蘊）がある。その物質のエネルギーのシステムを感じる感覚の流れ（受蘊）がある。痛みとして、楽として感じる楽しみとして感じる感覚の流れがある。例えば目があると光に反応する。耳があると音に反応する。それも感覚なのです。反応しなければ機能しないことになりますから、死んだことになるのです。鼻があると香りに反応する。身体が寒さ暑さや固さに反応する。そうやって反応するはたらきが終わりなく変化して流れていく。それについて「こういうものだ」という saññā が生まれてくる。同時に、「次に何をやるのか」という感じで生まれて来るエネルギーは saṅkhāra です。だから身体のなかで saṅkhāra がない瞬間はありません。Saññā がない瞬間もありません。Saṅkhāra・行と saññā・想は、生きている限り、必ず生まれては消える、というふうに絶えず流れるのです。

## 五蘊の観察（5）識蘊

五番目の viññāṇa（ヴィンニャーナ）・識は、簡単に知る（識る）ということです。眼で知る。耳で知る。身体で知る。頭のなか（心）でも知る。これは saññā・想（概念）と違って、ただ知る（識る）という機能、認識という機能なのです。眼に何か触れたとしましょう。それを感じるのです。感覚・受蘊です。感じた、とは触れたことを知ったのです。それは識蘊です。何が触れたのか、はっきりすることは想蘊です。同時にそれに対してどうするのか、というエネルギーも生まれます。それは行蘊です。受蘊・想蘊・行蘊は発見しやすいので、先に観察します。しかし、知ることがなければ、何も起こりません。知る機能を発見することは、識蘊の観察です。修行者は難しいと感じるかもしれませんが、順番でやってみるとそれほど難しくないのです。発見できるようになります。

難しくなる理由があります。受想行識は同時に生まれるのです。ですから、同じものであると誤解する恐れもあります。同時に生まれても、受想行識の機能は互いに違います。五蘊を観察する修行者は、受想行識のそれぞれの機能で区別して、観察するのです。

音が耳に触れる、その触れた瞬間で、知る機能も起きているのです。それは viññāṇa なのです。そこで「どんな音か？」という概念・saññā が瞬間に生まれているのです。次に音に対して自分でやりたいこと、

saṅkhāra・行、意欲が生まれている。次の瞬間にはそれをやっているのです。耳に音が触れたとたん、反応するところまで機能が働いてしまっているのです。このプロセスは恐ろしい速さで起こるのですが、受・想・行と同じく viññāṇa・識もずうっと終わることなく生まれては消えていくのです。

「生きている、命がある」という場合、まず物質エネルギーの組織があることが観えてきます。そのエネルギーの組織のなかで、受想行識という四種類のエネルギー組織が働いているのです。命あるもの皆に、この五種類のエネルギー組織のはたらきがあるのです。その五つが、どのように生まれて、どのように消えていくのかと、観察するべきです。五蘊の説明はこれで終わります。生命はとりとめなく変化し続ける五種類のエネルギー組織に固く執着しているのです。ですから、五蘊に五取蘊と名付けてあります。

Iti ajjhattaṃ vā dhammesu dhammānupassī viharati, bahiddhā vā dhammesu dhammānupassī viharati, ajjhattabahiddhā vā dhammesu dhammānupassī viharati; samudayadhammānupassī vā dhammesu viharati, vayadhammānupassī vā dhammesu viharati, samudayavayadhammānupassī vā dhammesu viharati. 'Atthi dhammā'ti vā panassa sati paccupaṭṭhitā hoti. Yāvadeva ñāṇamattāya paṭissatimattāya anissito ca viharati, na ca kiñci loke upādiyati. Evampi kho, bhikkhave, bhikkhu dhammesu dhammānupassī viharati pañcasu upādānakkhandhesu.

以上のように、
内のもろもろの法において法を観つづけて住みます。あるいは、
外のもろもろの法において法を観つづけて住みます。あるいは、
内と外のもろもろの法において法を観つづけて住みます。

また、

もろもろの法において生起の法を観つづけて住みます。あるいは、
もろもろの法において滅尽の法を観つづけて住みます。あるいは、
もろもろの法において生起と滅尽の法を観つづけて住みます。

そして、かれに〈法がある〉との念が現前します。それは他でもない、智のため念のためになります。かれは、依存することなく住み、世のいかなるものにも執着することがありません。

このようにまた、比丘たちよ、比丘は五取蘊の法において法を観つづけて住むのです。

そこで、自分の身体について色蘊、受蘊、想蘊、行蘊、識蘊を観ていきます。それから自分だけではなくて他の外の世界を観ても、やはりその五つしかないと分かるのです。色・受・想・行・識、以外何もないということで、他人の色・受・想・行・識も観てみる。そうやって次に内と外の両方を観てみる。まとめて一般論として、世のなかにあるのは色の流れ、受の流れ、想の流れ、行の流れ、識の流れだと分かるのです。それぐらい分かると、そちらには梵天もいないし、神もいないし、もう、犬も猫も、誰も別にどうということはなくて、ただの色・受・想・行・識ではないか、と分かってしまいます。自分もいないのです。その色・受・想・行・識は大変尊い「我」であろうか？　変化しない実体であろうか？　と観察してみてもそのような「我」は五蘊のどこにも見つからないのです。結局あるのはただの「流れ」であって、そこには自分もないし、他人もないし、我もないし、何もない。

それが分かれば、もう覚りの世界に入ってしまうのです。だから「法の随観」のどこでも覚りに至る可能性があります。それから、人によって観方は変わりますから、五蘊が分かる人も、なかなか分からない人もいます。五蘊が分からない人は、また次の法の観察にチャレンジしてみればいいのです。

## 十二処の観察（処の部）　Āyatanapabbaṃ

大念処経で指導されている通りに観察の実践（ヴィパッサナー実践）を行なう修行者は、身・受（感覚）・心の随観の次に、法の随観に進むのです。法というカテゴリーのなかに、色々真理が入っているのです。ここまでは五蓋の観察、五取蘊の観察を説明しました。ここからは、法の随観にある「十二処の観察」章に入ります。

### 十二処の観察

13 "Puna caparaṃ, bhikkhave, bhikkhu dhammesu dhammānupassī viharati chasu ajjhattikabāhiresu āyatanesu. Kathañca pana, bhikkhave, bhikkhu dhammesu dhammānupassī viharati chasu ajjhattikabāhiresu āyatanesu?

"Idha, bhikkhave, bhikkhu cakkhuñca pajānāti, rūpe ca pajānāti, yañca tadubhayaṃ paṭicca uppajjati saṃyojanaṃ tañca pajānāti, yathā ca anuppannassa saṃyojanassa uppādo hoti tañca pajānāti, yathā ca uppannassa saṃyojanassa pahānaṃ hoti tañca pajānāti, yathā ca pahīnassa saṃyojanassa āyatiṃ anuppādo hoti tañca pajānāti.

"Sotañca pajānāti, sadde ca pajānāti, yañca tadubhayaṃ paṭicca uppajjati saṃyojanaṃ tañca pajānāti, yathā ca anuppannassa saṃyojanassa uppādo hoti tañca pajānāti, yathā ca uppannassa saṃyojanassa pahānaṃ hoti tañca pajānāti, yathā ca pahīnassa saṃyojanassa āyatiṃ anuppādo hoti tañca pajānāti.

"Ghānañca pajānāti, gandhe ca pajānāti, yañca tadubhayaṃ paṭicca uppajjati saṃyojanaṃ tañca pajānāti, yathā ca anuppannassa saṃyojanassa uppādo hoti tañca pajānāti, yathā ca uppannassa saṃyojanassa pahānaṃ hoti tañca pajānāti, yathā ca pahīnassa saṃyojanassa āyatiṃ anuppādo hoti tañca pajānāti.

"Jivhañca pajānāti, rase ca pajānāti, yañca tadubhayaṃ paṭicca uppajjati saṃyojanaṃ tañca pajānāti, yathā ca anuppannassa saṃyojanassa uppādo hoti tañca pajānāti, yathā ca uppannassa saṃyojanassa pahānaṃ hoti tañca pajānāti, yathā ca pahīnassa saṃyojanassa āyatiṃ anuppādo hoti tañca pajānāti.

"Kāyañca pajānāti, phoṭṭhabbe ca pajānāti, yañca tadubhayaṃ paṭicca uppajjati saṃyojanaṃ tañca pajānāti, yathā ca anuppannassa saṃyojanassa uppādo hoti tañca pajānāti, yathā ca uppannassa saṃyojanassa pahānaṃ hoti tañca pajānāti, yathā ca pahīnassa saṃyojanassa āyatiṃ anuppādo hoti tañca pajānāti.

"Manañca pajānāti, dhamme ca pajānāti, yañca tadubhayaṃ paṭicca uppajjati saṃyojanaṃ tañca pajānāti, yathā ca anuppannassa saṃyojanassa uppādo hoti tañca pajānāti, yathā ca uppannassa saṃyojanassa pahānaṃ hoti tañca pajānāti, yathā ca pahīnassa saṃyojanassa āyatiṃ anuppādo hoti tañca pajānāti.

13　さらにまた、比丘たちよ、比丘は六の内処と六の外処との法において法を観つづけて住みます。

ではまた、比丘たちよ、どのようにして比丘は、六の内処と六の外処の法において法を観つづけて住むのか。

比丘たちよ、ここに比丘は、

眼を知り、もろもろの色を知り、その両者によって束縛が生じることを知ります。未だ生じていない束縛がどのように生じるかを知ります。また、既に生じている束縛がどのように断たれるかを知ります。また、断たれている束縛が将来どのようにして生じないかを知ります。

耳を知り、もろもろの声を知り、その両者によって束縛が生じることを知ります。未だ生じていない束縛がどのように生じるかを知ります。また、既に生じている束縛がどのように断たれるかを知ります。また、断たれている束縛が将来どのようにして生じないかを知ります。

鼻(び)を知り、もろもろの香(こう)を知り、その両者によって束縛が生じることを知ります。未だ生じていない束縛がどのように生じるかを知ります。また、既に生じている束縛がどのように断たれるかを知ります。また、断たれている束縛が将来どのようにして生じないかを知ります。

舌(ぜつ)を知り、もろもろの味(み)を知り、その両者によって束縛が生じることを知ります。未だ生じていない束縛がどのように生じるかを知ります。また、既に生じている束縛がどのように断たれるかを知ります。また、断たれている束縛が将来どのようにして生じないかを知ります。

身(しん)を知り、もろもろの触(そく)を知り、その両者によって束縛が生じることを知ります。未だ生じていない束縛がどのように生じるかを知ります。また、既に生じている束縛がどのように断たれるかを知ります。また、断たれている束縛が将来どのようにして生じないかを知ります。

意(い)を知り、もろもろの法(ほう)を知り、その両者によって束縛が生じることを知ります。未だ生じていない束縛がどのように生じるかを知ります。また、既に生じている束縛がどのように断たれるかを知ります。また、断たれている束縛が将来どのようにして生じないかを知ります。

「十二処の観察」章の経文を見たところで、やけに長く感じたと思います。長い経文を憶えて瞑想実践するのは無理だと思って、気落ちするかもしれません。大丈夫です。心配する必要はありません。これから「十二処の観察」章を簡単に憶えられる方法を紹介します。

### 眼耳鼻舌身意

我々の感覚器官が眼耳鼻舌身意という六つであることは、すでに知っていますね。他の生命の間では、視覚がなかったり、聴覚がなかったり、嗅覚がなかったり、味覚がなかったりと色々です。そのような差はあっても、生命という場合は、眼耳鼻舌身意という感覚機能があることを意味します。人間には、感覚器官が六つとも付いているのです。

この六つの感覚器官で、情報を感じて認識するのです。眼耳鼻舌身意にそれぞれ別で互い違いの情報が入るのです。眼は見えるもの（光）を感じて認識しますが、音は感じません。耳は音を感じて認識しますが、何も見えません。眼・耳・鼻・舌・身体にそれぞれ互い違いの情報が触れることを、まず理解しなくてはいけないのです。五根から入る情報を意根で処理するのです。合成するのです。新しい概念を作るのです。それから意根で考えたり、妄想したりもするのです。五根は、現実的な情報が触れない限り反応しません。例えば音がなかったら、耳に何も聴こえません。意根はそうではないのです。現実的な音がなくても、幻聴は引き起こせます。夢を見ることを考えてみましょう。夢のなかでは、結構派手なドラマが進行します。見る、聴く、食べる、喜ぶ、悲しくなる、怖くなる、などなどです。しかし具体的には、何も起きていないのです。身体は寝ているのです。それは意根のはたらきです。

この説明をしたのは、大事なポイントを一つ、紹介するためです。私たち人間は、考えることをとても大事にするのです。しかし、思考の信憑性はとても低いのです。裁判所で「犯人はこの人です。私は見ました」と証言すると、普通は信じてもらえます。しかし、人の影を見て、それを自分が前見たことのある人だと頭で合成した可能性もあるし、後から犯人の顔を警察に見せられたところで、突然、「この人だ！」と頭のなかで決めつけた可能性もあり得るのです。人間は、意識のはたらきに徹底的に頼っているのです。知識・思考・概念などが真理・事実だとも思っているのです。貪瞋痴の煩悩も、意根で生まれるものです。個人にはそれが真理・事実です。ですから、断ちがたいのです。真理を発見してないのに認識機能だけ働いているので、生命は無智を土台にして生きているのだと言います。十二処の観察で、認識のカラクリを発見できます。

## 色声香味触法

　では、憶えることにしましょう。認識器官は眼耳鼻舌身意です。それに入る情報を色声香味触法というのです。この十二の項目を憶えます。少々説明します。色とは、眼に触れる情報です。仏教は、色と形だと説明します。声とは、耳に触れる音のことです。香とは、鼻で感じる香り・においのことです。味とは、舌で感じる味のことです。触とは、身体で感じる情報になります。身体で何を感じるのでしょうか？　ものの硬さと温度です。人は温かい味噌汁を食べて、「美味しい」と感動します。まず眼で味噌汁（色と形）を感じます。鼻でにおいを感じます。口のなか（身体）で、温度を感じます。液体であること（硬さ）も感じます。舌で味を感じます。それぞれ互い違いの情報を合成して、意で「美味しい」と認識します。これらのはたらきは、想像を絶する速さで起きるのです。この速さを発見しないので、また、全て一遍に起こるのだと、意根で錯覚の概念も作ります。

## 眼のはたらきを観察する方法

　観察実践を行なう人は、六処のはたらきを別々にして丁寧に観てみるのです。まず眼を通して起こる認識機能を説明しましょう。実践者は、眼があることを確認します。次に、眼に触れる情報（色）があることを確認します。次に、この二つによって心に現れた汚れ（束縛）を確認します。この順番は、因果法則に合わせて語られていますが、実践する人々は別な態度を取ると思います。私たちは、たとえ修行中であっても、眼があることをあまり確認しないのです。当たり前だと思っているのです。二番目の見えるものを確認できるはずが、またそれほど気にしないのです。しかし、修行中なのに、眼で何かを見てしまって心が汚れたならば、混乱したならば、欲か怒りが生まれたならば、心が修行から脱線したならば、それに気づくのです。「いけない。集中しなくては」などなど、そのとき思うのです。

この流れは経典で教えられる流れの逆なのです。煩悩に気づいて、それから見たことに気づく。おそらく、眼があることには気づかない。法の観察に入る修行者の集中力は高まっているのです。ですから、因果法則の順番で観察する訓練をしなくてはいけないのです。徐々に成長していきましょう。まず、眼に何かが触れたとします。「見える」と確認します。あるいは、外にある対象にたいして、「見えるもの（色）」と確認します。次に、自分の眼を確認します。次に、眼に情報が触れたところで、心に起きた変化を確認します。どんな気持ちになったのかと、確認することです。「見たいもの、きれいなもの」という気持ちになったならば、欲という束縛が心に生まれたのです。「見たくないもの、嫌なもの」という気持ちになったならば、怒りという束縛が心に生まれたのです。「退屈、面白くない、どうでもいいもの、ありふれたもの」という気持ちになったならば、無智という束縛が心に生まれたのです。このように観察するためには、高いレベルの集中力が必要になります。ですから修行者は、できるときはそのように確認します。できなくなったら、いままで実践してきた普通の観察方法を続けます。またできるようになったら、そのとき、観察すれば良いのです。

冷静に修行していたのに、眼に何か触れて、欲の束縛、また怒りの束縛が生まれたとしましょう。欲や怒りは、いままで修行中の心になかったのです。眼に情報が触れた途端、その煩悩が現れたのです。それは経典で、「未だ生じていない束縛がどのように生じるかを知ります」というところです。何か見えただけで欲や怒りが生まれても、それを観察すると見事にその気持ちがなくなって、また修行に集中する気持ちになるのです。ということは、現れた束縛が消えたことです。経典で、「既に生じている束縛がどのように断たれるかを知ります」というところです。

このように観察訓練を続けてみるのです。修行中、道場で何か（例えば誰か）が眼に触れるたびに、嫌な気持ち（怒り）になるのだとしましょう。観察をすると、その都度その都度、その怒りがなくなるのです。しかし訓練を続けていくと、いつでも怒りを引き起こしてくれた、あの対象（例えばあの人）が眼に触れても「見える」だけで、あの嫌な気持ちが生まれなくなります。もしかすると、それからその対象を見るときは、嫌な気持ちが生まれない可能性もあります。その心の変化も確認しておきましょう。経典で、「断たれている束縛が将来どのようにして生じないかを知ります」というところです。

これはとても素晴らしい経験になるのです。たとえ眼のはたらきだけ観察してみても、様々な因果の組み合わせによって、心が汚れたり、汚れがなくなったりする、その過程が見えてしまうのです。心がある程度、自由になるのです。智慧の片鱗が現れたことだと言えます。

### 耳・鼻・舌・身のはたらきも観察する

人の心を汚す犯人のなかで、眼が大きな役割をはたすのです。次の犯人は耳です。耳の機能によっても、心が汚れてしまうのです。実践者は、耳と音を確認しなくてはいけないのです。その組み合わせで生まれる汚れ（束縛）も確認しなくてはいけないのです。それから、眼のプロセスと同じく、未だかつてなかった束縛が起きたこと、起きた束縛が消えたこと、訓練を続けるとその束縛が二度と現れなくなったことを確認するのです。

順番で言うならば、鼻、舌、身体に起こる認識過程も、同じように確認するべきです。しかし修行者はこの順番に拘（こだわ）らないのです。その都度その都度、五根に触れる情報に沿って確認すれば充分です。具体的に言えば、坐って観察実践するときは、味覚の確認は管轄外なのです。しかし修行者が食事をするとき、味覚がはたらきだします。そのとき、それを観察するのです。香りか匂いが鼻に触れたら、嗅覚が生じます。それはそのとき、確認します。身体の場合は、あえて確認しなくても結構です。しかし身体の感覚が気になってしようがないときがあります。坐った場所の坐り心地が悪かったり、またはあまりに坐り心地が良かったりもします。冷えた空気が身体に触れたり、蒸し暑くなったりします。蚊に刺されることもあります。修行中、誰でも、痛みを感じます。これらは、身体が気になることの例です。その都度、前に説明した順番で確認作業をするのです。

## 意のはたらきを観察する

最後に残ったのは意根です。意・心に何が触れるのでしょうか？　たとえ修行中であっても、色んなことを思い出します。家のこと、知り合いのこと、気が合わない人々のこと、さっき食べたご飯のこと、などなどが意に浮かぶのです。これらは現実的に自分の前にあるものではないのです。頭に起きた概念に過ぎません。幻覚と同じものです。しかし、いま自分の前にいない、あるいは他界している嫌な人のことが思い浮かんだとしましょう。幻覚的な概念なのに、心に現れる汚れ（束縛）は本格的で、リアルです。小学生のときいじめられたことは、中年になったいま思い出しても嫌な気持ちになり得るのです。小学生の頃の初恋の人は、老人になってから思い出しても気持ちがよくなるのです。

目の前にある美しいもの、美味しい食べ物、きれいな音楽などに、それほど強い執着は起きないのです。忘れられます。しかし心に残されている概念の場合、問題は深刻です。思い出すたびに煩悩が現れます。実在しないものが、我々の心を汚しているのです。幻覚によって煩悩が生まれているのです。この煩悩は断ちがたいのです。具体的な例を出します。動物園に行ったとしましょう。熊がいるところに行きます。檻のなかにいる熊が自分に襲いかかってきたとしましょう。熊は檻のなかにいるので、何の危険もありません。しかし怖くなります。その怖さをなくすのは簡単です。別なところに行けば良いのです。例えば子供が、「くまさんがこわい」と泣いたならば、「ではパンダさんでも見ましょうか」と連れていけば良いのです。いたって簡単に問題は解決します。しかし、思い出すたびに怖くなる場合はどうしましょうか？　思い出すたびに悩んだり泣いたりする場合はどうしますか？　これこそ、精神病というものでしょう。薬を飲んで解決すると思われますか？

意根の観察で、この問題のカラクリを発見できます。解決することもできます。意に触れる情報は、仏教用語で「法」と言いますが、現代的な言葉でいえば「概念」です。それは実在しないので、「幻想」だと理解したほうが効き目が早いです。過去に事実であったかもしれませんが、いまは過ぎ去って消えたものです。実践を始めたときは、思考の流れを区別判断しないで「妄想、妄想」と確認するのです。初心者にはそれしかできないのです。集中力が高まったところで、何か考えが浮かんだら「法の随観」ができるのです。頭に浮かんだ概念は、意根の対象です。それを確認します。その概念と同時に、心に変化が起こるのです。汚れ（束縛）が起こるのです。次に、それを確認します。真剣まじめに、清らかな心で修行していたのに、突然、何かが思い浮かびました。それで心に、欲・怒り・無智などの汚れが起きてしまった。それを観察しておきましょう。「未だ生じていない束縛がどのように生じるかを知ります」ということです。この訓練を続けると、同じ概念が頭に浮かんでも、同じ汚れが生まれなくなるのです。（現代心理学的に言えば、心の問題を解決しているのです。しかし仏教的には覚りをひらいたわけではありません）。「既に生じている束縛がどのように断たれるかを知ります。また、断たれている束縛が将来どのようにして生じないかを知ります」と説かれているところです。

眼耳鼻舌身意と色声香味触法という十二の言葉を憶えておくだけで、この「法の随観」ができるようになるのです。

## 十種類のsaṃyojana・束縛

十二処の観察方法を説明するとき、心に起こる汚れ（束縛）を説明しやすくするために、貪瞋痴にしました。お釈迦様が「汚れ」という言葉を使う場合は、主に貪瞋痴を意味します。しかし「十二処の観察」章では、saṃyojana（サンヨージャナ）・束縛という言葉が使われているのです。智慧の完成者であるお釈迦様の言葉なので、経典の解説は自分好みで貪瞋痴に省略してはいけないと思います。ですから、saṃyojana・束縛とは何かと、ここで理解しておきましょう。saṃyojanaは十種類です。

### Sakkāyadiṭṭhi・有身見

一番目はdiṭṭhi（ディッティ）・見解です。「私がいるんだ」という概念でsakkāyadiṭṭhi（サッカーヤディッティ）・有身見（うしんけん）とも言います。見たり聴いたり味わったり嗅いだり身体で感じたり頭で考えたりする認識の過程において「私がいる」という実感が起こるのです。それは錯覚です。一般の人には発見できません。法の観察をした人にのみ、発見できることです。長い間「私がいる」という錯覚が続くので、それが本物だと、実体だと、さらに錯覚が強くなります。その場合は、sakkāyadiṭṭhi・有身見と言います。

分かりやすく説明します。何か見えたとしましょう。「私が見た」ということになります。何かを聴いたとしましょう。「私が聴いた」ということになります。自分は生まれた瞬間から変化して壊れていくし、見えるもの聴こえるものなども勢いよく変わって変化していくのです。しかし、「私が見た、私が聴いた」という立場はそのままです。この幻覚・錯覚が続くのです。それに執着もするのです。人が死んでも永遠不滅の魂が続くのだと、突拍子もないことを妄想するのです。それから、魂について語る教えなども信仰するのです。永遠の天国を確保するために、修行などもしてみるのです。「自分がいる」というささやかな錯覚が、とどまるところを知らない巨大な妄想へと発達していくのです。不注意で捨てたタバコの吸殻が、巨大な山火事になって甚大な被害を引き起こすことと似ているのです。

認識の過程をそのまま観察しておけば、解決する問題です。有身見という束縛がなくなるのです。

### Vicikicchā・疑

二番目はvicikicchā（ヴィチキッチャー）・疑です。疑は色々です。鵜呑みにしないで疑って、有無を調べてみるときの疑は、ありがたいものです。あれも正しい、これも正しい、私はどちらでもそれほど気にしない、などの優柔不断的な疑が良くないのです。その人に、真理を発見するべきである、という必然性が生まれません。特に、「魂がある、神様がいる」という錯覚に陥っている場合は、強烈な疑が生じます。どのように頑張っても、魂の存在を立証することは不可能です（幻覚だからです）。どのように頑張っても、全知全能の神の存在は立証できません（巨大な妄想だからです）。それならば、怯えて盲信するしかないのです。人の妄想・幻覚だから、魂について語っても、神について語っても、意見は様々互い違いで、全く一貫性がないのです。魂と神を盲信する人は、それぞれの教えを学べば学ぶほど、どちらが正しいのかという疑が生じます。また、「皆同じことを言っているのかもしれません」と思って、疑から起こる精神不安をなくそうとします。これは気休めの対策です。疑の悩みはそのままです。

認識過程を観察すれば、いかがでしょうか？ 「これがあるからこれが生まれる」という因縁のプロセスが明確にあらわになるはずです。それで、「私がいる」という錯覚には立場がないと発見します。疑が消えます。やすらぎを得ます。

## Sīlabbataparāmāsa・戒禁取

　三番目はsīlabbataparāmāsa（スィーラッパタパラーマーサ）・戒禁取（かいごんじゅ）です。存在もしない魂という幻覚に陥った人々は、次の問題にぶつかります。永遠不滅の魂を持っているくせに、死ぬのは怖い。生き続けたい。悩み苦しみが多い。自己管理できない。良い人間になりたいが、なかなかうまく行かない。それで「魂が汚れている」という新たな幻覚をつくります。そうすると、「汚れを落とさなくてはいけない」という新たな課題が現れてきます。錯覚に陥っていることに気づくはずもないのです。その代わりに、魂を浄化しようとするのです。それで各宗教が、それぞれ互い違いに「魂の浄化方法」を教えるのです。「魂がある、神がいる」と盲信する人は、疑問の余地なく、魂の浄化方法を実行しなくてはいけない罠に嵌められます。魂が地獄に堕ちることも怖いし、神を冒涜することも怖いのです。魂の浄化方法に執着したほうが安全です。戒律まがいの修行や、宗教の行儀作法に執着して真剣まじめに実行することで、永遠不滅の境地に達するのだと盲信するのです。修行や行儀作法に対して、捨てられない執着が起こるのです。これに戒禁取というのです。

　法の随観で、認識過程を観てみましょう。心はどのように汚れるのか、どのように清らかになるのか、観えてきます。行儀作法に執着しても、何の効き目もないと発見します。戒禁取がなくなります。やすらぎを得られます。

## Kāmacchanda・愛欲

　四番目はkāmacchanda（カーマッチャンダ）・愛欲（貪欲）です。眼耳鼻舌身に情報が触れると、ときどき、喜びが生じます。その喜びが欲しくなります。喜びを期待して、色声香味触を追いかけます。この喜びは欲なのです。瞑想実践で起こるやすらぎとは違います。心が欲に飢えているのです。色声香味触を追いかけ回すことが、人生になってしまうのです。色声香味触に依存すること、それらによって喜びが生まれると思うことが、愛欲です。認識過程を観察してみれば、このカラクリが観えます。欲を追いかけ回すと、苦しみしか生まれないと発見します。欲を追いかけ回す生き方は、麻薬依存者の生き方と似ているのだと発見します。心はやすらぎを得ます。

一から三番目までの束縛を断つことで、真理を確信した人間になるのです。要するに、三宝に対する揺るぎのない確信が起きているのです。それが預流果に達したことになります。

それでも、美しいものが見えると楽しいし、美味しいものを食べると楽しいのです。頭の幻覚がなくなったからといって、美味しいものを不味く感じるわけがないのです。観察瞑想をさらに深めて実践すると、より深く因縁関係が観えてきます。眼耳鼻舌身意に色声香味触法が触れると、欲が生まれるという過程を発見します。心がやすらぎを得ます。

### Byāpāda・瞋恚

五番目は、byāpāda（ビャーパーダ）・瞋恚です。眼耳鼻舌身意に色声香味触法が触れたら、生まれるのは欲だけではありません。怒りも生まれます。現実的に言えば、好ましいものに触れる回数よりは、好ましくないものに触れる回数のほうが多いのです。人生は期待に沿うよりは、期待はずれの経験が多いのです。認識は瞬時に起こりますので、対象に触れて怒りが生じたことに気づかない。それから、怒りで苦しむはめになります。面白いことに、怒りも束縛になります。まず、悔しい気持ちに陥ります。その悔しさを紛らわすために、色声香味触法を追うのです。怒りが生きがいになるケースは大いにあります。いじめられたこと、バカにされたこと、貶されたこと、貧乏であること、などを悔やんで、生きることに頑張るのです。色声香味触法を追うのです。成功するか失敗するかは問題ではありません。怒りの束縛によって、色声香味触法を追いかけ回さずにいられない、ということだけは事実です。

認識過程を観察してみれば、この束縛から解放されます。やすらぎを得られます。

四と五の束縛が弱くなったならば、一来果に達したと言うのです。なくなったならば、不還果に達したと言うのです。凡夫の次元を破って、聖者の境地に入っているのです。三番目のステージまで、覚りにも達しているのです。しかし、まだ人格完成を完了していないのです。

六番目から十番目までの束縛は、かなり厄介なのです。それが悪いものだと、発見しにくいのです。しかし修行者は、めげずに観察をし続けるのです。より深くより深くと、因果法則を発見するのです。瞬間瞬間、現象が現れては消えていく様を発見するのです。その発見によって、お釈迦様がpañcuddhambhāgiyā（パンチュッダンバーギヤー）・五上分結（ごじょうぶんけつ）と名付けた束縛もなくなるのです。

### Rūparāga・色貪

六番目はrūparāga（ルーパラーガ）・色貪です。阿羅漢になるために精進する人の課題なので、一般知識の我々の理解範囲を超えていると言っても過言ではありません。註釈書は、色界の梵天に生まれ変わっても悪くない、と思っている束縛だと解説します。不還果になった聖者は、死後、色界の梵天に生まれ変わるのです。だからといって、聖者が「色界に対する未練が断てない」という気持ちでいるものでしょうか？　私は個人的に、疑問に思います。

色とは物質であると理解してみましょう。いかなる物質に対しても、依存することがなくなる、未練が消えるならば、色貪結が消えたことになるのではないでしょうか。心・認識は、物質に徹底的に依存しているのです。思考・妄想するときは概念の空回りですが、その概念はもともと、物質に触れることによって生まれたものです。思考ばかりしても、物質に依存しているのです。認識過程をより深く観察して、極微に因縁の法則を発見すると、色貪結が消えます。

### Arūparāga・無色貪

七番目は arūparāga（アルーパラーガ）・無色貪です。註釈書は、無色界の梵天に対する執着だと解釈します。不還果の聖者のサマーディ瞑想が無色界禅定に達しているならば、死後は当然、無色界の梵天に生まれることでしょう。しかし観察瞑想とは、智慧を開発する実践です。徹底した観察能力によって、心が物質に依存して起こることを発見します。その心も、その都度その都度、瞬間瞬間、生まれては消えるものであると発見します。心の流れのなかにも、執着に値するものは何もないと発見します。物質だけではなく、心に対する執着からも、心が解放されます。やすらぎを得ます。

### Māna・慢

八番目は māna（マーナ）・慢です。この場合の慢は、我々一般人を悩ませている高慢・傲慢・卑下慢・同等慢などと一緒にしないほうが良いのです。不還果に達した聖者は、自我が成り立たないと、幻覚であると、発見しているのです。「我は偉い」などの慢が生まれるはずもないのです。ここで言う慢は、とても精密なはたらきです。自我の錯覚が消えたとしても、まだ修行中で認識し続けているのです。「自分」という概念がないと、認識データの処理・処分ができなくなるのです。認識する瞬間瞬間に、色声香味触法という情報を受け取るために、「自分」という受け皿を使うのです。因果法則を発見すると、「自分」とは仮設であって現実的には成り立たないと発見することで、最終的に跡形もなく慢が消えるのです。

## Uddhacca・掉挙

九番目はuddhacca（ウッダッチャ）・掉挙（じょうこ）です。心の浮つき、という意味になります。要するに落ち着かないのです。集中できないのです。しかしこの場合は、その解説は成り立ちません。預流果に達して、一来果に達して、不還果に達している聖者に、落ち着きがない、集中ができない、心の浮つきがある云々は成り立ちません。これも智慧の問題です。

認識するために、情報が六処に触れなくてはいけないのです。色声香味触法が触れるたびに、心が揺らがなくてはいけないのです。揺らいで、新しい認識が生じるのです。色声香味触法は無常で、瞬間瞬間、変化するものです。それが眼耳鼻舌身意に触れると、心も揺らぐのです。これは避けられないことです。認識するならば、心は揺らぎます。我々一般人も、落ち着きなく、色んなものを探し回っているのです。本を読んだり、テレビを観たり、音楽を聴いたりするのです。欲が生まれるだけではありません。あの心の揺らぎも必要なのです。激しく揺らがないと、退屈を感じるのです。それは嫌なのです。退屈をなくすために、意図的に心が揺らぐようにするのです。食事の場合は、品数が多いほうが贅沢に感じるのです。揺らぎが多いからです。一品しか食べるものがない場合は、とても寂しいのです。それで精密に考えてみましょう。我々は、心の揺らぎを必要としているのです。追い求めているのです。揺らぎが束縛になっているのです。究極のレベルまで、心を観察実践によって発展させたならば、心の揺らぎにも執着していることを発見します。認識する限りは、この揺らぎがなくならないとも発見します。そこで、対象を認識しないでいられる能力が現れるのです。ふだんは絶対、あり得ないことです。色声香味触法を認識しないことにするのです。この経験に、涅槃を体験したこと、経験したことと言うのです。この経験が終わったら、また認識過程に戻りますが、心の揺らぎに対する執着は、もうないのです。

### Avijjā・無明

十番目はavijjā（アヴィッジャー）・無明です。修行を始めたときから、客観的に観察を始めたときから、無明を叩いてきたのです。真理を発見するたびに、無明が薄くなっていったのです。智慧が現れてきたのです。最終的に、心の揺らぎに対する執着も発見したら、それ以上、発見するものは何もないのです。要するに、無明が完全に完璧に消えた、ということです。智慧が完全に完璧に現れた、ということです。六から十までの束縛は、お互いに繋がっているのです。修行によって、この五つの束縛が同時に消えてしまうのです。阿羅漢果に達するときに消える束縛なので、五上分結と言います。預流果から不還果に達するまでの過程でなくなる束縛は、pañcorambhāgiyā（パンチョーランバーギヤー）・五下分結（ごげぶんけつ）と名付けられています。

"Iti ajjhattaṃ vā dhammesu dhammānupassī viharati, bahiddhā vā dhammesu dhammānupassī viharati, ajjhattabahiddhā vā dhammesu dhammānupassī viharati; samudayadhammānupassī vā dhammesu viharati, vayadhammānupassī vā dhammesu viharati, samudayavayadhammānupassī vā dhammesu viharati. 'Atthi dhammā'ti vā panassa sati paccupaṭṭhitā hoti. Yāvadeva ñāṇamattāyapaṭissatimattāya anissito ca viharati na ca kiñci loke upādiyati. Evampi kho, bhikkhave, bhikkhu dhammesu dhammānupassī viharati chasu ajjhattikabāhiresu āyatanesu.

以上のように、
内のもろもろの法において法を観つづけて住みます。あるいは、
外のもろもろの法において法を観つづけて住みます。あるいは、
内と外のもろもろの法において法を観つづけて住みます。
また、
もろもろの法において生起の法を観つづけて住みます。あるいは、
もろもろの法において滅尽の法を観つづけて住みます。あるいは、
もろもろの法において生起と滅尽の法を観つづけて住みます。

そして、かれに〈法がある〉との念が現前します。それは他でもない、智のため念のためになります。かれは、依存することなく住み、世のいかなるものにも執着することがありません。

このようにまた、比丘たちよ、比丘は六の内処と六の外処との法において法を観つづけて住むのです。

十二処の章の観察の場合も、内なる法、外なる法、内と外なる法、の順番で観察するようにと説かれています。それは観察の普通の仕方なのです。真理は私だけの主観ではなく、全ての生命に通じる普遍的なものであると発見する方法なのです。

## 七覚支の観察（覚支の部） Bojjhaṅgapabbaṃ（ボッジャンガパッバン）

### 七覚支の意味

ヴィパッサナー瞑想を完成して覚りに達するためには、七つの能力を完成させなくてはいけないのです。七つの能力が完成したところで、心は解脱に達します。七覚支（しちかくし）と言っているのは、この七つのことです。用

語の通りに、「覚りを完成する七つの部品（支）」という意味です。修行する人は、七覚支の成長具合もチェックしたほうが良いのです。法の随観セクションで、七覚支のチェックの仕方をお釈迦様が説かれます。チェックする方法は、いままで説明した様々な観察方法と全く同じなので、それほど難しくないと思います。しかし修行する我々は、何が七覚支なのかと理解しておかなくてはいけないのです。ですから、これから七覚支の意味を説明します。

## 念覚支の解説

14 “Puna caparaṃ, bhikkhave, bhikkhu dhammesu dhammānupassī viharati sattasu bojjhaṅgesu. Kathañca pana, bhikkhave, bhikkhu dhammesu dhammānupassī viharati sattasu bojjhaṅgesu? Idha, bhikkhave, bhikkhu santaṃ vā ajjhattaṃ satisambojjhaṅgaṃ ‘atthi me ajjhattaṃ satisambojjhaṅgo’ti pajānāti, asantaṃ vā ajjhattaṃ satisambojjhaṅgaṃ ‘natthi me ajjhattaṃ satisambojjhaṅgo’ti pajānāti, yathā ca anuppannassa satisambojjhaṅgassa uppādo hoti tañca pajānāti, yathā ca uppannassa satisambojjhaṅgassa bhāvanāya pāripūrī hoti tañca pajānāti.

14 さらにまた、比丘たちよ、比丘は七の覚りの部分である法において法を観つづけて住みます。

ではまた、比丘たちよ、どのようにして比丘は、七の覚りの部分である法において法を観つづけて住むのか。

比丘たちよ、ここに比丘は、

内に念(ねん)というすぐれた覚りの部分があるならば〈私の内に念というすぐれた覚りの部分がある〉と知ります。内に念というすぐれた覚りの部分がないならば〈私の内に念というすぐれた覚りの部分はない〉

と知ります。また、未だ生じていない念というすぐれた覚りの部分がどのように生じるかを知ります。また、既に生じている念というすぐれた覚りの部分の修習がどのように成就するかを知ります。

## 高度なサティ（sati）

七覚支の一番目はsatisambojjhaṅga念覚支です。皆様がよく知っているサティsatiのことですが、sambojjhaṅga覚支という形容詞が付けられているのです。ただのサティではなく、高度なサティであることが分かります。

サティとは何でしょうか？　気づきです。ヴィパッサナー瞑想とは、「気づきの瞑想」です。要するに、サティの実践です。またヴィパッサナー瞑想を「観察瞑想」とも訳することができます。そうなると、サティの実践は、観察する実践という意味になります。サティ＝気づき＝観察であると理解したほうが良いのです。

大念処経の教えに従って修行を始める人は、最初からサティの実践をしているのです。ある程度で、サティとは何かと理解している可能性もあります。しかしサティについて、ここで詳しく勉強したほうが良いでしょう。

「観察する」ことが、ヴィパッサナー実践を行なっている人々の特権ではないのは言うまでもありません。俗世間の知識というのも、ものごとを観察するから現れるものです。ものごとがどうなっているのかと純粋に観察すると、その法則を発見できます。現代科学はその結果なのです。しかし知識人は、瞑想実践するわけではないのです。ヴィパッサナー実践する人々は、生きることを観察するのです。自分という言葉で表現しているものは、どのような仕組みでできているものなのかと、観察するのです。ですから両者は、観察の対象が違います。俗世間的にものごとを観察すると、知識人になります。心が汚れることはあっても、清らかになることはあり得ません。生きるとは何かと観察する場合は、知識ではなく智慧が現れます。心は必ず清らかになります。生きることに対する執着を捨てて、解脱に達します。観察の対象が違うだけではなく、観察の仕方の違いもあります。観察の仕方の違いは、後で説明します。

サティを「気づき」とも訳します。一般的に「気づかなかった」と言ったら、それは「知らなかった」という意味になります。知ることは誰にでも必要でしょう。「何も知らない」ということは、「何もできない」という意味なのです。それなら動物たちも、自分の周りをちゃんと知っているから、無事に生きているのです。何を食べるべきか、餌はどこにあるのか、敵がいるかいないか、などを注意して生きているのです。知ることが疎かになった時点で、自分の命はないのです。気づきの機能は全ての生命に備わっているものではないのか、とも考えられます。しかし仏典はサティ・気づきを特別な機能として、また一般の社会ではない機能として、説明するのです。ですから、世のなかにある気づきと、ヴィパッサナー修行をする人が行なう気づきの実践は、同じものではないのです。

この違いは大事です。地面に餌があると、鳩がそれに気づきます。降りて餌を食べます。そのとき、周りに危険があるか否かも気づきます。気づきがうまく行ったら、鳩はカラスの餌になることなく、自分が餌にありつけるのです。この気づきには、はっきりした目的があるのです。それは「生きる」という目的なのです。気づきは大事ではないのです。生きることが大事です。生きることができれば、気づく必要もないのです。ですから、人間が動物たちを飼って大事に育てる場合、その動物には気づく能力がなくなるのです。野生で生活できなくなるのです。人間の場合も同じことです。子供を過保護に育てると、人間の社会で生きる能力が失われるのです。

上で説明した観察の場合も、同じことが言えるのです。俗世間では、何か目的があって観察するのです。例えば、人が為替の動向をチェックしているとしましょう。当然、為替の動きを観察しているのです。しかし、それだけだったら時間の無駄です。何か目的があるのです。その目的を達成するために、為替の動向をチェックするのです。人間は複雑な世界を作ったから、たくさん目的があるように見えます。実際は、たくさん目的があるわけではないのです。目的は一つです。生きることです。また、生きるために必要なものを備えるためです。例えば天文学者は宇宙を観察する。数百光年先の星雲を発見したり、超新星を発見したりするのです。その発見は、私たちにとって役に立つものではありません。しかしその発見によって、発見者だけではなく、そのニュースを読む人々も喜びを感じるのです。ロマンを感じるのです。ロマンを感じることで、何となく生きることが楽しくなるのです。ですから、俗世間にある全ての観察の目的はただ一つ。生きることです。それから、生きることの妨げになるものを破壊する目的でも、観察をするのです。俗世間の観察は、欲と怒りを肯定するはたらきなのです。

### 実践の仕方

　ヴィパッサナーの場合は、観察の仕方が違うと言いました。これからその説明をします。実践を始める人は、「膨らみ、縮み」などの言葉をつけながら、身体の感覚を観察します。歩くときは、「左足、上げる、運ぶ、下ろす」と確認しながら観察します。その目的は何なのでしょうか。決して、生きる目的でも、敵を倒す目的でもありません。正しく言うと、何か目的があったら良くないのです。観察する・気づく能力そのものが成長してほしいのです。俗世間では、観察能力を上げる訓練はありません。しかし、様々な目的を立てて観察を行なうのです。ヴィパッサナーでは、目的を立てないで観察のみをするのです。結果として、観察能力が上がるのです。観察能力が上がれば上がるほど、より正確にものごとが観えてきます。

何か目的があって観察すると、その目的は観察機能に対してバイアス（色眼鏡）になります。たくさんの情報が心に入らなくなります。キノコ狩りに人が森に入ったとしましょう。森を観察しないと、キノコは見つかりません。しかしその人の集中力は、「キノコはどこにありますか」だけに注がれます。森に咲いている美しい花にも、流れている小川も、野鳥のさえずりも、心には入りません。森にキノコがあるということも事実ですが、「森にあるものはキノコです」ではないのです。要するに、目的があって観察すると、その発見は「偏見」なのです。俗世間で行なう観察では、結果として無数の偏見ばかり増えるのです。ヴィパッサナー実践の場合は、目的を立てないで観察するので、偏見は起こり得ないのです。何かを発見したら、それは正見になるのです。しかしその正見に執着してしまうと、それからの修行は偏見になるのです。ですから何にも執着しないで、何の目的も立てないで、ひたすら観察だけし続けるべきなのです。

ヴィパッサナー実践する人々の観察目的は、「生きるとは何か」であると前に書きました。しかし修行する人に対して、決して「生きるとは何かと観察しなさい」とは言わないのです。それは人に与えるべき正しい課題ではないのです。世間では、命とは何かと発見した人は一人もいません。生きることに強い執着を持っている人々は、生きることについて無数の妄想概念を作っているのです。魂があるのだ、絶対神がいるのだ、永遠の天国があるのだ、命とは不思議なものだ、命とは尊いものだ、などなどと言われています。全て、生きることに対する執着から現れる、人々の感想なのです。証明された事実ではないのです。私たちの頭は、世に溢れている哲学・宗教・感想などで混乱しているのです。このような概念が、我々の思考パターンを変えているのです。観察すると、先入観になって邪魔をするのです。観察にバイアスが入ったら困ります。結果は偏見になります。お釈迦様は見事に、我々の心からバイアスを除去するのです。ただ、吸っている、吐いている、と知る。歩いているときは、歩いていると知る。このように説くのです。ヴィパッサナー実践する人々は、膨らみ、縮み、と観察する。左足、上げます、運びます、下ろします、と観察する。お釈迦様の教えを実行する場合は、このように行なうのです。頭が妄想概念でいっぱいであるならば、このやり方は幼児的に見えるかもしれません。それは勘違いです。

正しく観るならば、生きているとは、お腹に膨らみ・縮みがあることでしょう。歩いたり、坐ったりすることでしょう。服を着たり着替えたりすることでしょう。食べたり、飲んだり、起きていたり、寝たり、することでしょう。話したり、黙ったりすることでしょう。それをそのまま何の解説も入れずに観察すれば、バイアスがなくなっているのです。バイアスがないから、欲に絡んだ目的がないから、初心者にとっては味けのない仕事になるかもしれません。そこで精進して、やる気を出して、観察をしなくてはいけないのです。観察能力が上がるのです。肉体の動きの観察が終了すると、肉体の感覚が観えてくる。感覚の観察が終了すると、心のはたらきが観えてくる。心のはたらきが観えてくると、ものごとのありさまが観えてくるのです。それが大念処経では、法の随観の部になっているのです。

法の随観のなかで、七覚支の随観に進む修行者は、まずサティ・気づきそのものを観察してみるのです。この状態に達する修行者は、充分、観察能力を持っているのです。ですから観察能力そのものに気づくことが可能です。具体的にいえば、気づきの実践は勝手に起きているような気がするのです。確認しないで、気づかないで、何もできない、何も起きない、という気持ちになったりもするのです。そのとき、念覚支は「ある」ということになります。念覚支がある、と確認します。その状態は、そのまま続くわけではないのです。勝手に起きてきた観察機能が、止まってしまうのです。そのときは、念覚支が「ない」と確認します。それで修行者は、怠けることにしないで、意図的に観察をスタートさせるのです。なくなった念覚支が現れたと、そのとき、確認します。

### 念と念覚支

これは同じものでありながら、同じものではないのです。ヴィパッサナー実践を始める方々は、念・気づきで修行をスタートするのです。それからずうっと、気づきの実践をするのです。これが念・サティです。観察をするとものごとのありさまを発見するのだと、前に書きました。それから、ヴィパッサナー実践する人々は、生きるとは何かと観察するのだ、とも言いました。生きるとは何かという問題は、仏教徒にとっては決して大げさなものではないのです。身の随観、受の随観を行なっていると、すでに分かっていることです。心の随観で、生きるとは何かということは、全て終了します。しかしそれだけでは、物足らないのです。真理とは何かと発見しなくてはいけないのです。法の随観に進みます。全てのものごとは因縁によって成り立つもので、一時的・瞬間的な存在なのです。極力、集中して観察すると、「ものはある」と確認できなくなるのです。「ある」と気づこうとすると、その現象はすでに消えているのです。次の現象を取ろうとしても、それも瞬時に消えるのです。観察する修行者には、生じる・消える、しか確認できなくなります。要するに、気づきによって、無常という真理を発見しようとしているところです。無常を発見することこそが、優れた真理の発見です。瞬間的に生じる・消える、という現象を発見できるところまで観察能力が上がってくるならば、それは念ではなく、念覚支なのです。なぜならば、無常の発見は無執着に繋がります。無執着は解脱に繋がります。

## 択法覚支の解説

"Santaṃ vā ajjhattaṃ dhammavicayasambojjhaṅgaṃ 'atthi me ajjhattaṃ dhammavicayasambojjhaṅgo'ti pajānāti, asantaṃ vā ajjhattaṃ dhammavicayasambojjhaṅgaṃ 'natthi me ajjhattaṃ dhammavicaya-sambojjhaṅgo'ti pajānāti, yathā ca anuppannassa dhammavicaya-sambojjhaṅgassa uppādo hoti tañca pajānāti, yathā ca uppannassa dhammavicayasambojjhaṅgassa bhāvanāya pāripūrī hoti tañca pajānāti.

あるいは、
　内に法の吟味というすぐれた覚りの部分があるならば〈私の内に法の吟味というすぐれた覚りの部分がある〉と知ります。内に法の吟味というすぐれた覚りの部分がないならば〈私の内に法の吟味というすぐれた覚りの部分はない〉と知ります。また、未だ生じていない法の吟味というすぐれた覚りの部分がどのように生じるかを知ります。また、既に生じている法の吟味というすぐれた覚りの部分の修習がどのように成就するかを知ります。

## 法の吟味とは区別能力

　二番目の覚支、dhammavicayasambojjhaṅga（ダンマヴィチャヤサンボッジャンガ）とは、法の吟味（択法（ほう））です。この場合の法とは、現象のことです。あらゆる現象を吟味できる能力は、解脱に達するために欠かせない二番目の能力です。Dhammavicaya（ダンマヴィチャヤ）のvicaya（ヴィチャヤ）とは、区別能力のことです。ですから漢文にする際には、択法覚支と訳されたのです。現代日本語では択の字だと意味が通じないため、吟味という言葉に直されたようです。しかし択とは、選択の択なのです。要するに区別能力のことです。

## 現象をひと束にしない

　法の随観に進む修行者は、satiの能力が高いのです。観察能力は鋭くなっているのです。観察能力のない普通の人々は、ものごとをまとめて一つの塊（現象）にして認識するのです。例えばプロが活けた花があるとしましょう。それを鑑賞する私たちは、全体を見て感動するのです。美しいと感じるときは、一つ一つの花の姿を見ないのです。花、花瓶、花瓶を置く台、背景の壁、全てを総合的にまとめて、ひと束の現象にして「美しい」と思うのです。観察能力がある人は、一つ一つの花を別々に認識します。花瓶、台、背景の壁、光の当て方なども、見るのです。それら一つ一つのものが互いにどのように合っているかも見るのです。一個一個の互い違いのはたらきを総合的にまとめたことで、どのような結果になったのかとも見るのです。これは区別能力なのです。区別能力のある人は、ただ美しいと感情を抱く人よりも、プロが活けた花をもっと鮮明に知ることになるのです。区別能力とは、活けられた花を集中して観察することで現れてくる現象です。知識を使ったり、考えたり、図鑑を参照したりする必要はありません。

このような出来事は、ヴィパッサナー実践を行なう修行者の心にも起こります。修行者は身体の動き、身体の感覚、心の変化などをその都度その都度、確認する修行をするのです。徐々に確認能力（sati）が上がるのです。そのとき、区別能力が現れるのです。例えば、初心者が手を上げるときは「上げる、上げる」だけを実況する。観察能力が上がったときは、「手を上げる」というひと束にまとめた現象ではなく、その現象を構成している様々な機能も発見するのです。例えば、手を上げたがっている自分の意志を感じる。手の感覚が変化したことを感じる。手を上げるたびに、手の感覚が変化していくことを感じる。手を上げ終わったら、「上げたい」という意志が消えたことを感じる。心に、「手を下げたい」という新たな意志が割り込んでくることを感じる。これが区別能力なのです。様々な原因が組み合わさったところで現象が成り立っているのだ、と分かることです。

例えば、耳に音が入ったとしましょう。観察能力のない一般の人は、瞬時に「車の音だ」と決めつけて終わるのです。音という現象を作り出した様々な原因を分かってないのです。Satiを上達した人の耳にも、同じ音が入ったとしましょう。その人には何かの物質が耳に触れたと分かる。それを耳が感じたと分かる。意のなかで音として認識したと分かる。たとえ車の音だと認識しても、それは意のなかで合成した現象であると分かる。耳に入った音が車の音だとするためには、確かめなくてはいけないのです。修行中なので、それは致しません。しかし自分の心に、車の音という認識が生まれたならば、「心が過去の経験を参考にして新たな現象を作ったのだ」と発見するのです。「車の音」という聴覚が起きたら、それに対して、心が反応するのです。好き・嫌い・どちらでもない、などの気持ちが起こるのです。観察能力が優れた人には、耳に音が触れた瞬間で、心に煩悩が起こるところまでの過程が見えてしまうのです。このように、観察能力がシャープになること、鋭くなることが、区別能力なのです。その能力にdhammavicayaと言うのです。

## 心と物質のはたらきを区別する

Dhammavicayaの能力（区別能力）も最初は弱いのですが、徐々に強くなっていくのです。上の段落で因果法則の過程に沿って説明しましたが、すぐにその能力が現れるわけではありません。現象はキャッチできないほど速く変化していくものです。最初に現れてくる区別能力は、nāmaとrūpaの区別です。Nāmaとは心のはたらきです。Rūpaとは物質のはたらきです。この二つのはたらきの組み合わせで、生きるということが成り立っているのです。耳に入った音は、物質なのでrūpaだと確認する。聴覚・聴いたことは心のはたらきなのでnāmaだと確認する。このように確認することができるならば、その修行者にdhammavicayaという覚支があるのです。

区別能力を意図的に上げることはできません。集中して観察能力を上げていると、自ずから現れてくる能力です。先に進めようと焦ってしまったら逆効果になります。修行者はただ確認作業を行なう。経験が高まると、現象をひと束にまとめて見る癖がなくなって、区別して見えるようになります。これでdhammavicayaという覚支能力が現れたことになります。

### 区別能力を強化する方法

ここでお釈迦様は、dhammavicaya覚支に対しても確認することを推薦しているのです。区別能力が生まれたら、喜んだり、舞い上がったりするものではありません。それは執着です。冷静に「区別能力がある」と確認するだけで結構です。たとえ修行中であっても、心に波があります。活発になったり、弱くなったりします。それに合わせて、修行者は無執着の気持ちで確認だけするのです。区別能力が現れたら、現れたことを確認する。消えたら、消えたことを確認する。七覚支の二番目なのに、なぜ区別能力に対してもクールな態度を取るのでしょうか？　成功したと喜んだら、それは執着になります。煩悩になります。煩悩に汚染されたら、心が弱くなります。区別能力が消えてしまいます。ある瞬間は修行がうまくいったぞ、という慢だけ心に残るはめになります。ですから区別能力が現れたら、それにも執着しないでクールな態度で観察しておくのです。このようにお釈迦様の説かれた通りに確認作業を続けると、区別能力が徐々に高くなっていくのです。解脱に達するために必要な智慧が現れるまで、勝手に高くなっていくのです。

## 精進覚支の解説

"Santaṃ vā ajjhattaṃ vīriyasambojjhaṅgaṃ 'atthi me ajjhattaṃ vīriyasambojjhaṅgo'ti pajānāti, asantaṃ vā ajjhattaṃ vīriyasambojjhaṅgaṃ 'natthi me ajjhattaṃ vīriyasambojjhaṅgo'ti pajānāti, yathā ca anuppannassa vīriyasambojjhaṅgassa uppādo hoti tañca pajānāti, yathā ca uppannassa vīriyasambojjhaṅgassa bhāvanāya pāripūrī hoti tañca pajānāti.

あるいは、

内に精進（しょうじん）というすぐれた覚りの部分があるならば〈私の内に精進というすぐれた覚りの部分がある〉と知ります。内に精進というすぐれた覚りの部分がないならば〈私の内に精進というすぐれた覚りの部分はない〉と知ります。また、未だ生じていない精進というすぐれた覚りの部分がどのように生じるかを知ります。また、既に生じている精進というすぐれた覚りの部分の修習がどのように成就するかを知ります。

三番目は、viriyasambojjhaṅga（ヴィリヤサンボッジャンガ）・精進覚支です。精進という言葉は誰でも知っている言葉です。頑張る、努力する、励む、等の同義語もあります。人生は頑張らなくては成り立たないものだから、人は誰でも努力して頑張って生きているのです。努力の度合いは人生の成功の度合いも決めます。要するに、努力を厭う人は不幸になって、人生に失敗するのです。これは俗世間の努力です。

大念処経は出世間の境地を目指す方法を説かれる教えなので、仏教用語のviriya（ヴィリヤ）・精進は俗世間的な意味と区別して理解したほうが良いと思います。成功した人間として生きるためには、俗世間的な精進が必要です。人間の次元を超越して解脱に達するためには、俗世間的な精進を超えた精進を実践しなくてはいけない。その差を示すために、お釈迦様は、viriyaという言葉にsambojjhaṅgaという言葉を形容詞として繋げています。覚りの部分になる精進、という意味になるのです。

## 俗世間的な精進

苦労をものともせず精進する人々は、この世のなかにいっぱいいるのです。科学者たちが身体を休める時間さえも惜しんで研究したおかげで、科学は発展する。発明家たちも一日中試行錯誤して頑張って、新しい発明をする。農業を営んでいる人々も、畜産業を営む人々も、「楽をする」という言葉には縁がないのです。かなり努力して精進しているのです。程度の差はあっても、人なら誰でも精進しています。そうしないと生きていられないのです。当然、常識を超えて精進する人もいるし、常識の範囲で精進する人もいます。常識範囲以下で精進する人々は、社会から批判を受けます。怠け者だとレッテルを貼られるのです。

なぜ人は精進するのでしょうか。生きていきたいからです。生きるためです。要するに生存欲が働いているのです。努力しないで怠けようとすると、怖くなるのです。怯えるのです。生存欲があるから、その恐怖感が現れてくるのです。ですから、「生きていたい」と思う生命は、誰でも自分にできる範囲で精進しているのです。ということは、人間以外の生命体も、精進して生きていることになります。精進とは人間だけの特権ではなさそうです。

## 出世間的な精進

生きることは苦である、とするのは仏教のスタンスです。生きていきたいという衝動は、苦を際限なく繰り返させる衝動になるのです。したがって、俗世間的な精進は、聖なる精進にはなりません。苦を繰り返す、俗精進なのです。仏教も、精進しない人に怠け者だというのです。ブッダから怠け者だと言われないためには、出世間的な意味の精進を実践しなくてはいけない。一日三時間しか睡眠をとらないで仕事に励んでいる人であっても、仏教の尺度から見ると、聖なる精進をしているわけではないのです。怠け者というカテゴリーに入ります。とはいっても、在家として幸福に生きるためには、朝早く起きて夜遅くまで汗を流して努力することが必須条件であると、お釈迦様が説かれるのです。俗世間的な精進をやめなさいとは、決して説かれていないのです。ただ、解脱を目指すならば、より高度な精進が必要になるだけです。

仏教専門用語である怠け（kusīta）（クスィター）の反対語は、気づき（sati）です。この経典はsatiの実践の仕方を教えているのです。仏道の精進は、satiを実践することなのです。俗世間的な精進のようにたやすいものではありません。俗世間的な精進の場合は、自然に「頑張らなくては」という気持ちが生まれますが、仏道の精進の場合は、「頑張らなくては」という気持ちは自然に生まれてきません。意図的に精進の気持ちを引き起こさなくてはいけないのです。

### 二つの精進の違い

二種類の精進の差を一つの例で説明しましょう。お腹が空いた人はご飯を食べたくなる。ご飯を食べたいという気持ちは自然に生じる。それから自然に精進して、ご飯を食べるのです。仏道を実践する人々に、「ご飯を食べるときはsatiの実践をしなさい」と厳しく言いますが、なかなか実践は難しそうです。やる気は引き起こせないのです。Satiの実践をしながらご飯を食べるとは、どういうことでしょうか。それは実況中継しながらご飯を食べることです。妄想・感情を一時中断して、ご飯を食べることです。いまの瞬間の行為に集中して、ご飯を食べることです。身体の変化、感覚の変化、気持ちの変化を発見しつつ、ご飯を食べることです。

具体的に言えば、「これからかぼちゃの煮つけを食べます」と実況するのはアウトです。それは俗世間的な現象の世界です。そうではなく、「（手を）伸ばす、伸ばす、取る、取る、運ぶ、運ぶ、入れる、入れる、噛む、噛む、味わう、味わう、飲み込む、飲み込む」というように実況するのです。考えてみれば決して難しいことではありませんが、実行しようとするとなかなかできなくなるのです。感情が割り込んでくるのです。存在欲が割り込んでくるのです。妄想が割り込んでくるのです。隣にいる人と、なにか面白いことを話さなくてはいけないと、思ってしまうのです。それから、このような実況には慣れてないのです。日常的には行なわないことです。日常常識とは違ったこの実況中継をすることは、仏道における精進の実践になるのです。存在欲とは関係ない行為です。

### 気づきと精進の関係

実況中継はご存知のように、ご飯を食べるときのみ行なうものではありません。いかなる場合も sati・気づきをもって行動するべきであると、経典が推薦します。身の随観、受の随観、心の随観、法の随観という順番で行なうものです。お釈迦様が理解しやすくして、怠けの反対は sati の実践、sati の実践とは精進だと説かれるのですが、仏教心理学的に、気づきと精進は同一の心所ではありません。気づくために精進が必要です。精進があれば気づくことができます。この二つは一緒なのです。

### 精進を覚支に昇進させる

実践を始める修行者は、最初は身体の動きに対して実況中継するという行為から始めます。「頑張らなくては」と、意図的に思わないとできないのです。それで微妙に sati・気づきと viriya・精進の力が現れてくるのです。気づきと精進の力が相当成長していないと、法の随観のセクションには入れないのです。いまは法の随観を解説するところです。ですから修行者には、当然、レベルの高い気づきの力も、精進の力もあります。これからその力が、解脱の道を構成するパート・部分になるように、さらに磨き上げなくてはいけない。七覚支の三番目の覚支である精進として、自分の精進を再確認しなくてはいけないのです。要するに今度は精進そのものに対しても実況中継を行なうのです。いままではそれをやらなかったのです。やろうとしても、できるはずがなかったのです。いまは身体が落ち着いていて、一定して動いている。感覚も落ち着いていて、一定に流れている。心も落ち着いている。集中力は上がっている。精進も実況中継してみる余裕ができているのです。

今度は精進覚支を発見して、「（これは）精進覚支」と確認する。ここで少々、説明が必要です。たとえ波はあっても、修行者には初めから精進があったのです。自分の感情と戦って、やっと頑張ってきたのです。精進を保つことだけで精一杯だったのです。今度は、精進があります。それを、無執着を目指す・解脱を目指す精進に昇進させなければいけないのです。ですから、ただの精進ではなく、精進覚支になるのです。それも、現れたり消えたりです。強くなったり弱くなったりです。その状況をそのまま観察していくのです。覚支になれるくらいの力の精進が現れたら、「精進覚支だ」と確認する。なくなったら、「精進覚支がなくなった」と確認する。また起きてきたら、「なくなった精進覚支が現れた」と確認する。これ自体も当然、修行なのです。実践なのです。この実践によって、精進覚支が完成していくのです（yathā ca uppannassa vīriyasambojjhaṅgassa bhāvanāya pāripūrī hoti）。「精進覚支は完成に達している」と、それも確認するのです（tañca pajānāti）。

## 喜覚支の解説

“Santaṃ vā ajjhattaṃ pītisambojjhaṅgaṃ ‘atthi me ajjhattaṃ pītisambojjhaṅgo’ti pajānāti, asantaṃ vā ajjhattaṃ pītisambojjhaṅgaṃ ‘natthi me ajjhattaṃ pītisambojjhaṅgo’ti pajānāti , yathā ca anuppannassa pītisambojjhaṅgassa uppādo hoti tañca pajānāti, yathā ca uppannassa pītisambojjhaṅgassa bhāvanāya pāripūrī hoti tañca pajānāti.

あるいは、

内に喜びというすぐれた覚りの部分があるならば〈私の内に喜びというすぐれた覚りの部分がある〉と知ります。内に喜びというすぐれた覚りの部分がないならば〈私の内に喜びというすぐれた覚りの部分はない〉と知ります。また、未だ生じていない喜びというすぐれた覚りの部分がどのように生じるかを知ります。また、既に生じている喜びというすぐれた覚りの部分の修習がどのように成就するかを知ります。

次はpītisambojjhaṅga（ピーティサンボッジャンガ）・喜覚支です。pītiとは喜びのことです。喜びも精進と同じく誰にでもあることです。頑張れば喜びが生じるし、喜びがあるならば頑張ることもできるのです。生命の心は基本的にアメとムチの衝動で機能するものです。アメとは喜びのことです。頑張って勉強するのも、頑張って仕事をするのも、工夫して時間をかけて料理をつくるのも、喜びがあるからです。楽しみがあるからです。喜びがないと努力する気にはならないのです。「若いときの苦労は買ってでもしろ」ということわざの場合も、期待する楽をアメとして使っているのです。「骨折り損のくたびれ儲け」とは、期待はずれを意味します。それで人生を進むためには、喜びが欠かせないファクターであることは理解できます。

喜びという気持ちは、心に対するご褒美なのです。喜び、充実感、満足感、やりがい等があれば、脳は動きます。開発されます。前に進みます。これは心が期待する栄養剤なので、全ての生命が喜びを期待しているのです。喜びを目指して、頑張って生きようとしているのです。喜びの場合も、俗世間的な喜びと、出世間的な喜びという二つに分けて考えなくてはいけません。

### 俗世間的な喜び

これも俗世間的な精進と同じです。存在欲が衝動です。自分の存在を支えてくれるもの、応援してくれるものに対して、喜びを感じるのです。ご飯を食べると楽しいのです。家族がいると楽しいのです。仕事があると、収入を得ると、楽しいのです。眼耳鼻舌身意に色声香味触法という刺激が入ると、楽しいのです。その楽しみを目指して、皆、努力しているのです。人間以外の生命も同じく、楽しみを目指して生きているのです。俗世間的な喜びは人間だけに限られた特権ではありません。

### 出世間的な喜び

生きることは本来苦であり、生きることを支える・応援する喜びは苦を際限なく続けるカラクリとなるので、お釈迦様が推薦する喜びは出世間的な喜びになるのです。生存欲を断つ努力の結果が喜びなのです。生存欲を断つこと・無執着の心が現れることで、際限なく繰り返す苦しみが終了します。ですから出世間的な喜びは本物なのです。しかし内容は違います。俗世間的な喜びは執着があるから起こるものです。楽の末に再び苦が現れるのです。出世間的な喜びは、無執着の気持ちから生じるのです。この喜びの末に苦が待っているわけではありません。この場合は「楽があれば苦もある」ということわざは当てはまらないのです。

### 喜びの意味

「喜びなら分かっている」と思わないほうが良いのです。分かっているのは俗世間的な喜び・刺激のことです。それは苦しみを生み出すものです。無執着の喜びは、分かっているどころではなく、理解することさえも難しいのです。仏教では、布施の善行為を推薦するとき、無執着の喜びの姿を微妙にでも経験してほしがるのです。自分でご飯を食べるときの喜びには時間制限があります。次にお腹が空くまでです。それから、食べる楽しみに執着して食事を摂ると、食べ過ぎになったり、偏食になったり、健康を害したり、病気になったりもするのです。逆に、お腹が空いて苦しんでいる人にご馳走をあげたとしましょう。相手が空腹の苦しみから解放されて喜ぶのです。そうなると、寄付した人も楽しくなるのです。しかしその喜びには時間制限はないのです。自分が食べた喜びは四時間経つと消えますが、人に食べさせた喜びは何年でも持ちます。また健康を害するなどの副作用もありません。

この例えで、無執着の喜びの質は、執着の喜びの質と異なっていることが理解できると思います。喜びにもう一つ意味があります。人が努力する。その努力が実っていく。それも喜びなのです。別に自分が受ける刺激でなくても構いません。例えば種まきをする。水をあげる。面倒を見る。植物が元気に成長する。その成長ぶりを見ると楽しくなるのです。無駄な努力と実る努力、というふうに、努力を二つに分けましょう。実る努力をすると生まれる気持ちも、喜びなのです。ヴィパッサナー実践の場合は、自分の修行が進んでいるのだと感じると起こる気持ちが、仏道における喜びの最初の段階なのです。

### 精進と喜びの関係

実践を始める修行者は、未だかつて行なわなかったsatiの実践（実況中継）を行なうのです。俗世間的な生き方から離れているので、正直なところ喜びを感じるよりは苦しみを感じるのです。修行は大変です。楽ではないのです。それでも実践し続けると、徐々に上手になります。気づきの実践ができるようになってくるのです。慣れてくるのです。このような結果が出てくると、喜びが起こるのです。やりがいが生まれるのです。修行がたとえきつくても、続けてみたくなるのです。この喜びは、慣れていない気づきの実践に精進したから生まれたものです。努力したらそれなりの結果があったから、生まれたのです。精進があればこそ、喜びが生じます。俗世間で言う「苦あれば楽あり」ではないのです。「精進すれば喜びあり」なのです。ですから、精進すればするほど、喜びも生まれてくるのです。

## 喜びを覚支に昇進させる

気づきの実践と精進の強度が徐々に上がるのです。身体の機能は落ち着いてくる。感覚も落ち着いてくる。心も落ち着いてくる。修行がしやすくなって、しっかり続けたくなる。修行ができて良かったな、という気持ちにもなる。これが喜びということです。

この喜びを覚支に昇進させなくてはいけないのです。修行者は、俗世間が苦しみの生き方であると分かっているはずです。刺激に依存して喜びを感じるより、刺激から離れて一人静かにいることのやすらぎこそが本物の喜びであると理解する。仏道の喜びの秘訣は、「無執着」であると発見する。それで無執着の気持ちを目指して、気づきの実践を続けるのです。無執着を目指す気持ちにさせたはたらきは、覚支に昇格した喜びなのです。

この喜びが生じたら、「喜覚支だ」と確認する。それがまた消える。消えたら「喜覚支が消えた」と確認する。消えた喜覚支がまた精進によって起こる。そのとき、「消えた喜覚支が再び現れた」と確認する。この修行の繰り返しによって、喜覚支が完成に達する。そのときは「修行によって喜覚支が完成に達している」と確認するのです。

## 軽安覚支の解説

“Santaṃ vā ajjhattaṃ passaddhisambojjhaṅgaṃ ‘atthi me ajjhattaṃ passaddhisambojjhaṅgo’ti pajānāti, asantaṃ vā ajjhattaṃ passaddhisambojjhaṅgaṃ ‘natthi me ajjhattaṃ passaddhisambojjhaṅgo’ti pajānāti, yathā ca anuppannassa passaddhisambojjhaṅgassa uppādo hoti tañca pajānāti, yathā ca uppannassa passaddhisambojjhaṅgassa bhāvanāya pāripūrī hoti tañca pajānāti.

あるいは、
　内に軽快というすぐれた覚りの部分があるならば〈私の内に軽快というすぐれた覚りの部分がある〉と知ります。内に軽快というすぐれた覚りの部分がないならば〈私の内に軽快というすぐれた覚りの部分はない〉と知ります。また、未だ生じていない軽快というすぐれた覚りの部分がどのように生じるかを知ります。また、既に生じている軽快というすぐれた覚りの部分の修習がどのように成就するかを知ります。

### 軽安という上達

覚りに達するために必要な条件七つの五番目は、passaddhi(パッサッディ)-sambojjhaṅga(サンボッジャンガ)というのです。日本語訳は「軽快というすぐれた覚りの部分」と訳されていますが、伝統的な仏教用語は軽安覚支(きょうあんかくし)です。気づきの実践を続けているならば次から次へと必要な能力が心に生じますから、修行者はあえて「あれを育てなくては、これを育てなくては」と心配する必要はありません。しかし精神の上達はどのようなものかと知っておかないと、解脱に達するまで修行が進まない可能性があります。未だかつて経験したことのない、何か優れた経験が起きたら、一般的には誰でも驚きます。舞い上がります。やったぞ、という気分になります。自分は一般人と違うと思い、傲慢になることもあり得るのです。また、「覚りに達した」という誤解に陥ることもあり得るのです。このような失敗が起きたら、精神的にせっかく上達したのに、それを育てることも、完成させることも、解脱に達するための踏み台にすることもできなくなります。ですから「法の随観」章では、七覚支などの精神的上達についても、気づきの実践をするように推薦しているのです。

### 軽安の意味とその発見

分かりやすくいえば、passaddhi（パッサッディ）とは「軽い・柔軟」いう意味です。註釈書は、心と心所が軽くなり柔軟になるのだと解説します。肉体が軽くなる、柔軟になるとは、書かれていません。しかし善心所のリストでは、passaddhi は① kāyapassaddhi（カーヤパッサッディ）、② cittapassaddhi（チッタパッサッディ）とペアにしているのです。ここで言う kāya とは身体のことではないと、議論することもなく心所であると解説しているのです。註釈書は、お釈迦様の教えと長い伝統と修行者たちの経験、という三つを慎重に参考して書かれているので、一概に無視することはできません。

瞑想実践とは、肉体との勝負ではありません。肉体に引っかかっているのは、ヨーガ瞑想の世界です。仏教の瞑想は、心との勝負です。成長するのは心です。心の力で解脱に達するのです。ですから、passaddhi・軽安とは、精神の柔軟性であると解説したのだろうと思います。

修行者は現実的に、身体も軽くなった、柔軟になった、心も軽くなった、柔軟になった、と感じるのです。気づきの実践を始める修行者が遭遇する最初の壁は、身体のことです。肉体が痛くなるのです。硬くなるのです。修行自体を苦しい作業にしてしまうのです。修行者のやる気もなくなるのです。怠けたくなるのです。それでも諦めず、修行を続ける実践者の気づきの力と集中力が強くなっていくのです。身体のことを心配するより、気づきの実践（実況中継）を優先にするのです。言葉を変えてこのように言います。気づきの実践が修行の支配権を取るのです。気づきが支配権を取ってしまえば、修行はスムーズに進みます。そのとき、念覚支、択法覚支、精進覚支、喜覚支が現れてくるのです。それから軽安覚支が現れてくるのです。

身体も心も軽く感じる、柔軟になっているのです。さらに集中して修行に励むことができるようになっているのです。「修行ならいくらでもできるぞ」という気持ちです。いままで組めなかった足がちゃんと組める。重く・痛く感じた身体が、軽くなった、柔軟になったと感じる。場合によっては「体重がゼロになったのではないか」と思ってしまう可能性もあります。雑念がなくなって、心が自分勝手に気づきを実践している。これは軽安という精神状態に達したことを意味します。

### 軽安の落とし穴

上に書いた「体重がゼロになった」という言葉を少々考えましょう。修行者は体重を感じない。では実際に体重がゼロになったのでしょうか。肉体は物質なので、重量がゼロになるはずはありません。これは何らかの心の成長なのです。これまでは重い・硬い・痛い肉体を引きずっていたので、心が自由に活動できなかった。いまはもう、重量が妨げになっていないのです。心が自由に活動することができる状態になっているのです。

修行者にとっては、初めての経験です。それもびっくりするほどの経験です。ここで舞い上がったり、怖くなったり、やったという気分になったりすると、瞑想実践の流れが壊れます。集中力を失って、もとの状態に戻ります。ここで指導者の注意が欠かせないのです。大念処経の場合は、指導者はお釈迦様本人です。落とし穴に堕ちないで修行を進められるように、お釈迦様がアドバイスします。



## 軽安観察の仕方

まず、いまの精神状態はpassaddhi・軽安であると確認します。passaddhisambojjhaṅga・軽安覚支と確認しても構わないのです。客観的に冷静に観察すると、passaddhiは現れたり消えたりします。消えたからといって、困る必要はありません。Passaddhiがなくなったと、客観的に冷静に確認します。冷静に修行を続けているならば、またpassaddhiが起きます。Passaddhiが現れた、と確認します。このように繰り返すと、passaddhiについてそれほど舞い上がる必要はない、という気持ちになります。本当は精神的に上達しているのです。でもその状態に対して、執着は生まれません。Passaddhiは勝手に現れたり消えたりするものです。これを繰り返すと、さらに発見が起きます。Passaddhiはなぜ現れたのか、なぜ消えたのか、その理由が観えてきます。難しいことではありません。雑念が入ったり、集中力が落ちたりすると、passaddhiは消えます。どのようにすればpassaddhiが保てるのか、ということも観えてきます。Passaddhiは七覚支の一つなので、完成させなくてはいけないのです。Passaddhiを完成させるために、どのように注意して実践すれば良いのかと、修行者が自分で発見します。その通りに実践して、passaddhiを完成させれば良いのです。Passaddhiに対してわずかにでも執着があれば、完成しません。あくまでも無執着で、「何か新たな現象が起きた」という気分で、気づきの実践を続けなくてはいけないのです。偉大なる指導者であるお釈迦様が教えるこの方法を、現代人の知識範囲に合わせて言うならば、「何が起きても放っておくこと」になります。

## 軽安を理解しましょう

七覚支の軽安覚支に対する説明は以上です。ここで俗世間の知識に戻って、少々軽安の説明を致します。私たちは身体が軽いこと、柔軟であることを大いに喜びます。期待します。日常生活に関わる仕事は、楽に行なうことができます。スポーツ選手であれ、音楽家であれ、芸術家であれ、身体が軽くて柔軟であるならば、見事に仕事をこなします。身体が重くて眠気に抑えられている場合は、勉強することすらできません。ですから身体が軽いこと、柔軟であることを皆求めるのです。それ自体は悪くないのです。あったほうが良いのです。しかし、求めすぎると執着になります。欲、怒り、自我などの煩悩が割り込んできます。せっかくの希望に達することができなくなります。

世間では、身体が軽いことは肉体のコンディションであると思っているのです。ですから様々な運動を考えて、ストレッチング、ジョギング、ヨーガなどをやってみるのです。苦労に苦労を重ねて運動すれば、ある程度は肉体が柔軟になることでしょう。しかし、いとも簡単にもとの状態に戻ってしまうのです。

肉体の軽さ・柔軟性は、物理的なものではありません。精神的なものです。精神的に落ち着いているならば、心に感情の荒波がないならば、何があっても冷静でいることができるならば、身体は柔軟になっているのだと実感することができます。心が肉体を管理しているのです。心がエゴイストで、わがままで、分からず屋状態で、感情に陥っているならば、身体が硬くなります。動けなくなります。簡単に病気に陥ります。ヴィパッサナー実践では、「身体のコンディションは心次第である」と発見することができるのです。

## 喜と軽安のバランス

喜覚支の次に軽安覚支が現れるのです。喜覚支よりもレベルの高い状態であると理解しても構わないのです。喜覚支の場合は、脳の栄養剤であると説明しました。栄養がたっぷりあると、成長は可能です。しかしそれで終わらないのです。人間に健康で美味しい食べ物がいくらでも手に入るのなら、それはそれで構わない。しかし美味しさゆえについ食べ過ぎになるのです。成長するべき身体が、肥満という病気に陥ってしまう。だから節度を守って、身体の健康状態も改良して、食べものを摂らなくてはいけない。あるからといって、食べてはいけません。勿体ないから、食べものを無駄にできないから、などのくだらない理由で、自分の健康を害してはだめです。健康的で美味しい食べ物を適量食べることによって、身体は成長するのです。軽快・柔軟になるのです。

心の成長の場合も、法則は似ています。心を成長させるために、栄養剤が必要です。それが喜覚支です。喜覚支が起きたところで、お釈迦様の説かれた通り無執着の精神で、喜覚支に対して客観的に気づきの実践を行なうならば、さらに上のランクである軽安覚支に達するのです。喜びという脳の栄養剤を正しく使うことで、心が軽い・柔軟な状態になるのです。

修行をすると心は成長します。一つの段階まで成長したら、無智な人はそこでストップします。成長した状態に対しても、無執着の気持ちで確認作業を続けると、次のステップに成長します。またその状態に対しても、無執着の気持ちで確認作業を続けるのです。「何が起きても放っておきます」という言葉は、ヴィパッサナー実践を解脱に達するまで進めるための欠かせないパスワードです。

## 定覚支の解説

"Santaṃ vā ajjhattaṃ samādhisambojjhaṅgaṃ 'atthi me ajjhattaṃ samādhisambojjhaṅgo'ti pajānāti, asantaṃ vā ajjhattaṃ samādhisambojjhaṅgaṃ 'natthi me ajjhattaṃ samādhisambojjhaṅgo'ti pajānāti, yathā ca anuppannassa samādhisambojjhaṅgassa uppādo hoti tañca pajānāti, yathā ca uppannassa samādhisambojjhaṅgassa bhāvanāya pāripūrī hoti tañca pajānāti.

あるいは、

内に禅定(ぜんじょう)というすぐれた覚りの部分があるならば〈私の内に禅定というすぐれた覚りの部分がある〉と知ります。内に禅定というすぐれた覚りの部分がないならば〈私の内に禅定というすぐれた覚りの部分はない〉と知ります。また、未だ生じていない禅定というすぐれた覚りの部分がどのように生じるかを知ります。また、既に生じている禅定というすぐれた覚りの部分の修習がどのように成就するかを知ります。

### 精神的な能力と解脱を目指す能力の差

大念処経は、どのように何を観察すれば良いのかという観察の順番とやり方を解説しているのです。しかし人々は、我々がどのように成長するのか、成長する過程でどのようなことを経験してどのような結果になるのかと知りたがるのです。成長の順番は、大念処経では説かれません。いまは法の随観について説かれたところを説明しているのです。法として一切の現象を観察しないということは、もうお分かりになっているでしょう。お釈迦様が観察するべき法を選んでいるのです。これは修行者の成長に伴った順番だと推測するのは構わないと思います。成長について語られていませんが、次にこれを観察しなさいと説かれるときは、当然、成長を期待しているのです。例えで言えば、子供に宿題を与える。子供が正しく答える。それではこの宿題をやってください、と頼む。その場合は、前の宿題によって子供の理解能力がある程度まで上がっているのです。よくできた宿題と同じ問題を出しても、意味がないのです。ですから、法の観察の場合、次から次へと説かれる法の観察とともに、修行者の精神状態が成長することを期待されているのだと推測できます。

七覚支という法の観察の仕方を説明してきました。ここからは六番目と七番目の覚支、samādhi と upekkhā（ウペッカー）を解説します。覚支とあえて名付けているので、修行者が解脱に達する道の最終区間に入っているのです。気づき（sati）、択法（dhammavicaya）、精進（viriya）、喜（pīti）、軽安（passaddhi）、定（samādhi）、捨（upekkhā）という能力は、解脱に関係なく育てることもできます。この七つに sambojjhaṅga とあえて名付けたのは、この七つの能力は解脱を目的にして育てるものだからです。ですから七覚支を理解するときは、①一般的な能力、②解脱を目指す能力、という二つに分けて理解するのも便利だと思います。

## 禅定とヴィパッサナーのサマーディ

では、定覚支の説明に入りましょう。定とはサマーディのことで、精神統一という意味になります。サマタ瞑想はサマーディに達することを目指して行なうのです。観察瞑想は智慧が現れて解脱に達することを目指しているのです。サマーディを目的にしていないのです。なのに七覚支の六番目は samādhisambojjhaṅga（サマーディサンボッジャンガ）になっているのです。ということはヴィパッサナー瞑想を実践しても、サマーディが現れるということになります。いいえ、サマーディが現れなくてはいけないのです。とはいっても修行者は、サマーディを目指して特別に努力しなくても構わないのです。成長の流れで、サマーディが現れてくるのです。もし実践を行なっても定覚支が現れそうもないと指導者が発見したら、少々、実践方法を修正してくれると思います。

アビダンマ心理学によると、ヴィパッサナーで現れるサマーディはmahaggata-citta（大心――色界・無色界の禅定の心）の仲間には入らないようです。Kāmāvacara-citta（欲界心――五根から情報を得る範囲の心。欲の心ではありません）の範囲に入るのです。ミャンマーの伝統では、よくkhaṇika-samādhiという言葉を使います。瞬間のサマーディという意味です。普通のサマーディは瞬間的な出来事ではありません。アビダンマ心理学では、解脱に達する心はlokuttara-citta（出世間心）と言います。それはmahaggata-cittaよりはレベルが高いのです。最高位の心です。その心のなかに入る統一という心所が、欲界のものであるというと論理は崩れます。欲界の統一性ではないはずです。ですから、サマタ瞑想を実践することは全くなく、ヴィパッサナー瞑想だけを実践して解脱に達するときは、その心に必ず色界の第一禅定が入っているのだと註釈してあります。これは反論を逃れるため適当に行なった註釈ではないのです。解脱に達するためには最低でも色界の第一禅定の能力が必要です。最高は色界の第四禅定です。解脱に達するためには、第一から第四の間の禅定能力が必要です。

大念処経の指導に沿って修行するときは、当然、禅定を作ろうという目的は入りません。修行が進んでいく過程で、解脱に達する道の最終区間に入ったら、サマーディが現れます。次に修行者が、そのサマーディを確認しなくてはいけないのです。大念処経でお釈迦様が仰っているのは、サマーディが現れたらその確認をする仕方なのです。

### サマーディを理解しましょう

一体サマーディとは何なのかと、知りたくなるだろうと思います。それは統一性です。心が対象に釘付けになって、他の対象を追って走り回らないことです。私たちが集中して本を読んでいるとき、何か音がしたら、すぐそれが耳に入ります。聴こえます。集中していたはずなのに、たいした集中ではなかったのです。サマーディに近いほどの集中力があったならば、音は聴こえません。本の中身に徹底的に入り込んでいるのです。

ヴィパッサナー修行者の場合は何でも確認するので、はじめは集中力があってもサマーディはないのです。徐々に集中力が上がると、何か一つの現象のみを続けて観察することができるようになります。他の現象もたくさんあるのに、気づきません。この状況は、俗っぽく説明すれば分かりやすいのです。何かあると知るためには、それに気づかなくてはいけない。それを認識しなくてはいけない。もし気づくことも認識することもない場合は、そのものが「ある」と分からない。「ない」とも分からない。例えば熟睡している人を考えてみてください。心は有分心になっているのです。身体からは何の情報も認識しない。思考もしない。熟睡している間は、周りどころか自分がいる、ということすら知らない。サマーディの場合は、心は活発に働いています。何か一つの対象のみを認識しています。他の情報全て、熟睡している人と同じです。あるともないとも気づかないのです。ヴィパッサナー実践者は、一つの現象を確認することをします。いいえ、正しくいえば、全ての情報をカットして、一つの情報のみを確認できるようになっているのです。そのとき、明確に無常・苦・無我のいずれかを発見します。

### 定覚支観察の仕方

最初はサマーディが現れたり消えたりです。その通りに確認します。次に、なんで定が現れたのか、なんで現れた定が消えたのかが観えてきます。それもそのまま確認します。どうすればサマーディ・定の力が強くなって完成するのか、分かってきます。それもそのまま確認します。

いつでも「そのままで確認すれば充分」と指導していますが、心は成長する方向へ赴くのです。サマーディが成長する方法が観えてきたら、心は自然にその方向へ行くのです。サマーディが壊れる原因が現れないように、微妙に気をつけるのです。

## 捨覚支の解説

"Santaṃ vā ajjhattaṃ upekkhāsambojjhaṅgaṃ 'atthi me ajjhattaṃ upekkhāsambojjhaṅgo'ti pajānāti, asantaṃ vā ajjhattaṃ upekkhāsambojjhaṅgaṃ 'natthi me ajjhattaṃ upekkhāsambojjhaṅgo'ti pajānāti, yathā ca anuppannassa upekkhāsambojjhaṅgassa uppādo hoti tañca pajānāti, yathā ca uppannassa upekkhāsambojjhaṅgassa bhāvanāya pāripūrī hoti tañca pajānāti .

あるいは、

内に平静というすぐれた覚りの部分があるならば〈私の内に平静というすぐれた覚りの部分がある〉と知ります。内に平静というすぐれた覚りの部分がないならば〈私の内に平静というすぐれた覚りの部分はない〉と知ります。また、未だ生じていない平静というすぐれた覚りの部分がどのように生じるかを知ります。また、既に生じている平静というすぐれた覚りの部分の修習がどのように成就するかを知ります。

### 最後の修行は落ち着き

最後の覚支は、捨覚支です。日本語訳では、捨ではなく平静と訳されています。捨とは昔から、upekkhā に当てられた漢訳です。平静とは、upekkhā を日本語に意訳したものです。七番目の覚支に入ったので、修行者の瞑想は最終段階に成長するところだと理解しましょう。最終段階の修行は、意外なことに、ただ落ち着くことです。スポーツでも勉強でも、最終段階はとても厳しいのです。スポーツ選手なら、体力の限界に挑戦しているのです。それが普通なのに、ヴィパッサナー実践者は、最終段階で落ち着けば良いという話になります。

いままでの説明では、簡単と言われても何か裏があったでしょう。今回は裏がないのです。サマーディ覚支が力強くなったら、それから平静にいれば良いのです。普通の世界でいう平静と、ヴィパッサナー実践の平静には、違いがあります。冷静を訓練するのです。落ち着いていることを訓練するのです。

俗世間では、嫌なことが次から次へと起こると、心が混乱します。ヒステリーになります。興奮します。それは危険なので、落ち着きましょうとアドバイスします。アドバイスは正しいのですが、悩みに陥っている人にとって、落ち着くことはできないのです。しかし良いことが次から次へと起こる場合は、誰も落ち着きなさいと言わないのです。「大いに喜べ。お祝いしましょう。祝賀パーティーを開きましょう」ということになります。興奮すること、ふざけることを認めます。これが俗世間です。

ヴィパッサナー実践者は、この上のない価値ある六つの宝物を得たのです。大いに喜ぶべきところ、舞い上がるべきところ、お釈迦様が落ち着きを実践しなさいと言うのです。不幸なことに遭遇したら、落ち着きは実践しにくいのです。しかし幸福なことに出逢ったら、その気さえあれば落ち着くことはできるのです。従って落ち着きの訓練をするためには、たくさん幸福な出来事があったほうが良いのです。七覚支の六つの能力とも獲得したならば、最後に落ち着きの修行をするのです。いたって簡単そうに見えますが、落ち着きの修行は結構難しいです。最高レベルの智慧が必要になります。智慧と落ち着きは離れない仲間なのです。

## 相反する平静と価値観

皆さまの修行の手助けのために、少々、説明します。実際は、修行者が自分で発見するべきところです。価値という言葉をまず憶えておきましょう。我々は認識する現象に、価値をつけるのです。評価するのです。価値によって気持ちが揺らぐのです。自分の家が火事になっているのを見たら、究極のマイナス価値を入れます。その価値に合わせて精神的に落ち込みます。悩みます。年寄りの親戚が亡くなったら、マイナス価値を入れます。価値に適した量を悲しみます。我が子が突然、事故で死にます。極端なマイナス価値を入れます。その悲しみは並大抵のものではありません。

ではポジティブな話をしましょう。収入のなかった人が、給料月二十万円の仕事を見つける。二十万円分、楽しくなります。他になかったときよりは、それなりに色々できるようになります。雇われたところで本人の能力が開花して、正社員に抜擢される。なんと給料は月五十万円です。その上、様々な手当もついてきます。当然、本人はその価値に合わせて大いに喜ぶでしょう。千円で買ったシャツと十万円で買ったシャツは、同じ幸福を与えてくれません。十万円のシャツは相当な喜びを与えてくれます。人間は認識する全てのものごとに何かしらの価値をつけるのです。それに合わせて必ず、心が揺らぐのです。これは、平静がない状態の説明です。ということは、俗世間の人々には見た目だけの冷静さがあるとしても、本物の平静は存在しないのです。

ヴィパッサナーの場合は、何を観察しても、何の価値もつけずにただ単に観察する、ということを実行しなくてはいけないのです。マイナス価値もポジティブ価値もいらないのです。無価値だとも思わないのです。無価値と思ったら、結局、「価値がない」ことになります。それも価値観です。少々、理解が難しいでしょう。その通りです。智慧を開発している人なら、「マイナス価値もない、ポジティブ価値もない、無価値でもない」ということが理解できます。これには仏教用語があります。Dukkha・苦です。

修行者はいま六つの覚支の能力を身につけています。考えてみれば究極の価値に達しているはずです。そこで何の価値観も持たず、全て無常で変化するものだというアプローチで観察し続ければ、心が upekkhā に達するのです。分かりやすく言えば、サマーディ覚支が生まれてもそのまま観察作業を続けなさい、ということです。

修行者はヴィパッサナー瞑想を始めたときから、冷静に客観的に価値を入れずに確認する訓練をしてきたはずです。しかし冷静に客観的に価値を入れずありのままに確認する作業が本番になるのは、六つの覚支能力が身についてから、平静覚支のステージに入ったときです。平静を保つというのは、それほど難しいことなのです。現象の世界を認識することにしましょう。現象は多種多様です。同じ花を見ることにしても、朝の花と午後見る花は変わっているのです。現象は変化しているのです。現象が変わるたびに認識が変わります。花を見て、次に葉っぱを見る。それでも認識は変わります。認識の流れが激しく変わるから、「平静」は成り立たないのです。ですから、最終段階で、本物の平静が身につくようにするのです。この説明で平静覚支の修行はどのようにすれば良いのかと、何となく理解できれば幸いです。

### 平静のはたらき

例えで説明します。輪廻という危険なところにいる人が、解脱という境地に避難したいのです。解脱という境地の位置は高いのです。登れないのです。それで適当な高さの踏み台をつくることにします。七本の笹が見つかります。何とか立てて束ねられるようにします。一本一本の笹は細いので、踏み台になりません。登ろうとすれば壊れます。七本束にしたらちょうど良いのです。束ねましたが、先はバラバラで均等ではありません。それだと登れない。そこで最後に一本に束ねた笹の先端をノコギリで切るなり鉋で削るなりして、スムーズな平面にするのです。これで登れます。それを踏み台にして解脱に避難することができます。笹を束ねて平面にするはたらきが、upekkhāsambojjhaṅga（ウペッカーサンボッジャンガ）のはたらきです。この例えを少々変えても構わないと、後で気づきました。笹は六本。それをロープで縛って、先端を平面にする。それなら七つの仕事が揃います。六本の笹だけでは登れません。ロープで縛ることも、先端を平面にすることも、欠かせないのです。Upekkhāsambojjhaṅgaとは、ロープと先端を平面にする仕事であると理解しても構わないのです。七覚支とはセットフレーズなので、最初に七本の笹にしました。しかし例えは曖昧になってきたので、考えなおして笹を六本にしてみたのです。例えだからどうでも良い話かもしれませんが、強調したいポイントは、平静覚支なしに解脱は成り立たない、ということです。他の能力がいくらあっても、智慧をいくら開発しても、平静覚支がなければ解脱には至りません。

### 平静覚支観察の仕方

平静は心に現れたり消えたりするのです。現れたら、平静があると確認する。消えたら、消えたと確認する。平静はなんで現れたのか、なんで消えたのか、観えてきたらそれも確認する。平静は強くなったり、弱くなったりします。それもそのまま確認する。なぜ弱くなるのか、なぜ強くなるのかと、観えてきます。それもそのまま確認する。必要とするレベルまで平静が強くなったら、解脱を経験することでしょう。

“Iti ajjhattaṃ vā dhammesu dhammānupassī viharati, bahiddhā vā dhammesu dhammānupassī viharati, ajjhattabahiddhā vā dhammesu dhammānupassī viharati; samudayadhammānupassī vā dhammesu viharati, vayadhammānupassī vā dhammesu viharati, samudayavayadhammānupassī vā dhammesu viharati. 'Atthi dhammā'ti vā panassa sati paccupaṭṭhitā hoti. Yāvadeva ñāṇamattāya paṭissatimattāya anissito ca viharati, na ca kiñci loke upādiyati. Evampi kho, bhikkhave, bhikkhu dhammesu dhammānupassī viharati sattasu bojjhaṅgesu.

以上のように、
内のもろもろの法において法を観つづけて住みます。あるいは、
外のもろもろの法において法を観つづけて住みます。あるいは、
内と外のもろもろの法において法を観つづけて住みます。
また、
もろもろの法において生起の法を観つづけて住みます。あるいは、
もろもろの法において滅尽の法を観つづけて住みます。あるいは、
もろもろの法において生起と滅尽の法を観つづけて住みます。

そして、かれに〈法がある〉との念が現前します。それは他でもない、智のため念のためになります。かれは、依存することなく住み、世のいかなるものにも執着することがありません。

このようにまた、比丘たちよ、比丘は七の覚りの部分である法について法を観つづけて住むのです。

五蘊、六処、七覚支の部終了。

# 諦の部　Saccapabbaṃ

（サッチャパッバン）

ここからは「諦の部」すなわち四聖諦の随観方法の説明に入ります。

## 四聖諦を如実に知る

15　“Puna caparaṃ, bhikkhave, bhikkhu dhammesu dhammānupassī viharati catūsu ariyasaccesu. Kathañca pana, bhikkhave, bhikkhu dhammesu dhammānupassī viharati catūsu ariyasaccesu? Idha, bhikkhave, bhikkhu ‘idaṃ dukkha’nti yathābhūtaṃ pajānāti, ‘ayaṃ dukkhasamudayo’ti yathābhūtaṃ pajānāti, ‘ayaṃ dukkhanirodho’ti yathābhūtaṃ pajānāti, ‘ayaṃ dukkhanirodhagāminī paṭipadā’ti yathābhūtaṃ pajānāti.

15　さらにまた、比丘たちよ、比丘は四の聖なる真理である法において法を観つづけて住みます。

では、比丘たちよ、どのようにして比丘は四の聖なる真理である法において法を観つづけて住むのか。

比丘たちよ、ここに比丘は、

〈これが苦である〉と如実に知ります。

〈これが苦の生起である〉と如実に知ります。

〈これが苦の滅尽である〉と如実に知ります。

〈これは苦の滅尽にいたる行道である〉と如実に知ります。

ヴィパッサナー瞑想を実践する人が、膨らみ・縮みなど様々な対象を観察して、瞑想が進んでいきます。そこで、思う存分様々な対象（身体・感覚・心）を観察していったところで、次に自動的にこの「法の観察」に心が向かうのです。五蓋に始まって十二処、七覚支といった法の観察をしたところで、次に、catūsu（チャトゥース）四つのariya（アリヤ）聖なるsaccesu（サッチェース）真理の観察をします。四つの聖なる真理とは「四聖諦（ししょうたい）」です。ヴィパッサナーの修行者は自分の瞑想をしているのですから、この四聖諦を自分の身体のなかで観察しなければいけないのです。

四つの真理の一番目は苦聖諦（くしょうたい）、「これがdukkha（ドゥッカ）苦である」と、yathābhūtaṃ（ヤターブータン）如実にありのままにpajānāti（パジャーナーティ）知ることです。

二番目は苦集聖諦（くじゅうしょうたい）、「これはdukkhasamudayo（ドゥッカサムダヨー）苦の生じる方法である」と、如実にありのままに知ることです。

三番目は苦滅聖諦（くめつしょうたい）、「これがdukkhanirodho（ドゥッカニロードー）苦の滅である、こういうふうに苦しみが消えるのだ」と如実にありのままに知ることです。

四番目は苦滅道聖諦（くめつどうしょうたい）、「これがdukkhanirodhagāminī（ドゥッカニローダガーミニー）苦の滅に至るpaṭipadā（パティパダー）道である」と如実にありのままに知ることです。

### 「如実に知る」ってどういうこと？

ここで、yathābhūtaṃ（ヤターブータン） pajānāti（パジャーナーティ）如実に知る、という言葉が出てきました。yathābhūtaṃは一般の日本語でもよく言われる「ありのまま」ということです。日本語では「如実に知る」と訳されます。そこで「如実に知る」と言っても、どのように観ればいいのでしょうか。人間には如実にものごとを観ること、認識することはできないのです。その能力は生命に備わっていないのです。我々に備わっている「知る能力」がどんなはたらきをしているのかと、もう一度理解したほうが良いと思います。生命は、生き続けたいのです。生きるために必要なことを知りたいのです。生きることに何が邪魔になるのかということも知りたいのです。生きることを支えてくれるものを自分のものにするために、生きることに障りになるものを壊すために、またはそれから逃げるために、知る必要があるのです。ありのままに知ることでは、この目的は達成しません。

自分の主観で自己中心的にものごとを認識しなくてはいけないのです。

このような生き方では、いつまで経っても生命は存在の罠に嵌められたままです。生き続けたいと思っても、それは決して実現できる目的ではありません。邪魔者から逃げようとしても、逃げ切れません。邪魔者を潰そうとしても、潰し切れません。結果は、悩み・苦しみ・憂い・失望感で限りなく苛まれることです。お釈迦様の指導は、この問題を解決するために説かれたのです。そこで「ありのままに知る」という特別な用語を紹介することになったのです。私たちに理解できるように解説するならば、ありのままに知るとは、主観を一切なしにものごとを客観的に見ることです。ありのままに見ます、と言っても、如実に見ることはできないのです。その能力はないのです。ですから如実に見る訓練が必要です。

## 如実に見る能力

大念処経の気づきの実践は、如実に見るための訓練なのです。妄想概念が現れないように抑えつつ、身体の動き、感覚、心の変動などを確認してきたのです。期待するほどうまく実践が進まないという現実を、修行者は充分経験しているはずです。確認しようとすると妄想が割り込んで邪魔をするのです。抑えても抑えても、妄想が形を変えながら湧いてくるのです。それでも諦めず確認作業を続けると、能力が上がります。脳のなかにも新しい配線が現れてくるのです。妄想を引き起こす配線をバイパスして、認識データをそのまま認識できる能力がついてくるのです。修行者が法の随観に進むのは、このときです。七覚支の説明を読んでみても、修行者が一般常識を乗り越えた認識レベルに達していることは理解できると思います。

四聖諦の話は仏教を学び始めるときも教えてくれるものです。仏教とは四つの真理を語る教えです。ですから「仏教とはどのような教えでしょうか？」とわずかな興味でも持つ人には、四聖諦の話をするのです。ヴィパッサナーを実践している人々は、四聖諦のことを理解しているはずです。それは真理であると、ある程度の納得にいたっているはずです。しかし実践を始めたら、四聖諦や苦・無常・無我などの話は全く出なかったのです。「膨らみ、縮み」と実況したり、「左足、上げます、運びます、下ろします」などを実況して歩いたりしたのです。このやり方で、修行者はまず観察能力を上げるのです。雑念が割り込むことなく、身体に起こる感覚をそのまま観察できる能力を育てていたのです。いまは妄想の邪魔はありません。集中力もあります。能力も向上しています。やっと四聖諦を観察できるような状態になったのです。

## 四聖諦　知識と経験の差

今度は、仏教のテキストを開いて四聖諦を理解するようなことは一切しません。真理とは、これから作るものではなく、既にあることでしょう。本のなかに、言葉のなかにあるはずはないのです。自分とは、肉体（物質）と感覚なのです。四聖諦がそちらにあるか否かを発見しなくてはいけないのです。観察はいままで通りに行ないますが、今度は「これは苦諦、これは集諦、これは滅諦、これは道諦」だと、自然に見えてくるのです。「膨らみ」ではなく、膨らみの本当の姿を発見するのです。いままで実況した膨らみは、ただの物質的なはたらきでした。肺に空気が入るから、膨らむのは当然のことでした。感覚があるから、それを感じていたのです。今度は違います。膨らみとは、苦諦と集諦なのです。膨らみを止めることはできません。ですから苦諦と集諦から逃げることもできません。次に、縮みが始まります。これもまた、苦諦と集諦です。歩く瞑想など他の方法に変えて実践しても、結果は同じです。何を実況してみても、そちらにあるのは苦諦と集諦です。

仏教の知識がある方なら、膨らみ・縮みなどが苦諦・集諦になるのは当たり前のことだと思ってしまうのです。瞑想実践が進んだとはどういうことかと、疑問に思う可能性もあります。しかし実践者の場合は、状況が違います。一般の方々は、知識を使って論理的に考えて苦諦・集諦という結論に達するのです。しかしそれは、推測的な結論です。発見したデータではないのです。考古学者が発掘すると、二千年ほど古い集落の遺跡を発見する。そこで貝殻が見つかる。それで考古学者は、当時の人々は貝を食べていたのだという結論に達する。しかし、それは推測です。貝を食べていたかもしれません。貝は人間が食べるものではなく、神様にお供えするものだと思っていたかもしれません。豊富にあったので、貝殻を何かの材料に使っていたのかもしれません。とにかく分かりません。推測というのはこのようなものです。ミイラを発見して、ミイラのお腹のなかに貝ひもを見つけたら、恐らく貝を食べたことになるでしょう。それでも当時の人間は貝を食べていたと言い切れません。もしかするとこの人が勝手に貝を食って、中毒になって死んだかもしれません。このような例えを使ったのは、世のなかの知識がほとんど論理と推測に頼っていることを証明するためです。揺るぎない事実を現代的な知識で発見するのはたやすいことではありません。仏教の場合は、真理を揺るぎない事実として発見しなくてはいけないのです。

一般的な仏教徒が持っている「生きることは苦である。だから膨らみも苦だと言っても構わない」という程度の理解は、推測です。妄想が割り込むことが全くなく、優れた集中力で「膨らみ」を感じてみると、それは苦であることを経験します。膨らみは苦であるにもかかわらず、「膨らませなくてはいけない」という気持ち（集諦）も経験するのです。このように、ヴィパッサナー実践の確認は、推測であってはならないのです。揺るぎない経験にならなくてはいけないのです。わずかな経験は何の役にも立たないので、それから徐々に経験のレベルを上げていくのです。

## 滅諦・道諦の発見

上の説明で、苦諦・集諦に触れました。しかし経典では、滅諦・道諦も入っているのです。四聖諦の観察に入ったばかりの修行者が、どのように滅諦・道諦を発見するのでしょうか？　ここでまた仏教を学ぶ人の知識と、実践する人の経験の差が見えてきます。

知識的に考えると、滅諦とは渇愛を根絶した状態なのです。要するに涅槃なのです。知識的に学ぶ人は、涅槃は知識に入らないと知っているのです。たとえ修行しても、解脱に達しない限り滅諦は分からないはずです。というのは理論です。全く雑念・妄想が入らない優れた集中力で観察し始めたら、状況は変わります。膨らみは苦です。膨らみを引き起こす原因があります。膨らませずにはいられない、原因があります。ですから膨らんでいる間は、苦・苦・苦を確認しているのです。しかし膨らみは、原因が消えたところでなくなるのです。膨らませずにいられない状態が、消えたのです。その瞬間で、いままで観察した苦・苦・苦が消えたのです。苦を司る原因が消えたならば、苦は消えます。これを滅諦と言うのです。当然、修行者は次に、縮みという苦の連続に入らなくてはいけないのです。修行者が観察する苦は、原因によって生じる現象でありつつ、瞬間瞬間に起こる現象の連続でもあるのです。この状況を全く発見しないでいたとき、自分は他の生命と同じく、苦しみの罠に嵌められていたのです。しかし客観的に観察すると、苦しみの罠に嵌められていることぐらいは分かるのです。罠の状況が分かったら、罠から抜け出す方法も見えるのです。いまの自分の観察修行は、苦を滅する方法なのです。修行者は、このまま観察し続ければ良いという気持ちでいるのです。これに道諦と言うのです。

### 小さな種は大樹に成長する

心の中で雑念が消えて集中力が上がったので、心は自然に苦・集・滅・道の四聖諦の方向に赴いたのです。それだけの智慧では、解脱に達するためには足りません。いま真理のわずかな種が現れたのです。これからヴィパッサナー実践をし続けて、この種を芽吹かせて、大樹になるまで成長させなければいけないのです。その方法は、より詳しく四聖諦を発見していくことです。次から、その説明に入ります。

## 苦諦の解説

**Dukkhasaccaniddeso**

16 “Katamañca , bhikkhave, dukkhaṃ ariyasaccaṃ? Jātipi dukkhā, jarāpi dukkhā, maraṇampi dukkhaṃ, sokaparidevadukkhadomanassu pāyāsāpi dukkhā, appiyehi sampayogopi dukkho, piyehi vippayogopi dukkho, yampicchaṃ na labhati tampi dukkhaṃ, saṃkhittena pañcupādānakkhandhā dukkhā.

16 では、比丘たちよ、「苦という聖なる真理」とは何か。
生まれは苦です。
老いも苦です。
死も苦です。
愁い・悲しみ・苦しみ・憂い・悩みも苦です。
愛さない者たちと結ばれることも苦です。
愛する者たちと結ばれないことも苦です。
求めて得られないことも苦です。
要するに五取蘊（ごしゅうん）は苦です。

（四聖諦を紹介する『転法輪経（てんぽうりんきょう）』では、最初に生・老・病・死が苦であると説かれます。『大念処経』では、病という項目がないのです。最初の説明では生・老・病・死という四つを入れて解説します。項目別の説明に入ったら、大念処経に合わせます）

Dukkha 苦という ariyasaccaṃ 聖なる真理について、お釈迦様はごく簡単に、「こういうものが dukkha ですよ」と説かれるのです。

Jāti（ジャーティ）・生、生まれることは dukkha である。

jarā（ジャラー）・老、老いることは dukkha である。

（Byādhi（ビャーディ）・病、病気に罹ることは dukkha である）

Maraṇa（マラナ）・死、死ぬことは dukkha である。

生まれて、老いて、死ぬ。これは現象についてのワンセットなのです。

次に sokaparidevadukkhadomanassupāyāsāpi という長い言葉が入りますが、これは短く切るのです。

Soka（ソーカ）・愁、憂は、悲しみ、愁いです。

Parideva（パリデーワ）・悲，悲泣は、泣くことなのです。かなり激しい気持ちです。

次に、dukkha・苦が入ります。この場合 dukkha は身体の病気とか、痛みのこと。だから聖なる真理としての dukkha とは意味は違って、いつも我々が「身体の調子が悪くて苦しい」と言っている苦しみなのです。

Domanassa（ドーマナッサ）・憂、憂悩は心の悲しみです。

Upāyāsa（ウパーヤーサ）・悩、愁、絶望、悶も心の悲しみですが、domanassa は普通の悲しみで、upāyāsa というとちょっと強く引きずっていく気持ちなのです。何となく、ずうっとため息をついたりしてしまう。悲しみのかなり強いほうだと思ったほうがいいのです。

次に appiyehi（アッピイェーヒ） sampayogo（サンパヨーゴー） dukkho（ドゥッコー） 好きでもない人々、好きでもないものごと、あるいは嫌な人々、嫌なものごとと会うこと、付き合うことです。それも dukkha（怨憎会苦（おんぞうえく））なのです。

Piyehi（ピイェーヒ） vippayogo（ヴィッパヨーゴー） dukkho（ドゥッコー） 好きな人々、好きなものごとから離れることもまた dukkha（愛別離苦《あいべつりく》）なのです。

次に、yampicchaṃ na labhati《ヤンピッチャン ナ ラバティ》 欲しいものが得られないこと、それも dukkha（求不得苦《ぐふとくく》）なのです。

これらは生きる上で必ず起こる出来事です。老病死は決して避けられません。必ず遭遇するのです。憂い悲しみなどは、その都度その都度、起きます。経験しない人間は存在しない。好きなものが得られない、ということも皆に平等です。誰でも好きなものを何の問題もなく得ているわけではないのです。生きる上では、嫌なものと付き合うことも避けられないのです。このように観ると、生きるということは様々な苦で成り立っているのだと理解することができます。ここまでは誰にでも簡単に理解できる、発見できる dukkha なのです。

次に、一般的には発見し難い、全ての現象的な苦のもとになるものを明らかにします。saṃkhittena pañcupādānakkhandhā dukkhā.《サンキッテーナ パンチュパーダーナッカンダー ドゥッカー》「結局のところ、五取蘊は苦です」と説かれるとき、様々な苦の大本を明らかにしているのです。五蘊とは命を構成する五つのはたらきなのです。この五蘊に対して、生命は執着しているのです。しかし五蘊は因縁によって勝手に変化していくのです。自分の希望通りにはならないのです。勝手に変化しているものに対して、何の期待も抱かず、放っておいたほうが良いのですが、生命はそれをしません。放っておくべきところを、執着してしまうのです。やってはいけないことをあえてやっているのです。執着したから、肉体のことがこうなってほしい、こうなってほしくない、などなどの期待が生じる。しかし身体は勝手に自分の期待に応じてくれません。それで苦が生じるのです。

五蘊とは、①色蘊…肉体のことです。②受蘊…肉体のなかにある感覚のことです。③想蘊…心に現れる無数の概念のことです。④行蘊…身口意の行為を引き起こす衝動のことです。⑤識蘊…認識する、というはたらきです。この五つのはたらきについて、生命は様々な期待を抱くのです。五蘊は因縁によって変化するもので、自分の期待に応じるものではないのです。ですから、期待を抱いた時点で、失望感に陥らなければいけないのです。老いたくはない、病気に罹りたくはない、死にたくはない、あの人と一緒に生活したくはない、この人と一生一緒に生きていたい、皆に自分の気持ちを理解してほしい、また、自分のことを放っておいてほしい、などなど限りのない期待が起きてくるのです。この期待も想蘊のはたらきです。期待が生じると行蘊にもエネルギーが入ります。ですから、「あの人と一緒になりたい」という期待が生じたら、それを実現する方向へ行動してしまいます。しかし期待ははずれます。五蘊は期待に応じるはたらきではないのです。

例えを出します。雷が落ちてほしくないと思う。では自分がそう思ったから、雷が落ちないようになるでしょうか？　そうはなりません。雷は因縁によって落ちたり落ちなかったりするのです。五蘊に対して無限の期待を抱いても、わずかな期待が叶ったり、他の期待は全て叶わなかったりします。それも雷の法則と同じく因縁によるもので、自分が期待したから希望が叶った、というわけではないのです。期待があればあるほど、失望感で悩まなくてはいけないのです。生老病死の苦から、愛別離苦までの全ての苦は、期待があるから苦になるのです。執着があるから苦になるのです。しかし誰でも、老いることや病に執着しないでしょう。調べてみると、五蘊に執着しているのです。五蘊は因縁によって勝手に変化していくプロセスであると分かってないのです。一般の人々は、あれが欲しいこれが欲しいと思うだけで、執着があることを何となく知っていますが、それは五蘊に対する執着であるとぜんぜん気づかないのです。

## 生まれとは何か？

それから、この経典では dukkha それぞれの項目に関するお釈迦様の註釈も述べられているのです。列挙されているのは瞑想実践に必要な項目だから、項目だけ述べて止まるのではなく、各項目についての註釈も同じ経典のなかに、ワンセットで入れているのです。そういうわけで、学者の世界から見ても、この経典の dukkha の説明は、最も信頼できるものだとして評価されています。

17 “Katamā ca, bhikkhave, jāti? Yā tesaṃ tesaṃ sattānaṃ tamhi tamhi sattanikāye jāti sañjāti okkanti abhinibbatti khandhānaṃ pātubhāvo āyatanānaṃ paṭilābho, ayaṃ vuccati, bhikkhave, jāti.

17 では、比丘たちよ、「生まれ」とは何か。

それぞれの生けるものたちの、それぞれの生けるものの類における生まれ・誕生・入胎・発生・諸蘊の出現・諸処の獲得です。

比丘たちよ、これが生まれと言われます。

こちらではただ誕生のこと、生まれるということを言っています。jāti 生まれ、sañjāti 生、okkanti 入胎、abhinibbatti 発生、と並ぶのは同義語で、意味は全て「生まれる」ということなのです。

それから、khandhānaṃ（カンダーナン） pātubhāvo（パートゥバーヴォー） 諸蘊の出現とは、身体と感覚が現れること。khandha 蘊と言えば五つ（五蘊）ですから、身体と感覚が現れることということ。次は āyatanānaṃ paṭilābho 諸処の獲得と訳してありますが、āyatana とは認識器官のこと。つまり眼耳鼻舌身意なのです。もし眼耳鼻舌身意が現れたら、それは生まれているということなのです。これも生まれるということの同義語なのです。

とにかく仏教では、誕生はおめでたいことではないのです。それ自体は苦しみであると捉えるのです。生まれて大変おめでたいというのは一般の俗世間の考え方であって、論理的ではありません。生まれたこと自体、不幸の現れなのです。

そこで、生まれる方法も色々ありますから、たくさんの言葉を使っていて、卵から生まれたり、身体から出てきたり、同じ身体を分裂させて生まれることもある。下等動物はだいたい分裂して増えるのですが、一つの動物が二つに分裂したところで、一匹の苦しみが二倍になるだけ。一匹の微生物は、自分一人だけで苦しいのに、それが分裂して二匹になる。二匹になったところで二匹が同じ苦しみを味わわなくてはいけないのです。

Khandhānaṃ pātubhāvo 諸蘊の出現、五蘊が現れるという生まれ方もある。人間より高い次元の生命には、我々のように身体から生まれるということはないのだそうです。例えば天界などの場合です。天界でもお産するということになったら、そちらに病院やらお産婆さんやら色々必要になってしまうでしょう。それでは何のために天国に行ったのか、ということになります。天界の生命は身体が我々とは違っていて、自然に発生するのです。だから、khandhānaṃ pātubhāvo という言葉は、そういう場合の生まれも入るように言っているのです。もっと高い次元の梵天などになると、身体もない場合もあります。身体は苦しみだから、その苦しみを控えて、認識機能だけはたらく生命なのです。それは超次元的な生まれですが、どこへ生まれても、生まれた生命はその生を死ぬまで生きなくてはならないのです。

### 老いとは何か？

18 “Katamā ca, bhikkhave, jarā? Yā tesaṃ tesaṃ sattānaṃ tamhi tamhi sattanikāye jarā jīraṇatā khaṇḍiccaṃ pāliccaṃ valittacatā āyuno saṃhāni indriyānaṃ paripāko, ayaṃ vuccati, bhikkhave, jarā.

18 また、比丘たちよ、「老い」とは何か。

それぞれの生けるものたちの、それぞれの生けるものの類における老・老衰・歯の欠落・白髪の生え・皺（しわ）の寄り・寿命の減少・諸器官の

**老熟です。**

**比丘たちよ、これが老いと言われます。**

次は「老い」の説明です。

Jarā 老、一番単純な言葉で「老いる」こと。

Jīraṇatā 老衰、ボロボロになること。

Khaṇḍiccaṃ 歯の欠落、身体のあちこちが壊れていくこと。

Pāliccaṃ 白髪の生え、この言葉は木の葉が黄色く枯れていくような感じで使っています。

Valittacatā 皺の寄り、年を取ると我々の皮膚などはしわがいっぱい出てきて、しぼんでいってしまうのです。皮膚だけではなくて筋肉も内臓も全て、全部縮んでいってしまう。この縮んでいくこと。しわが出てくることです。

Āyuno saṃhāni 寿命の減少、āyu（アーユ）寿命・生命力が、saṃhāni 壊れていく。生命力がどんどんなくなっていくこと。

Indriyānaṃ paripāko は、indriya（インドゥリヤ）器官が使用期限になっているということ。paripāka は熟するという意味ですが、それで終わりなのです。これも植物から取っている言葉です。木に実がつくと、どんどん育って立派な木の実になるでしょう。次には、もう木から落ちなければいけないのです。だから熟するイコールもう年を取るということです。我々の目にしても indriya・器官ですから、目が見えなくなっていく、耳が聴こえなくなっていく、というふうに全ての器官は鈍（にぶ）くなってしまうのです。眼耳鼻舌身という感覚器官の使用期限が減っていくことです。

以上は老いることの定義ですが、定義というより、同義語を並べているのです。現代的に言えば、同義語を羅列することは定義にはなりません。しかし昔は、テキストを読んで学んだ時代ではないのです。師匠の話を聴いて、学ぶのです。もし師匠が使った単語の意味が分からなかったら、勉強したことにならないのです。ですから大事なポイントを説明するときは、一つの用語で終わらないでたくさん同義語を羅列しておくのです。弟子は言葉一つ二つの意味が分からなくても、同義語のリストのなかで理解できる単語をみつけられるのです。この経典を理解する場合は、jarāとは何かという問題に挙げている同義語のなかで、一つか二つを理解するだけで充分です。

## 死とは何か？

次にmaraṇaṃ死ぬということ。

19 "Katamañca, bhikkhave, maraṇaṃ? Yaṃ tesaṃ tesaṃ sattānaṃ tamhā tamhā sattanikāyā cuti cavanatā bhedo antaradhānaṃ maccu maraṇaṃ kālaṅkiriyā khandhānaṃ bhedo kaḷevarassa nikkhepo jīvitindriyassupacchedo, idaṃ vuccati, bhikkhave, maraṇaṃ.

19 また、比丘たちよ、「死」とは何か。

それぞれの生けるものたちの、それぞれの生けるものの類からの死去・死没・破壊・滅没・死死・命終（みょうじゅう）・諸蘊の破壊・身体の放棄・命根の断絶です。

比丘たちよ、これが死と言われます。

ここで観察瞑想する修行者が、苦聖諦の観察に入っているのです。苦とは生・老・病・死・愛別離・怨憎会・求不得・五取蘊ということになります。前に生と老の説明をしました。大念処経の四聖諦には病が入ってないので、これから、死とは何かと説明しなくてはいけないのです。死の定義ではなく、死に対してパーリ語で使っている同義語を並べているのではないかと思われるかもしれません。しかし、「死とは何か？」と形而上学的なわけも分からない説明をすることを仏教は避けているのです。決して神秘的・宗教的な定義はしません。ごく一般常識的に、死とは何かと理解すれば充分です。それなら誰でも知っていることです。しかし人間が、死ぬのは人間と動物だけだと勘違いする可能性があります。英語でも人間にmortal（死ぬべきもの）と言うのです。神々に対してはimortal（不滅）という言葉を使っています。人間も生命で、神々も生命なのです。そうなると、死すべき生命と不滅の生命という二種類になります。これは人間の観念的な思考であって、何か証拠があるわけではないのです。しかし仏教の場合は、生命はみな、死すべきものなのです。死の随観をするとき、修行者は「智慧の完成者である偉大なるブッダであろうとも、死を免れることはありません」と観察するのです。仏教が語る不死とは、涅槃であって、生命ではないのです。生命とは五蘊で構成されている瞬間瞬間変化する組織なのです。ですから、仏教は死を定義するとき、誰でも理解している死を説明するのです。

第一の単語はcutiです。それぞれの生けるものの類からの死去です。生命の種類はたくさんあります。神々も梵天も生命なのです。それぞれの種類にそれなりの死に方があるのです。とにかく、その生命体の流れが壊れることが、死です。この単語で「一切の生命は死すべきものである」という立場を取っているのです。

第二の単語はcavanatāです。死没と訳されています。Cutiとcavanatāという二つの単語のニュアンスは、「去る」という意味なのです。生命が人間の形を取ったならば、人間という世界から去るのです。神々の場合も同じことです。

第三の単語はbhedo、破壊と訳されています。生命体が壊れてしまった、という意味です。四番目はantaradhānaṃ、滅没と訳されています。きれいさっぱり消えてなくなりました、という意味です。五番目はmaccu maraṇaṃ、死死と訳されています。サンスクリット語で死はmṛtiです。パーリ語バージョンはmaccuです。maraṇaṃも全く同じ意味の同義語です。一般的にいう、死にました、という意味です。六番目はkālaṅkiriyā、命終と訳されています。Maccuとは死を意味する専門用語で、何の感情も入っていないのです。しかし人間の死に対して敬語を使うならば、kālaṅkiriyāと言うのです。時間（寿命）が終わった、という意味になります。七番目はkhandhānaṃ bhedo、諸蘊の破壊と訳されています。これは死に対する仏教の専門用語です。生命とは、五蘊で構成されている組織です。この五蘊の一つでも壊れたら、それでその生命が死ぬのです。八番目はkaḷevarassa nikkhepo、身体の放棄と訳されます。kaḷevarassa nikkhepoとは、身体というよりは、死体と理解したほうが良いのです。身体のなかに心が働いているから、生きているのだというのです。心とは、身体のなかに働いているエンジンのようなものです。心はボロボロになった身体を捨てるのです。それは死です。死体の放棄とは、インドの葬式習慣の一つです。遺体捨場があって、人が亡くなったらそこに遺体を放棄するのです。九番目はjīvitindriyassupacchedo、命根の断絶と訳されます。この単語も仏教の専門用語です。肉体には、肉体を維持する力があります。心には心を維持する力があります。両方ともjīvitindriya（命根）というのです。一つは物質的なはたらきで、一つは精神的なはたらきです。どちらかの維持する力がなくなったら、その生命は死ぬのです。

この定義は、瞑想実践にはそれほど関係ないかもしれません。死を常識的に理解すれば良いのです。しかし常識的な死に対して、神秘的な形而上学的なニュアンスが入っていたら、困るのです。いかなる生命の死であっても、ただその生命体が壊れていったことであると、理解してほしいのです。

## 愁いと悲しみとは何か？

20 “Katamo ca, bhikkhave, soko? Yo kho, bhikkhave, aññatarаññatarena byasanena samannāgatassa aññatarаññatarena dukkhadhammena

phuṭṭhassa soko socanā socitattaṃ antosoko antoparisoko, ayaṃ vuccati, bhikkhave, soko.

20　また、比丘たちよ、「愁い」とは何か。

比丘たちよ、ある何らかの災厄に伴われた者の、ある何らかの苦の法によって触れた者の、愁い・愁えること・愁える状態・内なる愁い・内に広がる愁いがあります。

比丘たちよ、これが愁いと言われます。

Byasanaとは、災害です。災害に遭ったら心に現れる感情はsoko・愁いというのです。災害は色々です。自然災害もあるし、親しい人々が病気になったり亡くなったりすることもあります。自分が病気になることもあります。財産がなくなったり、仕事を首になったりすることもあります。そのとき、sokoという感情が現れます。愁いが現れるのです。災害の程度よりも自分の執着の度合いによって、愁いが弱くなったり強くなったりします。Sokoとは精神的に悩むことです。落ち込むことです。顔色が変わったりするかもしれませんが、表面的にそれほど変わりはありません。内面的な悩みです。

21　"Katamo ca, bhikkhave, paridevo? Yo kho, bhikkhave, aññatarаññatarena byasanena samannāgatassa aññatarаññatarena dukkhadhammena phuṭṭhassa ādevo paridevo ādevanā paridevanā ādevitattaṃ paridevitattaṃ, ayaṃ vuccati, bhikkhave, paridevo.

21　また、比丘たちよ、「悲しみ」とは何か。

比丘たちよ、ある何らかの災厄に伴われた者の、ある何らかの苦の法によって触れた者の、嘆き・悲嘆・嘆くこと・悲嘆すること・嘆きの状態・悲嘆の状態があります。

比丘たちよ、これが悲しみと言われます。

災害に遭うと、内面的に悲しみに陥るだけではなく、それを表面に顕すこともあります。悲しみが強いから表面に現れた、というわけではありません。少々の悲しみに出会っただけで、泣いたり喚いたりする人もいます。悲しみをギリギリまで我慢して、心のなかで処理しようと踏ん張る人々もいます。いくら我慢しようとしても、できなくなって泣いてしまう場合もあります。paridevoとは、悲しみで涙を流す、声を出して泣く、地面に転がる、失神するなどの表面的に現れることです。

### 苦しみと憂いと悩みとは何か？

22 “Katamañca, bhikkhave, dukkhaṃ? Yaṃ kho, bhikkhave, kāyikaṃ dukkhaṃ kāyikaṃ asātaṃ kāyasamphassajaṃ dukkhaṃ asātaṃ vedayitaṃ, idaṃ vuccati, bhikkhave, dukkhaṃ.

22 また、比丘たちよ、「苦しみ」とは何か。

比丘たちよ、身の苦しみ、身の不快、身に触れて生じる苦しい不快の感受があります。

比丘たちよ、これが苦しみと言われます。

ここに出てくるdukkhaとは、肉体の苦しみなのです。一番分かりやすいのは、痛みです。痛みは肉体に現れる場所によって感じ方が変わるかもしれません。足が痛い、胸が痛い、頭が痛いなどなどと言う場合は、痛みのニュアンスが変わります。落ちたり殴られたり怪我したりするとき、身体の表面に現れる痛みと、内臓の機能が異常現象を起こすとき現れる痛みをまとめて、dukkhaと言うのです。一般的に「調子が悪い」というときも、肉体の苦しみなのです。

この場合のdukkhaは、苦聖諦の苦と違います。単純に「苦しみ」という意味です。

23　"Katamañca, bhikkhave, domanassaṃ? Yaṃ kho, bhikkhave, cetasikaṃ dukkhaṃ cetasikaṃ asātaṃ manosamphassajaṃ dukkhaṃ asātaṃ vedayitaṃ, idaṃ vuccati, bhikkhave, domanassaṃ.

23　また、比丘たちよ、「憂い」とは何か。

比丘たちよ、心の苦しみ、心の不快、意に触れて生じる苦しい不快の感受があります。

比丘たちよ、これが憂いと言われます。

精神的な苦しみは、domanassaと言うのです。単純に言えば、「悩み」という意味になります。災害に遭遇するなどの具体的な原因がなくても、人々は色んなことで悩むのです。特に将来のことを妄想すると、不安が生じるのです。これは明確な悩みです。子供が勉強に精を出さない、物価が高い、通勤には時間がかかる、などなど考えれば、いくらでも悩みが出てきます。精神的に明るくない、という意味になります。性格的にも、ものごとを暗く見る人々もいます。 その人々にも悩みが多いのです。というわけで、domanassaとは、心が暗い、という意味です。

24　"Katamo ca, bhikkhave, upāyāso? Yo kho, bhikkhave, aññataraññatarena byasanena samannāgatassa aññataraññatarena dukkhadhammena phuṭṭhassa āyāso upāyāso āyāsitattaṃ upāyāsitattaṃ, ayaṃ vuccati, bhikkhave, upāyāso.

24　また、比丘たちよ、「悩み」とは何か。

比丘たちよ、ある何らかの災厄に伴われた者の、ある何らかの苦の法によって触れた者の、悩乱・悩み・悩乱の状態・悩みの状態があります。

比丘たちよ、これが悩みと言われます。

Upāyāsaという単語に、適切な日本語の言葉はなさそうです。何らかの災厄に遭遇したら、人は愁い・悲しみを感じるのです。その災厄が過ぎ去ったら、愁い悲しみもなくなるはずです。やっと終わった、立ち上がることができました、という気分になるはずです。しかし人の心はそう簡単ではないのです。災害が終わっても、何とか立ち上がることができても、あの悲しみ、あの愁いが、心のなかに棲みつくのです。これがupāyāsaと言うのです。災害に遭っているときも、愁い・悲しみと一緒にupāyāsaも現れるかもしれません。しかし災害などが過ぎ去ってからも、心についた傷跡が消えない場合はupāyāsa です。PTSD（心的外傷後ストレス障害）とはupāyāsaのことです。多かれ少なかれ誰にでもあることだと思います。子供が亡くなったら、親は何年でも悩み続けるのです。思い出しては泣くのです。明るく生きようとはしないのです。これもupāyāsaの例です。絶望感に陥る、という場合もupāyāsaです。結局は悩みの一種ですが、なかなか消えないで付き纏うことが特色です。

Upāyāsaの説明は、ややこしくなってしまいました。ややこしい定義を考えて理解するのは、観察瞑想の場合は相応しくないのです。生きる上では、色々な形の悩みがあるものだと理解すれば充分です。そのなかで、「災害が過ぎ去っても心が悩み続ける場合もあります。不安を感じることもあります。怯えることもあります」と、簡単に理解すれば充分でしょう。「心が傷ついた」という状態がupāyāsaであると、最終的に理解しておきましょう。

## 愛さない者たちと結ばれる苦（怨憎会苦）とは何か？

25　“Katamo ca, bhikkhave, appiyehi sampayogo dukkho? Idha yassa te honti aniṭṭhā akantā amanāpā rūpā saddā gandhā rasā phoṭṭhabbā dhammā, ye vā panassa te honti anatthakāmā ahitakāmā aphāsukakāmā ayogakkhemakāmā, yā tehi saddhiṃ saṅgati samāgamo samodhānaṃ missībhāvo, ayaṃ vuccati, bhikkhave, appiyehi sampayogo dukkho.

25　また、比丘たちよ、「愛さない者たちと結ばれる苦」とは何か。

ここに、かれに好ましくない、楽しくない、喜ばしくない、もろもろの色(しき)・声(しょう)・香(こう)・味(み)・触(そく)・法(ほう)があり、あるいはまた、かれの利益を望まない、繁栄を望まない、安楽を望まない、安穏を望まない者たちがおり、それらとともに集合すること、出会うこと、結合すること、交際することがあります。

比丘たちよ、これが愛さない者たちと結ばれる苦と言われます。

Appiyehi sampayogo 好きになれない・嫌な気持ちになるものごとと付き合うことになるのも、dukkho 苦です。嫌な人と付き合うことであると、簡単に理解してしまうフレーズです。しかし、お釈迦様は一般の人間の理解レベルを超えて明確に真理として説明なさいます。私たちにとっては「あの人は肌に合わない。あの人のことが嫌」という気持ちがあるかもしれません。しかし、嫌な人は私に何もしないのです。それなのに、嫌な気持ちが生まれるのです。

それはどういうことでしょうか？　私たちの身体に、色声香味触法というデータが眼耳鼻舌身意という認識機関を通して触れるのです。そのとき、心に起こる好ましくない気持ちに、dukkha と言うのです。見たくないものを見なくてはいけないとき、聴きたくないことを聴かなくてはいけないとき、嗅ぎたくはない匂いを嗅がなくてはいけないとき、味わいたくないものを味わわなくてはいけないとき、触れたくはないものに触れなくてはいけないとき、苦しみが生まれるのです。それから、考えたくないのに、色んな嫌な出来事が頭のなかで回転するときも、苦しみが生じるのです。生きる上で、これらのことは避けられないのです。

幸福を感じる・楽しみを感じるものごとばかりに囲まれて生活できるわけがありません。悩み苦しみ悲しみ落ち込みなどを感じるものごとにも、遭わなくてはいけないのです。良い対象を選んで悪い対象を避けることは不可能です。この状況も苦・dukkhaと言うのです。

### 愛する者たちと結ばれない苦（愛別離苦）とは何か？

次にKatamo ca, bhikkhave, piyehi vippayogo dukkho? それから好きなものから離れること。愛するものたちと結ばれない苦とは何かと。

26 “Katamo ca, bhikkhave, piyehi vippayogo dukkho? Idha yassa te honti iṭṭhā kantā manāpā rūpā saddā gandhā rasā phoṭṭhabbā dhammā, ye vā panassa te honti atthakāmā hitakāmā phāsukakāmā yogakkhemakāmā mātā vā pitā vā bhātā vā bhaginī vā mittā vā amaccā vā ñātisālohitā vā, yā tehi saddhiṃ asaṅgati asamāgamo asamodhānaṃ amissībhāvo, ayaṃ vuccati, bhikkhave, piyehi vippayogo dukkho.

26 また、「愛する者たちと結ばれない苦」とは何か。

ここに、かれに好ましい、楽しい、喜ばしい、もろもろの色・声・香・味・触・法があり、あるいはまた、かれの利益を望み、繁栄を望み、安楽を望み、安穏を望む母、あるいは父、あるいは兄弟、あるいは姉妹、あるいは友人、あるいは知己、あるいは親族たちがおり、それらとともに集合しえないこと、出会えないこと、結合しえないこと、交際しえないことがあります。

比丘たちよ、これが愛する者たちと結ばれない苦と言われます。

人には好ましい、見るもの、聴くもの、嗅ぐもの、味わうもの、触れるものがあるのです。それらに触れて生活することができれば、楽しいのです。気分が良いのです。しかし、それらから離れなくてはいけなくなります。見たいものが見えなくなると、聴きたいものが聴こえなくなると、嗅ぎたいものが嗅げなくなると、味わいたいものが味わえなくなると、触れたいものに触れられなくなると、苦しみを感じます。楽しいことを考えることができなくなると、苦しみを感じます。

人には、楽しみ・やすらぎを与えてくれる父、母、兄弟、姉妹、友人、知り合い、親族などがいます。その人々が自分から離れていくと、苦しみを感じます。親が健康でいるときは楽しいですが、病気になると、親だけではなく自分も苦しいのです。死に別れをすると、尚更、苦しいのです。このタイプの苦しみも、避けて通るわけにはいきません。生きる上で、必ず遭遇するのです。

ブッダがdukkha・苦の定義として出しているのは、ごく一般的に分かりやすいことなのです。人なら誰でも経験することです。難しく考えて理解するほどのものではありません。例えば、両親が亡くなったら悲しくなります。それが苦しいのです。突然、親戚が事故にでも遭って亡くなったら、苦しみを感じるのです。離婚すること、子供が離れていくこと、仕事がなくなること、収入がなくなることなどは苦しい出来事です。災害に遭ったら、好きなものの全てがいっぺんになくなってしまうこともあります。苦しみを感じるのです。派手に不幸な出来事に遭遇しなくても、毎日の生き方を客観的に観察してみると、好きなものから離れる苦しみは常にあるのだと発見することができます。それほど難しいことではないのです。通勤するとき、満員電車のなかですし詰め状態になることも、楽ではありません。電車は人間がとても楽しく移動できるようにと作られています。しかし、電車に乗ってみたら、その楽な環境がなくなっているのです。年を取るとともに、仕事の能力が下がります。苦しい状況です。責任を持つべき役職から、降格されます。それも苦しみを与える出来事です。観察してみれば、好きなものから離れる苦しみは有り余るほどあると、発見できることでしょう。

一般の人々は、「人生とはこういうものである」と納得して落ち着きたくはないのです。無理に、強引に、楽しみを探し求めるのです。楽しみが見つからないとき、落ち込んでしまうのです。観察して事実を認める代わりに、妄想に逃げこむ無智な人々もいるのです。「親は天国に召されました。神様のところに逝きました。お迎えが来ました。極楽浄土に往生しました」などなどの妄想概念で、現実にある苦しみを否定しようと踏ん張るのです。その結果、尚更、精神的な苦しみが生まれるだけです。楽になるわけではないのです。現実をありのままに認めるためには、観察能力、理性、智慧が必要です。その上、勇気も必要です。生きる上で、好きなものから離れる苦しみを味わわなくてはいけないのです。親や子供が亡くなって、極端に悩み苦しみを感じることになったら、それをそのまま認めるより他の方法はないのです。優しい神様が、幸福を与えたくてウズウズして待っているわけではないのです。神様が、愛があるあまりに、人々を試すために愛別離の苦しみを与えるのだと思うのは、常識はずれもいいところです。人を殴って苦しみを与えて、それから撫でてあげるという人を「優しい人だ」と言うべきでしょうか？　誰かが私たちを試しているのではありません。ただ、生きることは苦です。愛するものから離れてしまうのです。それが、素直に苦です。理性に基づいて客観的に観察すると、簡単に理解できる事実です。妄想のなかに隠れて人生をごまかすのではなく、愛別離苦をそのまま発見すれば、心が落ち着くのです。

### 求めて得られない苦(求不得苦)とは何か?

27 “Katamañca, bhikkhave, yampicchaṃ na labhati tampi dukkhaṃ? Jātidhammānaṃ, bhikkhave, sattānaṃ evaṃ icchā uppajjati – ‘aho vata mayaṃ na jātidhammā assāma, na ca vata no jāti āgaccheyyā’ti. Na kho panetaṃ icchāya pattabbaṃ, idampi yampicchaṃ na labhati tampi dukkhaṃ. Jarādhammānaṃ, bhikkhave, sattānaṃ evaṃ icchā uppajjati – ‘aho vata mayaṃ na jarādhammā assāma, na ca vata no jarā āgaccheyyā’ti. Na kho panetaṃ icchāya pattabbaṃ, idampi yampicchaṃ na labhati tampi dukkhaṃ. Byādhidhammānaṃ, bhikkhave, sattānaṃ evaṃ icchā uppajjati – ‘aho vata mayaṃ na byādhidhammā assāma, na ca vata no byādhi āgaccheyyā’ti. Na kho panetaṃ icchāya pattabbaṃ, idampi yampicchaṃ na labhati tampi dukkhaṃ. Maraṇadhammānaṃ, bhikkhave, sattānaṃ evaṃ icchā uppajjati – ‘aho vata mayaṃ na maraṇadhammā assāma, na ca vata no maraṇaṃ āgaccheyyā’ti. Na kho panetaṃ icchāya pattabbaṃ, idampi yampicchaṃ na labhati tampi dukkhaṃ. Sokaparidevadukkhadomanassupāyāsadhammānaṃ, bhikkhave, sattānaṃ evaṃ icchā uppajjati – ‘aho vata mayaṃ na sokaparidevadukkhadomanassupāyāsadhammā assāma, na ca vata no sokaparidevadukkhadomanassupāyāsadhammā āgaccheyyu’nti. Na kho panetaṃ icchāya pattabbaṃ, idampi yampicchaṃ na labhati tampi dukkhaṃ.

27 また、比丘たちよ、「求めて得られない苦」とは何か。

比丘たちよ、生まれの法の者である生けるものたちに、つぎのような欲求が生じます。

〈ああ、われわれが生まれの法の者でなければよいのに。ああ、われわれに生まれが来なければよいのに〉と。しかしこれは欲求によって得ることができません。これが求めて得られない苦です。

比丘たちよ、老いの法の者である生けるものたちに、つぎのような欲求が生じます。

〈ああ、われわれが老いの法の者でなければよいのに。ああ、われわれに老いが来なければよいのに〉と。しかしこれは欲求によって得ることができません。これも求めて得られない苦です。

比丘たちよ、病いの法の者である生けるものたちに、つぎのような欲求が生じます。

〈ああ、われわれが病いの法の者でなければよいのに。ああ、われわれに病いが来なければよいのに〉と。しかしこれは欲求によって得ることができません。これも求めて得られない苦です。

比丘たちよ、死の法の者である生けるものたちに、つぎのような欲求が生じます。

〈ああ、われわれが死の法の者でなければよいのに。ああ、われわれに死が来なければよいのに〉と。しかしこれは欲求によって得ることができません。これも求めて得られない苦です。

比丘たちよ、愁い・悲しみ・苦しみ・憂い・悩みの法の者である生けるものたちに、つぎのような欲求が生じます。

〈ああ、われわれが愁い・悲しみ・苦しみ・憂い・悩みの者でなければよいのに。ああ、われわれに愁い・悲しみ・苦しみ・憂い・悩みの法が来なければよいのに〉と。しかしこれは欲求によって得ることができません。これも求めて得られない苦です。

## 法則を理解できない

経典のテキストを読まれたところで、何か難しいことを仰られているのではないかという印象を持ったかもしれません。意味はいたって簡単です。要求しても、希望を抱いても、祈ってみても、呪文を唱えたり題目を唱えたり念仏をしたりといった他の方法をやってみても、決して叶わないことがあります。

生命は「生まれる」という性質・jātidhammā（ジャーティダンマー）を持っているのです。生きるとは、次から次へと新たな現象が生まれていくことです。それが一概に良いことだとするのは難しい。身体も心も、常に変化しているものです。それはおっかない現象です。新たに変なことが起こらなければいいな、と期待しても、叶わないのです。何が起こるか分かりません。期待・希望・願望通りには行きません。

命は、老いる性質・jarādhammā（ジャラーダンマー）を持っています。要するに、老いることが生きることです。老いなしに、生きることは成り立ちません。これは科学的な事実です。しかし正直なところ、老いたくはないでしょう。永遠に若さを保って生きていきたいでしょう。あり得ないのです。誰に祈っても叶わないのです。どんな呪文を唱えても、効き目は絶対ないのです。しかし私たちは、現実を否定して「老いたくない」という気持ちを抱いているのです。これが苦しみの原因です。期待が叶わない、という苦です。期待を抱いたところに間違いがあるのです。

まだあります。生きるものには、病という性質・byādhidhammā（ビャーディダンマー）があります。病のない命は成り立ちません。しかし、病気に罹りたいと思っている人はいませんね。病気には罹りたくないと希望して、頑張っているのです。その希望は、叶わないのです。病気に罹りたくないのに罹ってしまうと、それは認めがたい苦しみになります。期待・希望を抱いたところに、間違いがあります。病気とは、ガン・高血圧・糖尿病・心筋梗塞・脳梗塞・肺炎・腎臓疾患などに限られたものではありません。ピンからキリまで、病気の種類があるのです。仏教では、お腹が空くことも、喉が渇くことも、病気の範囲に入れています。適切に治療しなければ、死ぬのです。お腹が空いたらご飯を食べる必要があるし、喉が渇いたら水を飲む必要があるのです。治療しなかったら死か死に至る苦しみが生じる現象を、病と言うのです。ということは、我々は四六時中、病に罹っているのです。それが現実なのに、「病気には罹りたくない」という、あり得ない・叶わない希望を抱いて、さらに苦しみを味わうのです。

次にあるのは死です。命は死という性質・maraṇadhammā（マラナダンマー）を持っているのです。生まれたものは誰であっても死ななくてはいけないのに、人々は死にたくはないのです。死にたくはないという希望を抱くのです。それで、自然に起こる死という現象も、人々に悩み・苦しみ・怯え・不安を与えるのです。希望を抱いたところに、間違いがあります。

人には、希望するものが他にもたくさんあります。頭が良くなりたい、良い仕事に就きたい、能力を向上させたい、財産に恵まれたい、などなどです。このような希望も、失望で終わったら相当苦しくなるのです。しかし、着々と頑張ってみれば、叶えることもできます。大げさな問題ではありません。楽観主義にもならず、悲観主義にもならず、現実を見極めて努力すれば、何とかなることでしょう。体重を減らしたい、痩せたい、という希望なら、努力すれば叶います。しかし、生老病死を逃れたいという希望・願望だけは、絶対叶わないのです。求不得苦は絶対的な真理です。

**要するに五取蘊の苦とは何か？**

28 ''Katame ca, bhikkhave, saṃkhittena pañcupādānakkhandhā dukkhā? Seyyathidaṃ – rūpupādānakkhandho, vedanupādānakkhandho, saññupādānakkhandho, saṅkhārupādānakkhandho, viññāṇupādānakkhandho. Ime vuccanti, bhikkhave, saṃkhittena pañcupādānakkhandhā dukkhā. Idaṃ vuccati, bhikkhave, dukkhaṃ ariyasaccaṃ.

28 また、比丘たちよ、「要するに五取蘊の苦」とは何か。すなわち、色取蘊です。
受取蘊です。
想取蘊です。
行 取蘊です。
識取蘊です。
比丘たちよ、これらが要するに五取蘊の苦です。
比丘たちよ、これが「苦という聖なる真理」と言われます。

### 五取蘊の苦

次に五取蘊の話に入ります。「saṃkhittena まとめていえば、五取蘊は苦である」ということです。ここまで説明してきた苦は、誰にでも納得できる苦なのです。しかし解脱を目指す場合は、より高度なレベルで苦を知る必要があります。

生老病死や愛別離などが苦であると言われると、もしかすると生きる上で幸福も隠れているのではないかと、経典はあえて苦の側面だけ取りあげているのではないかと、推測することも可能です。具体的に知らなくても、「生きることに楽しみも隠れているはずです」と思っているだけでも、問題が起きます。生きることに対する執着が消えないのです。だからといって、生きることは苦以外の何ものでもないと言ってしまえば、悲観主義に陥ります。ですから丁寧に説明する必要があるのです。誰にでも理解できる苦の姿を説明してから、最後に全てまとめて、「これらが要するに五取蘊の苦です」と説かれるのです。

### 「自分がいる」という実感の問題

老いることも、病に陥ることも、自分が生きているから「苦」なのです。自然災害などで親しい人々や財産などがなくなったり被害を受けたりすることが、憂い悲しみの原因になります。それも自分がいるからです。結局は「自分がいる」という実感があるからこそ、生きる上での苦を感じるのです。生きているという実感があるからこそ悩み苦しみを感じるのだと言われると、何の深みもない、子供だましの話のように聴こえるかもしれません。しかしこれは、とても大事なポイントです。実感と苦は一つなのです。楽しみに耽ったり、酒に酔ったりなどして、無視することはできないのです。意識がある限り、「自分がいる」という実感が起こるのです。それで様々な現象に対して、苦を感じるのです。ここで、生きるとは何か、命はどのように構成されているものでしょうか、なぜ生きる上で苦が現れるのか、などの問題を観察しなくてはいけないのです。

### 色取蘊の苦

苦とは何かと観察するヴィパッサナーの実践者は、「要するに五取蘊は苦である」と理解します。色蘊とは、物質でできている肉体のことです。肉体は常に変化することで成り立っているのです。瞬間たりとも身体の変化は止まらないのです。それは自然法則なので、どうすることもできません。悩み苦しむ必要さえもないのです。太陽は恐ろしいスピードで燃えて減っているのです。地球は止まることなく自転公転しているのです。誰にもどうすることもできません。それに悩み苦しむ必要はありません。同じく我々が持っている身体も、絶えず変化していくものです。変化するはたらきがなければ、生きている肉体だと言えないのです。しかし肉体が変化すると、苦が起こるのです。それは何故でしょうか？肉体に執着しているからです。肉体に依存して生きているからです。生きていきたいという気持ちを抱いている人にとって、肉体が変化して衰えていくこと、病に陥って弱くなっていくことなどは、受け入れがたいのです。自然法則だから無関心でいるぞ、と思えないのです。色蘊は、客観的に観るとただの物質なので、自然法則によって変化するのは当たり前のことです。そちらに苦があるはずがないのです。色蘊に執着するからこそ、問題が起こるのです。では、色蘊に執着しない場合は苦にならないのでしょうかと言えば、そうではないのです。肉体が常に変化して衰えて病に陥っていく過程は、楽しくてしょうがないものではないのです。執着がなければ、壊れていく肉体に対して無関心でいることができます。しかし、苦しみは受けなくてはいけないのです。

## 受取蘊の苦

二番目に来るのは受 vedanā、感じることです。肉体に感覚があるのです。肉体と他の物質との違うところは、感覚というはたらきです。人間は、眼、耳、鼻、舌、身体、心、という六つのところで六種類のデータを感じるのです。感じるからこそ、生きているのだと言えるのです。椅子も机も、何も感じないのです。だから、生き物ではないのです。物体のなかに、感じるというはたらきがあれば、その物体は生き物なのです。「私がいる」という実感は、感覚から生まれるのです。

眼に感覚があるから外の世界を自然に感じるのです。耳があるから音を感じるのです。鼻があるから匂いを感じるのです。舌で味を感じるのです。身体でものごとの硬さや温度を感じるのです。これ以外のものは、心で感じるのです。私たちには、意図的に見たり聴いたりすることもできます。見たい、聴きたい、という意思がなくても、情報が身体に触れて感じてしまうこともあります。生きている限り、感じることは続くのです。これも自然法則です。放っておいて無関心でいればいいのに、それはできません。人は肉体に執着していると前に述べましたが、肉体よりも強く、感覚に執着しているのです。見たい、聴きたい、味わいたい、などの気持ちは強いのです。感覚が鈍くなることを恐れるのです。

感じるときは、感じたことが楽しみになったり、苦しみになったり、苦も楽もない普通になったりもします。Vedanāは三種類です。感覚に執着すると、楽な感覚を期待する、探し求める。苦の感覚を避けようとする。非苦非楽の感覚に対してのみ、無関心になる。要するに、感覚に対して貪瞋痴でアプローチするのです。それで苦しみが生まれてしまうのです。眼があるから色んなものが見えるかもしれません。生きている上で、それをコントロールできません。何も見ないでいることは不可能です。他の感覚の場合も同じことです。感じた感覚は、苦であれ、楽であれ、非苦非楽であれ、自然な流れだと思って放っておけば良いのです。しかしそれができないのです。感覚に執着があるから、貪瞋痴で感覚に対応するのです。覚りに達した人の身体に石が当たったら、当然、痛みを感じるのです。しかし、「痛みの感覚が生まれた」という理解で、問題は終わるのです。覚りに達していない人の身体にも石が当たったら、痛みを感じるのです。しかしその場合は、「痛み」ではなく、「痛い」と認識するのです。「痛い」と受け取ったときは、いま生まれた感覚に対して拒絶反応を起こしているのです。痛くはなりたくなかったのに、痛くなったのです。それが「苦」なのです。

肉体に感覚能力があるから、ものごとを感じます。そこで「私がいる」という実感が現れてしまいます。「私がいる」という実感と「苦」は、不可分離なのです。感覚も自然の流れです。どうすることもできません。見えたり聴こえたりする。外からデータが触れるたびに、それに適した感覚が起きてしまうのです。放っておけば良いのです。しかし感覚に対して強い執着があるので、放っておけないのです。良い感覚を探し求めて走るのです。期待通りに感覚を管理することはできません。生きる上で、全ての生命は感覚を探し求めて走るのです。しかし、自分が求めるように感覚が生まれるのではないのです。見たいと思われるものがいくらあっても、いま眼に映るものしか見ることはできないのです。感覚が期待通りに現れないで、自然法則によって勝手に現れることは、感覚に執着している生命にとっては紛れもなく「苦」なのです。

## 想取蘊の苦

三番目の想 saññā というのは概念、いわゆる妄想の世界です。「晩ご飯どうしようかなぁ」とか色んな出来事を考えたりする概念の塊(かたまり)が saññā・想なのです。何かが感覚器官に触れたら、瞬時にそれは何かと判断してしまうのです。判断が正しいかどうかは、どうでも良いのです。感じたものに対して、心のなかで何かの概念が現れてしまうのです。人間は言葉を使って、青い、黄色い、寒い、きれい、大きい、小さい、などなどの無数の概念を持っているのです。人間が「青い」と言うものに、他の生命がどのように感じるのかということは分からないのです。皆それなりの勝手な概念を作るのです。

ヴィパッサナー実践する人を悩ませるのは、思考と妄想です。思考と妄想とは、心のなかに溜まっている概念を回転させることです。概念を回転させると、新たな概念が生まれます。これが悪循環になって、概念は増える一方です。それでも人間の心で無制限の概念を受け入れて管理することはできないのです。新たな概念が生まれて頭がいっぱいになると、古い概念が消えてしまうのです。

妄想の回転は苦しいものです。生きる力がなくなるのです。好きなことばかり妄想することはできません。頭のなかで勝手に概念が回転します。悪い概念が回転し始めたら、どんどん苦しくなっていくのです。昔の失敗を考えると、受けた被害を考えると、過去の苦しみが再現されて人を苦しめるのです。これを知っておいても、概念の勝手な回転をストップさせることはできません。この苦しみから逃げられないのです。

概念の回転も自然法則なので放っておけば良いのです。しかし、概念に執着しているから、それはできません。従って苦しまなくてはならないことになるのです。自分の心に溜まっている概念は、「自分がいる」という実感を強化するのです。想蘊が与える苦しみは、あまりにも大きいのです。

人々は、自分の考え、自分の意見、自分の主義、自分の信仰などに、あまりにも執着しているのです。これは概念に対する執着です。勝手に現れる概念なので、正しいか否かも分からないものなので、放っておけば良いものです。しかし自分の考え、意見などを誇示しようとして、大変な苦しみを受けるのです。論争したり、喧嘩をしたり、戦争までするのです。世のなかにある対立というものは全て、概念の対立なのです。想蘊の問題です。

### 行取蘊の苦

四番目のsaṅkhāra・行というのは、行動的に「やりたい、やりたい」と出てくるエネルギーです。常に「何かをやりたい」という気持ちがあることも、皆によく分かります。「何もやりたくはない」という落ち込む気持ちさえも、「何かをやりたい」というエネルギーなのです。その場合は、落ち込みたいのです。どんな生命を観察しても、みな必死になって何かをやっているのです。そうでなければ生きていられないのです。ですから「生かされている」エネルギー・衝動は、行蘊と言っても構わないのです。何かやらなくてはいられないという状態は、決して楽しい状態ではないのです。いまの状態は気に入らないのです。納得いかないのです。ですから、別な何かをやりたくなるのです。それをやってみたら、それも気に入らないのです。また別な何かをやりたくなるのです。呼吸を観察すると、行蘊のはたらきが簡単に分かります。一回吸ってしまったら、どうしても吐きたくなるのです。吐いてしまったら、どうしても吸いたくなるのです。吸うことも吐くことも、結局は納得いかないものです。気に入らないものです。だからといって、ストップすることもできないのです。行蘊そのものが、苦のエネルギーなのです。

それも自然法則なので、どうすることもできません。放っておけば良いのです。しかし、行蘊に執着しているから、放っておくわけにはいきません。行蘊をいじって、さらに苦しみを感じるのです。

仏教用語で行蘊というポテンシャルのエネルギーを分かりやすくまた三つに分けています。我々はいつも何かを考えている。何かを考えずにいられないのです。心のなかに、考えるという衝動を引き起こす嫌なエネルギーが溜まっているのです。これは、cittasaṅkhāra（チッタサンカーラ）・心行と言うのです。一番強いポテンシャルです。次、何かをしゃべりたいという衝動が起きます。しゃべりたいのにしゃべれないのは苦しいのです。この嫌なエネルギーを発散しなくてはいけないのです。ですからしゃべるのです。これは vacīsaṅkhāra・口行と言うのです。身体も止まることなく動いているのです。動きができなくなったら、激しい苦痛を感じるのです。それから意図的に行なう、歩く・坐るなどの行為もあります。このポテンシャルは kāyasaṅkhāra・身行と言うのです。

常にある「何かをやりたい」というエネルギーは苦です。それをやることができなかったら、苦しみが増えます。やりたいことをやってしまえば、苦しみが消えるのかといえばそうではありません。それをやったことも苦なのです。ですから次に、別なことをやりたくなるのです。これには終わりがないのです。身口意で何かの行為を絶えずすることが、生きることなのです。自然法則です。しかし放っておくことはできません。行蘊に執着しているのです。わざわざとあれやこれやとやってしまって、生きる苦しみを増やすのです。抜け出すことはできません。何かをやることが、生きることなのです。ですから、やらずにいられない衝動が欠かせないのです。

### 識取蘊の苦

五番目は viññāṇa・識、それは心です。識る機能のことです。目で感じるだけではなくて目を通して識る。耳を通して識る。このように六根を通して、識るという機能が起きるのです。その機能に分かりやすく

「心」と言うのです。心と言えば、魂と同じものであると勘違いしますが、そんな大したことではないのです。ただの「識る」という機能だけです。その機能がなければ、生き物・生命とは言えないのです。識るという機能のみであるならば、耐え難い苦にはならないのです。しかし都合の良いことばかりを管理して識ることは不可能です。何が見えるか、何が聴こえるか、などなどは分かったものではありません。見たくないものが見える場合も、聴きたくないものが聴こえる場合もあります。そのとき、必ず識る機能も起こります。そのときは、識る機能は苦になります。

識る機能は激しい流れです。観察しないから、どれほど苦しみを与えてくれるのかと気づかないのです。瞑想実践する人は、修行の結果として認識の激しい流れを落ち着かせるのです。そのとき、いままでどれほど苦しく生きてきたのかと、発見するのです。認識も苦であると、普通の人々に理解することはできません。

認識の流れも自然法則です。生命は認識にも執着しているのです。だから放っておけないのです。苦しみながら、苦しみを無視して認識し続けるのです。認識の流れを無視するべきところで、認識から起こる苦を無視するのです。

### 五蘊の苦と五取蘊の苦

五蘊とは、生命（いのち）を構成する五つのはたらきのことです。二つに分けてみると、物質のはたらきと心のはたらきということになります。受想行識は心のはたらきです。この四つは別々に説明しましたが、一つの組織としてはたらくのです。生命はこの五蘊に執着するのです。それで五蘊が苦になってしまうのです。

五蘊は因縁の法則によって現れる現象の流れです。したがって無常です。何か目的があって、それを目指して流れるわけではないのです。ただ何の目的もなく、変化し続けるのです。虚しいことです。ですから、五蘊は苦であると言えます。五蘊は苦であると言う場合は、現象は無常であり無意味であり無価値である、という意味です。執着に値しない、という意味にもなります。修行者は解脱に達しても、まだ生きているので五蘊の苦があります。

五取蘊の苦という場合は、意味が少々変わります。生きることに執着するのは、智慧のない人です。修行を完成してない人です。その人々は、生きよう生きようと必死に努力しているのです。それによって、その人々は耐え難い憂い悩み苦しみに遭遇しなくてはいけないのです。いくら苦しみを受けても、「死にたくはない」という気持ちがあるので、苦が終わることなく続くのです。要するに、意図的に計画的に苦しみを増やすのです。解脱に達した人には執着はないので、身体が壊れると同時に一切の苦も消えます。肉体を持っている限りは、自然法則によって現れる苦を感じます。しかし精神的な苦は感じません。修行する人々は、五蘊苦と五取蘊苦の差を知っておいたほうが良いのです。

生きることは色受想行識という五つのはたらきであるならば、この五つのはたらきが苦しみによって機能するものであるならば、生きることは紛れもなく「苦」そのものなのです。最終的に「生きるとは苦」というフレーズになります。これが釈尊の発見された聖なる真理です。

苦聖諦 dukkha 終了。

# 苦の生起　集諦

ここからは、dukkhasamudayasacca（ドゥッカサムダヤサッチャ）・苦集聖諦の説明に入ります。

苦聖諦を観察してみると、「生きることは苦である」と説かれた釈尊の真理を自分の経験として理解することができます。それができたところで修行者に、「なぜ苦があるのか？」という探究心が生まれて、それを調べる気が起きます。お釈迦様は全ての真理を明確に解き明かされたので、修行する人には、いたって簡単に自分で観察して、真理を発見することができるようになるのです。というわけで、お釈迦様が dukkhasamudayasacca・苦集聖諦の説明をなさっている箇所を読んでみましょう。

### 集諦の解説

29 “Katamañca, bhikkhave, dukkhasamudayaṃ ariyasaccaṃ?
Yāyaṃ taṇhā ponobhavikā nandīrāgasahagatā tatratatrābhinandinī. Seyyathidaṃ – kāmataṇhā bhavataṇhā vibhavataṇhā.

29 つぎに、比丘たちよ、「苦の生起という聖なる真理」とは何か。
これは再生を起こし、歓び貪りを伴い、ここかしこで歓喜する渇愛です。すなわち、
欲への渇愛、
生存への渇愛、
虚無への渇愛です。

## 再生ではなく「再有」が正しい

苦の生起（dukkhasamudaya）という聖なる真理は何か。dukkhaがなぜ現れるかというと、それはこのtaṇhā・渇愛があるからです。渇愛はどのような仕事をするものかと、次に説明されます。渇愛は再び生まれを作るので、ponobhavikāというのです。再び生まれを作る力は、taṇhā・渇愛なのです。Ponobhavikāという単語は、punar（再び）という接頭辞とbhava（存在）という言葉二つを合わせて作っているのです。因縁の教えでは、bhava paccayā jāti とあります。軽く翻訳すると、「存在から生まれが起こる」という意味になります。Jātiと言う場合は、人間として、また他の生命として、新たな身体を作って誕生することです。生命は一回の誕生で終わるのではなく、生まれてからも身体を「作りつつ」、心を「作りつつ」いるのです。作っている過程には、終わりはありません。どんな瞬間にも、生命は身体を作りつつ、心を作りつつ、生きているのです。この意味を示すために、bhava（存在、または有）と言うのです。

一般的に「生まれ変わり」「輪廻転生」と言う場合は、人が死んだら、次、どこで生まれるのかという意味で理解しているようです。この場合は、「生まれ・誕生」のことだけ考えているのです。パーリ語で言えば、jātiです。しかし正しい単語は、bhava（存在）です。輪廻を理解する場合は、この間違いが大きな壁になります。輪廻は事実であると発見するためには、bhavaという機能を理解しなくてはいけないのです。

人が死んで動物の世界で生まれたとしましょう。あるいは動物が死んで人間の世界に生まれたとしましょう。どちらにも「私はかつて人間でした」「私はかつて動物でした」と言うことはできません。実証することもできません。存在とは、突然起こる出来事ではなく、常に、また絶えず「起きつつ」ある現象なのです。卵が割れた瞬間で、突然、ひよこが現れるわけではないのです。めんどりのお腹のなかで成長しつつ、卵として生まれてからも成長しつつ、卵の殻が割れてからも成長しつつ、である現象の流れです。流れを無視して二つの出来事だけ比較すると、理解できません。二百年前の日本と、いまの日本を比較してみると、どうなったかさっぱり分からなくなります。何の関係もない別々な国ではないかと言うこともできます。しかし、日々の変化を観察すると、全て当たり前で当然な出来事として、簡単に理解できます。ものごとは隙間なく変化し続けるものです。

ヴィパッサナー実践する人々は、「私はかつて何ものであったのか？」などの一般人が行なっている間違った観察はしないのです。絶えず起こる流れを観察するのです。要するに、punabbhava（プナッバワ）を観察するのです。日々の変化を見れば、日本の目まぐるしい発展が当たり前の事実のように見えることと同じく、輪廻転生も当たり前の事実として発見するのです。身体と心は、絶えず「つくりつつ」であるプロセスです。ということは、苦しみが終わることなく「現れつつ」であることです。このカラクリを起こす原因は、taṇhā・渇愛であると説かれるのです。

ですから、jāti（再生、生まれ）とbhava（存在、有）を区別して理解したほうが良いのです。苦集聖諦を理解する場合は、渇愛は再誕生の説明というより、再有の説明になるのです。誕生（jāti）とは、絶えず起こる流れのなかの一つの出来事以外の何ものでもありません。

## 喜びと欲

Taṇhā・渇愛の次の特色は、nandīrāgasahagatā（ナンディーラーガサハガター）と言うのです。「歓び貪りを伴い」と訳されています。生命は、「生きることは苦である」と発見していないのです。反対に、生きていきたいと思っているのです。存在に対して、何の危機も感じないのです。自分のいまの状態に対して、rāga（ラーガ）・欲があるのです。Nandī（ナンディー）・喜びもあるのです。それは渇愛の仕業です。

元気になりたい、長生きしたい、豊かになりたい、成功したい、皆に認められる人間になりたい、などなどの観念があります。それは渇愛という感情が作る妄想です。達したいと思う目的に達する道は、険しいのです。決して楽ではありません。しかし、心が渇愛中毒になったら、何の躊躇もなく、文句一つ言わず、目的を目指して苦労するのです。苦労するのも楽しいことであると思うのです。私たちの日常の生き方を観察すると、皆、同じパターンで生きていることが観えてくるはずです。渇愛のエネルギーで生きようとする。生きることは苦であるのに、楽しいことであると思ってしまう。それから自分の生きる道に執着をする。自分の身体が好き。自分の生き方が好き。自分の仕事が好き。住んでいるところ、家族、仲間などが好き。これが渇愛に含まれている nandī と rāga なのです。

## ここかしこで歓喜する

生命はどこでどんな形で生まれても、その生まれた環境のなかで喜びを得ようとするのです。満足しようとするのです。簡単な例で説明します。猫を飼っている人間がいます。飼っている猫は可愛いかもしれませんけれど、人間である自分の人生が大好きです。猫にできない、しかし自分にできることは無数にあります。猫に味わうことはできない、しかし自分に味わって楽しめるものはたくさんあります。ということは、人間は人間であることを自慢に思っているのです。それが事実であるならば、自分と一緒に生きている猫がみじめな思いをするはずです。しかし状況は違います。猫は猫であることを自慢に思っているのです。人間がたくさんの種類のものを食べていることを羨ましく思わないのです。リンゴ・バナナ・ブドウ・アイスクリームを食べられないことに、不満を感じません。毎日、同じ缶詰を喜んで食べています。そのように、各生命が自分の生き方に喜び・満足を感じているのです。本当に喜び・満足を感じているかは別として、自分の生き方を自慢に思っていることだけは確かです。要するに、ミミズは他の生命になろうとするのではなく、ミミズとして成功したいのです。猫は人間になろうとするのではなく、猫として楽しく生きていきたいのです。人間だって何の苦労もないように見える猫になろうとはしないで、人間らしく生きることを自慢に思うのです。

渇愛の特色である「ここかしこで歓喜する」ことを、人間はよく言葉で表すのです。「日本人に生まれて良かった」「この両親の子供に生まれて良かった」「この人と結婚できて良かった」「この子が生まれてきて良かった」などなどと言うのです。これは渇愛の感情が引き起こす言葉です。理性で達した結論ではないのです。例えば、「日本人に生まれて良かった」と言っても、他の国民として生まれていた経験はないのです。「この両親の子供に生まれて良かった」と言っても、他の人間が両親になったらどんな生き方になったのかは分かったものではないのです。日本人が日本人に生まれて良かったと言っても、アフリカのサン人に訊いてみれば「サン人で良かった」と必ず言うのです。アフリカのサバンナで白人は長靴を履いて歩きます。それで、進んだ国に生まれたから安心だと喜びを感じます。しかし一緒に歩くサン人は、裸足で歩く自分のことを喜んでいるのです。「なんでこの人は靴を履いているのか。不便ではないのか」と、不思議に思うのです。生命はどこに生まれても、どのように生まれても、どのような生き方をしても、その場その場で、「これで良かった」と思うのです。このように思わせるのは、渇愛です。

一般仏教徒のなかで、疑問に思う問題があります。「《生きることは苦である》と智慧で理解すると解脱に達するのだ」というブッダの言葉を知っています。しかし自分たちが人間として喜んで頑張っているので、執着があるのだとも知っています。ですから、解脱に達することもできなくなっているのだとも知っています。それと同時に、地獄に堕ちている生命のことを考えてしまいます。地獄とは極端に苦しみしかない存在の次元です。ここで疑問が生じます。地獄に堕ちた生命が、極端に苦のみを享受するならば、生きることに決して執着しないでしょう。生に対する執着を捨てたら、解脱に達するでしょう。しかし、地獄の次元は解脱に達することが不可能な生まれなのです。これはどういうことでしょうかと。一般人がこのような疑問を作るのは、渇愛のカラクリを理解してないからです。渇愛には tatratatrābhinandinī《タトゥラタトゥラービナンディニー》（ここかしこで歓喜する）という特色があるのです。ですから地獄に堕ちた生命も、自分の生に対して愛着を持っているのです。「どうすれば楽に地獄にいられるのか？」と考えて、カラクリをやっているかもしれません。これも人間に当てはめてみると理解しやすいのです。例えば、人間はこのように言う場合があります。「私にこの病気さえなければ」「身長があと五センチ高かったならば」「仕事さえ見つかれば」「結婚さえできれば」「もう少々、給料が上がれば」などなどです。このような言葉を発するときは、自分の意にそぐわない不幸な状況に陥っているのです。それだったら、生きることに対する執着を捨てればいいのに、逆なことをやっているのです。「○○さえなければ幸福に生きられるのに」と思って、自分の存在に執着してしまうのです。生命は地獄に堕ちても、餓鬼道に堕ちても、畜生として生まれ変わっても、同じことをやるのです。これは渇愛の tatratatrābhinandinī（ここかしこで歓喜する）というはたらきです。このような特色を持っている渇愛は三種類あります。欲への渇愛、生存への渇愛、虚無への渇愛です。

**欲愛・欲への渇愛**

一番目は欲への渇愛（kāmataṇhā《カーマタンハー》）です。Kāma《カーマ》というのは欲で taṇhā というのは渇いている状態だから kāma が欲しくなるということです。Kāma というのは「もの」のことで、眼耳鼻舌身に触れる色声香味触という五つのものを探すということです。目には色、見えるものが欲しくなる。耳には音が欲しくなる。鼻に香りが欲しくなる。舌には味が欲しくなる。身体には感覚が触れることが欲しくなる、Kāmaというのはその五つなのです。そこは一番分かりやすいところで、生きているものは何であろうともやはり、身体の感覚器官がありますから、その感覚器官に情報が欲しくなるのです。

機能する眼があるからといって、見えるわけではないのです。眼に見える情報（色）が触れなくてはいけないのです。それで認識が起きたり、好き嫌いなどの感情が起きたり、思考が起きたりするのです。「私がいるのだ」という実感も起こるのです。もし眼に情報が触れなかったら、生きているという実感が消えてしまうのです。ですから、眼と色を大事にしなくてはいけないはめになります。眼に依存するはめになります。眼に触れる情報（色）にも依存するはめになります。眼と眼に触れる情報（色）に対して、強い執着・束縛が起こるのです。この束縛を捨ててしまうことは、大変難しいのです。

眼と同じく、生命は耳にも依存するのです。耳があるからといって、聴覚が起こるわけではないのです。外の世界から情報（声）が耳に触れなければいけないのです。情報が触れたら、認識が生まれたり、感情が起きたり、思考が走り出したりするのです。それで「我は生きている」という錯覚も起こるのです。生きるためには欠かせないはたらきなので、耳と耳に触れる情報（声）に強烈に依存するのです。耳と耳に触れる情報（声）に対して、強い執着・束縛が起こるのです。

鼻と鼻に触れる情報（香）、舌と舌に触れる情報（味）、身体と身体に触れる情報（触）との関係でも、右と同じはたらきが起こるのです。生きていきたいという気持ちは渇愛です。しかし生きるためには、眼耳鼻舌身と色声香味触に強烈に依存しなくてはいけないのです。見えるもの、聴こえるもの、匂うもの、味わうもの、身体に触れるものは、全て外の世界です。物質です。心の生存欲は、生命を物質に依存させてしまうのです。いくらものを見ても、いくら音を聴いても、様々なものを味わっても、生命は満足しないのです。もっと欲しいと思うのです。

ものを見ること、音を聴くことなどで「生きる」という実感が起きるならば、絶えずものを見たり音を聴いたりし続けなくてはいけないのです。満足するはずもないのです。生存欲（渇愛）は、人を眼耳鼻舌身と色声香味触（kāma）に依存させる。この依存には、終わりがないのです。いくらあっても、満足しないのです。ですから taṇhā・渇愛なのです。

## 生存愛・生存への渇愛

二番目は生存への渇愛（bhavataṇhā（バワタンハー））です。bhava とは、生きる、存在する、という意味です。生命は誰でも、「生きていきたい」という気持ちをもっているのです。前の説明で、生命は限りなく眼耳鼻舌身と色声香味触に依存し続けているのだ、と書きました。物質に依存するのは、生存欲があるからです。Bhavataṇhā というのは、生存欲のことです。人間は誰でも、自分に生存欲があるということは知っているはずです。何となく知るだけでは、何の役にも立ちません。意図的に、心のなかに潜んでいる生存欲を感じなくてはいけません。日常何をやっていても、全ての行為は生存欲がやらせているのだと発見するべきです。例えば、部屋の掃除をしているとしましょう。それで自分に問うてみる。なぜ私は掃除をしているのでしょうか？　色んな答えが出るでしょう。でも正解にはなりません。例えば、部屋が汚れたから、という答えがあります。しかし、部屋が汚れるたびに必ず掃除をする、ということはしないのです。汚れても掃除をしない場合もあります。きれいな部屋は気持ちいいから、という答えもあります。そのときは、いい気持ちを目指しているのです。そのために掃除をするのです。とは言っても、嫌々で掃除をするときもあります。最終的に達するべき答えは、「生きているから」です。と言うと、生きる上でしている全ての行為は、その答えに集約されます。呼吸する、食べる、寝る、起きるなどの行為をやめてしまえば、生きることができなくなります。苦労してでも、生きる上の行為を行なわなくてはいけないのです。勉強すること、仕事すること、皆と仲良くすること、社会の決まりを守ること、などは、嫌ならやめても構わないのです。しかし、やめるわけにはいきません。ですから、全ての行為は「生きているから」という答えに集約したが、その答えも、正解にならないのです。では正解は「生きていきたいから」です。「生きているから」ではないのです。このように自分で「生きていきたい」という気持ちを発見する必要があるのです。それがbhavataṇhā・生存への渇愛の発見なのです。生存欲もおかしな欲です。呼吸しても、食事しても、勉強しても、その他様々な行為をしても、「生きていきたい」という気持ちは満足しないのです。粘り強く追ってくるのです。だから渇愛・taṇhāです。

ここまでの説明は、誰にでも理解できるところだと思います。しかし註釈書の説明は、少々違います。欲界・色界に生まれたい、生き続けたい、という気持ちがbhavataṇhāであると、説明します。欲界とは、地獄・畜生・餓鬼・人間・天界です。色界とは、第一から第四までの禅定に入る能力がある人々が生まれる梵天のことです。註釈書がこのように解説するのは、vibhavataṇhāを解説するところで、問題を起こさないためだろうと思います。

これから書くのは、私の意見です。正しいという保証はないので、各自で判断してください。瞑想に励もうとする私たちは、地獄・畜生・餓鬼などの存在は知りません。天界の存在も知りません。そこらへんのどこかで生まれたい、という欲が起こらないだろうと思います。しかし生まれてから色々勉強すると、死後、天界に生まれたいな、という気持ちが起こる可能性が大いにあります。しかし、地獄にも行ってみたい、という気持ちが生まれてくるでしょうか？　仏教を学ぶと、禅定の素晴らしさを知ります。そうなると、死後、梵天界に生まれたいから、瞑想してみようかな、という気持ちが起こり得る。このような気持ちは教育の結果なので、根本的な渇愛であると言いづらいのです。お釈迦様の渇愛の説明は、真理の説明です。ですから、一切の生命に適応するものです。あったりなかったりする気持ちは、真理として語ることはできないのです。生存したいという欲・bhavataṇhā は、全ての生命にあるのです。ですから、「生存欲」あるいは「存在欲」という言葉が相応しいのではないかと思います。

苦集聖諦は、「なぜ苦しみが生まれるのか？」という質問に対する答えです。生きることは苦であると説明されたので、死んだら苦が終わるのではないか、という考えも起きます。死で苦が完全に終了するならば、ブッダの教えは知識を育てるために役立つかもしれませんが、仏道はいらなくなるのです。修行する必要もなくなるのです。ここでは説明しませんが、苦集聖諦として因果法則が説かれている経典はたくさんあります。渇愛は十二因縁のなかの中心点です。因果法則に基づいて観察すると、全ての現象が死でパッと消えて終わることはあり得ないのです。死ぬ瞬間の心も原因になるので、それが次の結果を出さなければいけないのです。心は絶えず変化し続けるものです。中止しないはたらきです。それで「輪廻」ということが成り立ちます。人は死で肉体を棄てますが、生滅変化し続ける心というエネルギーは、そのまま流れるのです。ですから、死が起きた次の瞬間で、新たな生を構成するのです。それが転生です。「再生」という言葉は正しくないのです。一般的に言う「生まれ変わり」という言葉も正しくないのです。自分が再び再現するのだという間違った考えが、その言葉に入っているからです。

Bhavataṇhā の説明に戻りましょう。人が死の間際になるそのとき、心の流れが普通と違ったものになります。身体が機能しない状態になって、眼耳鼻舌身から、まともな情報が取れなくなっているのです。意が自由にはたらきだすことになります。そのときは、いままでの生き方・行なった行為・育てた感情、などが影響を与えるのです。自由にはたらくといっても、自由はありません。ただ、五根から入る情報がカットされただけです。もしその人が、怒り・嫉妬・憎しみなどの感情中心に生きていたならば、善行為をした経験がないならば、充実感を感じる行為をしたことがないならば、心が怯えることでしょう。そのときは必ず、生存欲が強烈になります。地獄の現象が現れても、畜生の現象が現れても、そのときはどうしようもないのです。自分では管理できないのです（私たちに高熱のような身体の異常現象が起きるとき、様々な幻覚が見えるでしょう。それは管理できないのです）。現れた現象に執着して、次の転生が起こるのです。そのポイントから考えると、人間として生きてきた生命が、地獄という次元に対して生存欲を抱いてしまうのは当然のことです。善行為を行なった人であるならば、最期の心に、楽しい喜びの現象が現れます。そちらに執着してしまいます。ですから、人の死の間際に起こる心のはたらきを考慮するならば、bhavataṇhāとは欲界と色界に執着することである、という説明は的を射ています。瞑想実践する人々は、bhavataṇhāとは「生きていきたい」という生存欲であると発見することで充分ではないかと思います。

## 非生存愛・虚無への渇愛

三番目は虚無への渇愛というvibhavataṇhā（ヴィバワタンハー）です。Bhavaを生存と訳するならば、vibhava（ヴィバワ）を非生存欲と訳さなくてはいけないのです。Vibhavaとは、破壊する、壊れる、分解する、という意味です。破壊することに、壊れることに、分解してなくなることに、渇愛が生まれるでしょうか？　生まれます。その説明に入る前に、分かりやすいのでまず註釈書の解説を紹介します。

一部の人々は、肉体が限りのない苦しみを与えてくれるのだと理解する。肉体さえなければ、心が自由自在になるのではないかと推測する。それで、心を肉体から離してみる訓練をする。それはサマーディ瞑想です。最初は、心と身体が一緒に行動します。瞑想して集中力が上がると、禅定が生まれてきます。それでも心が身体に依存しているのです。ですから、禅定から経験するやすらぎに、制限が入っているのです。ここまでは色界の四つの禅定です。四番目の禅定に達したならば、肉体と心の関係がすごく薄くなっているのです。それからさらに瞑想すると、「無色界」の禅定に入ります。こちらにも四段階あります。場が違うので、ここで説明に入るわけにはいきません。肉体を心から離すための最初のステップだけ紹介します。色界の第四禅定に達した人は、次の瞑想の対象として「空無辺」を取るのです。空とは、そらのことです。英語で言えば、skyではなく、spaceです。宇宙空間という感じでしょうか。この対象と一体になって禅定をつくるためには、心が身体から離れなくてはいけないのです。成功すれば、無色界の第一番目の禅定である空無辺処なのです。肉体を棄てて、五根に依存することを棄てて、意のはたらきのみで生きていきたがる気持ちは、あるいは無色界の梵天に転生したがる欲は、vibhavataṇhāであると註釈書は説明します。

それから私個人の解説に入ります。正しいという保証はないので、各自で注意して理解してください。普通のヴィパッサナー実践を行なっている人々には、無色界の梵天はどういうものかという理解すらもないので、そちらに転生したいという渇愛は現れない可能性があります。非生存欲も真理の教えなので、一切の生命に適用できる教えなのです。では私たちが具体的に感じる非生存欲とは何でしょうか？　答えは簡単です。「これさえなければ」という気持ちは、しょっちゅう生まれるでしょう。坐って瞑想すると、足が痛くなります。「この痛みさえなければ」という気持ちが起きます。周りがうるさくなってきます。「この音さえなければ」という気持ちが起きます。病気に罹って苦しくなります。「この病さえなければ」という気持ちになります。そのように考えると、生まれたときから死ぬまで、自分を追ってくる気持ちではないでしょうか？私たちは「これさえなければ」という気持ちだけで終わらないのです。

それが衝動になって、次のことをするのです。分かりやすい例を出します。お腹が空いたとしましょう。一般人の場合は、欲のエネルギーが強いのです。「美味しいものを食べたい」という気持ちが起きます。それは kāmataṇhā です。もう一人の人が、その低次元のレベルを超えて瞑想修行しているのです。心はいくらか成長しているのです。その人のお腹が空きます。空腹苦が生まれてきます。集中力も弱くなります。それで、「この空腹苦さえなければ」という気持ちで、量を知って何かを食べます。これはもしかすると、vibhavataṇhā のはたらきでしょう。生きていきたいという渇愛がなければ、食べる意欲は生まれないでしょう。一番目の人は kāmataṇhā で美味しさに執着して量を無視して食べる。二番目の人は、苦をなくすことを目的にして食べる。まだ修行中なので、この気持ちは vibhavataṇhā でしょう。覚りに達した方々も、空腹苦をなくす目的で食べるのですが、どうしても食べなくてはいけない、という執着はないのです。どうしようもなく、身体を維持しなくてはいけない、という気持ちです。その場合は vibhavataṇhā ではないのです。解脱に達したので、心は渇愛から解放されています。

また色々 vibhavataṇhā のはたらきが発見できるところはたくさんあります。自分の生存を脅かす環境を壊したいのです。人は「生きるため」という目的で、たくさん破壊行動をやっているのです。自然破壊はその結果です。戦争も敵を破壊する目的でするのです。戦争することは正しい、戦争に行って戦う人々は英雄である、と賛嘆するのです。気に入らない人をなぜいじめるのでしょうか？　自分と違った意見を持っている人をなぜ批判するのでしょうか？　豪雪・洪水・地震・津波・竜巻などはなぜ嫌がるのでしょうか？　自分の存在を脅かしているからです。それらの破壊を望むのです。破壊することができたら、喜びを感じるのです。この精神状態は全ての生命に共通しています。発見することも難しくはありません。ですから、全ての生命が持っている「破壊意欲」が vibhavataṇhā ではないのかと思います。なぜ破壊意欲が生まれるのかというと、もともとの生存欲があるからです。破壊意欲にも終わりがないのです。何か悪いものを破壊したからといって、永遠に生きられるという保証は成り立ちません。だからいくら破壊して破壊して行っても、その意欲は満足しないです。ですから、渇愛です。人が自殺を企むことも、死んだら全て終わりだと断言することも、vibhavataṇhā のはたらきです。自殺したら幸福になる、という保証はありません。ただ、いまの状況を壊したくてたまらないだけです。死んだら全てが終わりだという証拠は全くないのです。その感情を抱けば、楽になります。善いことをしなくては、修行しなくては、精神を育てなくては、といったやりたくはない義務から解放された気分になります。断滅論は vibhavataṇhā によって生まれる邪見です。

瞑想実践する人々は、難しい哲学的な思考に入ってはいけません。妄想の流れに巻き込まれて、瞑想は中断してしまします。ですから修行中現れてくる「これさえなければ」という気持ちをキーポイントにして、vibhavataṇhā を発見してください。

## 渇愛が生まれるところ

“Sā kho panesā, bhikkhave, taṇhā kattha uppajjamānā uppajjati, kattha nivisamānā nivisati? Yaṃ loke piyarūpaṃ sātarūpaṃ, etthesā taṇhā uppajjamānā uppajjati, ettha nivisamānā nivisati.

では、比丘たちよ、この渇愛は、生じる場合はどこに生じ、とどまる場合はどこにとどまるのか。世界の愛(いと)しいもの※、喜ばしいもの※があります。この渇愛は、生じる場合はここに生じ、とどまる場合はここにとどまります。

※底本の訳は「色」

## 観察を濁らす先入観

生命が輪廻転生しながら限りのない苦しみを続ける原因は、渇愛であると説かれました。渇愛と一言でいわれても、そこに三種類のはたらきがあるのです。客観的にものごとを観察して真理を発見したいと思う修行者にとって、次に自然に現れてくる問題は、「この渇愛はどこでどうやって現れるものでしょうか」という疑問です。ものごとを研究する科学者も、同じ対応を取って、同じ疑問を起こして研究し続けるのです。ヴィパッサナー実践とは、ありのままに現象を客観的に観察することです。科学者のアプローチと修行者のアプローチは、ほぼ一致しているのです。しかし、科学者の心は様々な感情や先入観で汚れていることもあります。全ての真理を発見することができず、現象の一側面しか研究しないのです。

## 理解しようとして誤解する

修行者は、「渇愛はどこに生まれるのか？」という疑問をいだき、観察を続けなくてはいけないのです。生命に関する真理は、一般人の一人の力では発見し難いのです。ですからその疑問に対する答えも、お釈迦様が先に説かれているのです。修行者はそれがその通りか否かと調べれば、早く正しい結論に達するのです。お釈迦様の完全なガイドがあるにもかかわらず、解脱に達することは一般の修行者にとって難しい作業になっているのです。もしそのガイドもなかったならば、自力のみで解脱に達するということは、ほぼあり得ないのです。仏教で独覚ブッダというのは、自力で解脱に達した聖者たちのことです。

人の心は迷信や神秘的な信仰や主観的な感情で固まっていて、ありのままにものごとが観えないのです。何かの経験が起きたら、たちまちその経験に何かしらの理由をつけて納得しようとするのです。瞑想実践といえば、はじめからそれは神秘世界に対する挑戦だと思っているのです。迷信という固定概念を持ったまま、実践に励むことになるのです。それでは客観的な事実は発見できません。

### 修行にも落とし穴がある

具体的な例を出して説明します。瞑想実践は当然、日常行なっている五根に頼った認識プロセスと少々変わったプロセスになります。サマタ瞑想の場合は、あえて日常の五根の認識プロセスと違ったやり方をするのです。そうすると、経験するものが日常の認識経験と異なるのは当然です。その経験を自分の迷信や信仰の固定概念で解説して納得してしまうと、真理を発見したことになりません。修行中、光明を経験する人がいます。脳のなかに起こる出来事なので、目で光を見るよりインパクトが強い経験になります。目で見える光は他の光と比較することができますが、脳のなかに現れる現象には比較して調べるデータもないのです。修行者は落ち着かない状態になります。それで先入観が割り込んできて、解説を付けて納得させるのです。他宗教の方々は、魂が実在すると信じているのです。その修行者は、自分が純粋な魂を経験しました、と思ってしまいます。インドのバラモン教（ヒンドゥー教）では、真我（神・梵）と個我（個人の魂）が同一なものであると説かれている宗派もあります。この先入観が心に入っていたならば、経験した光明に対して「梵我一如を体験しました」と、大いに喜んで納得するのです。それは真理を発見したことではなく、自分の固定概念をさらに固定しただけになります。このような間違いは、仏教の修行者にも起こるのです。固定概念、先入観、マインドコントロールなどなどから、人々の心はそう簡単に自由にならないのです。修行中、肉体の存在が消えたような経験、未だかつて聴こえなかった声、未だかつて経験しなかった至福感などが起こります。そのとき、脳の解釈機能を使って納得する恐れがあるので、ヴィパッサナー実践者は、そういうところに注意しなくてはいけないのです。真理を発見しようと修行したところで、脳に騙されてしまえば元も子もなくなるのです。

### 納得することで自分を騙す

「渇愛はどこに生まれるのか？」という問題にも、宗教の世界では様々な説明が説かれています。現代人も、存在欲は何なのかと、自分なりのアイデアを持っているのです。誰でも、神秘的な説明をしたがるのです。特別な信仰がなくても、親しい人が亡くなったら「○○さんの魂は天に召されました」と何の躊躇もなく言うのです。別に証拠があって言っているわけではないのです。親しい人の死という現実を、脳が受け入れたくないのです。なんとかして納得したくなるのです。それで迷信・神秘のお世話になるのです。この弱点は、全ての人間にあります。お釈迦様が、この弱点から抜け出すためにアドヴァイスしてくれます。

### 単純明快なほうが良い

「この渇愛は、生じる場合はどこに生じ、とどまる場合はどこにとどまるのか？」という課題を出す。神秘的な説明は一切なしに、誰にも否定することのできない客観的な答えを示されるのです。「世界の愛しいもの、喜ばしいものがあります。この渇愛は、生じる場合はここに生じ、とどまる場合はここにとどまります。」修行した経験がない人にも、ブッダの話を聴いたことがない人にも、反対できる言葉ではないのです。人間の毎日の経験から、答えを出しているのです。人は三種類の渇愛に気づくことがなくても、欲への渇愛は嫌になるほど経験があります。死を嫌がる・怖がる気持ちで病んでいる人々は、生存への渇愛に気づいているでしょう。見たり聴いたり味わったりすると、楽しみが生じます。

そこに渇愛が生まれます。死にたくないと思う瞬間は、生きることに喜びを感じているのです。そこに渇愛が生まれます。

### 渇愛に変身する喜び

見たり聴いたり味わったりするときに喜びが生じることは、自然現象だと言うならばその通りです。喜びそのものが渇愛ではないのです。喜びと一緒に、渇愛が生じるのです。具体的な例で考えてみましょう。人がケーキを食べる。美味しいです。それが喜びです。しかし、「金輪際、絶対ケーキを食べない。もう充分満足しました」という気分にはならないでしょう。また、ケーキを探し求める気持ちも現れるし、違う種類を探して食べたくなることもあるし、世界で一番美味しいケーキは誰がつくっているのかと探したくなる人もいるでしょう。また、自分が納得するケーキを自分でつくりたいと思う人もいるでしょう。「ケーキを食べた。美味しかった」で終わってないのです。ここで、一つの行為を再びやりたい、という衝動が明確に現れているのです。これが渇愛というものです。

なぜケーキを食べて美味しいと思うのでしょうか？　草一握りを食べたらいかがでしょうか？　美味しくないだけではなく、食べたくもないのです。なぜでしょうか？　草は人間に消化できないのです。それでは身体の維持ができないのです。生き続けたいのです。ですから、自分の肉体を生き続けさせてくれる材料を美味しいと感じるのです。人間が不味いと思っても、青草は不味くないのです。牛は喜んで食べているのです。そのように見ると、ケーキが美味しいと感じるカラクリの下に、存在欲が働いていることを発見できます。生きることに挑戦して、負けている人もいます。何一つもうまくいかないと、落ち込んでいる人もいます。社会が悪いから自分が苦しんでいるのだ、と思っている人もいます。生きる価値がない、死んだほうが良い、という結論に達してしまいます。

その人は自殺をはかります。そのとき、決して美味しく感じるはずもない毒を飲みます。この場合は、存在欲は破壊欲に変身しているのです。それも渇愛（虚無への渇愛）です。しかしこういうケースはまれです。修行する人々は、虚無への渇愛で悩みに明け暮れているわけではないと思います。ですから、「世界の愛しいもの、喜ばしいものがあります。この渇愛は、生じる場合はここに生じ、とどまる場合はここにとどまります。」という言葉は、全ての修行者にとって、現実として理解しやすいのです。

## 渇愛にならないために「とどまる」を知る

「とどまる」という言葉は、誤解する恐れがあるので解説します。ケーキを食べる。美味しいです。ケーキを食べ終えます。そこでその喜びも終わります。そこで止まれば、問題はありません。人間が失敗するポイントは、ここにあります。ケーキを食べたときの喜びが、渇愛に変わっているのです。これが妄想のなかで、思考のなかで、繁殖するのです。「これがあるからこれが生じる。これがなくなったらこれもなくなる」という方程式に当てはめて観ないのです。「あの味をもう一度味わいたい」という衝動が、いつか現れるのです。一般の人々も、ご飯を食べているときは美味しく感じて、食べ終わったらその味覚が消えるのだと知るべきです。難しい話ではありません。ただ、その観察がないだけです。修行者はそれを行なうのです。ケーキを食べると美味しいと感じる。ケーキを食べ終えたら、その味覚が消えたと観察するのです。「味覚が消えた」と観察することが大事です。美味しいと感じた喜びを渇愛に変身させない能力が、徐々に生まれてくるからです。

## 真理だと誤解する「言いわけ」

今回、解説したのは、誰でも当たり前のことだと理解してしまうフレーズです。しかしそれは、当たり前の話ではないのです。人間皆に乗り越えられない、渇愛という大きな壁があります。日常の経験を、渇愛に合わせて解釈して落ち着こうとするのです。「なぜこの世に人間がいるのでしょうか？　なぜ私がいるのでしょうか？」という疑問が生じたら、「最初は神が人間をつくった」という妄想概念を取り入れて、充分納得するのです。それから、そのいいかげんな考えに基づいて、さらに妄想を発達させていくのです。よくよく観ると、自分の生き方に言いわけを探しているだけです。悪いことをしたら周りから非難を受けます。それは自分の存在に対して邪魔です。ですから、悪いことをしてはいけないと決める。それでも、ついつい悪いことをしてしまいます。それも自分の存在に愛着があるからだと発見したら、自分にとって都合が悪いのです。それで、悪魔をつくるのです。人間は悪魔に誘惑されているのだ、と言うのです。怒り憎しみのせいで人を殺したりもします。何か言いわけを探さなくてはいけません。「神を冒涜することが最大の罪です。ですから、無信心者を裁くことは正しい」と、自分に都合の良い言いわけをつくるのです。信仰心があるにもかかわらず、何も悪いことをしているようにも見えない仲間が、不幸になったり不治の病に罹ったりする。全知全能の神を信仰しているから、神を恐れて生活しているから、不幸に陥るはずがないのです。脳が納得しないのです。それで、「神の計画は人間には計り知れない」という言いわけをつくって納得するのです。

信仰する宗教があってもなくても、周りに起こる出来事に対して何かしらの解説をして納得しようとするのです。それでは真理の発見は絶対できません。言いわけは真理になりません。しかし、言いわけは因果法則のように見えるから、ぜんぜん止（や）めてくれないのです。「あの人が私を怒鳴ったから殴りました」というのは、あくまで言いわけであって、因果の説明ではありません。自分を正当化したいだけです。



### 迷信の壁を破る

このように考えると、人間は見事に間違った生き方をしているのです。間違った思考パターンを持っているのです。その裏に隠れているのは、何ものでもなく渇愛なのです。渇愛は、発見し難い現象でもないのです。渇愛は堂々と働いているのです。お釈迦様がそれを示されているのです。愛しいものがあるときは、そこに渇愛が生まれるのだと説かれるのです。このプロセスを観察していくと、一切の先入観、迷信、信仰などなどが消えて、心は発展するはずです。

このポイントは、明確に釘を打ったような感じで理解しなくてはいけないのです。それから、「眼耳鼻舌身意という認識器官に色声香味触法のデータが触れるところで問題が起こるのだ」という詳しい説明になります。次はその説明に入ります。

### 世界の愛しいもの、喜ばしいもの（１）六つの感官

"Kiñca loke piyarūpaṃ sātarūpaṃ? Cakkhu loke piyarūpaṃ sātarūpaṃ, etthesā taṇhā uppajjamānā uppajjati, ettha nivisamānā nivisati. Sotaṃ loke piyarūpaṃ sātarūpaṃ, etthesā taṇhā uppajjamānā uppajjati, ettha nivisamānā nivisati. Ghānaṃ loke piyarūpaṃ sātarūpaṃ, etthesā taṇhā uppajjamānā uppajjati, ettha nivisamānā nivisati. Jivhā loke piyarūpaṃ sātarūpaṃ, etthesā taṇhā uppajjamānā uppajjati, ettha nivisamānā nivisati. Kāyo loke piyarūpaṃ sātarūpaṃ, etthesā taṇhā uppajjamānā uppajjati, ettha nivisamānā nivisati. Mano loke piyarūpaṃ sātarūpaṃ, etthesā taṇhā uppajjamānā uppajjati, ettha nivisamānā nivisati.

では、世界の愛しいもの※、喜ばしいもの※とは何か。

眼は世界の愛しいもの、喜ばしいものです。この渇愛は、生じる場合はここに生じ、とどまる場合はここにとどまります。

耳は世界の愛しいもの、喜ばしいものです。この渇愛は、生じる場合はここに生じ、とどまる場合はここにとどまります。

鼻は世界の愛しいもの、喜ばしいものです。この渇愛は、生じる場合はここに生じ、とどまる場合はここにとどまります。

舌は世界の愛しいもの、喜ばしいものです。この渇愛は、生じる場合はここに生じ、とどまる場合はここにとどまります。

身は世界の愛しいもの、喜ばしいものです。この渇愛は、生じる場合はここに生じ、とどまる場合はここにとどまります。

意は世界の愛しいもの、喜ばしいものです。この渇愛は、生じる場合はここに生じ、とどまる場合はここにとどまります。

苦しみを司る原因は、渇愛 taṇhā です。釈尊が発見した聖なる真理の第二番目です。正覚者が発見した真理なので、これは絶対的に正しいのだと、まず仮定しなくてはいけないのです。渇愛のはたらきを、いまだに神経科学の世界では発見していないのです。ですから渇愛を理解するために、科学の知識は役に立ちません。

渇愛という言葉は、一般の社会でもよく使っているのです。一般的には、渇愛と言わないのです。欲と言うのです。自分に欲があると、誰でも知っています。しかし、「欲とはどういうものでしょうか？」と尋ねてみると、曖昧な返事しかかえってこないのです。それから、各人の答えは変わるのです。家族、財産、仕事、遊びなどのことを考えて、それらに対して欲がある、と言うのです。しかし、それらは一次的な欲ではありません。根本的な欲は「生きていきたい」という衝動です。それは一次的な欲です。それを満たすために、財産も家族もその他のものも必要になります。要するに一般人が欲と言うのは、根本欲を支える二次的



※底本の訳は「色」。(以下同)

な道具のことです。金が欲しいという場合、それは二次的な道具です。金を欲しがる目的は別にあるのです。家を買いたい、車を買いたい、などです。しかしそれも、二次的な道具です。色んな道具があったら楽に生きられる、と推測しているのです。というわけで、生きていきたい、ということが本当の欲です。

欲という言葉の意味を、人々は正しく理解していないのです。欲に対する考えは曖昧です。結局は欲を忘れて、欲を満たしてくれる道具に程度を超えて執着しているのです。家に強盗が入ったら、金を渡したくはないから強盗に逆らいます。結果として殺されるのです。強盗は金を持って逃げるのです。欲を正しく理解していたならば、生きることが欲であると分かるのです。金のために死ぬことはしないのです。

ヴィパッサナー実践は、心の曖昧さをなくすのです。ものごとを明確に発見する智慧を育てるのです。いま修行者は瞑想が進んだ段階にいるのです。ですから釈尊の説かれた第二の真理を調べる能力が付いているのです。「渇愛があります」という大雑把な気持ちは智慧と言いません。明確に、「これが渇愛である」と言える智慧が必要です。渇愛は心に現れる感情です。

そこで修行者は、自分の身体のなかで、どんなところで渇愛が現れるのか、どこで渇愛が消えるのかと観察しなくてはいけないのです。これは普通の人の能力では発見できないのです。お釈迦様がアドバイスしてくださいます。渇愛が生まれる場所は明確に、眼耳鼻舌身意という六箇所であると、至るところで説かれているのです。修行者はこれからその教えを確かめてみるのです。眼は生命にとって「愛しいもの、喜ばしいもの」です。これには決して異論を立てられません。自分の眼を、嫌だ、嫌いだ、と思っている生命はいません。眼でものを見ると、楽しみが生じるのです。眼でものを見たいのです。眼がなくては生きていられないのです。眼に依存しているのです。眼は愛しいものです。ということで、生きることを支えてくれる場所は、眼です。眼という場所に渇愛が生まれるのです。眼に渇愛がとどまってしまうのです。このように、ヴィパッサナー実践する修行者は眼のはたらきに集中してみるのです。

次は耳です。耳が愛しいもの、喜ばしいものです。耳のおかげで生きているのです。耳が「生きていきたい」ということを支えてくれるのです。渇愛が生まれる二番目の場所は耳です。耳に渇愛が棲みつくのです。次に鼻を観察する。舌を観察する。渇愛が生まれる三番目と四番目の場所を発見するのです。渇愛が生まれる五番目の場所は、身体（身）です。身体でものごとを感じるから、生きているのです。身体の感覚は、生きていきたいという希望を支えてくれるのです。身体も渇愛が生まれて棲みつく場所です。

少々難しいのは、六番目の場所です。それは意と言います。しかし渇愛が強烈に生まれる場所は、意です。意とは、思考したり妄想したりする場所であると理解したほうが分かりやすいのです。思考や妄想によって、強烈な渇愛が生まれるのです。眼・耳などから入る渇愛は、意でいくらでも増幅させることができるのです。修行者はこの六つの場所に集中してみるのです。愛しいと思う眼耳鼻舌身意のなかに、渇愛が生まれて棲みつくのだと発見するのです。

これぐらいのことは瞑想実践しなくても分かるのではないか、と思うでしょう。理論として理解することはできます。しかし、それだけでは何のインパクトもないのです。修行者は具体的に、自分のなかに渇愛が生まれていく過程を観察するのです。ご自分の経験になるのです。頭で理解したものは忘れるかもしれません。別なことを学んで、置き換えてしまう可能性もあります。しかし実践者が渇愛を経験したら、それはご自分の智慧なのです。忘れることはありません。

### 世界の愛しいもの、喜ばしいもの（2）六つの対象

"Rūpā loke piyarūpaṃ sātarūpaṃ, etthesā taṇhā uppajjamānā

uppajjati, ettha nivisamānā nivisati. Saddā loke piyarūpaṃ sātarūpaṃ, etthesā taṇhā uppajjamānā uppajjati, ettha nivisamānā nivisati. Gandhā loke piyarūpaṃ sātarūpaṃ, etthesā taṇhā uppajjamānā uppajjati, ettha nivisamānā nivisati. Rasā loke piyarūpaṃ sātarūpaṃ, etthesā taṇhā uppajjamānā uppajjati, ettha nivisamānā nivisati. Phoṭṭhabbā loke piyarūpaṃ sātarūpaṃ, etthesā taṇhā uppajjamānā uppajjati, ettha nivisamānā nivisati. Dhammā loke piyarūpaṃ sātarūpaṃ, etthesā taṇhā uppajjamānā uppajjati, ettha nivisamānā nivisati.

もろもろの色は世界の愛しいもの、喜ばしいものです。この渇愛は、生じる場合はここに生じ、とどまる場合はここにとどまります。

もろもろの声は世界の愛しいもの、喜ばしいものです。この渇愛は、生じる場合はここに生じ、とどまる場合はここにとどまります。

もろもろの香は世界の愛しいもの、喜ばしいものです。この渇愛は、生じる場合はここに生じ、とどまる場合はここにとどまります。

もろもろの味は世界の愛しいもの、喜ばしいものです。この渇愛は、生じる場合はここに生じ、とどまる場合はここにとどまります。

もろもろの触は世界の愛しいもの、喜ばしいものです。この渇愛は、生じる場合はここに生じ、とどまる場合はここにとどまります。

もろもろの法は世界の愛しいもの、喜ばしいものです。この渇愛は、生じる場合はここに生じ、とどまる場合はここにとどまります。

眼があっただけで、渇愛は生まれないのです。それなら寝ているときでも、眼から渇愛が生まれてくるはずです。次に修行者は、なぜ眼に渇愛が生まれるのか、という課題を観察します。眼に触れる何かがあるのです。それは仏教用語でrūpa・色（しき）と言います。眼には空気も埃も触れます。それで何か見えるわけではないのです。rūpa・色とは視覚を引き起せるものです。

生命にとって、眼に触れるものは愛しいものです。喜ばしいものです。見えるものが触れなかったら、眼は何の役にも立ちません。眼に色が触れるから、生きていられるのです。ですから、色は生きることを支えてくれます。それで人は眼だけではなく、眼に入る情報（rūpa・色）にも愛着を引き起こすのです。というわけで、rūpa・色も渇愛が生まれる場所です。渇愛が棲みつく場所です。もし人が花を買ってきて、部屋を飾ったとしましょう。美しくなります。それでその花に対して、欲が生まれるのです。

このようなプロセスで、耳に入る音（声）、鼻に入る香、舌に入る味、身体に入る触も観察するのです。触とは、身体に触れるもののことです。デパートでベッドを買うときは、まず展示品の上に寝てみるのです。身体に触れる感触をチェックしているところです。感触が良いことも、買うと決める際の一つの理由です。感触が抜群であっても、大きすぎて部屋に入らない、デザインが気に入らない、高価すぎて買えない、などのこともあります。アビダンマでは、身体に感じる触とは、硬さ（地水火風の地）と熱（地水火風の火）です。高価なベッドを買う人はベッドに執着するが、実はベッドの硬さと温かさに執着しているのです。修行者は、見えるもの、聴こえるもの、嗅ぐもの、味わうもの、触れるものに対しても渇愛が生まれるのだ、と発見するのです。世のなかの人々も、自分に欲があるのだと知っていて、それは何ですかと訊くと、家、家族、車、云々と言うのです。明確ではないのです。曖昧な気持ちは智慧になりません。修行者はしっかりと、色声香味触に対して渇愛が生まれるのだと発見するのです。それが智慧です。

六番目は、意（意識）に入る対象です。それは、法という語にしています。この場合の法は、仏教でもなく、真理というものでもないのです。アビダンマの説明から見れば、「何でも」という意味になります。私たちが頭で妄想・思考することで渇愛が生まれるのです。そこで何を思考・妄想するのでしょうか？　あるものもないものも、思考・妄想の対象になります。過去のものも現在のものも、思考・妄想の対象になります。将来生まれるだろうと推測するものに対しても、思考・妄想できます。怪獣のこともウルトラマンのことも、妄想できます。現実についても思考することができます。ですから、意の対象である法とは、「何でも」です。

自分の身体のなかに、渇愛が生まれる場所が六つあります。その六つの場所の対象になる色声香味触法という六つがあります。それは外の世界と言うのです。全てまとめると、渇愛が生まれる場所は十二箇所です。瞑想実践するとき、この十二箇所を憶えて理解しておく必要があります。ですからもう一度、言います。内の世界（内処）は眼耳鼻舌身意 cakkhu, sota , ghāna, jivhā, kāya,mano です。外の世界（外処）は色声香味触法 rūpa, sadda, gandha,rasa, phoṭṭhabba, dhamma です。

### 世界の愛しいもの、喜ばしいもの（3）六つの認識

“Cakkhuviññāṇaṃ loke piyarūpaṃ sātarūpaṃ, etthesā taṇhā uppajjamānā uppajjati, ettha nivisamānā nivisati. Sotaviññāṇaṃ loke piyarūpaṃ sātarūpaṃ, etthesā taṇhā uppajjamānā uppajjati, ettha nivisamānā nivisati. Ghānaviññāṇaṃ loke piyarūpaṃ sātarūpaṃ, etthesā taṇhā uppajjamānā uppajjati, ettha nivisamānā nivisati. Jivhāviññāṇaṃ loke piyarūpaṃ sātarūpaṃ, etthesā taṇhā uppajjamānā uppajjati, ettha nivisamānā nivisati. Kāyaviññāṇaṃ loke piyarūpaṃ sātarūpaṃ, etthesā taṇhā uppajjamānā uppajjati, ettha nivisamānā nivisati. Manoviññāṇaṃ loke piyarūpaṃ sātarūpaṃ, etthesā taṇhā uppajjamānā uppajjati, ettha nivisamānā nivisati.

眼の識は世界の愛しいもの、喜ばしいものです。この渇愛は、生じ

る場合はここに生じ、とどまる場合はここにとどまります。

耳の識は世界の愛しいもの、喜ばしいものです。この渇愛は、生じる場合はここに生じ、とどまる場合はここにとどまります。

鼻の識は世界の愛しいもの、喜ばしいものです。この渇愛は、生じる場合はここに生じ、とどまる場合はここにとどまります。

舌の識は世界の愛しいもの、喜ばしいものです。この渇愛は、生じる場合はここに生じ、とどまる場合はここにとどまります。

身の識は世界の愛しいもの、喜ばしいものです。この渇愛は、生じる場合はここに生じ、とどまる場合はここにとどまります。

意の識は世界の愛しいもの、喜ばしいものです。この渇愛は、生じる場合はここに生じ、とどまる場合はここにとどまります。

次のセットは viññāṇa・識です。cakkhuviññāṇa（チャックヴィンニャーナ）・眼識、sotaviññāṇa（ソータヴィンニャーナ）・耳識、ghānaviññāṇa（ガーナヴィンニャーナ）・鼻識、jivhāviññāṇa（ジヴハーヴィンニャーナ）・舌識、kāyaviññāṇa（カーヤヴィンニャーナ）・身識、manoviññāṇa（マノーヴィンニャーナ）・意識、という六識です。心に渇愛（煩悩）が生まれる、という言葉は一般的な表現です。渇愛を発見する実践の場合は、一般論では困ります。具体的にならなくてはいけないのです。ですから、心を誰でも知っている六識に分けたのです。

実践者は、テキストを開けて調べるような感じで六識を追うことはしません。普通の観察実践をするのです。例えば足の痛みを観察したとしましょう。そのときは、足に身識があるのです。普通なら、「この痛みは嫌です」という気持ちが起こるはずです。いまは修行が進んでいるステージなので、「嫌」という気持ちは起きないかもしれません。痛みをなくしたいという気持ちは、渇愛になります。それで修行者は、身識が生まれた場所において、「ここで渇愛が生まれるのだ」と確認する。耳に周りの音が触れる。修行者に聴こえます。耳識が起きたのです。音を認識するところで渇愛が生まれるのだと、確認する。修行中、思考が割り込んでくる。意識です。意識に渇愛が生まれると、確認する。このように、その都度その都度、集中する場所で渇愛を確認するのです。眼耳鼻舌身意という順番には行かないのです。

耳に音が触れて、耳識が生まれて、渇愛が生じる環境が現れたのです。音がなかったら、音があっても耳に触れなかったら、耳に触れても認識しなかったら、渇愛は生じないと確認するのです。渇愛も因縁によって生まれて因縁によって消えていくものであると、確認するのです。

このように確認して得る智慧は、自分の六識だけに限られたものではありません。他人の場合も、六識は同じです。他人も、渇愛が生まれるときは六識に生まれるのだと知るのです。次に、自分と他人という範囲を超えて、生命に渇愛が起こる場合は六識に起こるのだと、正知をもって知るのです。

## 世界の愛しいもの、喜ばしいもの（4）六つの接触

"Cakkhusamphasso loke piyarūpaṃ sātarūpaṃ, etthesā taṇhā uppajjamānā uppajjati, ettha nivisamānā nivisati. Sotasamphasso loke piyarūpaṃ sātarūpaṃ, etthesā taṇhā uppajjamānā uppajjati, ettha nivisamānā nivisati. Ghānasamphasso loke piyarūpaṃ sātarūpaṃ, etthesā taṇhā uppajjamānā uppajjati, ettha nivisamānā nivisati. Jivhāsamphasso loke piyarūpaṃ sātarūpaṃ, etthesā taṇhā uppajjamānā uppajjati, ettha nivisamānā nivisati. Kāyasamphasso loke piyarūpaṃ sātarūpaṃ, etthesā taṇhā uppajjamānā uppajjati, ettha nivisamānā nivisati. Manosamphasso loke piyarūpaṃ sātarūpaṃ, etthesā taṇhā uppajjamānā uppajjati, ettha nivisamānā nivisati.

眼の接触は世界の愛しいもの、喜ばしいものです。この渇愛は、生じる場合はここに生じ、とどまる場合はここにとどまります。

耳の接触は世界の愛しいもの、喜ばしいものです。この渇愛は、生

じる場合はここに生じ、とどまる場合はここにとどまります。
鼻の接触は世界の愛しいもの、喜ばしいものです。この渇愛は、生じる場合はここに生じ、とどまる場合はここにとどまります。
舌の接触は世界の愛しいもの、喜ばしいものです。この渇愛は、生じる場合はここに生じ、とどまる場合はここにとどまります。
身の接触は世界の愛しいもの、喜ばしいものです。この渇愛は、生じる場合はここに生じ、とどまる場合はここにとどまります。
意の接触は世界の愛しいもの、喜ばしいものです。この渇愛は、生じる場合はここに生じ、とどまる場合はここにとどまります。

次の言葉はsamphassa（サンパッサ）触れること、接触です。それも眼耳鼻舌身意に分けて六触になります。修行する人は、もしかすると「六識とは何か？」と明確に分からない可能性もあります。六識が分からないならば、六触を発見することも可能です。実践はまず身体から始まるので、それほど難しくはないのです。身体にものが触れると、身識が起こるのです。要するに、何かが触れたと知るのです。触れたら身識が生まれる。身識に合わせて、気持ちよくなったり、悪くなったり、普通になったりもします。こちらに渇愛が割り込んで現れるのです。身触がなければ、渇愛は起きません。そこまで確認できたら、耳を調べるのは簡単になります。空気の振動が耳に触れます。耳触です。そこに渇愛が生まれるのです。次に実践しやすいのは、舌です。修行者は何かを食べたり飲んだりします。ものが舌に触れます。そこで味を感じます。味を感じるところに渇愛が起こるのです。舌触に集中します。そちらに渇愛が生まれると確認します。たまに匂いや香りを感じるときがあります。そのとき、外の物質（色・香）が鼻に触れたことを確認します。渇愛が心に生まれるのだと確認します。大量に色が触れる場所は、眼です。あまりにも大量に触れるので、瞑想実践でそれを確認することは、厄介なことになるはずです。できるだけものを見ないようにしなくてはいけないのです。しかしときどき、普通と変わったものが見えてしまいます。そのとき、心のなかも変わってしまいます。その瞬間を取って、眼に色が触れたことを確認すれば良いのです。渇愛はここに生まれるのだと、確認するのです。それよりもたくさん、データが触れるところは意です。最初は、意触を確認するのは難しいのです。集中力が強くなって、雑念妄想などがほとんど割り込めない状態になったところで、確認できるようになります。そのとき、つい何かの思考が起こります。意に何かが触れたと感じることができます。そこに渇愛が起こるのだと、確認することもできます。

このステージのポイントは、身体にものが触れることです。身体とは、眼耳鼻舌身意のことです。触れるものとは、色声香味触法です。身体全体に、触れるという機能が起きます。そこは渇愛という煩悩が起こる場所です。修行する自分自身の場合でも、他人の場合でも、構成は同じです。全ての生命に触という現象があるので、そこに渇愛が生まれるのだと正知をもって確認するのです。

### 世界の愛しいもの、喜ばしいもの（5）六つの感受

"Cakkhusamphassajā vedanā loke piyarūpaṃ sātarūpaṃ, etthesā taṇhā uppajjamānā uppajjati, ettha nivisamānā nivisati. Sotasamphassajā vedanā loke piyarūpaṃ sātarūpaṃ, etthesā taṇhā uppajjamānā uppajjati, ettha nivisamānā nivisati. Ghānasamphassajā vedanā loke piyarūpaṃ sātarūpaṃ, etthesā taṇhā uppajjamānā uppajjati, ettha nivisamānā nivisati. Jivhāsamphassajā vedanā loke piyarūpaṃ sātarūpaṃ, etthesā taṇhā uppajjamānā uppajjati, ettha nivisamānā nivisati. Kāyasamphassajā vedanā loke piyarūpaṃ sātarūpaṃ, etthesā taṇhā uppajjamānā uppajjati, ettha nivisamānā nivisati. Manosamphassajā vedanā loke piyarūpaṃ sātarūpaṃ, etthesā taṇhā uppajjamānā uppajjati, ettha nivisamānā nivisati.

眼の接触から生じる感受は世界の愛しいもの、喜ばしいものです。この渇愛は、生じる場合はここに生じ、とどまる場合はここにとどまります。

耳の接触から生じる感受は世界の愛しいもの、喜ばしいものです。この渇愛は、生じる場合はここに生じ、とどまる場合はここにとどまります。

鼻の接触から生じる感受は世界の愛しいもの、喜ばしいものです。この渇愛は、生じる場合はここに生じ、とどまる場合はここにとどまります。

舌の接触から生じる感受は世界の愛しいもの、喜ばしいものです。この渇愛は、生じる場合はここに生じ、とどまる場合はここにとどまります。

身の接触から生じる感受は世界の愛しいもの、喜ばしいものです。この渇愛は、生じる場合はここに生じ、とどまる場合はここにとどまります。

意の接触から生じる感受は世界の愛しいもの、喜ばしいものです。この渇愛は、生じる場合はここに生じ、とどまる場合はここにとどまります。

眼耳鼻舌身意に色声香味触法が触れると、触れたことを感じるのです。それに vedanā・感受（受）といいます。感受といえば一つのはたらきですが、六根に合わせて六受としています。感じるところに渇愛が起こるのです。修行する人は、様々な感覚を観察してみるのです。具体的なやり方は、触で説明した方法の通りです。最初は身体に起こる感覚に集中してみるのがやりやすいのです。耳、眼などの感覚が分からない場合は、無理をする必要はありません。しかし意の場合は、理解できるようになります。思考が起きたら、それに合わせて様々な感覚が心のなかに起こるのです。「様々な感覚」という言葉は大雑把なので、集中するのは難しいのです。ですから、お釈迦様の説かれたように、感覚を苦・楽・非苦非楽という三つに分けて観るのです。感覚が生じるところに渇愛が起こるのです。



## 世界の愛しいもの、喜ばしいもの（6）六つの想

“Rūpasaññā loke piyarūpaṃ sātarūpaṃ, etthesā taṇhā uppajjamānā uppajjati, ettha nivisamānā nivisati. Saddasaññā loke piyarūpaṃ sātarūpaṃ, etthesā taṇhā uppajjamānā uppajjati, ettha nivisamānā nivisati. Gandhasaññā loke piyarūpaṃ sātarūpaṃ, etthesā taṇhā uppajjamānā uppajjati, ettha nivisamānā nivisati. Rasasaññā loke piyarūpaṃ sātarūpaṃ, etthesā taṇhā uppajjamānā uppajjati, ettha nivisamānā nivisati. Phoṭṭhabbasaññā loke piyarūpaṃ sātarūpaṃ, etthesā taṇhā uppajjamānā uppajjati, ettha nivisamānā nivisati. Dhammasaññā loke piyarūpaṃ sātarūpaṃ, etthesā taṇhā uppajjamānā uppajjati, ettha nivisamānā nivisati.

色に対する想は世界の愛しいもの、喜ばしいものです。この渇愛は、生じる場合はここに生じ、とどまる場合はここにとどまります。

声に対する想は世界の愛しいもの、喜ばしいものです。この渇愛は、生じる場合はここに生じ、とどまる場合はここにとどまります。

香に対する想は世界の愛しいもの、喜ばしいものです。この渇愛は、生じる場合はここに生じ、とどまる場合はここにとどまります。

味に対する想は世界の愛しいもの、喜ばしいものです。この渇愛は、生じる場合はここに生じ、とどまる場合はここにとどまります。

触に対する想は世界の愛しいもの、喜ばしいものです。この渇愛は、生じる場合はここに生じ、とどまる場合はここにとどまります。

法に対する想は世界の愛しいもの、喜ばしいものです。この渇愛は、

生じる場合はここに生じ、とどまる場合はここにとどまります。

Saññā・想とは何でしょうか。生命の認識過程では、言葉になる以前に「概念」が生まれるのです。概念に後から「言葉」というラベルを貼るのです。言語を使わない生命にとっては、認識は概念だけで終了します。Saññā・想の発見は難しくありません。まず、何でもいいから何かの言葉を思い浮かべてみてください。例えば「花」という言葉にしましょう。自分で花という言葉を思い浮かべた瞬間に、何か心のなかに変化が起こるのです。それがsaññā・想です。要するに、「花」という言葉が何を意味するのかと知っているのです。まだ「何の花ですか？」と決まってもいないのです。ですから、色も形も決まっていないはずです。しかし頭のなかで、分かっているのです。他人に説明してあげることは不可能です。他人に訊かれたら、他のsaññā・想をたくさん組み合わせて説明するのです。意図的に、バラの花、菊の花などの何かにするのです。このように人間の場合は、概念に言葉を貼っているのです。日本人の場合は日本語、フランス人の場合はフランス語の言葉を貼ります。言葉があってもなくても、心のなかに概念（saññā）だけはあります。概念を組み合わせて、新たな概念をつくります。これは終わりなく起こる作業です。思考妄想するとは、概念を組み合わせたり回転させたりすることです。

概念はどのように生まれる・現れるものでしょうか？　この答えもいたって簡単です。眼耳鼻舌身意に色声香味触法というデータが触れます。六触が生まれます。次に感覚が起きます。六受です。感覚に合わせて概念が起きます。概念の合成・展開などはそれからの話です。Saññāが生まれるところまでは、普通の認識過程です。自然の流れです。しかしsaññāがあるところに渇愛が生じるのです。例えば、「一万円」と言えば、三つの言葉です。その裏に三つのsaññā・想があります。一万円と読んだ瞬間に、一万円に相応しい程度の煩悩が起きたことでしょう。当然、個人差があります。全ての日本人に、一万円という言葉が浮かんだだけで、同じ種類の、同じ強度の煩悩が生まれるわけではありません。

実践する人は、saññā・想を発見します。Saññā があるところに渇愛が生じるのだと発見します。それが全ての生命に共通の真理であるとも、発見します。

## 世界の愛しいもの、喜ばしいもの（7）六つの意志

“Rūpasañcetanā loke piyarūpaṃ sātarūpaṃ, etthesā taṇhā uppajjamānā uppajjati, ettha nivisamānā nivisati. Saddasañcetanā loke piyarūpaṃ sātarūpaṃ, etthesā taṇhā uppajjamānā uppajjati, ettha nivisamānā nivisati. Gandhasañcetanā loke piyarūpaṃ sātarūpaṃ, etthesā taṇhā uppajjamānā uppajjati, ettha nivisamānā nivisati. Rasasañcetanā loke piyarūpaṃ sātarūpaṃ, etthesā taṇhā uppajjamānā uppajjati, ettha nivisamānā nivisati. Phoṭṭhabbasañcetanā loke piyarūpaṃ sātarūpaṃ, etthesā taṇhā uppajjamānā uppajjati, ettha nivisamānā nivisati. Dhammasañcetanā loke piyarūpaṃ sātarūpaṃ, etthesā taṇhā uppajjamānā uppajjati, ettha nivisamānā nivisati.

色に対する思(し)は世界の愛しいもの、喜ばしいものです。この渇愛は、生じる場合はここに生じ、とどまる場合はここにとどまります。

声に対する思は世界の愛しいもの、喜ばしいものです。この渇愛は、生じる場合はここに生じ、とどまる場合はここにとどまります。

香に対する思は世界の愛しいもの、喜ばしいものです。この渇愛は、生じる場合はここに生じ、とどまる場合はここにとどまります。

味に対する思は世界の愛しいもの、喜ばしいものです。この渇愛は、生じる場合はここに生じ、とどまる場合はここにとどまります。

触に対する思は世界の愛しいもの、喜ばしいものです。この渇愛は、

生じる場合はここに生じ、とどまる場合はここにとどまります。

法に対する思は世界の愛しいもの、喜ばしいものです。この渇愛は、生じる場合はここに生じ、とどまる場合はここにとどまります。

Saññāの次にcetanā（チェータナー）を観察します。まずcetanāの意味を理解しましょう。六根に色などの情報のいずれかが入ったら瞬時に概念（saññā・想）が起こると、前節で紹介しました。概念が起こると同時に渇愛が起こるならば、それを観察するのです。概念と同時に、意志も現れるのです。Saññāとは一種の判断になります。心のなかで主観的に勝手な判断をするのです。それは外から入った情報とは関係ないのです。意志とは、この判断をどのように実行するのか、というエネルギーのことです。それほど難しいことではありません。認識したものに対して、心のなかに起こる「反応」だと理解しておきましょう。

眼に入った情報は美しいものだ、という概念が起きたとしましょう。「美しい」という概念に対する反応がcetanāです。例えば、それを取りたくなる。または触ってみたくなる。Cetanāという反応が起こることも、自然の流れです。しかし、cetanāが起こるところに渇愛も割り込んでしまうのです。修行者はこのプロセスを観察してみるのです。

大雑把な説明では実践できないので、具体的にcetanā・意志（思）が起こる場所を観察するのです。眼に入る情報はrūpa・色です。色という概念が生じるのです。その概念に対して、cetanā・意志が生じるのです。それはrūpasañcetanā（ルーパサンチェータナー）と言います。自分の心のなかに起きたその気持ちに対して、愛着が生まれます。ここで渇愛が生まれるのだと、修行者は確認する。瞑想実践しない人々は、「花が美しいので欲しくなりました」と思うのです。心に起きた愛着を花のせいにするのです。実践する修行者は、愛着が自分の心のなかに起こる反応であると発見するのです。花を犯人にしません。認識対象は色声香味触法という六つなので、意志もrūpasañcetanā, saddasañcetanā（サッダサンチェータナー）, gandhasañcetanā（ガンダサンチェータナー）, rasasañcetanā（ラササンチェータナー）,

phoṭṭhabbasañcetanā（ポッタッバサンチェータナー）, dhammasañcetanā（ダンマサンチェータナー）という六種類になるのです。眼耳鼻舌身意に色声香味触法という情報が触れるたびに、心のなかに渇愛の波が起きていることを観察するのです。この場合、修行者は自分の心に起こる反応（cetanā）に集中してみるのです。

全ての生命においても、このプロセスは同じであると正知をもって知るのです。

### 世界の愛しいもの、喜ばしいもの（8）六つの渇愛

“Rūpataṇhā loke piyarūpaṃ sātarūpaṃ, etthesā taṇhā uppajjamānā uppajjati, ettha nivisamānā nivisati. Saddataṇhā loke piyarūpaṃ sātarūpaṃ, etthesā taṇhā uppajjamānā uppajjati, ettha nivisamānā nivisati. Gandhataṇhā loke piyarūpaṃ sātarūpaṃ, etthesā taṇhā uppajjamānā uppajjati, ettha nivisamānā nivisati. Rasataṇhā loke piyarūpaṃ sātarūpaṃ, etthesā taṇhā uppajjamānā uppajjati, ettha nivisamānā nivisati. Phoṭṭhabbataṇhā loke piyarūpaṃ sātarūpaṃ, etthesā taṇhā uppajjamānā uppajjati, ettha nivisamānā nivisati. Dhammataṇhā loke piyarūpaṃ sātarūpaṃ, etthesā taṇhā uppajjamānā uppajjati, ettha nivisamānā nivisati.

色に対する渇愛は世界の愛しいもの、喜ばしいものです。この渇愛は、生じる場合はここに生じ、とどまる場合はここにとどまります。

声に対する渇愛は世界の愛しいもの、喜ばしいものです。この渇愛は、生じる場合はここに生じ、とどまる場合はここにとどまります。

香に対する渇愛は世界の愛しいもの、喜ばしいものです。この渇愛は、生じる場合はここに生じ、とどまる場合はここにとどまります。

味に対する渇愛は世界の愛しいもの、喜ばしいものです。この渇愛は、生じる場合はここに生じ、とどまる場合はここにとどまります。

触に対する渇愛は世界の愛しいもの、喜ばしいものです。この渇愛は、生じる場合はここに生じ、とどまる場合はここにとどまります。

法に対する渇愛は世界の愛しいもの、喜ばしいものです。この渇愛は、生じる場合はここに生じ、とどまる場合はここにとどまります。

次に、渇愛そのものを発見するのです。渇愛とは kāmataṇhā・欲への渇愛、bhavataṇhā・生存への渇愛、vibhavataṇhā・虚無への渇愛の三種類です。その都度その都度、いずれかの渇愛が生まれるのです。どんな渇愛なのかと区分けするのは、実践する人の責任です。うまくできないと思う実践者は、taṇhā・渇愛という言葉で三つの渇愛をまとめても構いません。「種類は何であろうとも渇愛です」というアプローチになります。色声香味触法に合わせて、渇愛も rūpataṇhā, saddataṇhā, gandhataṇhā, rasataṇhā, phoṭṭhabbataṇhā, dhammataṇhā という六種類になるのです。見えたものに対して渇愛が生じたら、rūpataṇhā です。聴こえたものに対して渇愛が生じたら、saddataṇhā です。嗅いだものに対して gandhataṇhā が、味わったものに対して rasataṇhā が、身体に触れるものに対して phoṭṭhabbataṇhā が、頭で考えることに対して dhamma-taṇhā が生まれます。

経典では、rūpataṇhā・色に対する渇愛が世界の愛しいもの、喜ばしいものであると、ここに渇愛が生じるのだと説くのです。渇愛がダブっているように見えるでしょう。ダブってないのです。渇愛が渇愛を生むのです。いまは渇愛が起きる場所を探しているのです。渇愛も一つの場所なのです。

渇愛が起こる場所をずうっと探していったところで、その犯人が見つかります。眼という、渇愛が生まれる内の場所が見つかる。見えるもの（色）という、渇愛が生まれる外の場所が見つかる。それから、心がなければ渇愛が生まれないはずだ、ということで viññāṇa・識という場所が見つかる。Viññāṇa だけではなく、次にコンタクト、samphassa・接触（触）という場所が見つかる。そこで「ちょっと待て。接触しても感じなければ欲が生まれない」と、vedanā・感受（受）という渇愛の生まれる場所が見つかるのです。接触しても、それを感じたから渇く状態が生まれたのではないか、ということです。そこでさらに、感覚の次にsaññā・想、概念が生まれるでしょう。見えたものについて、言葉以前のもう、瞬時にできあがる概念の世界があるのです。「見えた」瞬間で、もう「何が見えたか」と知っているのだから、その saññā・想が taṇhā の生まれる場所として見つかります。さらに、自分の心のなかに起こる反応、または「見たい」という気持ち、cetanā・意志（思）を発見します。そこも渇愛が生まれる場所です。そうやって次々に渇愛の生まれるところが見つかって、瞑想する対象が難しいほうへどんどん移動していくのです。

そこで cetanā・意志という場所で taṇhā が生まれると見つけて、最後に「意志とは何なのか？」と調べてみたところで、「これは渇愛である」と、最後に渇愛そのものが見つかってしまうのです。眼のなかでも、耳のなかでも、色や声といった対象への渇愛そのものが見つかるのです。だから簡単なところから難しいところに移動する順番で、どんどん厳密に本物が見つかっていくのです。認識プロセスというのは瞬時の出来事ですから、高度な集中力がないとそれは発見できません。まず確認作業を続けて、眼にせよ、見えるもの（色）にせよ、ずうっと長い間、確認作業をやっていると、次第に感覚のほうに心が移動してしまう。それで見たいという cetanā・意志に心が行ったところで、「あ、これ自体が渇愛です」と、次に渇愛そのものを発見して、確認することができてしまうのです。渇愛が渇愛をつくるのです。ですから、渇愛そのものも、渇愛が生まれる場所なのです。

ここまで修行者が行なっているのは、渇愛の発見なのです。どこで渇愛が起こるのかと、その場所を探すのです。世界とは眼耳鼻舌身意のことなので、ヴィパッサナー実践を行なう修行者にとって、それほど難しい作業にはなりません。「渇愛をなくしましょう、解脱に達しましょう」などの考えは余計です。このテキストだけ読む方々には、「なんで渇愛をなくさないの？」という疑問が生じるかもしれません。ヴィパッサナー実践者は、余計なことはしません。希望を持って先走りはしません。ありのままに現象を観察するだけです。渇愛をなくそうがなくさまいが、まず渇愛とは何ものか、どこに生まれるのかと、研究しなくてはいけないのです。ここで渇愛を知り尽くすことになるのです。

修行者の実践研究は、さらに続きます。渇愛が渇愛をつくり出すところまで、発見しました。渇愛が生じる原因は、それだけではありません。さらにあるのです。修行はそちらに進んでいきます。

### 世界の愛しいもの、喜ばしいもの（9）六つの大まかな考察

‘‘Rūpavitakko loke piyarūpaṃ sātarūpaṃ, etthesā taṇhā uppajjamānā uppajjati, ettha nivisamānā nivisati. Saddavitakko loke piyarūpaṃ sātarūpaṃ, etthesā taṇhā uppajjamānā uppajjati, ettha nivisamānā nivisati. Gandhavitakko loke piyarūpaṃ sātarūpaṃ, etthesā taṇhā uppajjamānā uppajjati, ettha nivisamānā nivisati. Rasavitakko loke piyarūpaṃ sātarūpaṃ, etthesā taṇhā uppajjamānā uppajjati, ettha nivisamānā nivisati. Phoṭṭhabbavitakko loke piyarūpaṃ sātarūpaṃ, etthesā taṇhā uppajjamānā uppajjati, ettha nivisamānā nivisati. Dhammavitakko loke piyarūpaṃ sātarūpaṃ, etthesā taṇhā uppajjamānā uppajjati, ettha nivisamānā nivisati.

色に対する大まかな考察は世界の愛しいもの、喜ばしいものです。この渇愛は、生じる場合はここに生じ、とどまる場合はここにとどまります。

声に対する大まかな考察は世界の愛しいもの、喜ばしいものです。

この渇愛は、生じる場合はここに生じ、とどまる場合はここにとどまります。

香に対する大まかな考察は世界の愛しいもの、喜ばしいものです。この渇愛は、生じる場合はここに生じ、とどまる場合はここにとどまります。

味に対する大まかな考察は世界の愛しいもの、喜ばしいものです。この渇愛は、生じる場合はここに生じ、とどまる場合はここにとどまります。

触に対する大まかな考察は世界の愛しいもの、喜ばしいものです。この渇愛は、生じる場合はここに生じ、とどまる場合はここにとどまります。

法に対する大まかな考察は世界の愛しいもの、喜ばしいものです。この渇愛は、生じる場合はここに生じ、とどまる場合はここにとどまります。

## 世界の愛しいもの、喜ばしいもの（10）六つの細かな考察

"Rūpavicāro loke piyarūpaṃ sātarūpaṃ, etthesā taṇhā uppajjamānā uppajjati, ettha nivisamānā nivisati. Saddavicāro loke piyarūpaṃ sātarūpaṃ, etthesā taṇhā uppajjamānā uppajjati, ettha nivisamānā nivisati. Gandhavicāro loke piyarūpaṃ sātarūpaṃ, etthesā taṇhā uppajjamānā uppajjati, ettha nivisamānā nivisati. Rasavicāro loke piyarūpaṃ sātarūpaṃ, etthesā taṇhā uppajjamānā uppajjati, ettha nivisamānā nivisati. Phoṭṭhabbavicāro loke piyarūpaṃ sātarūpaṃ, etthesā taṇhā uppajjamānā uppajjati, ettha nivisamānā nivisati. Dhammavicāro loke piyarūpaṃ sātarūpaṃ, etthesā taṇhā uppajjamānā uppajjati, ettha nivisamānā nivisati. Idaṃ vuccati, bhikkhave, dukkhasamudayaṃ ariyasaccaṃ.

色に対する細かな考察は世界の愛しいもの、喜ばしいものです。この渇愛は、生じる場合はここに生じ、とどまる場合はここにとどまります。

声に対する細かな考察は世界の愛しいもの、喜ばしいものです。この渇愛は、生じる場合はここに生じ、とどまる場合はここにとどまります。

香に対する細かな考察は世界の愛しいもの、喜ばしいものです。この渇愛は、生じる場合はここに生じ、とどまる場合はここにとどまります。

味に対する細かな考察は世界の愛しいもの、喜ばしいものです。この渇愛は、生じる場合はここに生じ、とどまる場合はここにとどまります。

触に対する細かな考察は世界の愛しいもの、喜ばしいものです。この渇愛は、生じる場合はここに生じ、とどまる場合はここにとどまります。

法に対する細かな考察は世界の愛しいもの、喜ばしいものです。この渇愛は、生じる場合はここに生じ、とどまる場合はここにとどまります。

比丘たちよ、これが「苦の生起という聖なる真理」と言われます。

渇愛を引き起こす次の原因は、考えることです。人には純粋な思考はできません。思考は主観的です。要するに「自分の考え」なのです。自分の考えと言えば、貪瞋痴に汚染された思考です。思考しながら、その路線に乗ってさらに続けて調べるということも行なうのです。例えば人が、「このうな丼はおいしい」と思う。渇愛が起きているのです。それから、「このうなぎは養殖ではありません。国産うなぎです。老舗のうなぎ屋さんです。百年以上の歴史があります。宮内庁御用達です」などなどの情報も加えるのです。それは大まかな考察（vitakka（ヴィタッカ））のついでに起こる細かな考察（vicāra ヴィチャーラ）です。ではこの例の思考パターンで、結果はどのようになるでしょうか。渇愛が一方的に増していくだけです。大まかな思考であれ、詳細な思考であれ、渇愛に汚染されているのです。思考すればするほど、新たな渇愛が生まれてくるのです。

修行者は思考を観察するのです。思考によって渇愛が起こることも観察するのです。

一般の世界では「思考する」と言ってはいますが、かなり膨大な範囲に広げて、深く思考しているという錯覚に陥っているのです。人間は決して膨大なことを考えないのです。ものごとを深く考えることもしないのです。何について考えるのかと訊かれても、世間では「人は膨大なことを考えるから一概に答えられない」と言うでしょう。しかし仏教の答えは、いたって簡単です。色声香味触法という六種類について考えているのです。それ以外の思考はあり得ないのです。何を考えても、この範囲内です。

それで客観的にありのままに観察するかというと、それはないのです。自分の主観で思考するのです。主観は渇愛に汚染されているのです。思考すればするほど、渇愛が増すばかりです。

## 言葉への執着が修行を阻む

ここで言語について少々学んだほうがよろしいと思います。認識過程で、触れること、感じること、概念が起こること、意志が起こることと、その流れのどこででも渇愛が起こり得ることを説明してきました。言語のはたらきについては、経典では何も説明しないのです。言語は認識過程に欠かせない現象ではありません。生命は言語があってもなくても生きられます。言語があってもなくても煩悩が起きて心が汚れます。

言語とは、認識過程に上乗せする人工的なアクセサリーです。言語は人々がつくるものです。生命にとって必要不可欠な要素ではありません。

色受想行識という五蘊さえあれば、生命です。言語の「語蘊」なんかありません。

認識すると自然に概念（想 saññā）が起きます。この概念の一部に、人間が「言葉」というラベルを貼るのです。心に起こる全ての想に言葉があるわけではないのです。人間は自分が好きなラベルを貼れば良いのです。ですから、地球上にたくさん言語があるのです。要するに、ラベリング・システムというわけです。言語の仕事は、自分が思ったことを他に伝えることです。他人に情報として与えることです。人は眼耳鼻舌身意に触れる色声香味触法を情報として心に取り入れているのです。ですから言語は、色声香味触法のいずれかにならなくてはいけないのです。このいずれかでないと、相手に伝えることはできません。人間は言語のラベリングとして、色と声を使っているのです。眼が見えない人々の場合は触も入ります。見せるラベリングより先に、しゃべるラベリングが現れたことでしょう。いま私たちは本などを読んで情報を取り入れます。本は見るものですけど、見られるラベリングの下に、音が入っているのです。本を眼で追って、頭のなかでしゃべっているのです。

言語とは、心のなかに大量に現れる想（saññā）の一部を他人に伝えるためにあるものです。ですから当然、言語は完璧ではないのです。自分の気持ちをそのまま他人に伝えるということは不可能です。自分が思ったことの一部を言葉でしゃべる。相手も聴いた言葉を通して、相手の気持ちの一部を理解するのです。コミュニケーションは、いつだって不完全です。

言語とヴィパッサナー実践の関係を学ばなくてはいけないのです。言葉を使うと、心のなかでその言葉に関係のある想が回転します。小説を読むと、頭のなかでドラマが繰り広げられます。必ずしも作家の頭のなかにあったドラマではありません。言語を使うとは、想をかき回すことです。言語を使うたびに、想も増えていくのです。

想が起こるところに渇愛が生じます。解脱に達していない限り、心は貪瞋痴に汚れているのです。ですから、言語を使う、想をかき回す、煩悩が増える、という順番になります。心を清らかにしようとするならば、想の暴走を制御しなくてはいけないのです。想に言葉というラベルを貼っているから、言葉を使うたびに想が暴走するのです。ですから、頭のなかで言葉を極力使わないように工夫すれば、自動的に想を戒めたことになるのです。

ヴィパッサナー実践する人々の気づき（sati）とは、言葉で感覚にラベリングすることから始まります。その時点で、想の暴走をストップしているのです。言葉を使わず、無言のままで感覚を感じるだけにすれば良いのではないか、という意見も世にあります。二、三分程度なら、言葉を使わず、思考もせずにいることはできるでしょう。それ以上は無理です。人間の脳は言葉の上に活動しているのです。脳は言葉に影響を与えるし、言葉は脳に影響を与えているのです。言葉を無視しましょうというのは単なる観念論で、実践的な方法ではありません。

頭のなかで言葉を使うたびに、火山が噴火しているような感じで感情が湧き上がるのです。煩悩が現れるのです。渇愛が現れるのです。Vitakka と vicāra を観察する修行者は、言葉と煩悩の関係を発見します。それから、言葉がなくても vitakka と vicāra が働いて、煩悩を増大させていくのだとも発見します。

## 渇愛の発見は難しくない

「渇愛はどこに生まれるのか？」という問題に関する大念処経の教えはとても長かったですね。そこまで観察できるはずがない、という気持ちにも陥っているかもしれません。ヴィパッサナー実践の決まりを守って実況中継を続ければ、能力が上がります。何の問題もなく、渇愛の観察ができるようになります。経典はヒントのリストであると理解しておきましょう。まずは、全ての生命に渇愛が生まれるプロセスを提示してあります。眼耳鼻舌身意とそれに触れる色声香味触法のことです。それから、六識、六触、六受、六想、六思（意志)、六つの渇愛、という順番で渇愛が生まれる場所を発見していきました。これらはお釈迦様のヒントです。お釈迦様のヒントに沿って観察すれば、渇愛の発見ができます。この順番は全ての生命に共通しているのです。

それから、言葉を使う生命にある、もう一つの渇愛が起こる場所を発見するのです。それは思考です。思考も大まかな考察と細かな考察の二つに分けてあります。修行者の心のなかで、渇愛の世界が現れてくるはずです。渇愛は巨大な世界なのですが、よくよく観ると小さな小さな部品で組み立てられているのです。「渇愛も生まれては消えるものである」と理解することもできるのです。

渇愛が生まれる場所を発見する、もう一つの方法があります。大念処経の渇愛セクションを唱えてみるのです。繰り返し繰り返し唱えるのです。そうすることででも、比較的簡単に理解することができるでしょう。パーリ経典の文章は、美しく唱えられるように工夫して語られているのです。

## 苦の滅尽　滅諦

30　“Katamañca , bhikkhave, dukkhanirodhaṃ ariyasaccaṃ?

30　つぎに、比丘たちよ、「苦の滅尽という聖なる真理」とは何か。

法の観察を行なっている実践者が、苦の原因である苦集聖諦を詳しく調べてみました。次に、苦がどのように滅するのかと観察しなくてはいけないのです。人間の力では、苦を乗り越えた境地について観察することも考えることも不可能です。はじめにお釈迦様が真理を発見されたのです。それから人間に向けて真理を説かれたのです。実践者は釈尊の説かれた真理がその通りであることを発見するだけです。苦の原因は渇愛であると説かれました。苦がなくなった状態のことを、お釈迦様はこのようにいたって簡単に説かれます。

Yo tassāyeva taṇhāya asesavirāganirodho cāgo paṭinissaggo mutti anālayo.

**その渇愛の消滅による完全な滅尽・捨棄・破棄・解脱・無執着です。**

理論は簡単です。渇愛が一切の苦の原因であるならば、渇愛をなくせば一切の苦もなくなるのです。ですから、渇愛を心から取り除いた状態が、苦を乗り越えた状態なのです。「なんとなく渇愛がない」というような心境は、人の心に起こり得ます。しかしそれは、渇愛が完全に消えた状態ではありません。またすぐ現れるのです。いかなる場合でも再び渇愛が現れることが決してないように、渇愛を取り除かなくてはいけないのです。ですから「渇愛をなくす」という意味をいくつかの同義語で強調して語られるのです。Asesavirāganirodho（アセーサヴィラーガニロードー）とは、残りなく取り除く、という意味です。Cāgo（チャーゴー）とは、捨てる、という意味です。捨てる場合は、不潔なゴミを捨てるときは、「再び見たくもない。拾う気持ちは決して起こり得ない」という気持ちなのです。Paṭinissaggo（パティニッサッゴー）も、捨てる、という意味です。「もう二度と関わりを持ちたくない。関係を断絶します」というニュアンスになります。Mutti（ムッティ）は、離れること、解放されること、という意味です。Anālayo（アナーラヨー）とは、未練を持たない、という意味です。Asesavirāganirodhoからanālayoまでの五つの単語は同義語です。要するに、完全に渇愛から離れることです。それから渇愛と何の縁も持たない・持てない、という意味です。激しい激流に人が流されているとしましょう。とても危険な状態です。そこに救助のヘリが来て、縄ばしごを下ろすのです。流されている人は、その縄ばしごにつかまって助けてもらうのです。そのとき、激流に対する未練は微塵もありません。もう一度流されてほしいという気持ちも起こらないのです。激流のことを思い出すときも、それに対して無執着の気持ち、離れて良かったという気持ちしか起こらないのです。心が渇愛から離れるときも、それと似たような気持ちで離れなくてはいけないのです。

渇愛は良くありません、離れなくてはいけません、と思っただけでは渇愛を捨てたことになりません。ありのままにものごとを観察すると、智慧が現れてくるのです。一切の現象の本当の姿が観えてくるのです。智慧が現れてくると同時に、心は渇愛に対する未練を捨てて、離れていくのです。ですから渇愛のない心をつくるためには、智慧が必要です。そこで、「渇愛はどこでどのようになくなっていくものでしょうか？」と観察しなくてはいけないのです。苦集聖諦では、渇愛がどこで生まれるのかと観察したのです。ですから渇愛が生まれる場所は、すでに知っているのです。渇愛は、生まれたところで消えていくのです。それほど難しいことではありません。例えば、指を怪我して痛くなったとしましょう。どこを怪我したのですか？　指です。どこが痛いのですか？　指です。では怪我が治るならばどこが治りますか？　指です。痛みが消える場合はどこで消えますか？　指です。「指を怪我したのですが、左耳が治りました」ということはあり得ないのです。

### 渇愛はどこで消えていくのか？

"Sā kho panesā, bhikkhave, taṇhā kattha pahīyamānā pahīyati, kattha nirujjhamānā nirujjhati?

Yaṃ loke piyarūpaṃ sātarūpaṃ, etthesā taṇhā pahīyamānā pahīyati, ettha nirujjhamānā nirujjhati.

では、比丘たちよ、この渇愛は、捨断される場合はどこで捨断され、

**滅尽する場合はどこで滅尽するのか。世界の愛しいもの※、喜ばしいものがあります。この渇愛は、捨断される場合はここで捨断され、滅尽する場合はここで滅尽します。**

経典の言葉は、渇愛がどこで生まれるのか、と説明したところと同じです。ただ、どこで消えるのか、という言葉に入れ替えているだけです。この世に何か愛しいものがあるとするならば、そこで渇愛が生まれるのだと、苦集聖諦のところで説明しました。渇愛が消える場合も、そこで消えるのだと、苦滅聖諦のところで説明しているのです。論理的なポイントは簡単です。生まれたところで消えます。

渇愛はどこに現れるのか、という経典の説明は、とても長かったでしょう。しかし経典のフレーズは、憶えやすくなるように整理されていたのです。今度は「渇愛が現れる」という言葉を「渇愛が消える」という言葉に入れ替えて、同じスタイルで語られているのです。

人が活字で経典を読むならば、同じ言葉が何回も繰り返されると嫌になってくるのです。飛ばして読みたくなるのです。しかし経典とは、声に出して読誦するものです。その場合は繰り返しのフレーズが、うるさくなりません。歌のリフレインの部分のようなものです。歌の場合は、リフレインがヒットすると曲がヒットするのです。歌の命はリフレインにかかっているのです。経典も同じく、唱えるように編集されているので、リフレインの経典文句はとても大事です。大念処経の苦集聖諦と苦滅聖諦を説明する言葉は、ほとんど繰り返しのフレーズになっているのです。修行者はこの経典を暗記してほしいのです。ですから、二、三回唱えれば、自動的に暗記してしまう形にしているのです。

この経典の一行一行を読んで、瞑想実践中に観察しようとしても、うまくいかないと思います。修行中、いつどこで渇愛が生まれるのかは分かりません。真剣に修行すると、渇愛は表に出ないで隠れることもありえるのです。それで全てのリストを暗記しておく。節を入れて、気持ち

※底本の訳は「色」。（以下同）

よく唱えてみる。朝晩のおつとめのとき、この二つのセクションを唱えてみる。それも一つの瞑想実践になるのです。眼耳鼻舌身意という六根と色声香味触法という六境との関わりで渇愛が生まれて、消えるときも同じ場所で消えるのだ、というカラクリを理解するのです。この理解が瞑想実践で修行をサポートしてくれます。修行者は、渇愛が生まれた瞬間、場所がどこであっても発見するのです。

比較して考えると、このポイントの重大性が分かります。普通の人に「あなたに欲が生まれるときは、どんな条件でどんな場所で生まれるのでしょうか？」と尋ねてみましょう。答えは色々です。一人で考えているときに、欲が起こる人もいるし、美味しいものを食べるときに、それに目がなくなって欲に汚染される人もいるのです。「私は音楽に弱い」という人もいるのです。しかし皆、甘いのです。眼耳鼻舌身意のどこにでも、渇愛が生まれるのです。対象が触れるとき、渇愛が生まれる場合も、対象が触れて感覚のときに渇愛が生まれる場合も、見たい、聴きたいという意識によって渇愛が生じる場合も、頭でものごとを考えているとき、渇愛が発生する場合もあります。ですから修行者は、渇愛が起こり得る全ての場所を憶えておくのです。

別な例えで説明します。ガンが発生するならば、身体のどこに発生するのでしょうか？　正しい答えは、細胞があるところならどこでも、ガンが生まれ得るということです。しかし一般人は、大腸ガンにならないように、乳ガンにならないように、子宮ガンにならないように、胃ガンにならないように、などなどと場所を設定して気をつけるのです。しかし、乳ガンには気をつけていたので乳ガンにはならなかったのですが、大腸ガンになってしまったらどうしましょうか？　ですから、眼耳鼻舌身意に関わる全ての場所で、渇愛が起こり得る。渇愛が消えるときも、その渇愛が起きた場所で消えるのです。

修行者は、渇愛にかかわるリストを憶えておくのです。そうすると、どこで渇愛が起きても、観察することができるのです。

## 起きたところで渇愛が消えていく



"Kiñca loke piyarūpaṃ sātarūpaṃ? Cakkhu loke piyarūpaṃ sātarūpaṃ, etthesā taṇhā pahīyamānā pahīyati, ettha nirujjhamānā nirujjhati. Sotaṃ loke piyarūpaṃ sātarūpaṃ, etthesā taṇhā pahīyamānā pahīyati, ettha nirujjhamānā nirujjhati. Ghānaṃ loke piyarūpaṃ sātarūpaṃ, etthesā taṇhā pahīyamānā pahīyati, ettha nirujjhamānā nirujjhati. Jivhā loke piyarūpaṃ sātarūpaṃ, etthesā taṇhā pahīyamānā pahīyati, ettha nirujjhamānā nirujjhati. Kāyo loke piyarūpaṃ sātarūpaṃ, etthesā taṇhā pahīyamānā pahīyati, ettha nirujjhamānā nirujjhati. Mano loke piyarūpaṃ sātarūpaṃ, etthesā taṇhā pahīyamānā pahīyati, ettha nirujjhamānā nirujjhati.

"Rūpā loke piyarūpaṃ sātarūpaṃ, etthesā taṇhā pahīyamānā pahīyati, ettha nirujjhamānā nirujjhati. Saddā loke piyarūpaṃ sātarūpaṃ, etthesā taṇhā pahīyamānā pahīyati, ettha nirujjhamānā nirujjhati. Gandhā loke piyarūpaṃ sātarūpaṃ, etthesā taṇhā pahīyamānā pahīyati, ettha nirujjhamānā nirujjhati. Rasā loke piyarūpaṃ sātarūpaṃ, etthesā taṇhā pahīyamānā pahīyati, ettha nirujjhamānā nirujjhati. Phoṭṭhabbā loke piyarūpaṃ sātarūpaṃ, etthesā taṇhā pahīyamānā pahīyati, ettha nirujjhamānā nirujjhati. Dhammā loke piyarūpaṃ sātarūpaṃ, etthesā taṇhā pahīyamānā pahīyati, ettha nirujjhamānā nirujjhati.

"Cakkhuviññāṇaṃ loke piyarūpaṃ sātarūpaṃ, etthesā taṇhā pahīyamānā pahīyati, ettha nirujjhamānā nirujjhati. Sotaviññāṇaṃ loke piyarūpaṃ sātarūpaṃ, etthesā taṇhā pahīyamānā pahīyati, ettha nirujjhamānā nirujjhati. Ghānaviññāṇaṃ loke piyarūpaṃ sātarūpaṃ, etthesā taṇhā pahīyamānā pahīyati, ettha nirujjhamānā nirujjhati. Jivhāviññāṇaṃ loke piyarūpaṃ sātarūpaṃ, etthesā taṇhā pahīyamānā pahīyati, ettha nirujjhamānā nirujjhati. Kāyaviññāṇaṃ loke piyarūpaṃ sātarūpaṃ, etthesā taṇhā pahīyamānā pahīyati, ettha nirujjhamānā nirujjhati. Manoviññāṇaṃ loke piyarūpaṃ sātarūpaṃ, etthesā taṇhā pahīyamānā pahīyati, ettha nirujjhamānā nirujjhati.

"Cakkhusamphasso loke piyarūpaṃ sātarūpaṃ, etthesā taṇhā pahīyamānā pahīyati, ettha nirujjhamānā nirujjhati. Sotasamphasso loke piyarūpaṃ sātarūpaṃ, etthesā taṇhā pahīyamānā pahīyati, ettha nirujjhamānā nirujjhati. Ghānasamphasso loke piyarūpaṃ sātarūpaṃ, etthesā taṇhā pahīyamānā pahīyati, ettha nirujjhamānā nirujjhati. Jivhāsamphasso loke piyarūpaṃ sātarūpaṃ, etthesā taṇhā pahīyamānā pahīyati, ettha nirujjhamānā nirujjhati. Kāyasamphasso loke piyarūpaṃ sātarūpaṃ, etthesā taṇhā pahīyamānā pahīyati, ettha nirujjhamānā nirujjhati. Manosamphasso loke piyarūpaṃ sātarūpaṃ, etthesā taṇhā pahīyamānā pahīyati, ettha nirujjhamānā nirujjhati.

"Cakkhusamphassajā vedanā loke piyarūpaṃ sātarūpaṃ, etthesā taṇhā pahīyamānā pahīyati, ettha nirujjhamānā nirujjhati. Sotasamphassajā vedanā loke piyarūpaṃ sātarūpaṃ, etthesā taṇhā pahīyamānā pahīyati, ettha nirujjhamānā nirujjhati. Ghānasamphassajā vedanā loke piyarūpaṃ sātarūpaṃ, etthesā taṇhā pahīyamānā pahīyati, ettha nirujjhamānā nirujjhati. Jivhāsamphassajā vedanā loke piyarūpaṃ sātarūpaṃ, etthesā taṇhā pahīyamānā pahīyati, ettha nirujjhamānā nirujjhati. Kāyasam-phassajā vedanā loke piyarūpaṃ sātarūpaṃ, etthesā taṇhā pahīyamānā pahīyati, ettha nirujjhamānā nirujjhati. Manosamphassajā vedanā loke piyarūpaṃ sātarūpaṃ, etthesā taṇhā pahīyamānā pahīyati, ettha nirujjhamānā nirujjhati.

"Rūpasaññā loke piyarūpaṃ sātarūpaṃ, etthesā taṇhā pahīyamānā pahīyati, ettha nirujjhamānā nirujjhati. Saddasaññā loke piyarūpaṃ sātarūpaṃ, etthesā taṇhā pahīyamānā pahīyati, ettha nirujjhamānā nirujjhati. Gandhasaññā loke piyarūpaṃ sātarūpaṃ, etthesā taṇhā pahīyamānā pahīyati, ettha nirujjhamānā nirujjhati. Rasasaññā loke piyarūpaṃ sātarūpaṃ, etthesā taṇhā pahīyamānā pahīyati, ettha nirujjhamānā nirujjhati. Phoṭṭhabbasaññā loke piyarūpaṃ sātarūpaṃ, etthesā taṇhā pahīyamānā pahīyati, ettha nirujjhamānā nirujjhati. Dhammasaññā loke piyarūpaṃ sātarūpaṃ, etthesā taṇhā pahīyamānā pahīyati, ettha nirujjhamānā nirujjhati.

"Rūpasañcetanā loke piyarūpaṃ sātarūpaṃ, etthesā taṇhā pahīyamānā pahīyati, ettha nirujjhamānā nirujjhati. Saddasañcetanā loke piyarūpaṃ sātarūpaṃ, etthesā taṇhā pahīyamānā pahīyati, ettha nirujjhamānā nirujjhati. Gandhasañcetanā loke piyarūpaṃ sātarūpaṃ, etthesā taṇhā pahīyamānā pahīyati, ettha nirujjhamānā nirujjhati. Rasasañcetanā loke piyarūpaṃ sātarūpaṃ, etthesā taṇhā pahīyamānā pahīyati, ettha nirujjhamānā nirujjhati. Phoṭṭhabbasañcetanā loke piyarūpaṃ sātarūpaṃ, etthesā taṇhā pahīyamānā pahīyati, ettha nirujjhamānā nirujjhati. Dhamma-sañcetanā loke piyarūpaṃ sātarūpaṃ, etthesā taṇhā pahīyamānā pahīyati, ettha nirujjhamānā nirujjhati.

"Rūpataṇhā loke piyarūpaṃ sātarūpaṃ, etthesā taṇhā pahīyamānā pahīyati, ettha nirujjhamānā nirujjhati. Saddataṇhā loke piyarūpaṃ sātarūpaṃ, etthesā taṇhā pahīyamānā pahīyati, ettha nirujjhamānā nirujjhati. Gandhataṇhā loke piyarūpaṃ sātarūpaṃ, etthesā taṇhā pahīyamānā pahīyati, ettha nirujjhamānā nirujjhati. Rasataṇhā loke piyarūpaṃ sātarūpaṃ, etthesā taṇhā pahīyamānā pahīyati, ettha nirujjhamānā nirujjhati. Phoṭṭhabbataṇhā loke piyarūpaṃ sātarūpaṃ, etthesā taṇhā pahīyamānā pahīyati, ettha nirujjhamānā nirujjhati. Dhammataṇhā loke piyarūpaṃ sātarūpaṃ, etthesā taṇhā pahīyamānā pahīyati, ettha nirujjhamānā nirujjhati.

"Rūpavitakko loke piyarūpaṃ sātarūpaṃ, etthesā taṇhā pahīyamānā pahīyati, ettha nirujjhamānā nirujjhati. Saddavitakko loke piyarūpaṃ sātarūpaṃ, etthesā taṇhā pahīyamānā pahīyati, ettha nirujjhamānā nirujjhati. Gandhavitakko loke piyarūpaṃ sātarūpaṃ, etthesā taṇhā pahīyamānā pahīyati, ettha nirujjhamānā nirujjhati. Rasavitakko loke piyarūpaṃ sātarūpaṃ, etthesā taṇhā pahīyamānā pahīyati, ettha nirujjhamānā nirujjhati. Phoṭṭhabbavitakko loke piyarūpaṃ sātarūpaṃ, etthesā taṇhā pahīyamānā pahīyati, ettha nirujjhamānā nirujjhati. Dhammavitakko loke piyarūpaṃ sātarūpaṃ, etthesā taṇhā pahīyamānā pahīyati, ettha nirujjhamānā nirujjhati.

"Rūpavicāro loke piyarūpaṃ sātarūpaṃ, etthesā taṇhā pahīyamānā pahīyati, ettha nirujjhamānā nirujjhati. Saddavicāro loke piyarūpaṃ sātarūpaṃ, etthesā taṇhā pahīyamānā pahīyati, ettha nirujjhamānā nirujjhati. Gandhavicāro loke piyarūpaṃ sātarūpaṃ, etthesā taṇhā pahīyamānā pahīyati, ettha nirujjhamānā nirujjhati. Rasavicāro loke piyarūpaṃ sātarūpaṃ, etthesā taṇhā pahīyamānā pahīyati, ettha nirujjhamānā nirujjhati. Phoṭṭhabbavicāro loke piyarūpaṃ sātarūpaṃ, etthesā taṇhā pahīyamānā pahīyati, ettha nirujjhamānā nirujjhati. Dhammavicāro loke piyarūpaṃ sātarūpaṃ, etthesā taṇhā pahīyamānā pahīyati, ettha nirujjhamānā nirujjhati. Idaṃ vuccati, bhikkhave, dukkhanirodhaṃ ariyasaccaṃ.

では、世界の愛しいもの、喜ばしいものとは何か。

眼は世界の愛しいもの、喜ばしいものです。この渇愛は、捨断される場合はここで捨断され、滅尽する場合はここで滅尽します。

耳は世界の愛しいもの、喜ばしいものです。この渇愛は、捨断される場合はここで捨断され、滅尽する場合はここで滅尽します。

鼻は世界の愛しいもの、喜ばしいものです。この渇愛は、捨断される場合はここで捨断され、滅尽する場合はここで滅尽します。

舌は世界の愛しいもの、喜ばしいものです。この渇愛は、捨断される場合はここで捨断され、滅尽する場合はここで滅尽します。

身は世界の愛しいもの、喜ばしいものです。この渇愛は、捨断される場合はここで捨断され、滅尽する場合はここで滅尽します。

意は世界の愛しいもの、喜ばしいものです。この渇愛は、捨断される場合はここで捨断され、滅尽する場合はここで滅尽します。

もろもろの色は世界の愛しいもの、喜ばしいものです。この渇愛は、捨断される場合はここで捨断され、滅尽する場合はここで滅尽します。

もろもろの声は世界の愛しいもの、喜ばしいものです。この渇愛は、捨断される場合はここで捨断され、滅尽する場合はここで滅尽します。

もろもろの香は世界の愛しいもの、喜ばしいものです。この渇愛は、捨断される場合はここで捨断され、滅尽する場合はここで滅尽します。

もろもろの味は世界の愛しいもの、喜ばしいものです。この渇愛は、捨断される場合はここで捨断され、滅尽する場合はここで滅尽します。

もろもろの触は世界の愛しいもの、喜ばしいものです。この渇愛は、捨断される場合はここで捨断され、滅尽する場合はここで滅尽します。

もろもろの法は世界の愛しいもの、喜ばしいものです。この渇愛は、捨断される場合はここで捨断され、滅尽する場合はここで滅尽します。

眼の識は世界の愛しいもの、喜ばしいものです。この渇愛は、捨断される場合はここで捨断され、滅尽する場合はここで滅尽します。

耳の識は世界の愛しいもの、喜ばしいものです。この渇愛は、捨断される場合はここで捨断され、滅尽する場合はここで滅尽します。

鼻の識は世界の愛しいもの、喜ばしいものです。この渇愛は、捨断される場合はここで捨断され、滅尽する場合はここで滅尽します。

舌の識は世界の愛しいもの、喜ばしいものです。この渇愛は、捨断される場合はここで捨断され、滅尽する場合はここで滅尽します。

身の識は世界の愛しいもの、喜ばしいものです。この渇愛は、捨断される場合はここで捨断され、滅尽する場合はここで滅尽します。

意の識は世界の愛しいもの、喜ばしいものです。この渇愛は、捨断される場合はここで捨断され、滅尽する場合はここで滅尽します。

眼の接触は世界の愛しいもの、喜ばしいものです。この渇愛は、捨断される場合はここで捨断され、滅尽する場合はここで滅尽します。

耳の接触は世界の愛しいもの、喜ばしいものです。この渇愛は、捨断される場合はここで捨断され、滅尽する場合はここで滅尽します。

鼻の接触は世界の愛しいもの、喜ばしいものです。この渇愛は、捨断される場合はここで捨断され、滅尽する場合はここで滅尽します。

舌の接触は世界の愛しいもの、喜ばしいものです。この渇愛は、捨断される場合はここで捨断され、滅尽する場合はここで滅尽します。

身の接触は世界の愛しいもの、喜ばしいものです。この渇愛は、捨断される場合はここで捨断され、滅尽する場合はここで滅尽します。

意の接触は世界の愛しいもの、喜ばしいものです。この渇愛は、捨断される場合はここで捨断され、滅尽する場合はここで滅尽します。

眼の接触から生じる感受は世界の愛しいもの、喜ばしいものです。この渇愛は、捨断される場合はここで捨断され、滅尽する場合はここで滅尽します。

耳の接触から生じる感受は世界の愛しいもの、喜ばしいものです。この渇愛は、捨断される場合はここで捨断され、滅尽する場合はここで滅尽します。

鼻の接触から生じる感受は世界の愛しいもの、喜ばしいものです。この渇愛は、捨断される場合はここで捨断され、滅尽する場合はここで滅尽します。

舌の接触から生じる感受は世界の愛しいもの、喜ばしいものです。この渇愛は、捨断される場合はここで捨断され、滅尽する場合はここで滅尽します。

身の接触から生じる感受は世界の愛しいもの、喜ばしいものです。

この渇愛は、捨断される場合はここで捨断され、滅尽する場合はここで滅尽します。

意の接触から生じる感受は世界の愛しいもの、喜ばしいものです。この渇愛は、捨断される場合はここで捨断され、滅尽する場合はここで滅尽します。

色に対する想は世界の愛しいもの、喜ばしいものです。この渇愛は、捨断される場合はここで捨断され、滅尽する場合はここで滅尽します。

声に対する想は世界の愛しいもの、喜ばしいものです。この渇愛は、捨断される場合はここで捨断され、滅尽する場合はここで滅尽します。

香に対する想は世界の愛しいもの、喜ばしいものです。この渇愛は、捨断される場合はここで捨断され、滅尽する場合はここで滅尽します。

味に対する想は世界の愛しいもの、喜ばしいものです。この渇愛は、捨断される場合はここで捨断され、滅尽する場合はここで滅尽します。

触に対する想は世界の愛しいもの、喜ばしいものです。この渇愛は、捨断される場合はここで捨断され、滅尽する場合はここで滅尽します。

法に対する想は世界の愛しいもの、喜ばしいものです。この渇愛は、捨断される場合はここで捨断され、滅尽する場合はここで滅尽します。

色に対する思は世界の愛しいもの、喜ばしいものです。この渇愛は、捨断される場合はここで捨断され、滅尽する場合はここで滅尽します。

声に対する思は世界の愛しいもの、喜ばしいものです。この渇愛は、捨断される場合はここで捨断され、滅尽する場合はここで滅尽します。

香に対する思は世界の愛しいもの、喜ばしいものです。この渇愛は、捨断される場合はここで捨断され、滅尽する場合はここで滅尽します。

味に対する思は世界の愛しいもの、喜ばしいものです。この渇愛は、捨断される場合はここで捨断され、滅尽する場合はここで滅尽します。

触に対する思は世界の愛しいもの、喜ばしいものです。この渇愛は、捨断される場合はここで捨断され、滅尽する場合はここで滅尽します。

法に対する思は世界の愛しいもの、喜ばしいものです。この渇愛は、捨断される場合はここで捨断され、滅尽する場合はここで滅尽します。

色に対する渇愛は世界の愛しいもの、喜ばしいものです。この渇愛は、捨断される場合はここで捨断され、滅尽する場合はここで滅尽します。

声に対する渇愛は世界の愛しいもの、喜ばしいものです。この渇愛は、捨断される場合はここで捨断され、滅尽する場合はここで滅尽します。

香に対する渇愛は世界の愛しいもの、喜ばしいものです。この渇愛は、捨断される場合はここで捨断され、滅尽する場合はここで滅尽します。

味に対する渇愛は世界の愛しいもの、喜ばしいものです。この渇愛は、捨断される場合はここで捨断され、滅尽する場合はここで滅尽します。

触に対する渇愛は世界の愛しいもの、喜ばしいものです。この渇愛は、捨断される場合はここで捨断され、滅尽する場合はここで滅尽します。

法に対する渇愛は世界の愛しいもの、喜ばしいものです。この渇愛は、捨断される場合はここで捨断され、滅尽する場合はここで滅尽します。

色に対する大まかな考察は世界の愛しいもの、喜ばしいものです。この渇愛は、捨断される場合はここで捨断され、滅尽する場合はここで滅尽します。

声に対する大まかな考察は世界の愛しいもの、喜ばしいものです。この渇愛は、捨断される場合はここで捨断され、滅尽する場合はここで滅尽します。

香に対する大まかな考察は世界の愛しいもの、喜ばしいものです。この渇愛は、捨断される場合はここで捨断され、滅尽する場合はここで滅尽します。

味に対する大まかな考察は世界の愛しいもの、喜ばしいものです。この渇愛は、捨断される場合はここで捨断され、滅尽する場合はここで滅尽します。

触に対する大まかな考察は世界の愛しいもの、喜ばしいものです。この渇愛は、捨断される場合はここで捨断され、滅尽する場合はここで滅尽します。

法に対する大まかな考察は世界の愛しいもの、喜ばしいものです。この渇愛は、捨断される場合はここで捨断され、滅尽する場合はここで滅尽します。

色に対する細かな考察は世界の愛しいもの、喜ばしいものです。この渇愛は、捨断される場合はここで捨断され、滅尽する場合はここで滅尽します。

声に対する細かな考察は世界の愛しいもの、喜ばしいものです。この渇愛は、捨断される場合はここで捨断され、滅尽する場合はここで滅尽します。

香に対する細かな考察は世界の愛しいもの、喜ばしいものです。この渇愛は、捨断される場合はここで捨断され、滅尽する場合はここで滅尽します。

味に対する細かな考察は世界の愛しいもの、喜ばしいものです。この渇愛は、捨断される場合はここで捨断され、滅尽する場合はここで滅尽します。

触に対する細かな考察は世界の愛しいもの、喜ばしいものです。この渇愛は、捨断される場合はここで捨断され、滅尽する場合はここで滅尽します。

法に対する細かな考察は世界の愛しいもの、喜ばしいものです。この渇愛は、捨断される場合はここで捨断され、滅尽する場合はここで滅尽します。

比丘たちよ、これが「苦の滅尽という聖なる真理」です。

集諦の説明と言葉はまるっきり同じ順番ですね。ただ「なくなる(nirujjhati)」という言葉に入れ替えるだけなのです。

最初に cakkhu, sota, ghāna, jivhā, kāya, mano 眼耳鼻舌身意というところで渇愛が消えていくと説く。それから色声香味触法というところで渇愛が消えていくと説く。次に cakkhuviññāṇa 眼識から manoviññāṇa 意識までのところで渇愛が消えていくと説く。また cakkhusamphasso 眼触から manosamphasso 意触までのところで渇愛が消えていくと説く。触の次に、触により生じる感覚のリストに入ります。Cakkhusamphassajā vedanā 眼触により生じる感覚から、manosamphassajā vedanā 意触により生じる感覚までのところで渇愛が消えていくと説く。感覚の次に来るのは概念（想）です。Rūpasaññā 色に対する想から、dhammasaññā 現象に対する想までのところで渇愛が消えていくと説く。概念が起こるとは、それに対して意志（思）があるということです。意志は cetanā と言います。Rūpasañcetanā 色に対する意志から dhammasañcetanā 現象に対する意志までのところで渇愛が消えていくと説く。意志があるとは、渇愛もあるということです。次に rūpataṇhā 色への渇愛から、dhammataṇhā 現象への渇愛までのところで渇愛が消えていくと説く。渇愛があると、それについて考えてしまうのです。仏教用語は vitakka 尋（大まかな考察）です。Rūpavitakka 色に対する大まかな考察から dhammavitakka 現象に対する大まかな考察までの六種類の思考のなかで渇愛が消えていくのだと説く。大まかに考える人は、次に詳細に考えることになるのです。仏教用語は vicāra 伺（詳細な考察）です。Rūpavicāra 色に対する詳細な考察から dhamma vicāra 現象に対する詳細な考察まで、六種類の vicāra 伺のなかで渇愛が消えていくのだと説く。六根と六境を憶えておけば、このリストを憶えることはいたって簡単です。それからは修行中に渇愛が現れ次第、見つけられるようになるのです。同じ場所で渇愛が消えていくことも観察できるようになるのです。

## 仏教の生滅論と渇愛の滅



いくつか問題が起こる可能性があるので、ここで少々説明しましょう。苦しみを乗り越えるためには、渇愛を残りなく完全に、また二度と生まれないように滅尽しなくてはいけないのです。それができたならば、修行は完成しているはずです。しかし実践者は、まだ修行中です。渇愛は滅尽してないのです。苦滅聖諦の観察の場合の滅尽は、少々違います。現象の無常なる姿を観察しているのです。渇愛も、生まれては消えるのです。また、生まれては消えるのです。胸に刺さった槍のように、渇愛という一本で苦しんでいるわけではないのです。竜巻に嵌ったような感じです。竜巻には振り回されるし、色んなガラクタが身体にぶつかって酷い目にあっているのです。一個の苦しみというよりは、色々な苦しみが生まれて消えていくのです。この様を観察するのです。

眼に色が触れる。触れるものによって強弱の渇愛が起こる。見えるものがなくなったら、そのとき起きた渇愛は消える。しかし見えたものから生まれた感覚を観ると、そこにも渇愛があるのです。感覚が消えるとその渇愛も消える。見えたものについて考えたりすると、また渇愛が生まれる。その思考を止めれば、その渇愛もなくなる。「見たい」という意志があったら、また渇愛が生まれる。勝手に眼に入っているもの全てに対して、渇愛が生まれるわけではないのです。しかし「見たい」という意志があるならば、渇愛が生まれるのです。「見たい」という意志が消えると、その渇愛も消えるのです。このように、六種類の認識過程において、渇愛が生まれては消える、また生まれては消える。この流れが、途切れなく起きているのです。修行者は、渇愛が生まれて消えていく流れを観察するのです。渇愛を発見したら、その智慧は集諦に入ります。渇愛が消えたことを発見したら、その智慧は滅諦に入ります。

修行者は、完全に渇愛が滅尽して心が解脱を体験したことを観察しているのではありません。滅諦の究極的な意味は、涅槃です。実践するときの苦滅聖諦の観察とは、瞬間瞬間、生まれては消えていく渇愛のことです。渇愛が滅することに気づくと、微妙に安穏を感じるのです。生じることに気づくと、苦しみを感じるのです。集中力の流れから考えると、最初は現れる様々な渇愛ばかり観えてしまうのです。そのとき、苦しみが生まれてくることも発見するのです。その観察に慣れると同時に、集中力も上がっているのです。そこで渇愛が滅する瞬間も観ようではないかと、観察の仕方を微妙に変える。滅していくことも観えてくる。滅する瞬間で、微妙に安穏が生まれることも発見するのです。

言い換えれば、修行者は anicca（アニッチャ）無常・dukkha（ドゥッカ）苦・anatta（アナッタ）無我を観ているのです。苦聖諦で dukkha 苦を観察したのです。苦集聖諦と苦滅聖諦では、anicca 無常・dukkha 苦・anatta 無我を観察しているのです。しかし修行者の頭のなかに、この単語が入らないかもしれません。観察に使う言葉として入らなくても、anicca 無常・dukkha 苦・anatta 無我という一切の現象の三つの性質のなかから、一つに気づくのです。執着に値するものは何もなかった、という結論になるのです。お釈迦様は、これを「適度の智慧 ñāṇamattāya」「適度の気づきの確立 paṭissatimattāya」と説かれるのです。経典通りに修行を進めると、無数の適度の智慧と適度の気づきが生まれてくることを経験しているはずです。やがて、最終的な智慧と最終的な気づきを経験するのです。それについて、大念処経は一言も触れません。それを入れると、修行が成功しないからです。未熟な心のなかに、人間が経験したこともない概念を入れておくと、それがとんでもない執着になってしまうのです。しかし適度の智慧ぐらい、適度の気づきぐらいは、修行者に経験できます。この「適度」という言葉は、その智慧と気づきにも執着してはいけない、という戒めなのです。

次からは、苦滅道諦について勉強しましょう。

# 苦の滅尽の道　道諦

## 八正道の１　正見

31　“Katamañca, bhikkhave, dukkhanirodhagāminī paṭipadā ariyasaccaṃ? Ayameva ariyo aṭṭhaṅgiko maggo seyyathidaṃ – sammādiṭṭhi sammā-saṅkappo sammāvācā sammākammanto sammāājīvo sammāvāyāmo sammāsati sammāsamādhi.

31　つぎに、比丘たちよ、「苦の滅尽にいたる行道という聖なる真理」とは何か。

これは聖なる八支の道です。すなわち、正見（しょうけん）・正思惟（しょうしゆい）・正語（しょうご）・正業（しょうごう）・正命（しょうみょう）・正精進（しょうしょうじん）・正念（しょうねん）・正定（しょうじょう）です。

では dukkha 苦の nirodhagāminī 滅に至る paṭipadā 道・実践という ariyasaccaṃ 聖なる真理は何なのか。

それは ariyo（アリヨー）聖なる aṭṭhaṅgiko（アッタンギコー）八つで成り立っている、maggo（マッゴー）道であると。聖なる方法・道は八つのカテゴリーで成り立っているということです。seyyathidaṃ（セイヤティダン）即ち、sammādiṭṭhi（サンマーディッティ）正見。sammāsaṅkappo（サンマーサンカッポー）正思惟。sammāvācā（サンマーワーチャー）正語。sammākammanto（サンマーカンマントー）正業。sammāājīvo（サンマーアージーヴォー）正命。sammāvāyāmo（サンマーワーヤーモー）正精進。sammāsati（サンマーサティ）正念。sammāsamādhi（サンマーサマーディ）正定なのです。それから一つ一つの説明に行きます。

‘Katamā ca, bhikkhave, sammādiṭṭhi?
Yaṃ kho, bhikkhave,
dukkhe ñāṇaṃ,
dukkhasamudaye ñāṇaṃ,
dukkhanirodhe ñāṇaṃ,

dukkhanirodhagāminiyā paṭipadāya ñāṇaṃ.

Ayaṃ vuccati, bhikkhave, sammādiṭṭhi.

では、比丘たちよ、「正見」とは何か。

比丘たちよ、

苦についての智、

苦の生起についての智、

苦の滅尽についての智、

苦の滅尽にいたる行道についての智、

があります。

比丘たちよ、これが正見と言われます。

ヴィパッサナー実践を行なう修行者が、いま法の観察に入っているのです。それも順番に進んで、四聖諦の四番目である苦滅道聖諦の観察に入っています。道諦とは八正道のことです。一番目は正見です。修行そのものが八正道を実行することですが、ここは実践することより「道諦そのものがいかなるものなのか?」と客観的に観察するところです。八つの項目を観察し終えると、それも八正道を実行したことになります。

ヴィパッサナー実践で観察作業を行なう場合は、修行者は知識次元を破って智慧を発見しなくてはいけないのです。観察しても何も発見することがなかったならば、観察は終わってないのです。一つ一つの項目に対して、必要な智慧が現れたら、その観察は終了します。

苦滅道聖諦の観察に入ると、まず正見を観察するのです。しかし修行者が「これから正見を観察します」という考えで始めたら、間違いです。思考することになります。思考することは実践ではありません。観察をし続けると、現象が自分勝手に現れてくるのです。それをそのまま観察するだけです。それを行なっているうちに、「これは苦という現象だ、これは苦をつくり出す現象だ、これがなかったら苦もないのだ、それにはありのままに観察するより他の方法はないのだ」ということを適宜に観察することになるのです。この観察に「正見の観察」と言うのです。観察する内容を見て「正見」と言うのであって、正見を観察しようとするのでは、思考に陥ってしまうのです。

正見とは苦集滅道を知ることであると、経典に説かれています。修行しない一般の方々が困るところです。苦集滅まで観察したので、道として別なものを観察しなくてはいけないと思われるはずです。正見として苦集滅道を観察することであるならば、それは先にやったのではないか、という気分にもなります。頭で考えるときはそうなりますが、実践するときはそのような問題は起きません。実践者は「四聖諦、八正道」などの用語にとらわれないのです。ただ現れてくる現象をそのまま観察するだけです。観察した内容を知識的にまとめてみると、苦の観察、苦集の観察、苦滅の観察などなどと分類することができます。それは知識的な作業であって、実践者には関係ないことです。

では、正見について学んでみましょう。

### ・正見と知識の違い

知識は皆にあります。正見は誰にもないのです。ブッダの説かれた真理を学んで考察して、自分で理解して納得するならば、「正見」と言えますが、それも結局は知識の一部です。考察する、理解する、納得する過程で、智慧が現れたら正見です。ですから、正見は人に備わってないものである、という立場で理解していきましょう。

私たちに知識があります。知識はものごとを認識するときに起きます。ものごとを認識しても、みな同じ知識になることはないのです。例えば、皆でビー玉を見ましょう。子供はビー玉があると「おもちゃだ。いまは使わないおもちゃだ」などの知識でしょう。インテリアに興味ある人は「これはどのようにインテリアとして使えるだろうか」という知識になります。大人は「子供のおもちゃだ」ということになるでしょう。ではガラス職人は、どのような知識をつくるでしょうか？　かなり専門的な知識を起こすでしょう。ですからものを認識しても、皆に同じ知識は起きません。知識は普遍的な真理になりません。知識は簡単に変わってしまうのです。知識は主観です。自分のものの見方です。

正見は違います。正見は主観ではなく、現象のありのままの姿なのです。主観ではなく客観的な事実なので、誰でも同じ正見になるのです。正見の世界では、異論、違う意見などはないのです。正見は真理です。

### ・知識の本質的な欠陥

生きるとは、知ることです。知る機能が備わっている物体に、生き物だと言うのです。知ることは生きることで、生きるためには、知ることを絶えずし続けなくてはいけないのです。生きるために知るのです。知ることから知識が起こるのです。誤解される可能性がありますから、少々言葉の説明をします。「知る」とは、はじめに起こる認知なのです。目を開けた瞬間で、何かを目で感じる。それが知ることです。それから、何を見たのか、ということになります。それが知識です。その知識は、さらに様々な方向へ変わったりもするのです。知るだけの機能には、それはできません。知る機能は皆に同じです。我々が互いに別れてしまうのは、知ることが知識に変換するときです。

では知識の致命的な欠陥を理解しましょう。知識は生きるために起こるものです。自分で意図的に努力して、知識をつくることもできるのです。我々が苦労して勉強するのも、生きるためです。「勉強すれば知識が増えます」とよく言います。生きるために必要な知識は、生命によって変わります。「２＋２＝４である」という知識は、動物たちが生きるために必要ではないのです。だから教えられないのです。人間には生きるためにその知識が必要です。だから簡単に勉強してしまいます。２＋

2＝4とは、知識であって真理ではありません。2＋2＝4であることは犬に理解するのが不可能であると同じく、人間にも自分が生きるために必要でないものを理解することは不可能です。犬を見くびってはいけません。犬が知っていて、しかし人間には知ることが全く不可能な知識もあります。

知識を増やすとは、「しぶとく生きたい」ということです。要するに、存在欲（渇愛）を強化する作業です。輪廻転生を応援する作業です。苦しみを限りなく回転させる作業です。苦をなくして楽々に生きたいという目的で、知識を増やすのです。しかし、知識によって増えるのは苦しみです。存在欲です。心が汚れてしまうのです。これは知識の致命的な欠陥なのです。

・知識では苦はなくならない

知識に愛着がある限り、正見に現れる余地はないのです。「知識とはいかなるはたらきなのか？」とヴィパッサナー実践で発見する修行者に、知識に対する愛着が減ります。その分、正見が現れます。世は「どうすれば無事に生きられるのか？」と探し求めている。その結果、様々な知識を開発する。それには終わりがないのです。これからも人は知識を開発していくのです。知識が増えても、新たな知識を開発しても、「無事に生きられる」という目的に達してないのです。達することはできないのです。終わりのないモグラ叩きです。

・正見の観察法

修行者は、「なぜこうなるのか？」と観察する人です。ヴィパッサナー実践とは、生きるために行なうものではなく、「生きるとは何なのか？　どのような仕組みなのか？」と調べてみるのです。それで「苦」

という真理を発見します。苦があるから、見たり聴いたり嗅いだり味わったり皮膚で触れたり考えたりをするのです。苦があるから見ようとするが、見ることも苦なのです。それから生まれる知識も苦なのです。このように発見していくと、生きるとは、苦以外の何ものでもないと発見する。経験する。これが智慧です。

いまも苦なのに、なぜ「見る・聴く」などの知る作業で、さらに苦をつくらなくてはいけないのでしょうか？　やめれば良いでしょう。やめられないのです。生きていきたいという衝動があるのです。生きていきたいならば、知り続けなくてはいけないのです。知識を増やし続けなくてはいけないのです。これで苦しみが終わりなく続くはめになります。というわけで、生き続けたいという存在欲（渇愛）が犯人であると発見します。智慧です。終わりなく続くこの苦の循環から、脱出したいならば、どうすれば良いのでしょうか？　「生き続けたい」という存在欲・渇愛を断てば良いのです。この発見も智慧です。渇愛を断てば良いと発見しても、断ってしまったわけではないのです。「渇愛が消えないのは何故でしょうか？」と、調べなくてはいけないのです。現象に価値をつけているのです。生きることに価値をつけているのです。だから生きていきたいのです。諸々の現象に価値はあるのでしょうか？　それを観察しなくてはいけない。その方法と言えば、いままで行なってきた同じ観察方法なのです。客観的な観察こそが、苦をなくす道であると発見します。これも智慧です。これで正見の観察は終了になったのです。

### ・皆にあるべき正見

正見とは知識ではありません。苦集滅道が普遍的かつ現実的な真理であると発見することが正見です。修行者はこれで正しく正見をつくれます。修行しない人々も、ある程度で助けてあげなくてはいけないのです。ですから仏典では、仏教を学んで理解すること、ブッダの説かれた真理は正しいか否かと確かめることを推薦しているのです。その結果として、知識の一種ですが、俗世間的なレベルの正見が現れるのです。それから、できる範囲で因果法則も理解してほしいのです。最低、「行為に結果があるのだ」と理解してほしいのです。そうなると、自分が行なう一切の行為に適した結果を受けなくてはいけないのだと理解します。行為をしたならば、遅かれ早かれ、その結果を受けなくてはいけません。逃げることは不可能です。ここまで理解できるならば、それも知識の一種ですが、正見です。「行為に結果がある」というのは因果法則の話ですが、「人が行なう行為の結果はその人が受ける」という関連法則には業論と言うのです。この正見は kammassakatāsammādiṭṭhi と言います。「個が所有するものは業であるという正見（業自性正見）」という意味です。

### 八正道の２　正思惟

“Katamo ca, bhikkhave, sammāsaṅkappo?
Nekkhammasaṅkappo
abyāpādasaṅkappo
avihiṃsāsaṅkappo.
Ayaṃ vuccati, bhikkhave, sammāsaṅkappo.

また、比丘たちよ、「正思惟」とは何か。
欲を離れた思惟（しゆい）、
怒りのない思惟、
害意のない思惟、
です。
比丘たちよ、これが正思惟と言われます。

### ・「完全に知っている」人は誰もいない

これから、「ヴィパッサナー実践をする修行者が sammāsaṅkappa（サンマーサンカッパ）正思惟を観察することになったならば、どのように観察するのか？」と説明するべきところです。それは後ほど説明することにして、正思惟について一般論的な立場から説明します。

思惟とは、考えることです。思考のことです。ヴィパッサナー実践をする場合は、思考することを推薦しません。修行者も、「思考してはいけません」と自分を戒めているのですが、なかなか守ることはできないのです。思考してしまうのです。人は誰でも思考するのです。思考する対象がない場合は、妄想するのです。心は止まらないのです。

一般的に私たちは、思考と妄想の違いを気にしません。思考するか妄想するか、自分では分からないのです。妄想とは、ほとんど現実離れの考えです。必ず貪瞋痴の衝動から現れるはたらきです。ですから、妄想は不善行為です。罪になります。

思考は、ある程度でデータに基づいて行わなくてはいけないのです。生きる上で、人間には欠かせない行為です。ですから仏教は、思考を邪思惟・正思惟の二つに分けるのです。面白いことに、正しい思考と間違っている思考、というふうには分けないのです。当然、間違っている思考はあるのです。私たちも、自分の考えが間違っていたと気づくことは度々あります。しかし考えているときは、私たちはその思考が正しいと思い込んでいるのです。意図的に間違った思考をすることはできないのです。例えば、目の前に一輪の花があるときは、その花が「不潔だ。危険なものだ。私を攻撃するかもしれません」等々と思考することはできません。冗談を言って人を笑わせるために、そのような言葉を使うことはできますが、そのように思考はしていないのです。人間は自分の思考が正しいと思っているのです。

しかし、新しいデータが入ったら、先ほどの思考が間違っていたと判断することができます。そうすると、いまの思考が正しいと思うのです。さらにデータが入ると、その思考も間違っていたと発見するのです。それで、いまの思考が正しい、という立場になります。この連鎖はどこまでも続くものです。しかしいつまで経っても、「いまの思考が正しい」というスタンスは変わりません。

ものごとを知るために思考する。ものごとを知っているから思考する。両方とも思考なので、いまの思考が正しいというスタンスです。新しいデータが入ったら、前の思考を変えなくてはいけないのです。ですから人間は、自分の思考が正しいと思っているが、正しいか否かは知りようがないのです。この問題には解決策がないので、無難なのは「思考に執着しないこと」です。

データをありのままに認識するならば、事実を知ったことになります。事実に基づいて思考するならば、その思考が正しいと言えるのです。しかし人間は貪瞋痴の感情で生きているので、ありのままにものごとを観るのではなく、あってほしいままにものごとを観ているのです。ですから正しく言えば、人の思考は間違っているのです。しかし、これを直す方法はないのです。

ですからお釈迦様は、邪思惟・正思惟の二つに分けるのです。その意味は、「正しい思考をしなさい」ではなく、「してはいけない思考とするべき思考という二つに分けて、人は思考を戒めるべきだ」ということです。自分の思考が真理に合っているか否かは、誰も分かりません。しかし、お釈迦様の説かれた邪思惟をやめてみるのです。邪思惟とは、欲・怒り・憎しみ・恨み・執着の感情をかき回す思考のことです。妄想も感情をかき回す心のはたらきですが、論理性を守る必要はありません。データに基づく必要もありません。邪思惟の場合は思考なので、ある程度で論理的です。データも使うのです。

思考するとき、人は自分の思考が正しいと思っているのです。自分が正しいことを知っているのだ、とも思っているのです。しかし新たなデータが入ると、思考を直さなくてはいけないのです。このプロセスには終わりがないのです。しかし、いま現在の思考で、自分が知っているのだ、正しいのだ、というスタンスは変わりません。まとめて言えば、みなものごとを「知っているつもり」ですが、本当に知っているか否かを確かめる術はないのです。ですから理性のある人は、邪思惟をやめます。正思惟にも執着しないことにします。

・邪思惟は三つ

Kāmasaṅkappa（カーマサンカッパ）欲思惟。これは欲をかき回す思考のことです。商売する人々、産業に携わっている人々は、どうすれば儲かるのか、どうすればヒット商品をつくれるのかを考えるはめになります。夫は何をすれば喜ぶのか、妻は何をすれば喜ぶのか、とも考えます。どうすれば痩せられるのか、どうすれば美しく見えるのか、等の思考も欲思惟です。

俗世間では、このような思考なしに生きていられないでしょう。しかし危険な思考であると注意したほうが良いのです。ちょっとした不注意で、思考の枠を壊して妄想に入り込む恐れがあります。欲だけの感情で、儲かりたい、ヒット商品をつくりたい、夫や妻に喜んでほしいと思っても、決してその通りの結果にならないのです。欲の感情がないとき、新しいアイデアが出て、それがヒット商品になるということはいくらでもあります。何気なく行なう自分の行為で、夫や妻が大喜びすることがあります。欲で計画を立てるよりは、自然な態度のほうが良い結果を出します。

Byāpādasaṅkappa（ビャーパーダサンカッパ）瞋思惟。激しい怒りで思考することです。思考だから、筋は通っているかもしれません。例えば、誰かが自分の陰口を言いふらして、自分の立場が悪くなりました。会社で昇進することに失敗しました。妻に怪しまれるようになりました。それでそのことについて激怒して、色々考えるでしょう。「あの人はこういうわけで嫌な人間だ。

敵だ」というような思考です。筋は通っています。しかし邪思惟です。自分が不幸になります。

Vihiṃsāsaṅkappa（ヴィヒンサーサンカッパ）害思惟。これは、殴りたい、殺したい、戦いたい、いじめたい、酷い目に遭わせたい、不幸にさせたい、というタイプの思考です。瞋思惟の別バージョンです。瞋思惟の場合は、自分が怒りの炎に焼けてしまうのです。害思惟の場合は、それに行動プランも取り入れるのです。自分が害を受けたら、加害者に対して害を与えたいという気持ちになることは理解できます。捕まってほしい、厳罰に処されてほしい、と思うときは害思惟です。そのような特別なケースでなくても、日本は軍事力を強化するべき、憲法九条を変えるべき、中国に匹敵するほど力を持つべき、等の思考も害思惟です。厳しい罰を与えなければこの世は一向に良くなりません、という思考も、害思惟です。

この三つの思考をするならば、世界は一向に幸福になりません。平和になりません。自分が罪を犯しているのです。その結果、自分も不幸になるのです。

### ・正思惟は三つ

Nekkhammasaṅkappa（ネッカンマサンカッパ）離欲思惟。欲から離れる思考という意味もあるし、無執着の思考という意味もあります。これは正しい思考なので、努力して実行したほうが良いのです。そのときは、邪思惟がなくなるのです。儲かる思考だけではなく、どうすれば人を助けられるのか、とも考えなくてはいけないのです。自分の財産をいかに独り占めするのかと考えるのではなく、どうすれば自分の財産で他人に幸福を与えられるのかと考えるべきです。仕方がなく、財産を築いたり、家族を守ったりするが、全て捨てて逝かなくてはいけないと考えるべきです。自分は若くて健康で美しい体格を持っている人かもしれませんが、それに酔わないで、老いていくのは自然の流れだと考えるべきです。このような思考を実践してみれば、恐ろしい欲の感情が発病しないで済むのです。

Abyāpādasaṅkappa（アビャーパーダサンカッパ）離瞋思惟。怒りのない思考という意味です。と言うとあまり具体的ではないのです。具体的な単語は、慈しみの思考、ということです。競争する思考ではなく、共存する思考をするのです。自分が他人から何を得るべきかと考えるのではなく、自分がどのように他人を助けられるのかと考えるのです。皆の平和に関わる思考、調和を保つ思考、仲良くする思考、皆の役に立つ思考などが、離瞋思惟です。慈しみの実践をすれば、この項目は実行することになります。

Avihiṃsāsaṅkappa（アヴィヒンサーサンカッパ）離害思惟。離瞋思惟は思考の行為だけです。それに行動プランも取り入れたら、離害思惟になります。平和について考えるだけではなく、具体的に実行することも考えるのです。調和について思考するだけではなく、実行することも考えてみるのです。殴られたら、最初の反応は殴り返したいということです。そこで、「殴られても決して殴り返しません」と決めること。怒鳴られても、貶されても、侮辱されても、いじめられても、忍耐を実践する、仕返しはしない、という態度です。「仕返しする気持ちがあるならば、仏弟子ではありません」と説かれています。

人は正思惟を実行しようと努力しなくてはいけないのです。そうすると幸福になります。だからといって、そもそも思考なので、自分の思考が正しいと決めることはできません。思考に対しては、無執着の態度を取るべきです。

### ・正思惟の観察法

これから、ヴィパッサナー実践する修行者の観察の仕方を説明します。ヴィパッサナー実践を行なう人は、修行に入る前に一般的な正思惟を実行しなくてはいけないのです。身口意の行為を改めてから、修行に入るのです。不善行為をしてはいけないのです。不善行為をしつつ、ヴィパッサナー実践することは不可能です。「先に戒律を守りなさい」と、淡々と言われているはずです。それは、しっかり守らなくてはいけないのです。その結果、一般レベルの正思惟になるのです。

修行に入ると、妄想も思考もストップしなさいと言われるのです。心が成長して、煩悩がなくなって、智慧が成長するまで、思考・妄想の攻撃を受けるはめになります。修行の経験を積むと、思考・妄想の管理ができるようになります。要するに、思考・妄想を直ちに「妄想、妄想」と確認することができるようになります。徐々に妄想が減っていきます。ほとんどないところまで減ります。しかし、思考が残ります。妄想が減ったということは、貪瞋痴が相当おとなしくなった、ということです。活動しない状態になったのです。そのとき現れる思考は、当然、貪瞋痴に汚れてないのです。修行者が、「清らかな思考だから有難いなぁ」と思ったら失敗します。たとえ清らかな思考であっても、淡々と実況中継で確認しなくてはいけないのです。

修行中、思考が現れる。その思考は汚れていない。ということは、正思惟をしているのです。そこで確認するのです。「これは離欲思惟です。これは離瞋思惟です。これは離害思惟です」と。

### 八正道の３　正語

“Katamā ca, bhikkhave, sammāvācā?
Musāvādā veramaṇī,
pisuṇāya vācāya veramaṇī,
pharusāya vācāya veramaṇī,
samphappalāpā veramaṇī.
Ayaṃ vuccati, bhikkhave, sammāvācā.

また、比丘たちよ、「正語」とは何か。

妄語（もうご）から離れること、
両舌（りょうぜつ）から離れること、
悪口（あっく）から離れること、
綺語（きご）から離れること、
です。
比丘たちよ、これが正語と言われます。

### ＊俗世間の正語とブッダの聖正語

Sammāvācā・正語、正しい言葉です。どうしても人間はしゃべるものですが、何をしゃべってもいいわけではなく、正しいものごとをしゃべらなければいけない。正語は、文法的に正しい美しい言葉を語るという意味ではありません。そう捉えると、また終着駅がなくなってしまいます。なぜならば、より美しく、より完全な言葉で語れる人もいるからです。例えば、Aさんが言って聞いてもらえなかったことを、Bさんが言ったら「よく分かりました」と素直に受け入れられた、という場合があるでしょう。かといってBさんの説得力は完璧かというと、そうではない。他の問題になったら、Bさんも説得力がなくなって、第三の人が来て、説得しなければいけなくなるのです。ですから、言葉というのは説得力の問題と、いかに心地良く聞こえるかというぐらいのことなのです。

しかし、そういう言葉が正語であると仏教では見ていない。美しい言葉を語ると決めたら、終着点がない世界にまた入り込んでしまうのです。できれば美しい言葉、文法的に正しくしっかりした、意味がある曖昧でない言葉を語るべきことは仏教でも認めています。いつでもできるだけ言葉に説得力を持たせてほしいのです。それから意味は曖昧であってはならない。言いたい意味がはっきりして曖昧でない言葉で、その上誤解しないように言葉も選んで文法的にも正しく語ることは大切です。その能力ある人がさらに文学的に美しい言葉を語るならば悪くないですが、それは正語、正しい言葉を語ったことにはなりません。人が美しく文学的で説得力のある、心地良い言葉を話せるならば、それは素晴らしい能力です。語学を学んでさらに訓練するならば、その能力も向上します。しかし、どこまで言葉が巧みな人間になれば、完全完璧であると言えるのでしょうか？　いくら学んでみても、さらに学ぶべきことが見えてくるのです。標準語の達人は、地方の言葉も上手に話したくなるものです。それもできたら、母国語以外の言語も学びたくなるのです。俗世間の立場から見る正語はこのようなもので、終わりがないのです。完成という終着駅がないのです。

俗世間の正語は、お釈迦様が推薦する聖正語とは違います。言葉が達者であるか否かと関係なく、皆に釈尊が説かれる聖正語を完成まで実践することができるのです。聖正語は、いたって簡単です。四種類の言葉に気をつけるだけです。妄語から離れること、つまり嘘いつわりを語らないこと。両舌（離間語）を語らないこと。悪口から離れること。綺語（おべんちゃら）から離れること。この四つに気をつけると、必ず終着点がある世界が成り立つのです。例えば、妄語を語らないと決めてみたら、気持ちが楽になります。嘘をついてもどうってことないと思ったら、いくらでも語れるでしょう。妄語だから、どこにもないものだから、いくらでも考えて語れるのです。

**＊妄語から離れること**

ここからは、ブッダの説かれた聖正語について順番に学んでいきましょう。

第一に「妄語から離れること」とありますが、嘘をついて人を騙してはいけない、という程度のことは誰でも知っているのです。俗世間レベルの嘘について仏典で注意しているのは、嘘の証言です。人が有罪か無罪かを決めるために、法廷に証人を呼ぶのです。証人には事実を語る義務があります。しかし、その人が事実をねじ曲げて嘘の証言をするならば、無罪の人が有罪になったり、有罪の人が無罪になったりするのです。特に、その人の嘘の証言によって無罪の被告人が有罪になってしまったら、残酷な結果になります。証人が重い罪を犯したことになります。クリスマスにはサンタさんからプレゼントを貰えますよ、と子供に言うことも、嘘をつくことです。しかし、誰にも害を与えない嘘なのです。人に害を与える、人を騙す嘘は、俗世間レベルの悪行為です。

聖正語に入る妄語は、さらに詳しいものになります。世間では嘘だと認めませんが、私たちは大量に嘘をついて生きているのです。映画・小説・ドラマなどは嘘の世界です。芸術はほとんど嘘の世界です。妄想が生み出す現実とかけ離れた言葉は、限りなく世にあるのです。嘘を競うこともあるのです。今年の○○賞にノミネートされた小説は十冊あります。誰が○○賞を獲得するでしょうか、と考える場合は、結局は嘘を競うことなのです。心が煩悩に汚れているので、現実とかけ離れたことを妄想するのです。その妄想によって、さらに貪瞋痴の感情をかき回して増幅するのです。妄想が言葉になると、妄語なのです。たとえ文学的な思考であっても、妄想を言葉にすると、自分の感情が興奮するだけではなく、言葉を聴く人々の心にも新たに感情の波が現れるのです。聴く相手の心も貪瞋痴で汚れるのです。文学作品の狙いは、相手を感動させることです。相手の感情を興奮させることです。

世間は高く評価する仕事かもしれませんが、聖正語の立場から見れば、妄語なのです。人々はイマジネーションを使って様々な言葉やストーリーを語るのです。そのなかで、人々に優しさ・慈しみ・差別感情の悪さ・思いやりなどの気持ちを育てようとするものもあるのです。ですから一概に、フィクションの世界は嘘の世界だ、罪を犯す行為だ、と非難することも難しいのです。ここは、ヴィパッサナー実践をする人々が「法の観察」の一部として正語を確認するところです。法の観察ができるまで上達した修行者には、妄想が極めて少ないのです。妄語の親は妄想であると知っているのです。「実際に存在するのは、瞬間瞬間、眼耳鼻舌身意に触れる色声香味触法という現象である」と知っているのです。しかし、この現実は人々の会話には入りません。真理を語ることは実語で、真理から離れた言葉は妄語なのです。この区別を知っているならば、正しく妄語を確認したことになるのです。

修行者が食事を摂っているとしましょう。その人は「私はご飯を食べています」と言わなくてはいけないのです。それは嘘ではありません。しかし、真理の立場から観てみましょう。主語の「私」は存在するのでしょうか？　存在しないのです。あるのは、瞬間瞬間、変化生滅する五蘊なのです。「私」は存在しません。「ご飯」とは、地水火風なのです。「ご飯」は存在しません。それなら、「私はご飯を食べています」というフレーズは真理からずれているのです。しかし、この場合は、真理に沿って語ることも無理です。世見の常識に従って、「私はご飯を食べています」と言わなくてはいけないのです。これは、嘘ではなく、仕方がないことです。世間の常識範囲に、修行者も従うのです。この常識範囲を破った言葉は、全て妄語になるのだと確認するのです。それは智慧です。

ヴィパッサナー実践の妄語の確認は、このレベルでなくてはならないのです。修行者は当然、世間的な嘘はつきません。道場にいるから、仲間とも必要以上の言葉は交わしません。ですから、普通に嘘を確認することはあり得ないのです。例えば、「この人は嘘を言っている、私はいま嘘をついている」などなどです。集中力が進んでいる修行者の妄語の確認は、智慧のはたらきです。真理をそのまま表現する以外の言葉は、妄語という立場で確認するのです。

**＊両舌から離れること**

次に、両舌（離間語）です。両舌とは、平和を壊す言葉、仲間割れをさせる言葉なのです。それをやめなさいと説いています。仲間割れをさせるためには、相手の悪口を言わなくてはいけないのです。相手を褒め称えると、仲間割れにはなりません。しかし、相手が嫌いな人を褒め称えると、聞いている人が自分と仲間割れする可能性があります。その場合は、自分が人に喧嘩を売ろうとしているのです。それは離間語ではなく、あてつけという形を取った悪口（粗悪語）になります。要するに人の悪口を言うことが離間語です。

理由があって、その言葉を両舌とも訳するのです。仲の良い二人を仲間割れさせたい人が行なう行為なのです。AさんとBさんの仲が良い場合は、AさんにBさんの悪口を言います。Aさんを褒めるような言葉を使います。BさんにAさんの悪口を言います。Bさんを褒めるような言葉を使います。Aさんが仲の良いBさんの些細な欠点を面白おかしく言ったとしましょう。それだけ取り上げて、Bさんに告げ口するのです。脈絡から離れた言葉なので、Aさんは自分のことを好きだから言ったにもかかわらず、悪口を言われたと勘違いするのです。このように、両方の欠点を相手に言うことなので、両舌と訳されています。普通「噂」という言葉も、このカテゴリーに入ります。噂とは必ずしも相手の悪いこととは限らないのに、私たちが噂話をする場合は、決まってそこにいない人の悪口を言うのです。それで結果として仲間割れを起こす、人々の仲の良い関係を壊す、ということになるのです。それは仏教では絶対やってはいけない悪行為だと言っています。人が仲良くするように話しなさい、平和をもたらすように話しなさい、大喧嘩している二人についてしゃべってとにかく喧嘩の炎がどんどん小さくなるようにしゃべりなさい、ということなのです。

ということは、「人間は調和を保って平和に生きるべき」という道徳なのです。もし人々が本来、調和を保って平和に過ごしているならば、あえてそのような言葉をいう必要はないのです。人間は意図的に調和を壊すのです。平和を破って、闘いに挑むのです。これが人間の本来の姿なのです。人の本音を躾して育てるのが道徳です。嘘（妄語）を言って、人々を仲良くさせることもできます。平和を取り戻すこともできます。しかし、そのような調和は長持ちしません。嘘がバレたら、調和は壊れます。

人間の本能は、他人を敵として見ることです。動物も同じ本能を持っているのです。それで家族・群れなど少数のグループをつくって、仲良くしようと苦労するのです。グループの仲間だけは敵視しないのですが、グループのなかにも不和がたびたび起こるのです。グループのなかでも喧嘩や争いが起こるのです。少数のグループをつくって生活しても、他人を敵視する本能がそのままなのです。全ての生命を敵視すると、自分は生きていられません。そこで一部の生命を仲間にするのです。それでも本能が牙を剥くので、グループのなかで平和に生きることが難しくなるのです。他を敵視することで、自分が苦しむのです。他人にも苦しみを与えるのです。戦争などが起きると、相手の悪口ばかりを言って相手を非難・侮辱して、戦う意欲を駆り立てるのです。また、戦争になるということは、長い間、相手のことを敵視してきたことの結果なのです。反中嫌韓、ヘイトスピーチなどは戦争の前兆なのです。

お釈迦様は、「人間同士が仲良くするだけではなく、一切の生命に対しても慈しみを抱くべきだ」という躾を徹底しているのです。解脱を一貫して推薦するお釈迦様が、なぜそんな教えをされるのでしょうか？世間的な生き方にも賛成しているのでしょうか？　お釈迦様は、人間の認識範囲を超えた真理を語っているのです。自我の錯覚で生きている生命は、自分以外の生命に対して、いとも簡単に敵意を持つのです。敵意という派手な言葉を使わなくても、他者の違いを認めないという立場を取るのです。要するに、皆、差別感を抱いているのです。仏教から観れば、全ての生命は互いに違う個なのです。同一な個はいないのです。自分以外の生命の違いを認めない、という感情を抱いたら、大変なことになります。自分の心が極端に悩み苦しむはめになるのです。

人間の世界を観ると、差別意識で充満していることが観えるのです。学校の子供達は、友達の些細な違いをあげつらって、いじめるのです。大人も同じことをやっているのです。皮膚の色が違うというだけでも、差別を受けるのです。信仰が違う、しゃべる言葉が違う、生活習慣が違う、食べるものが違う、などなどを取り上げて差別するのです。兄弟同士でも、相手の違うところを取り上げてケンカするのです。全ての生命は個である、という真理から観れば、差別感は自己破壊的な行為になります。それだけでは終わらないのです。他人も破壊に陥れるのです。ナチスのユダヤ人絶滅政策は、差別感がどれほど恐ろしいものかと物語っているのです。「私は差別意識を持っていません」と調子にのってはならないのです。それはあり得ない話です。慈悲の実践を完成した人にのみ言える言葉です。

無明があるから、生命に自我の錯覚が起きているのです。全て自分を中心にして見ているのです。自分がモデルなのです。しかし、自分のモデルにぴったり合う生命は存在しません。自我の錯覚がある限り、様々な妄想が湧いてきます。差別感もその一つです。差別感をなくすために、他者の違いを素直に認めることが必要です。他者の尊厳を守る必要があります。人々は差別感に基づいて妄想を膨らませて、その感情を言葉で表現して他人に知らせるのです。それが両舌（離間語）ということになります。離間語は放射性物質をバラまくような行為です。離間語を聴く人々は皆、簡単に不幸に陥ります。離間語をやめることで、差別思考もやめる結果になります。差別思考をやめると、自我の錯覚が薄れていきます。無明も薄くなって、智慧が現れます。これは解脱に欠かせない修行の一つです。お釈迦様が、調和と平和を保つことに徹しなさいと躾された理由はこれです。人々を解脱に導くためです。

ヴィパッサナー修行者には、俗世間で蔓延している離間語を確認するチャンスはないのです。自分も道徳を守っているので、離間語を決して語りません。しかし法随観の場合は、八正道を観察することになったならば、離間語も確認しなくてはいけないのです。修行者は、生命とは五取蘊のことであると、智慧で知っているのです。五取蘊はあるが、生命は真理としては存在しないのです。あの人、この人、と認識する場合は、真理の立場ではないのです。世間の立場なのです。そのときは、個は互いに違うので、違いを認めることに注意しなければいけなくなるのです。「一切の生命は五取蘊であり、個は結局、真理として存在しない」という智慧が現れたら、離間語も成り立たなくなります。自分の心に起こるこの状態が聖正語の「両舌から離れること」なのです。Veramaṇī（離れること）が、正語の観察のポイントなのです。自分の心が悪語から離れていることを観察するのです。

**＊悪口から離れること**

三番目の悪口（あっく）というのは相手を嫌な気持ちにさせる言葉を発することです。自分の心に、怒り・憎しみ・嫉妬・恨みなどの感情が溜まったら、それに適した妄想に心を抑えられます。そのストレスを発散するために、激しい言葉を発するのです。世間常識を破った言葉をしゃべるのです。人の前で言ってはいけない言葉をしゃべるのです。その言葉を聴く人々は、嫌な気分になるのです。非難・侮辱の言葉は、悪口です。ヘイトスピーチも悪口です。AさんとBさんが敵同士だとしましょう。それで人が、Aさんの前で徹底的にBさんを褒め称える。それを聴くAさんが嫌な気分に陥る。激しい怒りを抱く。Bさんを褒め称えるこの人も、自分の敵だと決める。表面的な言葉は人を褒めるものですが、これは悪口になります。なぜならば、しゃべる人はAさんをいじめたいと思っているのです。Aさんを貶したいと思っているのです。自分から、ケンカを売っているのです。

悪口を戒めると、心のなかの怒り憎しみ嫉妬の感情が抑えられます。貪瞋痴は生命の本能なので、この戒めが欠かせないのです。ここまでの説明は世間レベルのものです。

ヴィパッサナー実践する修行者は、自分の心から悪口を話す衝動が消えたことを観察するのです。これも智慧です。真理として、生命は存在しないのです。あるのは、瞬間瞬間、生滅変化していく五取蘊の流れです。自我も存在しないのです。ですから、自分の心にも怒り嫉妬などの感情は起きませんし、他者に対してもそのような感情は起きません。修行中は、自分の心が悪口を話す意欲から離れていることを確認するのです。

**＊綺語から離れること**

四番目の綺語は無駄話のことです。無駄話というのは、目的がない、有意義にならない言葉を話すことです。要するに世間話です。何かをしゃべって、貪瞋痴の感情をかき回すのです。時間を無駄に浪費することになります。しゃべるときは相手も必要なので、相手の時間も浪費するのです。相手の心にある貪瞋痴の感情もかき回されるのです。かなり重い罪です。テーマのない話なので、結論もないのです。ですから話に終わりがないのです。人間の本能は貪瞋痴なので、貪瞋痴をかき回す方法は売れる商品になるのです。芸能人は綺語の達人です。テレビのバラエティ番組などを観ると、どれほど無駄話が商品になっているのかと、簡単に理解できます。

感情をかき回したいという気持ちは、煩悩に執着していることです。無明があるから自我の錯覚が起こります。貪瞋痴の感情も起きます。それをかき回すと、無明が強化されます。輪廻転生が終わりなく続くことになります。解脱を語る仏教では、認められる行為ではありません。「みんな楽しい話が好きだから、それぐらいは放っておきましょう」ということにはなりません。

修行者は、自分の心が無駄話をしたがる衝動から離れていることを発見するのです。貪瞋痴の痴（無智）がはたらきだすと、退屈を感じると、刺激を欲すると、無駄話したくなるのです。真理として、五取蘊の流れがあっても、生命は存在しない。自我の錯覚は起きない。そうなると、無駄話をして楽しもうという気持ちも起きないのです。修行中なので、瞬間瞬間、現れては消えていく現象を観察することで精一杯です。忙しいのです。それで、無駄話を引き起こす衝動がないことを確認しておくのです。智慧がなければ、綺語から離れる、という観察はできません。

正語を四つに分けるのは、俗世間の言葉づかいに基づいたものです。人の使ってはいけない言葉を、この四つに分けることができます。修行者は、気づいたならば、この四つのいくつかを確認してもよろしい。そうでない場合は、自分の心には「人と話したい」という衝動さえ起きないことを確認するのもよろしい。そうすると、一つの確認で四種類の聖正語を確認したことになります。

### 八正道の４　正業

“Katamo ca, bhikkhave, sammākammanto?
Pāṇātipātā veramaṇī,
adinnādānā veramaṇī,
kāmesumicchācārā veramaṇī.
Ayaṃ vuccati, bhikkhave, sammākammanto.

また、比丘たちよ、「正業」とは何か。
殺生（せっしょう）から離れること、
偸盗（ちゅうとう）から離れること、
邪淫（じゃいん）から離れること、
です。
比丘たちよ、これが正業と言われます。

次は、sammākammanta（サンマーカンマンタ）・正業です。正しい行ない・行為という意味になります。言葉と違って、行為は身体でやっていることだから、できる範囲は決まっています。言葉は切りなくしゃべれますが、身体は切りなく動かすことはできないのです。身体は弱いから、すぐ疲れてしまう。

走ろうと思っても十二時間も必死な勢いで走れるかというと、それは無理です。身体の行動の場合は、一応自分の体力はこれぐらいかということは、はっきり決まっているのです。もっと体力があってほしいという欲があるんだけど、それでも皆、これ以上は無理という限界があることを知っています。ですからその限りある人間の行為のなかでどこに気をつけるかということが、正業のポイントなのです。私たちの俗世間の立場から観察すると、身体で行なえる行為は数えられないほどあると思うかもしれません。テレビを観る、本を読む、ゲームをやる、と言えば、三種類の行為です。このように人間が行なう行為を調べると、行為は無数に現れてくるのです。このような見方では、明確な理解はできません。具体的に肉体が起こす行為はなんなのか、と調べたほうが良いのです。精密に言うならば、身体で行なう行為は全て、細胞の伸びと縮みだけなのです。細胞が伸びと縮みだけを行なって、世間的には数えられないほどの行為を起こしているのです。

走る、遊ぶ、仕事をする、料理をつくって食べる、などなどの行為を調べてみましょう。肉体を構成している細胞たちが起こした行為は、伸びと縮み、だけなのです。いきなり、「全ての肉体の行為は、伸びと縮みだけである」と理解するのは難しいので、歩く、坐る、横たわる、立つ、上げる、下げる、回す、押す、引く、といった程度の行為で考えてみるのが良いのです。ヴィパッサナー実践する修行者は、身体の行為をこのように観察するのです。

それから、俗世間の立場から、行為について理解していきましょう。俗世間の立場から見ると、行為の種類は無数です。無数の行為のなかで、たった三つの行為だけが悪行為になります。その三つの行為を避けるならば、身体で善行為をしたことになります。

一、生命を殺すこと（殺生）をしないように気をつける。

二、盗み（偸盗）をしない、与えられていないものを取らないように気をつける。何か必要であるならばそれは自分で儲けるか、貰（もら）

うかどちらかにする。盗んではいけません。

三、邪な行為（邪淫）をしないこと。身体に適当に刺激を与えてもいいけれど、度を越して遊んではいけません。それで自分の生き方が壊れてしまいます。例えば、誰とでも性的な関係を持って、おもいきり遊ぶぞと思ったら、色んな性病に罹ったりして、人間関係も大変なことになって、決して長生きはできません。同じように、殺生する人もその結果として決して長生きはできないし、他人のものを取る人も結局は幸せに生きることはできなくなるのは、はっきりしています。汚職したり、賄賂を取ったり、泥棒をしたりするとそれで自分の人生は終わってしまいます。身体の行為は知れたもので、大したことはできないのですが、死ぬまで色々な善行為ができるように、殺生、偸盗、邪淫の三つだけはしないように気をつけるのです。

次に、ヴィパッサナー実践のレベルから説明します。人の心は貪瞋痴の衝動で活動しているのです。心が活動すると、言葉の行為も、身体の行為も現れるのです。要するに、心のなかで貪瞋痴の波が現れたら、その変化によって身体が刺激を受けます。身体で何かの行為をすることになります。行為は伸びと縮みだけですが、それをもって生命に害を与えたり、他人のものを盗ったり、邪な行為をしたりするのです。例えば、人を殺したとしましょう。犯罪者の身体が伸びと縮みをしただけです。呼吸するときも、痒いところをかくときも、起こるのは伸びと縮みだけです。だからと言って、殺人なんかはあり得ない、と言い逃れることはできません。身体の伸びと縮みを誰が起こしたのでしょうか？　心が起こしたのです。心が貪瞋痴の感情で動いてしまったのです。その結果、身体に伸び縮みという行為が起きたのです。その結果、人が死んでしまったのです。

殺生の場合は、怒りの衝動が強いのです。偸盗と邪な行為の場合は、欲の衝動が強いのです。時間をかけてヴィパッサナー実践を行なう修行者は、徹底的に妄想と思考を抑える訓練をします。貪瞋痴の衝動が現れなくなります。貪瞋痴の衝動がなくなっても、修行者の心は普通の人の心より強烈に活動しているのです。その衝動が、不貪不瞋不痴というのです。不貪不瞋不痴の衝動で心はいくら激しい波を打っても、いくらその刺激が身体に伝わっても、殺生・偸盗・邪淫という行為は起きません。修行者が八正道を観察しようとして正業の観察に入ったとしましょう。そのとき、自分の身体の行為は不殺生・不偸盗・不邪淫であることを確認するのです。

### 八正道の５　正命

“Katamo ca, bhikkhave, sammā-ājīvo?

Idha, bhikkhave, ariyasāvako micchā-ājīvaṃ pahāya sammā-ājīvena jīvitaṃ kappeti.

Ayaṃ vuccati, bhikkhave, sammā-ājīvo.

また、比丘たちよ、「正命」とは何か。

比丘たちよ、ここに、聖なる弟子は邪（よこしま）な生活を捨て、正しい生活によって生活を営みます。

比丘たちよ、これが正命と言われます。

次のsammā-ājīva（サンマーアージーワ）・正命について、この経典ではあまり説明が入ってないのです。Sammā-ājīvaという言葉を正命と訳すると、誤解しやすいのです。Ājīvaとは、職業という意味です。しかし、正職業という言葉もそれほど美しくないのです。人間は、考える、話す、身体で行為をする、という三種類の行為を行なっているのです。考えることは他人に対して関係ないかもしれませんが、その影響が言葉になると、身体の行為になると、他人にも関係が出てくるのです。話すことと身体で行なう行為は無数にありますが、そのなかの一部を、生計を立てるために使っているのです。それらの行為を「職業」と言うのです。ですから、同じ行為にも二つのはたらきがあります。嘘をつくことを考えましょう。嘘をついて人を騙すことは悪行為です。嘘をついて金を貰うならば、悪い稼業です。絵を描く。それは自分の楽しみです。画家が絵を描く場合は職業です。その他の行為を調べても、行為に二種類あることが発見できます。

Sammā-ājīva・正命とは、生計を立てるために悪行為をしないことです。言葉の悪行為は四種類です。身体の悪行為は三種類です。たとえ食べるため、生きるため、命を守るためであっても、七種類の悪行為はしてはいけません。

現代社会では、職業として行なう悪行為の種類が多すぎです。人は誰でも仕事をして生計を立てなくてはいけないのです。世界が悪い職業に溢れていると、自分たちも就職するとき、そのなかの一つに入ってしまう可能性が大いにあるのです。それで皆、「仕事だから仕方がない」という態度も取るのです。この情況は、お釈迦様の時代でも同じでした。漁師たち、狩人たち、軍人、強盗団などもいました。悪い仕事の類に入らない、王の家臣、裁判官、商人、職人なども当然いたのですが、その職業をしながら不正をはたらき、賄賂を受け取ったりして楽に儲ける人々もいました。心を清らかにすることを目指して仏道を歩む人にとっては、どのような職業に就けば良いのか、ということは大きな問題です。仕事をして命を守ることは、欠かせない行為です。物乞いして生き延びることは、正しい仕事であると推薦することはできません。

仏教徒は、職業として四つの悪語と三つの悪行為をやめるのです。それから、商売についても仏教が推薦しない商売があるのです。武器の製造販売、酒や麻薬の製造販売、生き物の売買です。

次に、ヴィパッサナー実践者が正命をどのように観察するのかと説明します。解脱を目指して修行する人々は、ほとんどが出家です。出家は財産を持ってはいけないのです。財産を持って維持管理するためには、俗世間的な仕事をしなくてはいけません。それでは、俗世間から離れた意味がなくなるのです。修行する余裕もなくなります。托鉢で生計をたてなさい、というのはブッダの指令です。その場合も、いただくものは命をつなげる程度にしなくてはいけない。余分にいただいたならば、他の出家者にあげなくてはいけないのです。それから、これこれが欲しい、病気だから薬をちょうだい、などなどと血縁関係がある親戚以外の人に頼んではならない。ヴィパッサナー実践に入る前に、このような条件が揃っているので、俗世間レベルの正命は完成しているのです。

八正道の観察に入っている修行者は、智慧で正命を観察するのです。「生き延びたい」「生計を立てなくてはいけない」という皆が持っている衝動は、存在欲から現れる気持ちです。存在欲そのものです。命とは無常のことであると知っているので、「存在欲とは、無常を誤解して、無常に執着することである」と分かっているのです。たとえ生きるためであっても、死を免れるためであっても、七種類の悪行為を犯す衝動が心に現れないことを観察するのです。

### 八正道の６　正精進

"Katamo ca, bhikkhave, sammāvāyāmo?

Idha, bhikkhave, bhikkhu anuppannānaṃ pāpakānaṃ akusalānaṃ dhammānaṃ anuppādāya chandaṃ janeti vāyamati vīriyaṃ ārabhati cittaṃ paggaṇhāti padahati; uppannānaṃ pāpakānaṃ akusalānaṃ dhammānaṃ pahānāya chandaṃ janeti vāyamati vīriyaṃ ārabhati cittaṃ paggaṇhāti padahati; anuppannānaṃ kusalānaṃ dhammānaṃ uppādāya chandaṃ janeti vāyamati vīriyaṃ ārabhati cittaṃ paggaṇhāti padahati; uppannānaṃ kusalānaṃ dhammānaṃ ṭhitiyā asammosāya bhiyyobhāvāya vepullāya bhāvanāya pāripūriyā chandaṃ janeti vāyamati vīriyaṃ ārabhati cittaṃ paggaṇhāti padahati.

Ayaṃ vuccati, bhikkhave, sammāvāyāmo.

また、比丘たちよ、「正精進」とは何か。

比丘たちよ、ここに、比丘は、

未だ生じていないもろもろの悪しき不善の法が生じないように、意欲を起こし、努力し、精進し、心を励まし、勤めます。

すでに生じているもろもろの悪しき不善の法が捨断されるように、意欲を起こし、努力し、精進し、心を励まし、勤めます。

未だ生じていないもろもろの善の法が生じるように、意欲を起こし、努力し、精進し、心を励まし、勤めます。

すでに生じているもろもろの善の法が存続し、消失せず、増大し、拡大し、修習が成就するように、意欲を起こし、努力し、精進し、心を励まし、勤めます。

比丘たちよ、これが正精進と言われます。

6番目は sammāvāyāma（サンマーワーヤーマ）・正精進、努力しましょうということです。努力しなさいと言ってもまた切りがなくて、大雑把で結局意味がつかめない、浮いた言葉です。だから終着点がある努力をしなければならないのです。

精進は、一般の日本語でいう「励むこと、頑張ること」です。頑張ってください、という言葉は挨拶代わりにも使えるので、精進するべきであることは皆、認めているのです。頑張らないと、何にもならないのです。人は成長するべきである、とは仏教の基本的なスタンスなのです。成長の頂点は、解脱に達することです。

精進するとき、頑張るとき、「何に頑張るのか？」ということを明確にしなくてはいけないのです。正しい目的を持って、精進しなくてはいけないのです。そうすると、正精進になるのです。仏教的な正しい目的とは、（1）悪を犯さないこと、（2）心を成長させること、です。仕事・勉強などに対する励みは、正精進ではなく、精進なのです。悪を犯さないことは二つに分けられます。①いままで犯してきた悪行為・罪などを二度としないように精進すること。②犯したことがない悪行為・罪などをこれからも、いかなる場合も犯しません、と精進すること。心の成長も二つに分けられます。①いま自分の心にある善をさらに進めて完成させる努力。②いま自分の心にない善を生じさせるという努力。具体的に言えば、このようなことになります。戒律を守ったことのない人が、戒律を守ろうと努力する。戒律を守っている人が、瞑想修行もしようと努力する。瞑想修行している人々は、集中力を上げよう、サマーディをつくろう、と努力する。サマーディに成功した人は、より上のサマーディに達しようと努力する。それができた人は、解脱に達しようと努力する。このように、自分の心にない善を心に生じさせようとするのです。ここまでは一般的な説明です。

ヴィパッサナー実践者は、智慧に基づいて自分の心の情況を観察するのです。俗世間的に「罪だ、悪だ」といわれるものは、自分は当然犯さないのです。しかし、悪を惹き起こす貪瞋痴の感情が、まだ心のなかに潜んでいるのです。もしその感情が何かの理由で湧き上がったならば、悪を犯す意欲が現れるかもしれません。自分の心が、まだ「完全に安全」という状態にはなっていないことに注意をするのです。いま自分は修行中なので、それ自体が心を育てる善行為なのです。しかし、ある程度成長したからといって落ち着くことをしないで、さらに上を目指すべきであると理解するのです。上を目指す精進を諦めないのです。このように、精進という項目に照らして、自分自身の心の情況を観察することが、正精進の観察です。

### 八正道の７　正念

"Katamā ca, bhikkhave, sammāsati?

Idha, bhikkhave, bhikkhu kāye kāyānupassī viharati ātāpī sampajāno satimā vineyya loke abhijjhādomanassaṃ; vedanāsu vedanānupassī viharati ātāpī sampajāno satimā vineyya loke abhijjhādomanassaṃ; citte cittānupassī viharati ātāpī sampajāno satimā vineyya loke abhijjhādomanassaṃ; dhammesu dhammānupassī viharati ātāpī sampajāno satimā vineyya loke abhijjhādomanassaṃ.

Ayaṃ vuccati, bhikkhave, sammāsati.

また、比丘たちよ、「正念」とは何か。

比丘たちよ、ここに比丘は、

身において身を観（み）つづけ、熱心に、正知をそなえ、念をそなえ、世界における貪欲（とんよく）と憂いを除いて住みます。

もろもろの受において受を観つづけ、熱心に、正知をそなえ、念をそなえ、世界における貪欲と憂いを除いて住みます。

心において心を観つづけ、熱心に、正知をそなえ、念をそなえ、世界における貪欲と憂いを除いて住みます。

もろもろの法において法を観つづけ、熱心に、正知をそなえ、念をそなえ、世界における貪欲と憂いを除いて住みます。

比丘たちよ、これが正念と言われます。

７番目は sammāsati・正念です。八正道における sammāsati の説明では必ず、大念処経で説明している身・受・心・法に対する気づきの実践の仕方を入れるのです。Sati と言えば、気づき、という意味です。私たちは日常生活をしているときも、ものごとに気づいてないと何もうまく行かないのです。台所で包丁を使っているとき、包丁と手の感触に気づいていないと、指が切れてしまうことがあります。車を運転するときも、様々なことに気づいて運転するのです。しかし、俗世間の気づきは、釈尊が修行として説かれている気づきとは異なっているという立場で、註釈されているのです。

仏道の気づきは、俗世間の気づきと明確に区別しなくてはいけないのです。なぜならば、仏道とは気づきの実践を行なうことだからです。それによって、人は真理を発見して解脱に達するからです。俗世間の生き方とは、貪瞋痴をかき回して増やす生き方です。存在欲を応援する生き方です。俗世間的に「気づいてます、気づきませんでした」などの言葉を使うのです。これは別な単語に入れ替えて表現することもできます。「気づいてます」は、「忘れてません、脳裏に焼き付いてます、知ってます」などの意味に入れ替えることもできます。周りの出来事に敏感でいることは、俗世間の気づきですが、それによって貪瞋痴がなくなることも、智慧が顕れることも、ないのです。

仏道の気づきは、大念処経に説かれている実践を行なうことです。気づき（sati）と一緒に、sampajānaも必要です。Sampajānaとは、いまの瞬間で何が起きているのかと、ありのままに知ることです。要するに、マンネリ的に機械のように「実況中継」するだけでは足らない、という意味です。思考・妄想が減っていくと、sampajānaの能力が上がっていくのです。皆、最初は、気づきの訓練に挑戦すれば良いのです。意図的にsampajāna（正知）をつくろうと思うと、思考・妄想する罠に嵌ってしまうのです。

いままで俗世間的な生き方をしてきた修行者にとって、気づき中心に生きてみることはうまく行かないのです。失敗もするのです。正しく進むように、精進・努力しなくてはいけないのです。繰り返し頑張らなくてはいけないのです。その特色は、ātāpī・熱心に、と言うのです。そこでやっと、いまの瞬間に何が起きているのか、というsampajāna・正知が生じるのです。そこで、仏道で説かれているsati・気づきが起きています。この気づきの特色は、心が俗世間と関わりを持ってないことです。俗世間と関わりを持って生きてみると、必ずabhijjhā（貪欲）とdomanassa（憂い）が顕れます。修行者は貪欲と憂いが顕れないような実践をしているのです。

ヴィパッサナーの実践者は、最初から気づきの実践をしているのです。気づきの力と集中力が上達していくと、身体から感覚、心、法まで、気づきの対象になる項目が進んでいきます。八正道に対する気づきは、法の気づきに入る項目です。ときどき、修行者に、自分の実践そのものに気づくこともできるようになります。それが、正念の気づきなのです。

### 八正道の８　正定

"Katamo ca, bhikkhave, sammāsamādhi?

Idha, bhikkhave, bhikkhu vivicceva kāmehi vivicca akusalehi dhammehi savitakkaṃ savicāraṃ vivekajaṃ pītisukhaṃ paṭhamaṃ jhānaṃ upasampajja viharati.

Vitakkavicārānaṃ vūpasamā ajjhattaṃ sampasādanaṃ cetaso ekodibhāvaṃ avitakkaṃ avicāraṃ samādhijaṃ pītisukhaṃ dutiyaṃ jhānaṃ upasampajja viharati.

Pītiyā ca virāgā upekkhako ca viharati, sato ca sampajāno, sukhañca kāyena paṭisaṃvedeti, yaṃ taṃ ariyā ācikkhanti 'upekkhako satimā sukhavihārī'ti tatiyaṃ jhānaṃ upasampajja viharati.

Sukhassa ca pahānā dukkhassa ca pahānā pubbeva somanassa-domanassānaṃ atthaṅgamā adukkhamasukhaṃ upekkhāsatipārisuddhiṃ catutthaṃ jhānaṃ upasampajja viharati.

Ayaṃ vuccati, bhikkhave, sammāsamādhi.

Idaṃ vuccati, bhikkhave, dukkhanirodhagāminī paṭipadā ariyasaccaṃ.

また、比丘たちよ、「正定」とは何か。

比丘たちよ、ここに比丘は、

もろもろの欲を確かに離れ、もろもろの不善の法を離れ、大まかな考察のある、細かな考察のある、遠離から生じる喜びと楽のある、第一の禅に達して住みます。

大まかな考察・細かな考察が消え、内心が清浄(しょうじょう)の、心の統一された、大まかな考察、細かな考察のない、心の安定より生じる喜びと楽のある、第二の禅に達して住みます。

喜びが消えていることから、平静にして、念をそなえ、正知をそなえて住み、楽を身体で感じ、聖者たちが『平静にして、念をそなえ、楽に住む』と語る、第三の禅に達して住みます。

楽を断ち、苦を断ち、以前にすでに喜びと憂いが消滅していることから、苦もなく楽もない、平静による念の清浄のある、第四の禅に達して住みます。

比丘たちよ、これが正定と言われます。

比丘たちよ、これが「苦の滅尽にいたる行道という聖なる真理」と言われます。

八正道の終わりに来るのは sammāsamādhi・正定です。Samādhi とは、心が様々な対象にさまよって走り回ることなく、一つの対象に集中している状態です。俗世間でも、集中している、という言葉を普通に使います。それはサマーディが顕れた、という意味ではなく、余計なことをしないで一つの仕事に専念している、という意味なのです。勉強や仕事などに集中できれば、確かに気分が良いことでしょう。集中できることは気分が良いことなので、人間は娯楽に耽ることをしてしまうのです。子供は勉強するよりはゲームが好きです。身体の動きは何もないのに、ゲームに集中できるのです。それが楽しいと思うのです。俗世間はわずかな集中力をつくるために、ものごとに依存するという、危険で自己破壊的な道を歩むのです。

反対に集中力がない場合、心に落ち着きがなく混乱している場合、気持ち悪いのです。楽しくないのです。脳が成長しないのです。脳と心の成長のために、集中力が必要です。お釈迦様は、正しい集中力を推薦しているのです。依存型の集中を禁止しているのです。俗世間的な正しい集中力は、道徳を守るとき、善行為をするとき、必要になります。仏教を学んで理解するときも、慈しみの実践をするときも、正しい集中力が必要です。正しい集中力は、このように善行為に限ります。

次に、集中力のない状態を学びましょう。眼耳鼻舌身に絶えず色声香味触という情報が入るのです。心が五根の間で走り回らなければいけないのです。本を読んでいるとき、外の騒音には入ってほしくないのです。しかし耳は、その情報を受け取るのです。心は存在欲と怯えという衝動で動くのです。ですから、眼耳鼻舌身から存在欲を支えてくれる情報と危険な情報を、常に受け入れるために心が走り回らなくてはいけないのです。というわけで、日常生活においては、落ち着きが生じません。集中力を育てることができません。それだけではありません。外から入る激しい情報がなくても、心は感情の刺激で思考・妄想しているのです。一瞬も集中できる場合ではないのです。ですから、日常生活においては、心を成長させるチャンスは皆無です。

次にお釈迦様が推薦する、正しい集中力について学びましょう。それには特別な訓練が必要になります。日常的な生き方では、正しい集中力が生まれません。集中力だけを育てるために、仏教ではサマタという瞑想方法があります。サマタ瞑想を実践すれば、純粋な正しいサマーディが顕れるのです。集中力とは一般的な単語です。他の対象に心が逃げてしまわないほど強烈な集中力に、サマーディと言うのです。

実践する人はまず、五欲から離れなくてはいけないのです。五欲とは、眼耳鼻舌身で色声香味触という刺激を探し求める生き方です。簡単に言えば、「俗世間的な生き方をいったんやめて、静かなところでまじめに瞑想しなさい」という意味になります。物理的に五欲から離れることは簡単です。しかし心は、五欲を求めて走り回っているのです。ですから、心に「瞑想対象」という宿題を与えるのです。サマタ瞑想では、仕事の項目（kammaṭṭhāna〔カンマッターナ〕）が四十種類あります。修行者は自分に適した宿題を一つ選ぶのです。この四十種類の項目は、精密に選ばれたものです。心に煩悩が現れないように、集中力とともにある程度で智慧も顕れるように選んでいるのです。宿題は、簡単に念じられるような言葉にしているのです。修行者はこの言葉を絶えず念じるのです。呼吸の瞑想で説明します。人は自然に呼吸します。そのとき、一つの息も見落とさないで、「吸ってます、吐いてます」と念じなくてはいけないのです。心が徐々に、呼吸と一緒に身体のなかに顕れる、リズミカルな感覚変化に集中してしまうのです。心に他の対象は一つも入らなくなるのです。それで第一ステージのサマーディが生まれたと言えます。正しい集中力になるためには、心が五欲から離れていることが絶対的な条件です。

それから、サマーディのランクについて学んでみましょう。修行者は最初に、精進して宿題を念じるのです。うまく行かないのです。心は他の対象にも、入ってしまうのです。それでも精進し続けるのです。徐々に、簡単に念じられるようになります。呼吸瞑想の場合は、呼吸の感覚と言葉で念じることが自然にシンクロナイズしてしまうのです。心は他の対象に走り回ることをやめるのです。俗世間の危険な集中力でさえ、気持ちいいものです。楽しくなるのです。修行者は正しい集中力を努力してつくったので、心は未だかつて経験したことのない楽しみを感じるのです。これが第一禅定といいます。第一禅定の特色は、心のなかにまず vitakka（尋、おおまかな考察）があるのです。要するに、言葉で念じる必要があるのです。次に vicāra（伺、細かな考察）があります。言葉で念じることに、心がしっかりと乗っているのです。vivekajaṃ〔ヴィヴェーカジャン〕五欲から離れることができた心に、pītisukhaṃ〔ピーティスカン〕喜と楽が顕れているのです。

このサマーディ状態を繰り返し繰り返し訓練して、心に馴染むようにするのです。馴染んできたら、vitakka と vicāra がなくても、心の統一性を保つことができます。お釈迦様がサマーディという単語を使うのは、この２番目のステージからです。そのときは、強烈な集中力と、喜と楽が心にあるのです。

この禅定状態も、繰り返し訓練して、心に馴染むようにします。いままで、心が喜びに惹かれて集中力を保ったのです。今度は喜びがなくても、集中力を保つことができるようになります。心は冷静な状態になります。瞑想に言葉を使う必要もなくなっていますが、瞑想対象にしっかりと乗っているのです。落ち着いた心で瞑想対象と一体になっているのです。心に喜びは必要ではないが、楽を感じているのです。これは第三番目のサマーディです。

最後に、楽もなくなるのです。心は平安な状態（upekkhā、捨）になっているのです。心には何の激しい波も立たない状態になっているのです。しかし、気づきと正知があります。これが第四禅定です。さらに上の禅定も四つあります。その場合は、心と身体の関係を切り離すのです。ですから無色界の禅定と言います。無色界禅定のサマーディの力も、仏教心理学的には、第四禅定と似ているのです。ただ、難しい宿題を瞑想対象として選んだだけです。

次に、ヴィパッサナー瞑想とサマーディの関係を学んでみましょう。ヴィパッサナー瞑想とは智慧を開発する瞑想なので、集中力を育てる訓練ではないのです。まずは五根に入る対象や身体の感覚などなどを観察するのです。しかし、初めから「五欲から離れる」という条件がそろっているのです。問題は、宿題として一つの対象を選んでないことです。身・受・心・法の何でも良いから、観察してみるのです。しかしこの仕事をし続けると、必ずサマーディ状態も付いてくるのです。サマーディ状態の楽しみに気が行ってしまったら、それも執着になります。ですから分かりやすく「サマーディはおまけに顕れるのだ」と理解したほうが良いのです。修行者によって、サマーディ状態は第一から第四までのいずれかになるのです。おまけなので、それについて困る必要はないのです。

法の随観に入った修行者は、四聖諦を観察しようとしたのです。四聖諦の四番目である道諦の観察をいま説明しているところです。道諦とは八正道のことです。八正道の八番目は正定です。ヴィパッサナー実践する人は、自分の心がどの程度で集中しているのかと確認すると、正定を観察したことになります。

これで四聖諦の観察は終了です。

## 四聖諦観察のまとめ

32 “Iti ajjhattaṃ vā dhammesu dhammānupassī viharati, bahiddhā vā dhammesu dhammānupassī viharati, ajjhattabahiddhā vā dhammesu dhammānupassī viharati; samudayadhammānupassī vā dhammesu viharati, vayadhammānupassī vā dhammesu viharati, samudaya-vayadhammānupassī vā dhammesu viharati.

‘Atthi dhammā’ti vā panassa sati paccupaṭṭhitā hoti. Yāvadeva ñāṇamattāya paṭissatimattāya anissito ca viharati, na ca kiñci loke upādiyati.

Evampi kho, bhikkhave, bhikkhu dhammesu dhammānupassī viharati catūsu ariyasaccesu.

32 以上のように、

内のもろもろの法において法を観つづけて住みます。あるいは、

外のもろもろの法において法を観つづけて住みます。あるいは、

内と外のもろもろの法において法を観つづけて住みます。

また、

もろもろの法において生起の法を観つづけて住みます。あるいは、

もろもろの法において滅尽の法を観つづけて住みます。あるいは、

もろもろの法において生起と滅尽の法を観つづけて住みます。

そして、かれに〈法がある〉との念が現前します。それは他でもない、智のため念のためになります。かれは、依存することなく住み、世のいかなるものにも執着することがありません。

このようにまた、比丘たちよ、比丘は四の聖なる真理である法において法を観つづけて住むのです。



## 明確な道案内

四聖諦をどのように観察するのかと、各項目の説明とともに解説して終了しました。法の観察における項目は、四聖諦を観察することで終了です。要するに、ものごとを正しく観察する人は誰でも、最後に四聖諦に出会うのです。自分一人の力でものごとを客観的に観察しても、真理を発見できる可能性はありますが、成功する確率は非常に低いのです。誰の指導も受けず、自分の能力だけ駆使して客観的な観察を行なったのは、お釈迦様です。お釈迦様が成功して、覚りに達したのです。しかしこれは、一般人にとってとてつもなく難しい作業であることも、お釈迦様は理解していたのです。ですから、ご自分が覚りに至った方法を他人にも教えてあげることにしたのです。その実践方法だけ取り上げて説かれた経典が、大念処経です。

大念処経では、何の経験もない人がいかに気づきの実践を始めて、智慧を開発して、解脱に達するのか、という順番で、とても丁寧に、明確に説かれたのです。身体のことを観察するのは、初心者にとって、簡単というわけではありませんが、やりやすいのです。そのセクションをクリアすると、集中力と観察能力が上がっているのです。次にどうするのか、というと、感覚の観察をするのです。それもある程度でできた人が、心の観察をします。それができた人は、法（現象）の観察に入ります。各項目で何をどのように観察するべきか、というガイドラインは、この経典で明確に説かれています。困る項目は「法の随観」です。法と言えば、一切の現象という意味もあるし、真理という意味もあります。それから、仏法という意味もあります。しかし、大念処経を参考にする修行者は、彷徨うことはありません。観察するべき法はこのようなものであると、明確に取り上げているのです。そういうことで最後に、法の観察をする修行者は、四聖諦を発見するのです。

### 観察のフォーマット

何かの対象を選んで適当（テキトウ）に気づいて観察すれば、解脱に達するわけではないのです。観察の仕方を間違ったら困ります。観察の仕方（フォーマット）があります。それはとても大事なことなので、各項目ごとに観察のフォーマットを繰り返し説かれるのです。四聖諦の説明が終了したところでも、どのように観察するべきか、ということをまた説かれるのです。

修行者は、身・受・心・法の順番で観察するが、経典に示されている各項目のなかにある全てを観察するわけではないのです。例えば、呼吸を観察してから、必ず四大元素に行く。次に、必ず肉体を構成している三十二の部品を観察する。このような順番で行かなくても、結構です。例えば現代では、死体の九種類の観察は不可能です。身体の観察の一つの項目だけでも完成するならば、自動的に感覚の観察に入るのです。ですから修行者は、あれもやらなくては、これもやらなくては、と困ることはしません。しかし、観察のフォーマットを大事にしなくてはいけないのです。ですから、各項目ごとに繰り返し、そのフォーマットを説かれるのです。

もう一度、観察のフォーマットを理解しておきましょう。まずは自分の身体と心にある現象を観察するのです。呼吸なら自分の呼吸、歩くことなら自分の歩き、感覚なら自分が身体で感じる感覚です。心なら自分の心の変化、法なら自分に関わる現象を観察します。法の観察をする修行者は、Iti ajjhattaṃ vā dhammesu dhammānupassī viharati このように（経典で説かれているように）内なる現象をありのままに観察するのです。次に、bahiddhā vā dhammesu dhammānupassī viharati 外にある現象もありのままに観察するのです。四聖諦の場合は、その真理は自分だけに限った真理ではありません。他の生命を観察してみても、四聖諦のはたらきを発見できるのです。観察瞑想する人々は、自分の観察する項目によって、観察のフォーマットが変わるのだと、すでに知っているのです。例えば、四聖諦の第一は苦聖諦です。生きることは苦である、という真理です。それは自分だけではなく、全ての生命に関する真理なのです。四番目の真理は八正道です。自分が八正道を実践しているから、内の観察はできます。しかし他の人々の生き方から、八正道をおそらくは発見できないでしょう。その場合は、八正道は全ての生命に関して苦しみを乗り越える道である、と観察しなくてはいけないのです。外の観察（他人の観察）の次に、ajjhattabahiddhā vā dhammesu dhammānupassī viharati 内（自分）外（他人）をまとめて、普遍的な真理として観察を続けるのです。

これも、やりやすい順番で説かれているのです。自分のことは明確に観察できます。それがはっきりしたら、他の生命も同じであると観察することができます。それもできたら、自分・他人・全ての生命に関して、この現象は同じものであると、観察することができるようになります。普遍的な真理として気づきの実践ができるようになると、それが智慧と言うのです。この三段階が終わったら、samudayadhammānupassī vā dhammesu viharati 現象とは次から次へと現れるものである、と観察するのです。次に、vayadhammānupassī vā dhammesu viharati 現象は次から次へと消えていくものである、と観察するのです。次に、samudaya-vayadhammānupassī vā dhammesu viharati 現象は次から次へ現れては消えていくものである、と観察するのです。この順番は、自然の流れで起きますので、心配する必要はありません。それでも、順番を憶えておく必要があります。

観察する対象、観察する現象が何であろうとも、全ては現れては消えていくものなのです。そこで、止まっている自我は見つからないのです。修行者も、修行者が観察する対象も、現れては消えていく法則なのです。これ以上、何もないのです。それはお釈迦様の言葉で、'Atthi dhammā'ti vā panassa sati paccupaṭṭhitā hoti になります。「そして、かれに〈法がある〉との念が現前します。」このような訳では、正しく理解するのは難しくなります。Atthi dhammā とは、法がある、という実体論ではありません。実体論は邪見です。次から次へと現れては消える、という現象以外何もない、その現象以外何も発見できない、という意味です。俗っぽく言います。「なんだ、あれだけか。現れては消える。また現れては消える。とどまることがない。そんなものに執着するのか？こんなものに引っかかって、悩み苦しむ必要があるのか？　正しく観察してみると、いままで私はよくも勘違いしていたものだ」という気分になるのです。ただ心に起こる気分を言葉にしただけです。このように妄想するわけではありません。心に閃きが起こるのです。ですから、修行者は Yāvadeva ñāṇamattāya paṭissatimattāya anissito ca viharati, na ca kiñci loke upādiyati この閃きによって、この世に関して（自分自身に関してでも、外の世界に関してでも）何にもとらわれないようにいるのです。このフォーマットに沿って修行者は、実践をし続けなくてはならないのです。そうしないと解脱に達することはできません。

## 四念処の実践にはどんな結果があるのか？

33 "Yo hi koci, bhikkhave, ime cattāro satipaṭṭhāne evaṃ bhāveyya satta vassāni, tassa dvinnaṃ phalānaṃ aññataraṃ phalaṃ pāṭikaṅkhaṃ diṭṭheva dhamme aññā; sati vā upādisese anāgāmitā.

"Tiṭṭhantu, bhikkhave, satta vassāni. Yo hi koci, bhikkhave, ime cattāro satipaṭṭhāne evaṃ bhāveyya cha vassāni, tassa dvinnaṃ phalānaṃ aññataraṃ phalaṃ pāṭikaṅkhaṃ, diṭṭheva dhamme aññā, sati vā upādisese anāgāmitā.

Tiṭṭhantu bhikkhave cha vassāni, yo hi koci bhikkhave ime cattāro satipaṭṭhāne evaṃ bhāveyya pañca vassāni, tassa dvinnaṃ phalānaṃ aññataraṃ phalaṃ pāṭikaṅkhaṃ, diṭṭheva dhamme aññā, sati vā upādisese anāgāmitā.

Tiṭṭhantu bhikkhave pañca vassāni, yo hi koci bhikkhave ime cattāro satipaṭṭhāne evaṃ bhāveyya cattāri vassāni, tassa dvinnaṃ phalānaṃ aññataraṃ phalaṃ pāṭikaṅkhaṃ, diṭṭheva dhamme aññā, sati vā upādisese anāgāmitā.

Tiṭṭhantu bhikkhave cattāri vassāni, yo hi koci bhikkhave ime cattāro satipaṭṭhāne evaṃ bhāveyya tīṇi vassāni, tassa dvinnaṃ phalānaṃ aññataraṃ phalaṃ pāṭikaṅkhaṃ, diṭṭheva dhamme aññā, sati vā upādisese anāgāmitā.

Tiṭṭhantu bhikkhave tīṇi vassāni, yo hi koci bhikkhave ime cattāro satipaṭṭhāne evaṃ bhāveyya dve vassāni, tassa dvinnaṃ phalānaṃ aññataraṃ phalaṃ pāṭikaṅkhaṃ, diṭṭheva dhamme aññā, sati vā upādisese anāgāmitā.

Tiṭṭhantu bhikkhave dve vassāni, yo hi koci bhikkhave ime cattāro satipaṭṭhāne evaṃ bhāveyya ekaṃ vassaṃ tassa dvinnaṃ phalānaṃ aññataraṃ phalaṃ pāṭikaṅkhaṃ, diṭṭheva dhamme aññā, sati vā upādisese anāgāmitā.

Tiṭṭhatu, bhikkhave, ekaṃ vassaṃ. Yo hi koci, bhikkhave, ime cattāro satipaṭṭhāne evaṃ bhāveyya satta māsāni, tassa dvinnaṃ phalānaṃ aññataraṃ phalaṃ pāṭikaṅkhaṃ diṭṭheva dhamme aññā; sati vā upādisese anāgāmitā.

Tiṭṭhantu, bhikkhave, satta māsāni. Yo hi koci, bhikkhave, ime cattāro satipaṭṭhāne evaṃ bhāveyya cha māsāni. Tassa dvinnaṃ phalānaṃ aññataraṃ phalaṃ pāṭikaṅkhaṃ, diṭṭheva dhamme aññā, sati vā upādisese anāgāmitā.

Tiṭṭhantu bhikkhave cha māsāni, yo hi koci bhikkhave ime cattāro satipaṭṭhāne evaṃ bhāveyya pañca māsāni. Tassa dvinnaṃ phalānaṃ aññataraṃ phalaṃ pāṭikaṅkhaṃ, diṭṭheva dhamme aññā, sati vā upādisese anāgāmitā.

Tiṭṭhantu bhikkhave pañca māsāni, yo hi koci bhikkhave ime cattāro satipaṭṭhāne evaṃ bhāveyya cattāri māsāni. Tassa dvinnaṃ phalānaṃ aññataraṃ phalaṃ pāṭikaṅkhaṃ, diṭṭheva dhamme aññā, sati vā upādisese anāgāmitā.

Tiṭṭhantu bhikkhave cattāri māsāni, yo hi koci bhikkhave ime cattāro satipaṭṭhāne evaṃ bhāveyya tīṇi māsāni. Tassa dvinnaṃ phalānaṃ aññataraṃ phalaṃ pāṭikaṅkhaṃ, diṭṭheva dhamme aññā, sati vā upādisese anāgāmitā.

Tiṭṭhantu bhikkhave tīṇi māsāni, yo hi koci bhikkhave ime cattāro satipaṭṭhāne evaṃ bhāveyya dve māsāni. Tassa dvinnaṃ phalānaṃ aññataraṃ phalaṃ pāṭikaṅkhaṃ, diṭṭheva dhamme aññā, sati vā upādisese anāgāmitā.

Tiṭṭhantu bhikkhave dve māsāni, yo hi koci bhikkhave ime cattāro satipaṭṭhāne evaṃ bhāveyya ekaṃ māsaṃ. Tassa dvinnaṃ phalānaṃ aññataraṃ phalaṃ pāṭikaṅkhaṃ, diṭṭheva dhamme aññā, sati vā upādisese anāgāmitā.

Tiṭṭhantu bhikkhave māso, yo hi koci bhikkhave ime cattāro satipaṭṭhāne evaṃ bhāveyya aḍḍhamāsaṃ, tassa dvinnaṃ phalānaṃ aññataraṃ phalaṃ pāṭikaṅkhaṃ, diṭṭheva dhamme añña, sati vā upādisese anāgāmitā.

Tiṭṭhatu, bhikkhave, aḍḍhamāso. Yo hi koci, bhikkhave, ime cattāro satipaṭṭhāne evaṃ bhāveyya sattāhaṃ, tassa dvinnaṃ phalānaṃ aññataraṃ phalaṃ pāṭikaṅkhaṃ diṭṭheva dhamme aññā sati vā upādisese anāgāmitā''ti.

33　比丘たちよ、誰であれ、これら四の念処をこのようにして、七年間修習するならば、二つの果報のうちいずれかの果報が期待されます。すなわち、現世における完全智、あるいは、執着の残りがあれば不還果です。

比丘たちよ、七年間でなくてもよいのです。

比丘たちよ、誰であれ、これら四の念処をこのようにして、六年間修習するならば、二つの果報のうちいずれかの果報が期待されます。すなわち、現世における完全智、あるいは、執着の残りがあれば不還果です。

比丘たちよ、六年間でなくてもよいのです。

比丘たちよ、誰であれ、これら四の念処をこのようにして、五年間修習するならば、二つの果報のうちいずれかの果報が期待されます。すなわち、現世における完全智、あるいは、執着の残りがあれば不還果です。

比丘たちよ、五年間でなくてもよいのです。

比丘たちよ、誰であれ、これら四の念処をこのようにして、四年間修習するならば、二つの果報のうちいずれかの果報が期待されます。すなわち、現世における完全智、あるいは、執着の残りがあれば不還果です。

比丘たちよ、四年間でなくてもよいのです。

比丘たちよ、誰であれ、これら四の念処をこのようにして、三年間修習するならば、二つの果報のうちいずれかの果報が期待されます。すなわち、現世における完全智、あるいは、執着の残りがあれば不還果です。

比丘たちよ、三年間でなくてもよいのです。

比丘たちよ、誰であれ、これら四の念処をこのようにして、二年間修習するならば、二つの果報のうちいずれかの果報が期待されます。すなわち、現世における完全智、あるいは、執着の残りがあれば不還果です。

比丘たちよ、二年間でなくてもよいのです。

比丘たちよ、誰であれ、これら四の念処をこのようにして、一年間修習するならば、二つの果報のうちいずれかの果報が期待されます。すなわち、現世における完全智、あるいは、執着の残りがあれば不還果です。

比丘たちよ、一年間でなくてもよいのです。

比丘たちよ、誰であれ、これら四の念処をこのようにして、七ヵ月間修習するならば、二つの果報のうちいずれかの果報が期待されます。すなわち、現世における完全智、あるいは、執着の残りがあれば不還果です。

比丘たちよ、七ヵ月間でなくてもよいのです。

比丘たちよ、誰であれ、これら四の念処をこのようにして、六ヵ月間修習するならば、二つの果報のうちいずれかの果報が期待されます。すなわち、現世における完全智、あるいは、執着の残りがあれば不還果です。

比丘たちよ、六ヵ月間でなくてもよいのです。

比丘たちよ、誰であれ、これら四の念処をこのようにして、五ヵ月間修習するならば、二つの果報のうちいずれかの果報が期待されます。すなわち、現世における完全智、あるいは、執着の残りがあれば不還果です。

比丘たちよ、五ヵ月間でなくてもよいのです。

比丘たちよ、誰であれ、これら四の念処をこのようにして、四ヵ月間修習するならば、二つの果報のうちいずれかの果報が期待されます。

すなわち、現世における完全智、あるいは、執着の残りがあれば不還果です。

比丘たちよ、四ヵ月間でなくてもよいのです。

比丘たちよ、誰であれ、これら四の念処をこのようにして、三ヵ月間修習するならば、二つの果報のうちいずれかの果報が期待されます。すなわち、現世における完全智、あるいは、執着の残りがあれば不還果です。

比丘たちよ、三ヵ月間でなくてもよいのです。

比丘たちよ、誰であれ、これら四の念処をこのようにして、二ヵ月間修習するならば、二つの果報のうちいずれかの果報が期待されます。すなわち、現世における完全智、あるいは、執着の残りがあれば不還果です。

比丘たちよ、二ヵ月間でなくてもよいのです。

比丘たちよ、誰であれ、これら四の念処をこのようにして、一ヵ月間修習するならば、二つの果報のうちいずれかの果報が期待されます。すなわち、現世における完全智、あるいは、執着の残りがあれば不還果です。

比丘たちよ、一ヵ月間でなくてもよいのです。

比丘たちよ、誰であれ、これら四の念処をこのようにして、半月間修習するならば、二つの果報のうちいずれかの果報が期待されます。すなわち、現世における完全智、あるいは、執着の残りがあれば不還果です。

比丘たちよ、半月間でなくてもよいのです。

比丘たちよ、誰であれ、これら四の念処をこのようにして、七日間修習するならば、二つの果報のうちいずれかの果報が期待されます。すなわち、現世における完全智、あるいは、執着の残りがあれば不還果です。

## 結果は確実です

ブッダが説かれる道は、何の曖昧さもない、確実な道です。修行すれば、必ず解脱に達します。確信を持って、誰でもチャレンジすれば良いのです。究極の幸福に、死後ではなく、この世で達することができるのです。他宗教の教えと比較すると、仏教の違うところを明確に強調しなくてはいけないのです。それは自慢することではないのです。仏教を聴く人々に対する親切な態度なのです。どんな宗教でも同じことを行なっているのではないか、という曖昧・優柔不断な状態でいる方々にも、「これだけは違いますよ」と言ってあげたほうが助かります。

ですから、仏道の結果は一〇〇%確実であると、ものの見事に語られるのです。お釈迦様はこのように説かれます。「いま、説明した通りに、たった七年間、実践してみなさい。必ず解脱に達します。それでもわずかな煩悩が残ったとしても、不還果に達します」。不還果の聖者は、この世で死んでから次に生まれるところ（梵天）で、必ず解脱を完了するのです。

宗教の修行は、死ぬまで一生行わなくてはいけないものです。例えば八十五年間、神様が絶対的に存在するのだと信じていた人が、死ぬ間際に「もしかすると自分の信仰は間違っていたかもしれません」という気持ちに陥ったならば、絶対神の存在を説く宗教の教理学から見れば、その人は最後に神を捨てたことになります。要するに永遠の天国に入る資格を失います。神を信仰したままで最期、息を引き取っても、「神は実在する」という証拠にはなりません。天国に行けたかどうかを調べる方法もありません。これは曖昧な教えであり、曖昧な道です。そこでお釈迦様が、たった七年間、実践してみなさいと頼んでいるのです。人の一生から計算すると、高校と大学の人生も七年間でしょう。気が狂うほど長い時間ではないのです。間違ったら別な道を選ぶ自由と時間があるのです。一生かける必要はない、命かけてやる必要もない、ということを強調する言葉でもあります。

それから面白いことに、結果が出るまでは七年もかかりません、と仰るのです。六年でも、五年でも、四年でも、結果が現れます。結果が速いのです。真剣に実践するならば、せいぜいかかる時間は、たったの七日間です。ですから、確信を持って挑戦できるのです。どんな忙しい人だと言っても、七日間の休暇を取ることは難しくはないのです。

## 結語

34 “Ekāyano ayaṃ, bhikkhave, maggo sattānaṃ visuddhiyā sokaparidevānaṃ samatikkamāya dukkhadomanassānaṃ atthaṅgamāya ñāyassa adhigamāya nibbānassa sacchikiriyāya yadidaṃ cattāro satipaṭṭhānā’ti. Iti yaṃ taṃ vuttaṃ, idametaṃ paṭicca vutta”nti.

Idamavoca bhagavā.

Attamanā te bhikkhū bhagavato bhāsitaṃ abhinandunti.

34 〈比丘たちよ、この道は、もろもろの生けるものが清まり、愁いと悲しみを乗り越え、苦しみと憂いが消え、正理を得、涅槃を目(ま)のあたりに見るための一道です。すなわち、それは四念処です〉
と、このように言われましたが、それはこのために言われたのです」と。

このように、世尊は言われた。

かれら比丘は喜び、世尊が説かれたことに歓喜した、と。

大念処経は、悩み苦しみをなくすためにたった一つの道が（ekāyano ayaṃ bhikkhave maggo）あると説くのです。それは、身・受・心・法という四つの観察です。苦しみを乗り越えて、解脱に、安穏に、幸福に達するためには、この唯一の方法しかありませんという、巻頭辞と同じ結語で終了するのです。

次に、アーナンダ尊者の言葉が入ります。「お釈迦様はこのように説かれました。比丘たちは大いに喜びを感じました」。

アーナンダ尊者の「是の如く聞きました」という言葉から始めて、最後に「釈尊がこのように説かれました。比丘たちは大いに喜びました」という言葉でほとんどの経典を終了することにも意味があります。これでこの経典が終わりましたよ、と言ってから、誰にもその経典に何かを追加することはできなくなるのです。アーナンダ尊者の言葉に挟まれて、ブッダの言葉が純粋に守られるのです。この closing phrase のお陰で、パーリ経典は純粋さをいままで守ってきたのです。

仏教の歴史のなかで、解脱に達してない仏教徒たちは、仏教に対して様々な「自分の意見、自分の見解」を抱いてきました。しかし自分の意見をお釈迦様の言葉のなかに注入して、自分を正当化することはできなかったのです。一般人は様々な意見を持つものです。誰が正しいとも言えません。一般人にはものごとの一側面しか見えないから、誰も正しくないというのが本当です。解脱に達したならば、真理を全体的に発見するのです。

自分の意見が正しいと誇示した人々にとっては、その意見を立証するためにブッダの言葉を参考にする必要があったのです。それが見当たらない場合は、当然、自分の意見が間違っていることになります。その事実も認めたくない場合はどうしましょう？　私見に対する執着は強烈なものです。ブッダの言葉に自分の意見を注入することはできません。全ての経典は決まり文句で閉ざされているからです。そこで彼らは、お釈迦様が説かれたような形式を用いて、新しい経典をつくることに励んだのです。そうして仏説ならざる経典も、仏教史のなかでどんどん増えていきました。それらの経典を参考にする人々は、結果として苦しみを脱出する道から遠ざかってしまったのです。

というわけで、パーリ経典で最後に出てくる終了の決まり文句はとても大事な仕事をこなしてきたのだと、ついでに理解しておきましょう。

Mahāsatipaṭṭhānasuttaṃ niṭṭhitaṃ navamaṃ.

大念処経は終わりました。これは9番目です。※

大念処経終了。

※長部経典のMahāvaggapāḷiにおける番号。中部経典ではMūlapaṇṇāsapāḷiの10番目です。

〔初出〕

『パティパダー』（日本テーラワーダ仏教協会機関誌）2011年5月号〜2015年2月号

本書はサンガより2016年に刊行された作品をサンガ新社が新たに刊行したものです。

アルボムッレ・スマナサーラ（Alubomulle Sumanasara）
テーラワーダ仏教（上座仏教）長老。1945年4月、スリランカ生まれ。13歳で出家得度。国立ケラニヤ大学で仏教哲学の教鞭をとる。1980年に来日。駒澤大学大学院博士課程を経て、現在は（宗）日本テーラワーダ仏教協会で初期仏教の伝道と瞑想指導に従事している。朝日カルチャーセンター（東京）講師を務めるほか、NHK Eテレ「こころの時代」「スイッチインタビュー」などにも出演。著書に『スッタニパータ「犀の経典」を読む』『ヴィパッサナー瞑想　図解実践―自分を変える気づきの瞑想法【決定版】』『無常の見方』『苦の見方』『無我の見方』『沙門果経』（以上、サンガ新社）、『ブッダが教える心の仕組み』（誠文堂新光社）、『ブッダに学ぶほんとうの禅語』（アルタープレス）、『成功する生き方―「シガーラ教誡経」の実践』（角川文庫）、『Freedom from Anger』（米国 Wisdom Publications）など多数。

日本テーラワーダ仏教協会
http://www.j-theravada.net/

大念処経（だいねんじょきょう）
ヴィパッサナー瞑想の全貌を解き明かす最重要経典を読む

2025年1月1日　第1刷発行

著　者　アルボムッレ・スマナサーラ
発行者　佐藤由樹
発行所　株式会社サンガ新社
〒980-0012
宮城県仙台市青葉区錦町2丁目4番16号8階
電話　050-3717-1523
ホームページ　https://www.samgha-shinsha.jp/

印刷・製本　創栄図書印刷株式会社


ISBN978-4-910770-95-6 C0015